建筑周期估值及竞争格局变迁

鲍荣富 方晏荷 王 涛 王 雯 著

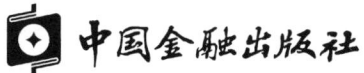

责任编辑：张熠婧
责任校对：孙　蕊
责任印制：张也男

图书在版编目（CIP）数据

建筑周期估值及竞争格局变迁／鲍荣富等著 . —北京：中国金融出版社，2020.9
ISBN 978 – 7 – 5220 – 0802 – 8

Ⅰ.①建… Ⅱ.①鲍… Ⅲ.①建筑业—股票投资—研究—中国 Ⅳ.①F832.51

中国版本图书馆 CIP 数据核字（2020）第 176154 号

建筑周期估值及竞争格局变迁
JIANZHU ZHOUQI GUZHI JI JINGZHENG GEJU BIANQIAN

出版
发行　中国金融出版社

社址　北京市丰台区益泽路 2 号
市场开发部　（010）66024766，63805472，63439533（传真）
网上书店　www.cfph.cn
　　　　　（010）66024766，63372837（传真）
读者服务部　（010）66070833，62568380
邮编　100071
经销　新华书店
印刷　河北松源印刷有限公司
尺寸　169 毫米 × 239 毫米
印张　24.75
字数　398 千
版次　2021 年 12 月第 1 版
印次　2021 年 12 月第 1 次印刷
定价　98.00 元
ISBN 978 – 7 – 5220 – 0802 – 8
如出现印装错误本社负责调换　联系电话（010）63263947

前言

中国已经成为全球最大的建筑市场,而港珠澳大桥等重大工程更是标志着中国已经成为引领全球技术的建筑强国。建筑行业的发展是中国经济增长模式变迁的一个缩影。建筑行业是支撑国民经济发展的重要行业之一,建筑业增加值占 GDP 的比重在 2019 年已达 7.16%。自改革开放以来,中国 GDP 增长呈现出显著的投资驱动特征,投资占 GDP 比重从 1978 年的 38% 稳步提升至 40% 以上,其中 2018 年高达 44%;投资主要依靠固定资产投资,而建筑业作为固定资本形成的最重要产业之一,增速整体快于 GDP (见图 1)。尤其是在经济不景气时期,政府都会将扩大投资作为刺激经济增长的重要工具。

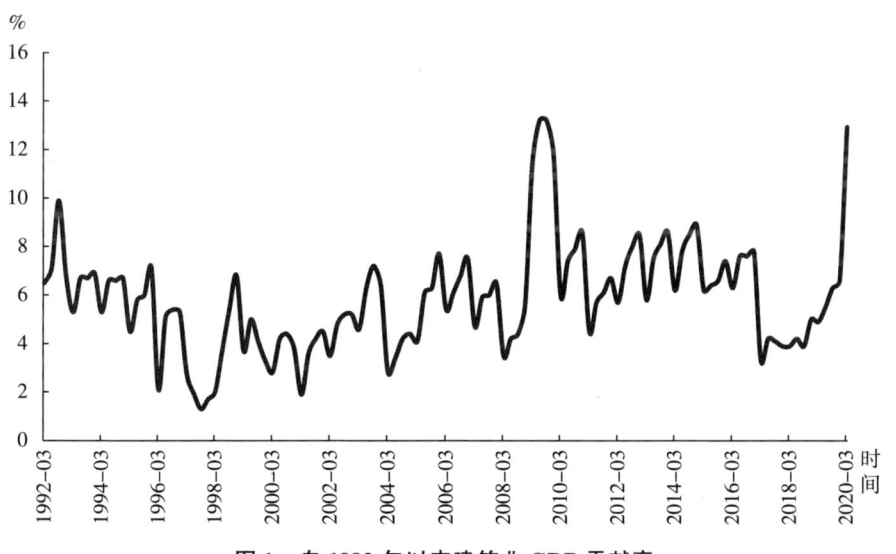

图 1 自 1992 年以来建筑业 GDP 贡献率

(资料来源:Wind 数据库)

从二级市场的表现来看,建筑业证券化率快速提升,在 A 股中的收入及利润占比也在快速提升,但总市值占比仍有较大提升空间,估值波动较大且给投资者的印象是"牛短熊长"。我们用"上市公司营业收入/建筑业企业总收入"指标来衡量建筑企业的证券化率,这一指标已从1990年的0.1%快速提升至2018年末的22.94%。申银万国行业分类(以下简称SW)中建筑装饰在全部A股中营业收入、归母净利润的占比在2019年末分别达到11.13%和4.22%,这两个比例自1990年以来持续提升。与之相比,SW建筑装饰在全部A股总市值中的占比提升则相对曲折,从2013年末的0.87%快速提升至2014年末的3.60%,2016年到达最高点3.67%后,又下降至2019年末的2.27%(见图2)。

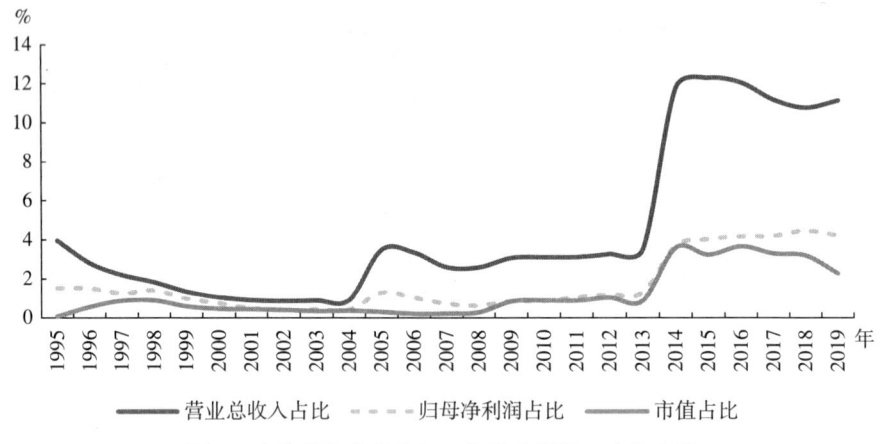

图2 建筑业营业总收入、归母净利润、市值占比

(资料来源:Wind数据库)

在建筑A股复杂的市场表现背后,有无规律性的逻辑存在,也是我们团队从2014年开始系统搭建筑行业及二级市场研究框架的出发点(见图3)。按照"市值(P)=业绩(E)×估值(PE)"的分析框架,我们的研究主要聚焦于基本面及估值两个核心变量,本书是我们基于过去的方法论对既往行业深度研究报告的系统总结,具体包括以下六个方面的内容。

第一部分为行业概况,我们创造性地按照下游需求搭建了基础设施(以下简称基建)、房屋建设(以下简称房建)、工业建筑(以下简称工建)的全新框架,这有利于我们更好地理解下游需求增长的驱动力。

第二部分我们重点研究建筑行业成长空间及建筑周期。有多大的产业,就会有多大的企业,从下游空间来看,房建短期看产品周期,长期驱动力在于城镇化及人口结构;基建需求取决于经济增长与人口产业集聚,供给看政府资金状况;工建下游企业盈利状况驱动资本开支,是典型的朱格拉周期。

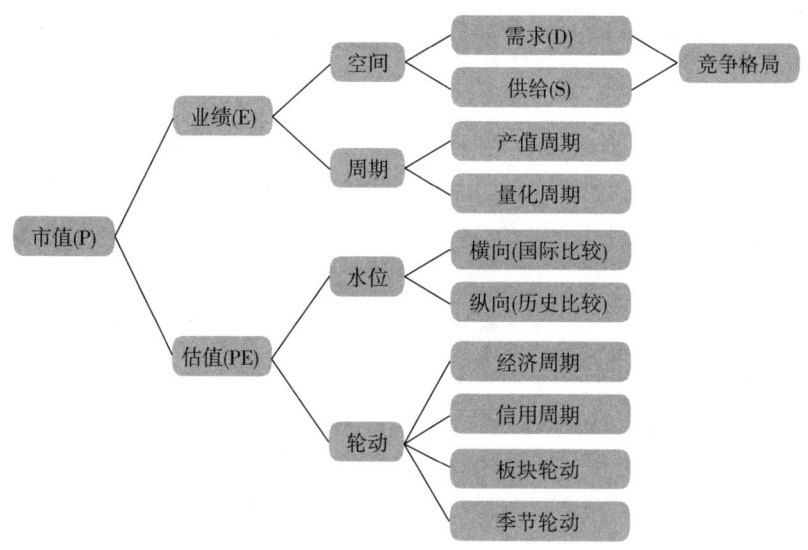

图3　建筑行业及二级市场研究框架

"春有百花秋有月，夏有凉风冬有雪。"我们对建筑周期的研究进一步验证了经典的周期理论。我们从产值角度发现建筑行业存在8~11年的大周期，这个周期和朱格拉周期长度基本一致，同时也与十年一次的换届周期相对应；此外，建筑还存在2~3年的小周期，也即"订单—新开工—施工—竣工"的产品周期。我们利用量化周期模型，发现建筑股指存在23个月、42个月、93个月三个周期，这分别与建筑产品周期、基钦周期、朱格拉周期长度接近。

第三部分我们主要研究建筑竞争格局及变迁。竞争格局尤其是龙头公司市占率直接决定其盈利能力。我们主要从订单、收入、人员等不同维度梳理了国内主要的建筑龙头企业市占率变化过程，以描述中国建筑企业供给侧的竞争格局变化，以及不同企业的发展战略差异。国内建筑股龙头市占率处于快速提升期，整体净资产收益率（ROE）或处于持续下行阶段尾声，整体估值处于底部区间。同时，我们复盘了法国万喜公司市占率提升过程中财务估值和估值变化，无论从时间周期还是从降幅来看，我国建筑A股的ROE水平基本完成万喜2000—2010年的调整过程。而2010年之后，万喜ROE下降速率整体趋于缓和，近十年稳定在14%~16%。

第四部分主要探讨建筑行业及公司估值问题。在建筑估值研究框架中，我们主要分为估值和轮动两个维度，估值对应市场给予的价值评判，轮动对应市场表现的先后顺序。我们研究发现，以"建筑PE（PB）/沪深

300PE（PB）"作为建筑估值的动态观察指标，若该比值低于1则存在估值回归的动力，历史上低于1往往伴随7年一次的历史性大机遇（2000年9月、2007年2月、2014年1月），我们称其为"神奇的1"。截至2020年4月末，建筑PE比值为0.74，PB比值为0.71，均已显著低于历史可比估值水平。就建筑估值与基本面比较而言，我们的研究结论是：A股市场是有效的（反映当季度业绩变化），也是无效的（中期四年左右周期PE对基本面的反映不足），但最终还是有效的（长期来看估值跟随基本面变化）。我们同时搭建了建筑估值的三因素模型：业绩增速高低及稳定性是估值重要的锚；在市场风格方面，2017年之前小市值占优，2017年之后大市值显著跑赢；长期稳定且较高的净资产收益率水平可获取超额收益。

基于建筑估值轮动，我们从经济周期、信用周期、量化周期三个维度搭建投资时钟，建立基本面与估值之间的映射关系。从经济周期看，绝对收益建筑A股在复苏期表现最好，扩张期其次，滞胀期最差，衰退期次之；相对收益建筑A股在衰退期表现最好。从信用周期来看，建筑指数与无风险收益率、定期类存款增速整体上呈负相关关系。在紧缩周期内，建筑指数都呈现大幅下行趋势，但历次下行幅度逐渐收窄。我们利用三周期模型发现，建筑最显著的三个驱动周期为风格切换周期（21个月）、基钦周期（44个月）和朱格拉周期（100个月左右）。

第五部分我们回到报表分析，通过聚焦ROE这个核心指标，来分析报表背后的商业模式及核心竞争力。同时，我们通过研究金螳螂、葛洲坝、东方园林、苏交科四家历史上涨幅超过十倍的个股，对其成长路径和财务数据进行了解读，寻找牛股成长基因。市场对建筑现金流诟病已久，也是相当长一段时间内制约建筑估值的核心因素之一。我们研究发现，不同维度下建筑板块CFO净额对净利润的覆盖程度均处于全行业中下游水平，但存在波动较大的突出特征，货币和信用周期对板块现金流的影响在恶化周期强于改善周期，建设—移交（BT）和政府和社会资本合作（PPP）模式的广泛采用是2011年以后建筑CFO净额覆盖率变化的主要原因，而PPP出表、REITs等资产证券化、融资环境及垫资模式改善则有助于改善建筑现金流，进而推动板块估值提升。

第六部分我们从行业、公司及估值角度与发达国家进行了比较。从行业层面看，对比中国、日本、美国三国，中国基础设施建设投资规模大于日本和美国，且基建投资规模占GDP的比重也明显超过日本和美国，长三角地区人均基建投资强度低于日本。中国公路建设距离与美国和日本仍有一定差距，中国铁路营业里程再过15年左右有望超过美国。"十四五""十五五"期间基建投资需求仍然可能保持在较高的水平。从公司层面看，我们把国内龙头建筑工程及咨询公司与法国万喜、西班牙ACS、美国福陆、韩国现代建设、日本大林组、鹿岛建设，以及工程咨询行业的三家公司AECOM、WSP和Worleyparsons进行了对标研究。从估值层面看，国内建筑企业的PB比值普遍低于国际同行，我们判断这主要与国外企业运营类资产较多、国内企业经营性负债较多有关。国内工程咨询等轻资产企业估值水平相对要高。美国建筑股的PE比值相对更高，日本和韩国建筑股的估值与A股趋近，除了利率与制度差异外，还与不同区域公司的成长阶段和业务结构有关。

万物皆有周期，历史虽然不会简单重复，但却会惊人地相似。本书关于建筑周期、建筑估值及投资轮动的研究，是我们团队过去十年集体智慧的结晶，感谢赵鑫鑫、程轩阳、陈维扬和谭俊杰四位实习生对本书数据处理作出的贡献。我们希望本书能够给各位同仁以启发。书中难免存在疏漏及有待商榷之处，欢迎各位同仁批评指正。

目录 CONTENT

第一部分　建筑行业概览及模式变革

1　建筑三大下游行业概览 ·· 3
　1.1　房屋建设 ··· 9
　1.2　基础设施建设 ··· 12
　1.3　工业建筑 ·· 14
2　商业模式变革：从传统总分包到EPC/PPP ··························· 17
　2.1　PPP模式对建筑行业的变革 ·· 18
　2.2　PPP模式对建筑行业上市公司估值的影响 ······················· 23
　2.3　REITs有望助力建筑公司报表改善及价值发现 ·················· 24
3　生产方式变革：装配式建筑推动行业进入工业化时代 ············· 29

第二部分　建筑行业三大下游成长空间及周期波动

1　房建：短看产品周期，长看城镇化及人口结构 ····················· 39
　1.1　库存：住宅存量规模庞大，商品住宅去化成果显著 ··········· 39
　1.2　新开工：销售面临下滑压力，弱化新开工动力 ················ 43
　1.3　竣工：多重需求驱动，竣工面积迎修复周期 ··················· 47
　1.4　房建中长期需求取决于城镇化及人口结构 ······················ 48
2　基建：需求看经济增长，供给看政府资金状况 ····················· 55
　2.1　基建需求取决于经济增长与人口产业集聚 ······················ 55
　2.2　区域结构：真实需求看中西部，投资实力看东部 ············· 58
　2.3　行业结构：交通环保快速增长，科教文卫前景广阔 ·········· 60

2.4 资金来源决定基建供给 ………………………………………… 77
3 工业建筑：盈利驱动设备更新周期，供给侧加速结构分化 ………… 88
 3.1 工业企业盈利带动制造业资本开支 ……………………………… 89
 3.2 中国制造业投资与出口和外商投资关联度较高 ………………… 91
 3.3 供给侧结构性改革和产业升级带来制造业投资结构性机会 …… 93
 3.4 工业建筑未来发展可期，关注高端设备制造和石油化学行业
   …………………………………………………………………… 95
4 建筑行业产值周期波动 ……………………………………………… 98

第三部分　从市占率看建筑行业竞争格局及变迁

1 国内建筑龙头公司市占率 …………………………………………… 105
 1.1 地产产业链市占率 ………………………………………………… 107
 1.2 基建产业链市占率 ………………………………………………… 109
 1.3 国际工程市占率 …………………………………………………… 114
 1.4 从员工角度测算市占率与人均产值 ……………………………… 119
2 复盘万喜市占率及估值提升路径 …………………………………… 122
 2.1 市占率与市值 ……………………………………………………… 125
 2.2 市占率与商业模式 ………………………………………………… 127
3 国内建筑业市占率与估值演变展望 ………………………………… 131

第四部分　三维复盘寻找建筑估值之锚

1 建筑估值现状：再次跌破1倍，估值趋于国际化 ………………… 135
 1.1 建筑估值为什么重要 ……………………………………………… 135
 1.2 估值的纵向与横向比较 …………………………………………… 136
 1.3 估值与基本面映射 ………………………………………………… 142
2 建筑估值深化：三重因素的内生比较 ……………………………… 145
 2.1 业绩增速：估值重要的锚 ………………………………………… 146
 2.2 市场风格：大市值显著跑赢 ……………………………………… 147
 2.3 ROE：持续、稳定且绝对值较高 ………………………………… 148

3 建筑估值变迁：竞争格局与资金风格 ·········· 152
   3.1 竞争格局转变带动龙头估值上升 ·········· 152
   3.2 资金偏好转变撬动大建筑行情 ·········· 155
4 建筑三维复盘及投资时钟 ·········· 157
   4.1 建筑三维复盘模型 ·········· 157
   4.2 季节轮动：春华秋实，夏雨冬阳 ·········· 170
   4.3 案例一：2014年建筑牛市复盘 ·········· 179
   4.4 案例二：2018年建筑二级板块轮动 ·········· 183

第五部分　从财务指标解读建筑公司商业模式

1 ROE：建筑企业核心驱动指标 ·········· 189
2 订单驱动收入增长，成本差异显著 ·········· 199
   2.1 收入：依工程进度确认，新规下差异逐渐缩小 ·········· 199
   2.2 成本：细分行业成本构成存在显著差异 ·········· 203
   2.3 十倍股关键财务指标比较 ·········· 208
3 多渠道化解应收风险，负债率稳中有降 ·········· 214
   3.1 应收账款：占比趋于稳定 ·········· 214
   3.2 收款质量：龙头收现付现均占优，风险敞口控制成关键 ·········· 219
   3.3 资本结构：受监管红线制约，细分行业资本结构改善 ·········· 224
4 从现金流看建筑商业模式 ·········· 227
   4.1 从CFO和FCFF两维度看，建筑板块现金流波动较大 ·········· 227
   4.2 现金流波动率根源一：货币/信用周期 ·········· 235
   4.3 现金流波动率根源二：商业模式变迁及子板块间的差异 ·········· 240
   4.4 2B和2G，B端受房地产销售周期影响更大 ·········· 265
   4.5 结论：货币信用周期与商业模式的变化共促现金流波动 ·········· 269

第六部分　建筑行业国际对标研究

1 中国、美国、日本基建投资现状及历史比较 ·········· 273
   1.1 核心结论：与美国和日本相比，中长期我国基建不悲观 ·········· 273

  1.2 日本 VS 长三角：长三角交通基建仍有较大提升空间 ········ 275
2 美国基建投资绝对值持续增加，但占 GDP 比重明显低于中国 ····· 294
  2.1 结构对比：美国基建投资占 GDP 的比重低且呈下降趋势，私有化程度较高 ································ 294
  2.2 交通设施对比：我国公路和铁路存量设施仍有较大提升空间 ······························· 302
  2.3 投融资方式对比：美国基建融资方式灵活多样，且更具有创新性 ································· 313
3 美国钢结构市场空间研究 ···························· 317
  3.1 美国市场的构成和当前大致市场空间 ················· 317
  3.2 美国钢结构市场的主要驱动力和历史份额变化 ··········· 319
4 建筑 A 股估值国际比较 ···························· 333
  4.1 建筑 A 股估值内部差异大，行业估值中美接近 ··········· 333
  4.2 美股建筑业估值处于较高水平，A 股处在历史低位 ········ 339
5 中外建筑龙头商业模式及财务表现对标研究 ················ 342
  5.1 并购扩大收入规模，专业运营保障长期盈利 ············ 342
  5.2 并购是欧美工程咨询龙头快速做大的重要手段 ··········· 361
  5.3 海外商誉和应收款高，国内企业存货负债高 ············ 368

第一部分 建筑行业概览及模式变革

1 建筑三大下游行业概览

建筑行业是围绕建筑物的设计、施工、装修、管理而展开的行业，建筑企业总体处于全行业中游，上游供应商主要分为劳务供应商（分包）和材料供应商（分供）两类，建筑公司对其有一定的议价能力，下游为建设方（项目投资人），行业较激烈的竞争格局（服务差异性小）和透明的计价方式决定了客户的议价能力较强。此外，建筑企业数量众多，且仍在增加，集中度不高，但头部集中的效应正逐步显现。

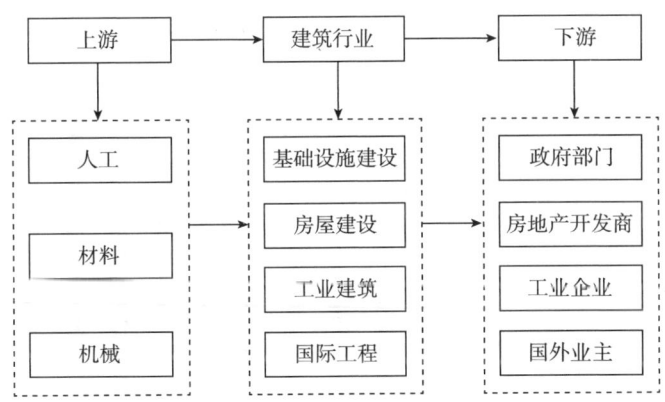

注：此处基建为广义的基建。

图 1-1 建筑行业上下游产业链示意图

（资料来源：Wind 数据库）

从需求端来看，建筑行业可以分为政府主导的基础设施建设（以下简称基建），房地产开发企业主导的房屋建设（以下简称房建），以及制造业企业主导的工业建筑建设（以下简称工建）。制造业、基建、房建三大投资在固定资产投资总量中的占比一般在 75%~85% 之间浮动。2004—2011 年，基建占固定资产投资比重呈现明显的下降趋势，2011—2014 年基建投资占比基本在低位企稳，2015 年基建投资占比已过低点，开始逐年缓慢上行，比重略有提升。2019 年基建、房建和制造业三大投资占固定资产投资的比例分别为 27.17%、19.73% 和 32.63%，合计占固定资产投资的 79.53%，如图 1-2 所示。

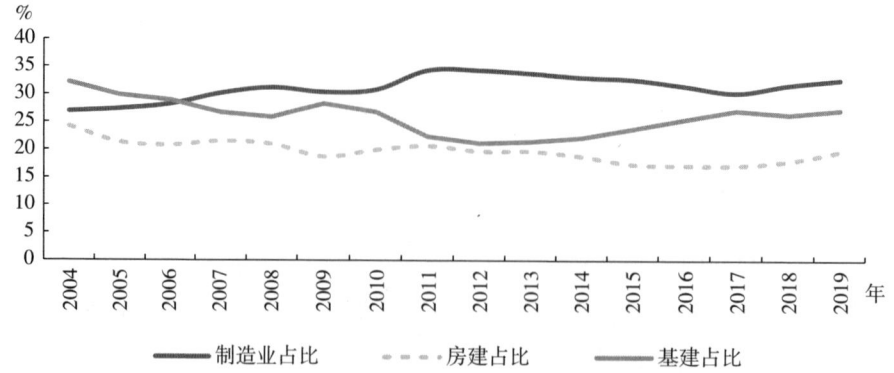

注：此处基建为广义的基建。

图1-2 建筑三大需求行业固定资产投资占比

（资料来源：Wind 数据库）

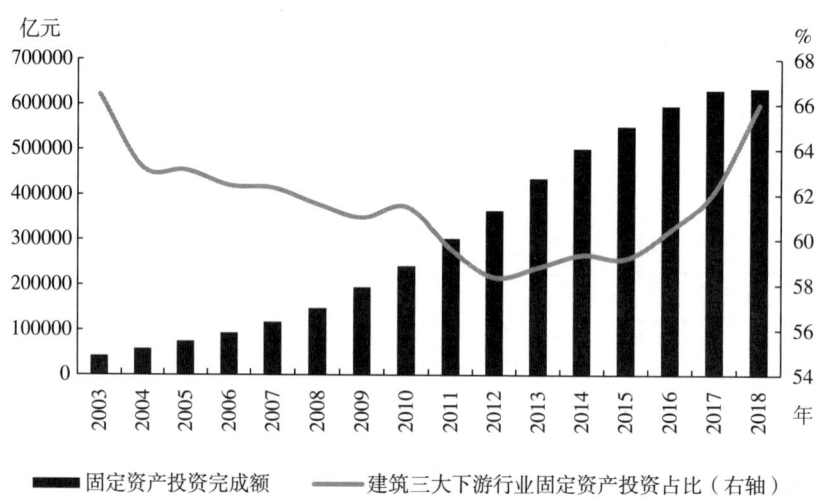

图1-3 建筑三大下游行业固定资产投资占比

（资料来源：Wind 数据库）

建筑行业是国民经济的支柱行业，建筑业增加值占 GDP 的比重从 2004 年的 5.39% 提升至 2019 年的 7.16%，如图 1-4 所示。从中国改革开放以来 GDP 增长情况来看，GDP 的增长离不开投资（支出法中用资本形成总额来衡量），投资主要靠固定资产投资，而建筑业作为固定资本形成的最重要产业之一，整体增速快于 GDP 增速。投资是拉动经济增长的主要方式，尤其在经济不景气时期，政府都会将扩大投资作为刺激经济增长的主要工具。

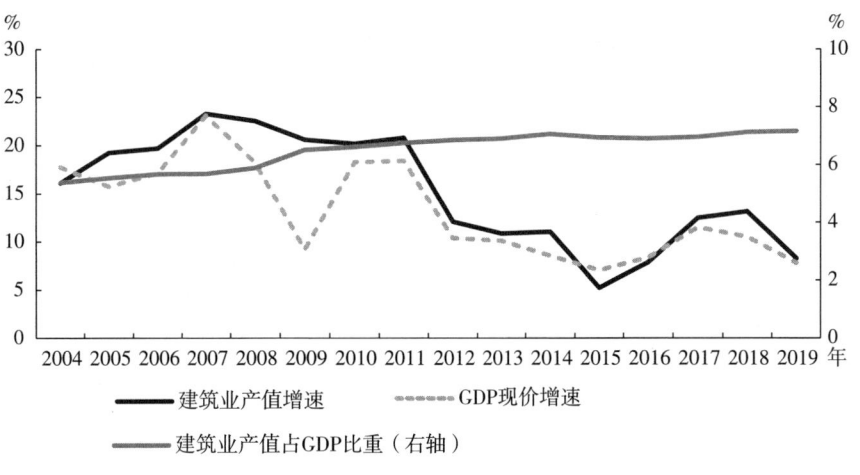

图1-4 建筑投资增速与GDP增速对比

（资料来源：Wind数据库）

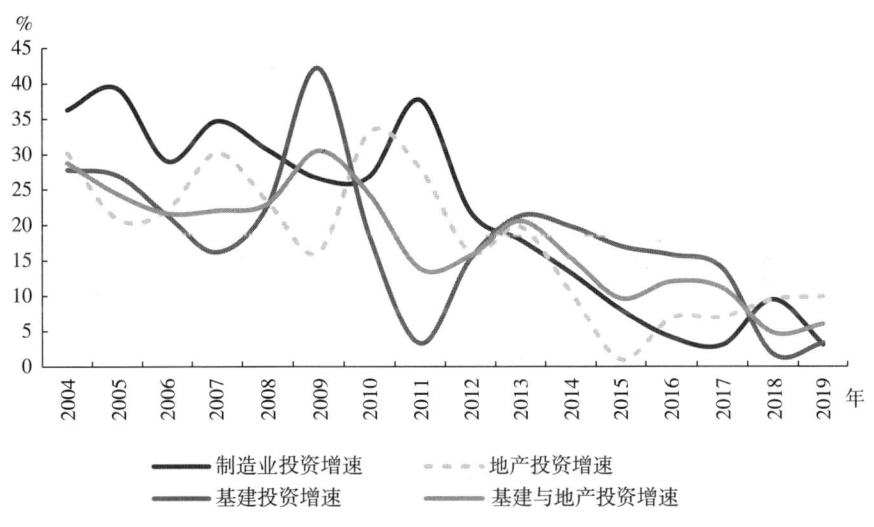

图1-5 建筑三大下游行业投资增速

（资料来源：Wind数据库）

国际上通用的全面反映最终需求的指标是支出法GDP，其具体公式为：支出法GDP＝最终消费＋资本形成总额＋货物和服务净出口＝（居民消费＋政府消费）＋（固定资本形成总额＋存货增加）＋（货物和服务出口－货物和服务进口）。因此，反映投资需求的指标就是支出法GDP中的资本形成总额，包括固定资本形成总额和存货增加。

需要注意的是，固定资本形成总额与固定资产投资完成额并不是同一概念。固定资本形成总额是支出法 GDP 核算口径中的概念，国家统计局高级统计师许宪春（2013）在《准确理解中国的收入、消费和投资》一文中明确指出："支出法 GDP 中的固定资本形成总额指的是常住单位在一定时期内获得的固定资产减去处置的固定资产的价值总额""固定资本形成总额是对全社会固定资产投资进行调整计算出来的，包括口径范围的调整和数据高估方面的调整"，而"固定资产投资完成额"则是月度更新频率的统计值。二者关系可以简单表述为"固定资本形成总额 = 固定资产投资总额 + 规模（500 万元）以下投资额 + 固定资产的零星购置 + 商品房销售增值 + 未正式立项的土地改良 + 无形固定资产投资额 − 土地购置金额 − 旧设备购置金额 − 旧建筑物购置金额"。

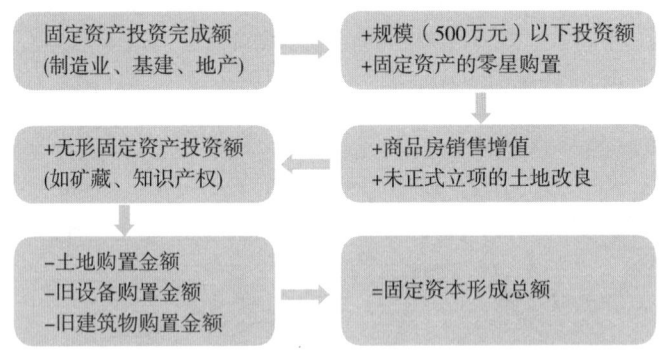

图 1−6　固定资本形成总额与固定资产投资完成额口径的差异

随着土地征用、购置及迁移补偿费以及其他费用中不形成固定资产部分的迅速增加，计算出的固定资本形成总额一般要小于固定资产投资完成额。同时我们发现，2003—2016 年，固定资产投资完成额向固定资本形成额的转化率呈现明显下降趋势，2016 年已下降至 53.32%，2016 年之后转换率开始企稳回升，逐步回升至 60% 左右水平。同时，从 2006 年开始，固定资产投资完成额与固定资本形成总额之差呈现逐年扩大趋势，到 2016 年差距的增加幅度边际放缓，自 2018 年开始二者的差距有所缩小。

更具体地说，固定资本形成总额与固定资产投资完成额口径的差异体现为以下四项：（1）随着用地成本的增加，土地购置费用呈现出明显增加的趋势，固定资产投资中包含土地购置费、旧建筑物和旧设备购置费，而固定资本形成中不包含这些项目；（2）规模以下投资额指的是计划总投资 500 万元以下的项目，这部分和"固定资产的零星购置"都不含在"固定资产投资完成额"统计内;(3)固定资产投资完成额不包括商品房销售增值、新产品试制增加的固定资产以及未经过正式立项的土地改良支出;(4)固定资产投资完成额只包括有形固定资产的增加,固定资本形成总额既包括有形固定资产的增加,也包括矿藏勘探、计算机软件等无形固定资产的增加。

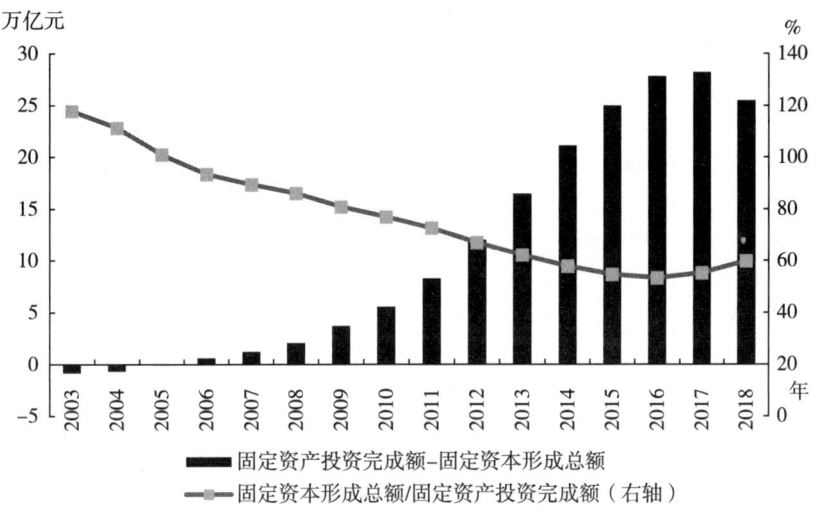

图1-7 固定资本形成总额与固定资产投资完成额之比和之差走势图

建筑行业长期保持国民经济支柱产业地位,其产业影响力系数常年保持在第一位。具体看其产业影响力系数大小,呈现先下降后上升趋势,在一定程度上可以说明近年来建筑行业对国民经济的拉动作用在不断增强。

表1-1 2002—2017年各行业产业影响力系数

行业	2002年		2007年		2012年		2017年	
	产业影响力系数	排序	产业影响力系数	排序	产业影响力系数	排序	产业影响力系数	排序
建筑	0.216	1	0.198	1	0.221	1	0.254	1
机械	0.106	2	0.128	2	0.126	2	0.083	2
食品饮料	0.055	6	0.053	5	0.061	3	0.069	3
电力及公用事业	0.073	3	0.054	4	0.057	4	0.06	4
汽车	0.02	16	0.039	7	0.053	5	0.049	5

续表

行业	2002年		2007年		2012年		2017年	
	产业影响力系数	排序	产业影响力系数	排序	产业影响力系数	排序	产业影响力系数	排序
纺织服装	0.069	4	0.067	3	0.048	6	0.041	6
通信	0.028	9	0.032	10	0.038	8	0.04	7
计算机	0.03	8	0.051	6	0.042	7	0.039	8
交通运输	0.023	14	0.02	15	0.023	14	0.026	9
房地产	0.022	15	0.015	18	0.024	13	0.026	10
商贸零售	0.037	7	0.027	14	0.026	11	0.026	11
轻工制造	0.028	10	0.033	8	0.025	12	0.023	12
农、林、牧、渔	0.062	5	0.028	12	0.03	9	0.023	13
电力设备	0.019	17	0.033	9	0.028	10	0.019	14
餐饮旅游	0.025	12	0.019	16	0.016	18	0.017	15
基础化工	0.024	13	0.029	11	0.02	15	0.016	16
电子元器件	0.007	18	0.017	17	0.017	16	0.015	17
家电	0.027	11	0.028	13	0.016	17	0.011	18
非银行金融	0.001	27	0.004	25	0.005	24	0.01	19
医药	0.007	19	0.005	22	0.008	19	0.008	20
银行	0.006	20	0.004	24	0.007	21	0.006	21
传媒	0.005	22	0.003	26	0.003	25	0.005	22
石油石化	0.003	24	0.004	23	0.007	20	0.005	23
钢铁	0.001	26	0.014	19	0.006	22	0.004	24
建材	0.005	21	0.005	21	0.005	23	0.004	25
有色金属	0.003	25	0.006	20	0.003	26	0.002	26
煤炭	0.003	23	0.002	27	0.001	27	0.001	27

资料来源：国家统计局。

资本形成类最终需求变动对建筑、机械、基础化工、钢铁部门的生产诱发度最大，上述4个行业常年排名前五，均是典型的重资产工业部门，其产品多形成固定资产，在最终需求结构中，资本形成占比较高。因此，资本形成类最终需求变动对这些行业的诱发度最高。

表1-2　2002—2017年各行业生产诱发度（资本形成）

行业	2002年		2007年		2012年		2017年	
	生产诱发度	排序	生产诱发度	排序	生产诱发度	排序	生产诱发度	排序
建筑	0.61	1	0.54	1	0.54	1	0.62	1
机械	0.4	2	0.46	2	0.38	2	0.29	2

续表

行业	2002年 生产诱发度	排序	2007年 生产诱发度	排序	2012年 生产诱发度	排序	2017年 生产诱发度	排序
基础化工	0.25	3	0.28	4	0.26	4	0.21	3
钢铁	0.23	4	0.33	3	0.29	3	0.16	4
建材	0.07	14	0.16	7	0.15	8	0.14	5
汽车	0.1	9	0.14	8	0.15	7	0.13	6
商贸零售	0.13	5	0.08	14	0.1	11	0.13	7
有色金属	0.08	13	0.17	6	0.17	5	0.12	8
交通运输	0.12	7	0.12	10	0.11	9	0.11	9
电子元器件	0.06	17	0.09	13	0.09	12	0.1	10
石油石化	0.11	8	0.18	5	0.16	6	0.09	11
银行	0.04	19	0.05	20	0.09	14	0.09	12
计算机	0.06	16	0.05	18	0.06	18	0.08	13
电力及公用事业	0.09	12	0.14	9	0.11	10	0.08	14
轻工制造	0.1	10	0.11	12	0.08	16	0.07	15
电力设备	0.07	15	0.12	11	0.09	13	0.07	16
房地产	0.03	20	0.04	22	0.06	20	0.06	17
农、林、牧、渔	0.13	6	0.07	15	0.09	15	0.05	18
食品饮料	0.03	22	0.05	17	0.06	19	0.05	19
煤炭	0.04	18	0.07	16	0.07	17	0.05	20
通信	0.09	11	0.05	19	0.04	22	0.04	21
餐饮旅游	0.03	23	0.03	23	0.02	23	0.03	22
纺织服装	0.03	21	0.04	21	0.04	21	0.03	23
医药	0.01	26	0.01	25	0.01	24	0.02	24
传媒	—	27	—	27	—	27	0.01	25
非银行金融	0.01	25	0.01	26	0.01	26	0.01	26
家电	0.01	24	0.01	24	0.01	25	0.01	27

资料来源：国家统计局。

1.1 房屋建设

房建是指所有在完成基础设施建设的土地上建设房屋等建筑物的建筑工业，住宅楼、商业楼宇、写字楼以及其他专用商品房屋的建设都属于房屋建设行业。房建行业是房地产行业的上游行业，二者具有很强的关联性。1997—2019年，我国建筑房屋施工面积同比增速和房地产房屋施工面积同比增速基本一致，相关系数达90.85%。房屋施工面积表征新增投资量，乘以单位面积投资（每平方米建安投资），再乘以完工比例即可以表征新增投资额。建筑业房屋施工面积与房地产施工面积相关度高达99.91%，二者是同周期的。

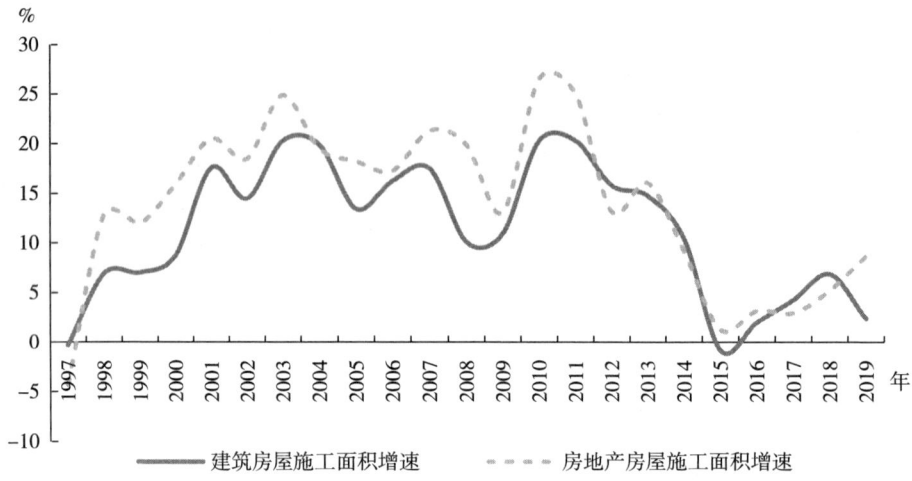

图1-8　建筑房屋施工面积增速与房地产房屋施工面积增速

（资料来源：Wind数据库）

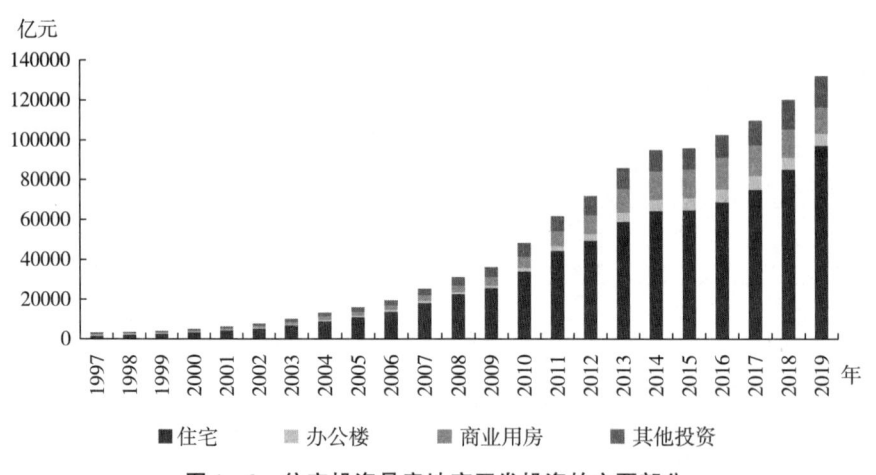

图1-9　住宅投资是房地产开发投资的主要部分

（资料来源：Wind数据库）

住宅投资是房地产投资的主要组成部分，也是房建的主要部分。从用途来看，1997—2019年住宅投资年均复合增长率（CAGR）为20.73%，高于房地产整体投资（18.47%）。住宅投资占房地产开发投资平均比重达

67.42%，2019年占比高于平均水平，为73.43%，是房地产投资的主要部分。住宅投资与办公楼投资、商业用房投资的相关系数分别为97%和96%，并且后两者的发展与人口密度有很大关联性。

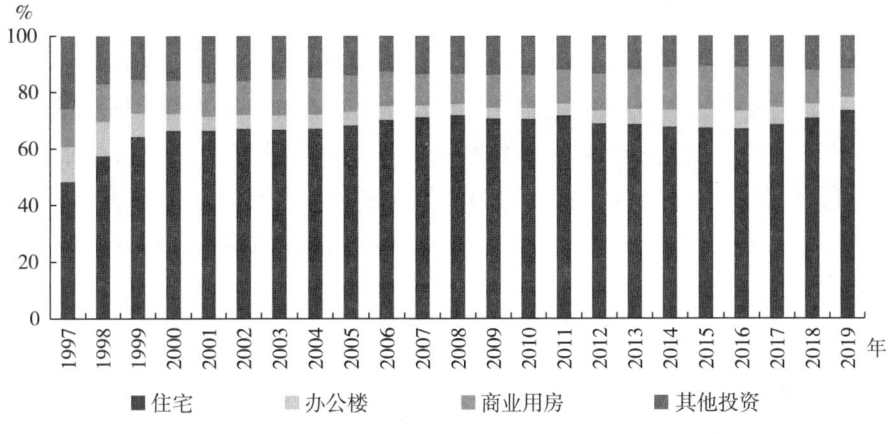

图1-10　1997—2019年房地产开发投资中各类型占比

（资料来源：Wind数据库）

从房建产业链图谱来看，房屋设计、房屋施工、钢结构建设、地产园林施工和房屋装饰一般是房建领域主要的施工流程，业主主要是房地产开发商。不同的公司聚焦于不同的生产环节，一些实力较强的公司具备全产业链服务的能力，例如中国建筑，旗下拥有设计、钢结构、装饰等多个子公司，拥有较强的综合竞争实力。

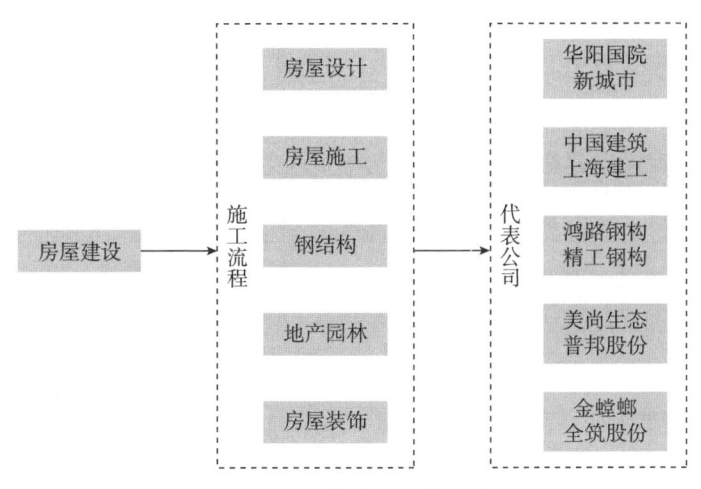

图1-11　房建产业链图谱

1.2 基础设施建设

基础设施是指为社会生产和居民生活提供公共服务的物质工程设施，是用于保证国家或地区社会经济活动正常进行的公共服务系统。基建是设计及建造形成基础设施的行业。基建投资 = $\sum$（交通运输、仓储和邮政业投资 + 电力、燃气及水的生产和供应业投资 + 水利、环境和公共设施管理业投资 + 信息传输、软件和信息技术服务业投资），表现在实物量上是交通基础设施（铁路、公路、内河航道、轨道交通和空运机场）、通信基础设施（邮政、电话和互联网）、能源基础设施（电力消费量和能源消费量）以及其他市政基础设施。

公共设施、水利环境、交通、电源是基建投资的主要领域，2019 年占比为 91%，公共设施、水利环境和交通占比提升，电源基建继续下降。由于不同部门对基础设施的统计口径存在差异，容易造成不同的增速判断。国家统计局从 2014 年 4 月开始公布的基建投资主要服务于第三产业，由交通运输、仓储和邮政业以及水利、环境和公共设施管理业固定资产投资构成，此前的电力、热力、燃气及水的生产和供应业在第二产业单列，不再列入基建投资。为全面反映基建投资情况，本书参考国际通行标准，将电热气水项也纳入广义基建统计，而将统计局的两部门基建投资作为狭义基建统计。

2019 年广义基建完成投资额 18.21 万亿元，占固定资产投资总额的 33.01%，同比增长 3.33%。其中水利、环境和公共设施管理业投资占基建投资比重最大，高达 48%；其次为交通运输、仓储和邮政业投资，占比为 36%。从重点建设项目来看，公路、铁路、轨道交通、机场等交通设施和市政、水利、电源等基础设施是重点。

表 1-3　广义基建投资统计分类及占比

单位:%

一级行业	2019 年一级投资占比	二级行业	2019 年二级投资占比	重点建设项目
D. 电力、热力、燃气及水的生产和供应业	16	1. 电力、热力生产和供应业	65	电源基建
		2. 燃气生产和供应业	10	—
		3. 水的生产和供应业	25	—

续表

一级行业	2019年一级投资占比	二级行业	2019年二级投资占比	重点建设项目
G. 交通运输、仓储和邮政业	36	1. 铁路运输业	12	铁路
		2. 道路运输业	73	公路、轨交
		3. 水上运输业	2	航道、港口
		4. 航空运输业	2.5	机场
		5. 管道运输业	0.5	—
		6. 仓储业	10	—
N. 水利、环境和公共设施管理业	48	1. 水利管理业	11	水利
		2. 生态保护和环境治理业	9	水治理
		3. 公共设施管理业	80	市政

资料来源：国家统计局。

注：G类的多式联运和运输代理业、邮政业固定资产投资2016年起不再公布具体数据，造成二级行业加总与G类一级行业加总不一致，2016年投资占比约为4.5%。《国民经济行业分类》（2017年版）在N类中增加土地管理业，目前尚无固定资产投资统计。

从基建产业链图谱来看，基建与房建的施工流程较为类似，都是从设计到施工再到最后的装饰，基建施工又可以细分为交通基建、市政基建和电源基建等多种类型，通常基建项目的业主是政府。由于基建项目施工周期长且项目单体金额较大，这对基建企业的资金实力要求较高，故基建施工企业多为央企和地方国企，基建设计和后续的园林、装饰领域施工单位中民企居多。

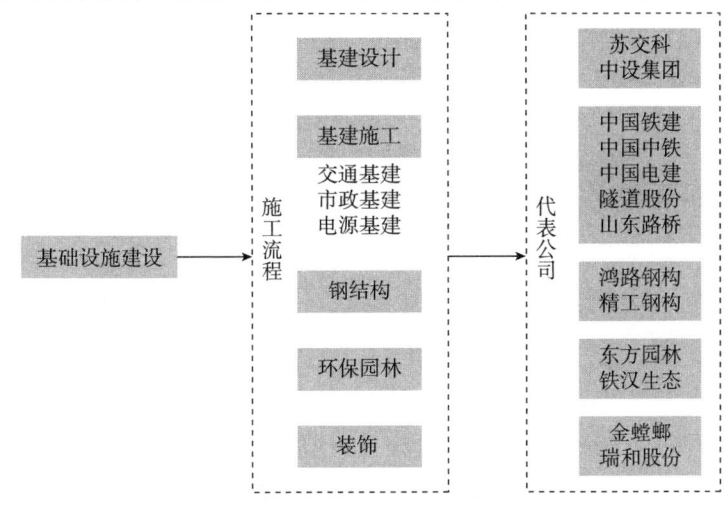

图1-12 基建产业链图谱

1.3 工业建筑

工业建筑是指供人们从事各类生产活动的建筑物和构筑物,即工业厂房(含安装工程)。在工业建筑的分类中,我们把所有制造业的厂房建设和安装工程称为工建,以"固定资产投资完成额:建筑安装工程:制造业"测度。这些制造业共包括 30 个子行业,2003—2018 年工业建筑安装工程 CAGR 达 25%,整体增速虽然从 2011 年开始出现下降,但自 2017 年以来有所回升。工建投资占全部行业建筑安装工程和城镇固定资产投资比重持续上升,2018 年分别达到 27% 和 19%。

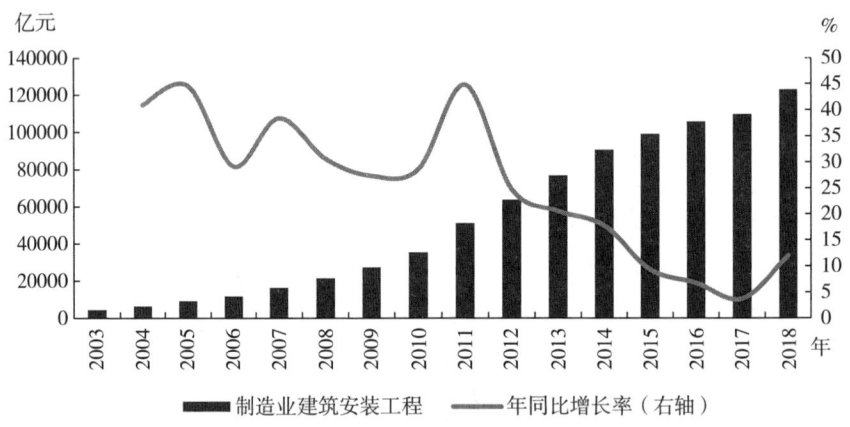

图 1-13 制造业建筑安装工程投资额及年同比增长率

(资料来源:Wind 数据库)

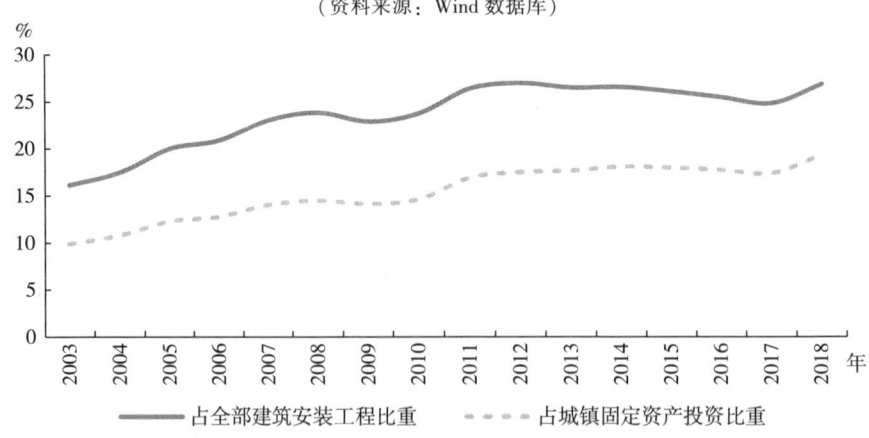

图 1-14 工业建筑安装工程占固定资产投资比重

(资料来源:Wind 数据库)

我国产业内在结构升级造成不同行业工建增速的差异。比较不同行业工建投资增速，我们发现自2003年以来，年均复合增速超过30%的子行业分别是专用设备、金属制品、电机器材、木材加工、家具制造、文体用品和废旧资源回收，共7个行业，此外共有15个子行业的复合增速超过了制造业整体增速，这也表明过去十年制造业工建投资同样是我国经济发展的重要动力。从占比情况来看，2018年工建投资占制造业建安投资比重超过6%的有通信设备、通用设备、电机器材、食品加工、专用设备、化学制品和非金属矿物，共7个行业，其中有3个行业2003年的比重就已经高于6%。

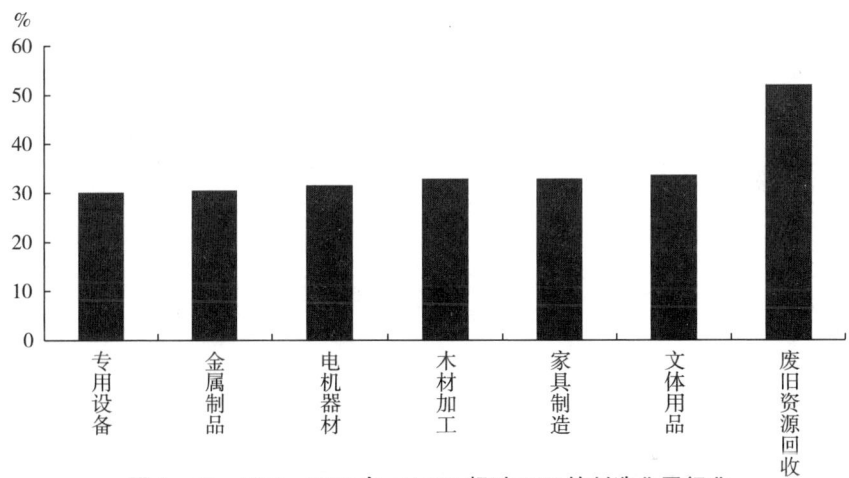

图1-15 2003—2018年CAGR超过30%的制造业子行业

（资料来源：Wind数据库）

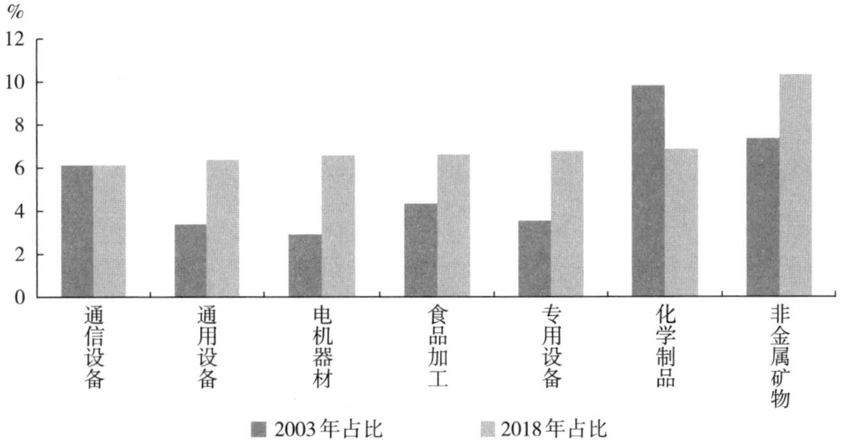

图1-16 2003—2018年占比超过6%的制造业子行业

（资料来源：Wind数据库）

工建属于制造业的服务性行业，与基建业主政府和房建业主地产开发商不同，工建的绝大多数业主为制造业企业，重要关注点在于制造业需求是否持续回升，而其中化建工程、轻工工程、废弃资源利用等领域是较为重要的细分服务行业，具备技术实力的专业工程企业在收付款和竞争格局上相对占优。

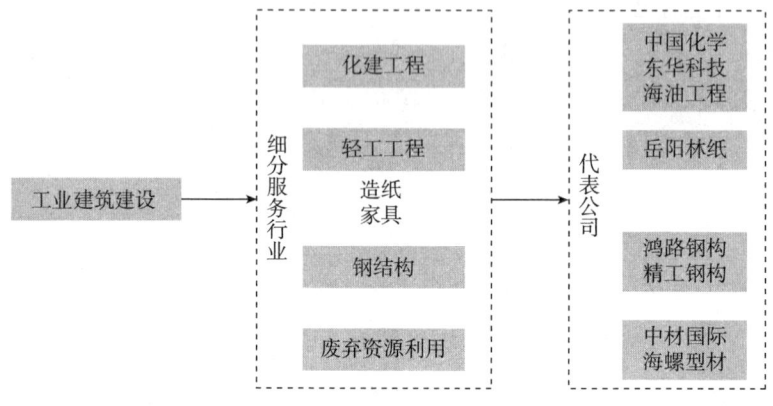

图1-17　工建产业链图谱

2 商业模式变革：从传统总分包到 EPC/PPP

传统的建筑工程施工采用"总包—分包"模式，通常业主将工程项目全过程或某个阶段的全部工作发包给一家资质条件符合要求的承包单位，由该承包单位再将若干专业性较强的部分工作任务发包给不同的专业承包单位去完成，并统一协调和监督各分包单位的工作。发包人将工程的土建及安装发包给建筑单位施工，委托他人对工程进行设计，此外还可再将消防、门窗、幕墙、装修等进行发包。传统的"总包—分包"模式，实施过程中存在推诿扯皮、协调困难等问题，从实施结果来看会存在投资超概、工期超时等问题。

工程总承包（Engineering Procurement Construction，EPC）是指从事工程总承包的企业受建设单位委托，按照合同约定对工程项目的勘察、设计（E）、采购（P）、施工（C）、试运行等实行全过程或若干阶段的承包，并对工程的质量、安全、工期、造价等全面负责，该模式也叫"交钥匙工程"。

2003年建设部出台《关于培育发展工程总承包和工程项目管理企业的指导意见》中明确，积极推行工程总承包和工程项目管理。2016年住房和城乡建设部出台《关于进一步推进工程总承包发展的若干意见》中明确，大力推进工程总承包，实现设计、采购、施工等各阶段工作的深度融合。2017年住房和城乡建设部颁发的《建筑业发展"十三五"规划》提出，"十三五"期间要提高行业工程总承包、施工总承包管理能力，培育一批具有先进管理技术和国际竞争力的总承包企业。

EPC模式相较于传统的"总包—分包"模式的优点：建设方把工程的勘察、设计、采购、施工发包给工程总承包方，由总承包方负责组织实施，建设方减少了施工过程中的协调；勘察、设计、施工企业为一家，出现问题时责任明确；承包方更容易对整个工程进行把控，工期短，设计变更少；EPC模式大多采用的是固定总价合同，出现工期索赔及价款索赔的概率很小，建设方不需要再支付索赔费用；有利于规范建筑市场秩序，遏制转包、违法分包、挂靠等违规行为。

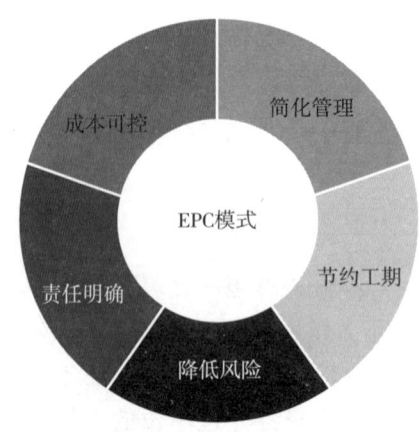

图1-18 EPC模式相较于传统的"总包—分包"模式的优越性

2.1 PPP模式对建筑行业的变革

PPP（Public Private Partnership）一般是指政府和社会资本为提供公共产品或服务而建立的合作关系。依据世界银行PPP指南2.0的定义，PPP是指私人部门同政府部门之间达成共同提供公共产品或服务的长期合同，由私人部门承担主要风险及管理责任，且根据绩效（Performance）获得回报。世界银行主要基于市场准入和融资模式对PPP项目进行分类，前者协助项目识别，后者帮助项目选择最有利于双方利益实现的方式。根据世界银行的定义，广义的PPP主要可分为三类：外包类、特许经营类和私有化类。

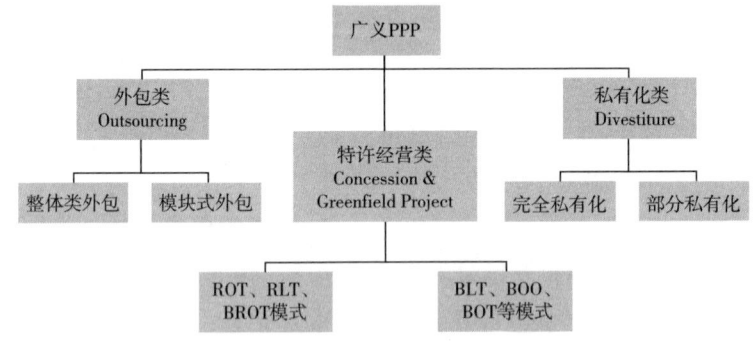

图1-19 广义PPP的主要类型

（资料来源：世界银行）

国内PPP业务在争论中摸索前行，主要以财政部的示范项目和国家发展改革委的推介项目最为权威。依据财政部框架性指导文件（财金〔2014〕

76号),PPP模式是在基础设施及公共服务领域建立的一种长期合作关系,通常是由社会资本承担设计、建设、运营、维护基础设施的大部分工作,并通过"使用者付费"及必要的"政府付费"获得合理投资回报;政府部门负责基础设施及公共服务价格制定和质量监管,以保证公共利益最大化。国家发展改革委相关文件(发改投资〔2014〕2724号)的定义则是"政府为增强公共产品和服务供给能力、提高供给效率,通过特许经营、购买服务、股权合作等方式,与社会资本建立的利益共享、风险分担及长期合作关系"。通过比较可知,财政部侧重财务测算和操作程序,其发布的示范项目侧重于项目、模式结构和融资方案;国家发展改革委侧重项目建设和管理,其推介的项目侧重于特许经营类。二者推介的项目重复率低。

表1-4 按现金流覆盖率划分 PPP 项目

项目类型	现金流覆盖率特征	回报方式	细分行业示例
经营性项目	完全/基本覆盖	使用者付费	污水处理、垃圾处理、医疗、教育
准经营性项目	部分覆盖	政府可行性缺口补贴	水利、地铁、地下综合管廊、文体场馆及设施
非经营性项目	无覆盖	单一政府付费	旧城改造、产业园、市政道路、园林绿化、免费公路、保障房

注:现金流覆盖率 =(项目现金流 - 政府补贴)/(项目总投资 + 投资回报)。

随着 BT 项目应用范围的大幅缩小,庞大的地方基建需求和地方政府相对紧缺的资金推动了基建投融资新模式的出现。2013年9月,国务院发布《政府向社会力量购买服务的指导意见》(国办发〔2013〕96号),标志着政府开始鼓励和推广 PPP 模式。2015年是 PPP 快速发展的元年,地方政府和相关企业开始大力落实 PPP 项目。

PPP 模式对建筑业带来了哪些变革?PPP 规范化地实现了公共品提供者与生产者的分离,对建筑行业的影响主要体现在以下三个方面。

1. 建筑需求及供给双向收缩:更精简的需求、更有效率的供给

PPP 短期不增加建筑下游需求,长期看反而减少投资需求;供给端 PPP 提升建筑投资效率,是对地方政府银行贷款及平台融资的替代,更有效率的供给同时意味着更少的供给。

从需求角度看,PPP 首先是一种商业模式创新,本身并不能大量创造或增加下游需求。长期来看,PPP 模式的出现将规范和约束地方政府盲目举债及投资冲动,过去政府盲目加杠杆(加给银行、企业及下一届政府)、做政绩（注重短期政绩，忽略长期运营效率）的模式或将发生改变，量入为出、降杠杆的结果将带来下游行业（基建投资）年均需求的减少。

从供给角度看，对于地方政府而言，PPP 是银行贷款及平台融资的替代，对于企业而言是对传统施工总承包等模式的替代。在地方政府融资不足的情况下，PPP 模式若能有效吸引社会资本，有效供给量将增加，问题在于地方政府是否真正受到收入支出预算有效约束，若不能，实际上并未增加有效供给。从 PPP 带来成本节约的角度（平均节约 14%）来看，即使总供量未减少，总供给金额也可能会减少。

2. 地方政府：初期示范项目质量较好，短期缓解债务压力，长期之道在于通过 PPP 降成本、提升运营收益

对于地方政府而言，其目的是在地方融资平台、银行举债受限的情况下，吸引到社会资本参与 PPP，从而完成拉投资、保增长的任务。由于地方政府对 PPP 项目具有完全信息优势，我们判断地方政府将会在项目收益和吸引社会资本方面寻求平衡，通过 PPP 模式开展的项目，太好的项目地方政府不愿拿出来，太差的项目难以吸引社会资本，因此，初期政府示范项目往往质量较好。

通过 SPV 项目公司模式将债务出表，不再列入地方政府债务预算，将大幅改善地方政府资产负债表，大幅减轻当期债务压力。但问题来了，如果地方政府把大量有经营收益的项目让渡给社会资本，其后续的财政收入又来自哪里？大量公益类 PPP 项目通过政府购买服务的形式缓解了地方政府一次性支出压力，但没有改变其长期支出总额。因此，长期来看只有通过 PPP 降低成本支出，提升项目整体运营及收益能力，才能从根本上解决上述问题。

3. 社会资本及建筑公司：核心是项目运营能力，获取有保障的合理回报，在出表情况下可显著改善现金流

社会资本的专业性、效率性可获取 PPP 项目的合理回报，包括项目融资、管理、运营回报等，一方面 PPP 模式要求建筑企业进一步提高对全产业链资源的整合能力，这将导致"资本运作是常态、规划设计是核心、施工利润拼管理、运营管理成为未来主战场"。建筑公司通过 SPV 模式且不控股的情况下，可显著改善自身现金流量表和资产负债表。

2016—2017 年的 PPP 浪潮对园林公司现金流的影响并不一致，项目出表对经营活动现金流的改善效果较为明显。 2015 年之前几大代表性园林公司的 CFO 均连续为负值，但在 2015—2017 年，东方园林、蒙草生态和棕榈股份的现金流总体改善,而岭南股份和铁汉生态的 CFO 继续恶化,结合我们之前所说的,出表 PPP 项目更容易看到 CFO 的改善,我们发现,CFO 在 2016—2017 年出现改善的公司,其 PPP 项目均有一定的出表情况,其中东方园林在其他非流动资产内体现,蒙草生态和棕榈股份在长期股权投资中体现;而现金流出现恶化的公司,则没有明显的 PPP 股权类资产增加。

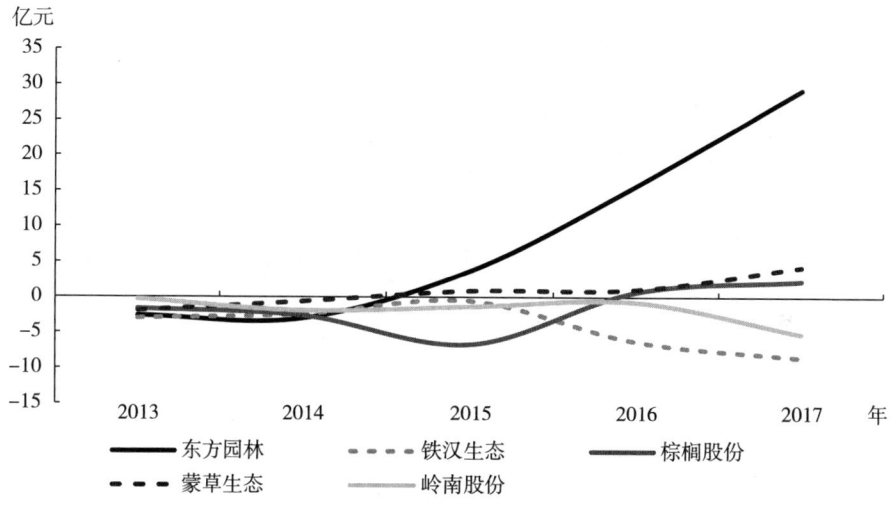

图 1-20 主要园林公司历史 CFO 情况

(资料来源:Wind 数据库)

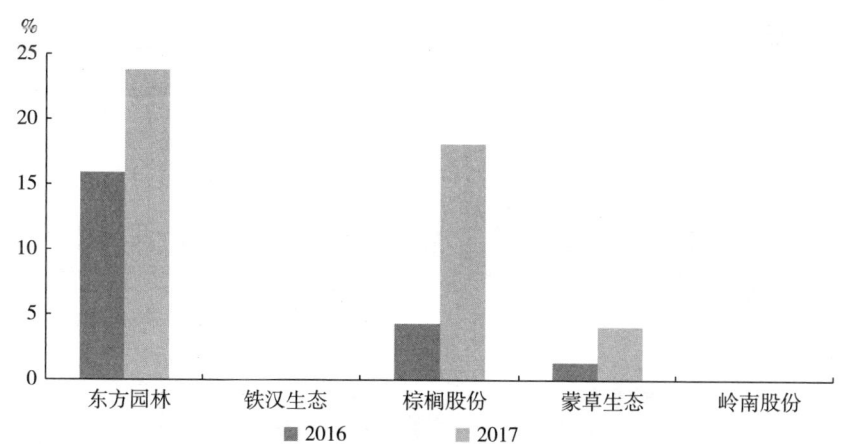

图 1-21 主要园林公司 2016—2017 年 PPP 股权资产增量占收入比重

(资料来源:Wind 数据库)

2017年11月10日，财政部印发《关于规范政府和社会资本合作（PPP）综合信息平台项目库管理的通知》，提出及时纠正PPP泛化滥用的情况，严格新入库标准，项目必须进行绩效考核，对不符合规定的项目进行清库，清库截止时间设置为2018年3月末，PPP进入强规范发展时代。

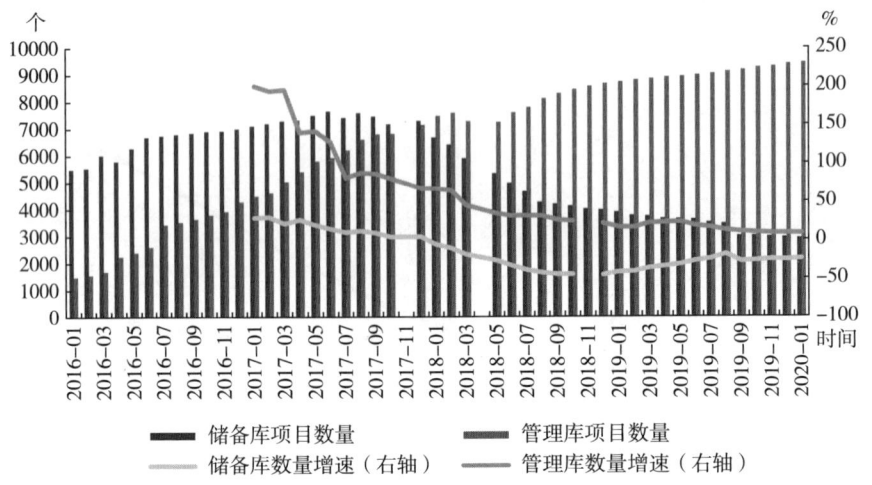

图1-22　财政部PPP库项目数量及同比增速

（资料来源：Wind数据库）

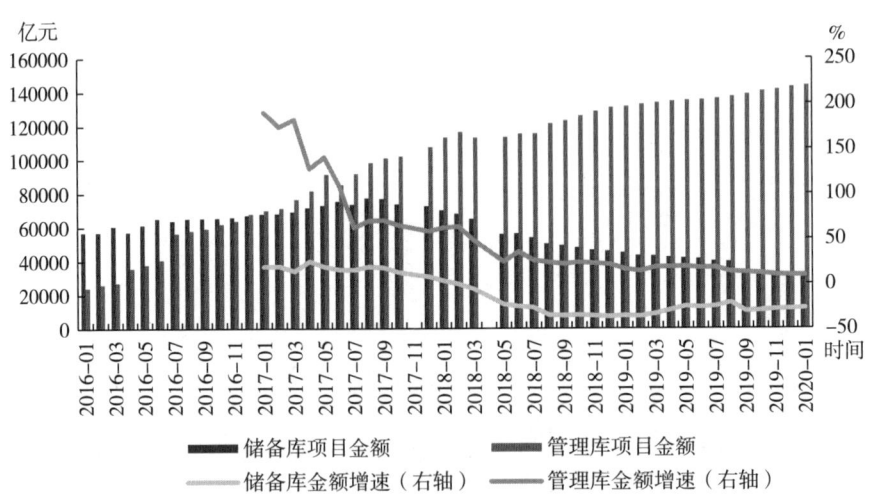

图1-23　财政部PPP库项目金额及同比增速

（资料来源：Wind数据库）

经历 2018 年大规模清理退库，PPP 项目发展逐渐回归理性，由重数量和速度向重质量转变。 2018 年 PPP 项目经历了一轮大规模的清理退库，根据财政部 PPP 中心公布的数据，2018 年全国共清理退库 PPP 项目 2557 个，涉及的投资金额达 3 万亿元，进入 2019 年，PPP 管理库规模继续保持稳中缓升的态势，而储备库的收缩也开始趋缓，2019 年财政部 PPP 总入库项目与 2018 年末存量规模基本持平，管理库项目保持缓速增长。集中"清库"的负面影响逐步减弱，PPP 项目发展回归理性。

2019 年开始，PPP 项目更加注重增质保量，在稳投资与防风险之间寻求平衡。进入 2020 年，政策层面逆周期调节基调已比较明确，各地陆续出台重大投资项目，PPP 政策层面的边际回暖也逐步显现，2 月，财政部陆续发布《关于加快加强 PPP 项目入库和储备管理工作的通知》（财政企函〔2020〕1 号）和《污水处理和垃圾处理领域 PPP 项目合同示范文本》（财办金〔2020〕10 号）两份文件。我们认为，在示范文本的助力下，PPP 模式有望在规范情况下扩容，对基建补短板的实施产生积极的推动作用。同时，随着 PPP 模式的规范程度提高，未来参与其中的园林民企有望降低经营风险，享受行业红利。

2.2 PPP 模式对建筑行业上市公司估值的影响

在 ECF 模型中，真正的 PPP 模式能为公司估值带来提升。 ECF 模型中的变量为 ECF（归于股东现金流）、R_e（要求的股权成本）和 g（增长率）。

$$\text{Equity Value} = \sum_{t=1}^{n} \left[\frac{ECF_t}{(1+R_e)^t} + \frac{\text{Equity Value}_n}{(1+R_e)^n} \right] \quad (2-1)$$

$$\text{Equity Value}_n = \frac{\text{Equity Value}_n + 1}{R_e - g} \quad (2-2)$$

在分子方面，PPP 模式预期能够增加公司的 ECF。

$$ECF = 净利润 + 折旧 - 资本支出 - \Delta 运营资金 + \Delta 负债$$

据上节阐述，PPP 模式能够使企业收入和净利润提升，由此为 ECF 带来增长。同时，PPP 带来的对应付账款科目的改进，能为公司节约大量的运营资金，增加现金流。

在分母方面，PPP 模式能够使公司 R_e 下降，g 上升。

根据 CAPM，

$$R_e = R_f + \beta_e \times R_m \quad (2-3)$$

我们假设 R_f 和 R_m 不随 PPP 模式的加入而改变，而着重讨论 PPP 模式的加入对 β_e 的变化。

$$\beta_e = \beta_\alpha \times \left(1 + \frac{D}{E}\right) \quad (2-4)$$

其中：β_e = Levered β（杠杆后 β），β_α = Unlevered β（杠杆前 β）。

在 PPP 模式中，企业更早地介入整个项目降低了信息不对称带来的运营风险，而政府的担保增信更为企业日后的运营降低了诸如宏观经济形势变化带来的风险。同时，建筑公司尤其是园林公司回款慢的问题也随着新 PPP 模式的引入得到有效的缓解，使得影响建筑公司估值的一个重大风险因素得以消除。因此，我们估计 PPP 模式的介入可以降低建筑企业的 β_α。

同时，PPP 模式还降低了企业的资产负债率和产权比率（$\frac{D}{E}$）。因此，β_e 也会下降。根据 CAPM，R_e 也会随之降低。

在增长率（g）方面，由于 PPP 模式存在极大的潜在需求，大量的社会资金涌入可以自然而然地帮助上市公司获得更多的项目和收益，其利润规模及增长率同样也会迅速提升，由此 g 也会上升。

由于 PPP 模式的引入会导致 ECF 和增长率 g 的上升，以及 R_e 的下降，根据公式（2-1），公司估值将会随着 PPP 模式的引入得到较大幅度提升。

2.3　REITs 有望助力建筑公司报表改善及价值发现

REITs，即不动产信托投资基金（Real Estate Investment Trusts），是指以发行收益凭证的方式募集公众投资者的资金，通过持有不动产资产或对应债权，并由专门管理机构进行不动产投资和运营，进而获得对应的不动产资产租金收益、增值收益或债权本息并按比例分配给投资者的一种产业投资模式。

按照不同分类标准，REITs 可分为以下主要类别。

● **根据资金募集对象和方式，可分为公募 REITs 和私募 REITs**。公募 REITs 是以公开发行方式向公众投资者募集资金，投资者人数和最低投资金额一般不受限制。公募 REITs 一般也称为标准 REITs，可以认购、赎回或在公开市场上市、流通和转让，具有高度的流动性，是目前国际资本市场不动产证券化融资的主流形式。私募 REITs 是以非公开方式向包括机构投资者或高净值个人等在内的特定投资者募集资金，各国法律一般对私募 REITs 持有人或投资人的人数限制和资格要求有明确限定。与公募 REITs 相比，私募

REITs 流动性较差，在国际市场上占比较小，在美国市场上的占比一般不到 5%。

● **根据资产组成和投资收益来源，可分为权益型 REITs 和抵押型 REITs**。权益型 REITs 直接持有实体性不动产并对其进行运营和管理，其收益主要来源于租金收入和资产增值收益；抵押型 REITs 持有不动产相关的债权类资产，包括向现有不动产发放抵押贷款或投资抵押贷款的二级市场，收益主要来源于所持资产作为增信的抵押贷款利息收入和手续费。目前抵押型产品主要是 CMBS 和 CMBN，该类产品需要有主体信用，一般设置结构化分层等兜底条款，无法实现真实的"出表"。

● **根据基础资产类别，可分为商业地产型 REITs 和基础设施型 REITs**。商业地产型 REITs 的基础资产主要为地产类资产，具体包括住宅、公寓、综合商业体、商业零售、写字楼、酒店、仓库等；基础设施型 REITs 投资于基础设施资产，具体包括铁路、高速公路、通信设施、电力配送网络、污水处理设施及其他具备经济价值的土地附着物。

基建公募 REITs 试点有望成为板块估值提升的催化剂。2020 年 4 月 30 日，中国证监会与国家发展改革委联合印发《关于推进基础设施领域不动产投资信托基金（REITs）相关工作的通知》，随后中国证监会发布《公开募集基础设施证券投资基金指引（试行）（征求意见稿）》，标志着国内公募 REITs 正式拉开大幕。从基础设施领域开始试点，一方面体现了政策对基建的持续支持，另一方面也可能在中长期为基建资金带来边际增量，逻辑层面有望助推基建板块实现估值修复。

REITs 是相对低成本的降负债方式，对央企报表负面影响小。当前 A 股持有较多 BOT 特许经营权资产的公司主要是基建央企和地方国企，在形成 BOT 资产的同时负债率也保持在较高的水平。而在国务院国资委要求央企降负债的大背景下，一方面央企继续借助资金优势扩张规模的能力受到制约，另一方面降负债采取的融资措施也可能对归母净利润及 EPS 产生负面影响。地方国企虽然没有明确的降负债目标，但主要地方国有建筑企业的负债率甚至高于大部分基建央企，2020 年第一季度末上海建工和四川路桥的负债率均超过了 80%，我们认为较高的负债率对其规模扩张和融资成本有不利影响，因此，降负债也是地方国企面临的课题。

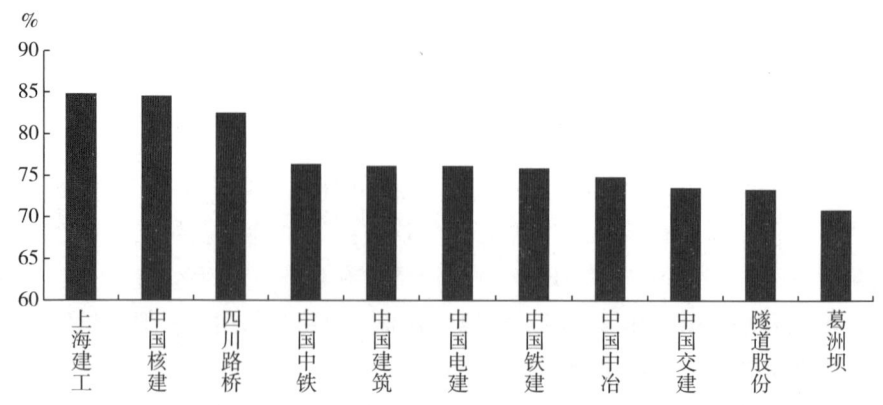

图 1-24　主要央企国企 2020 年第一季度末资产负债率

（资料来源：Wind 数据库）

基建 REITs 和运营资产直接出售在降负债方面具有较多类似特征，相比而言，资产直接出售有较高的灵活性，但其对资产的流动性折价可能更大。对于基建运营资产的持有者而言，若希望通过 REITs 或出售资产的方式实现高效率的降负债，其较大概率谋求出让该项资产的控股权，实现基建运营资产和负债的出表。在当前公募 REITs 试点要求下，运营资产需满足运营满 3 年的条件，且试点文件对试点项目的所在区域也进行了一定限制，因此从资产的灵活性上看，REITs 相对于场外出售资产的方式不具备优势，同时发行 REITs 可能涉及更多的审批和交易环节，流程用时也可能更长。但由于公募 REITs 投资人持有的是标准化份额，未来其有望形成流动性较好的二级市场，因此其对资产所要求的流动性折价也可能更低。如果将其看作原始权益人的融资，则通过公募 REITs 进行融资的成本可能会低于场外直接出售资产。当前持有基建运营资产的基建央企和国企，运营收入占其总收入的比例还很小，而大部分公司的运营业务尚不能盈利，因此，通过出售资产降负债可能不会对建筑公司的经常性收益产生大的影响。

表1-5 不同降负债方式对上市公司报表影响

项目	资产负债表	利润表	现金流量表
债转股	增加少数股东权益（所获现金用于偿债）	降低财务费用，增加少数股东权益	筹资性现金流进出抵消
永续债	增加现金和其他权益工具	降低财务费用，增加少数股东权益，子公司发债不影响归母净利润，但影响EPS	筹资性现金流流入
分拆上市	增加现金和少数股东权益	增加少数股东权益	筹资性现金流流入
场外出售资产	平价出售同时减少资产、负债，所有者权益不变，溢价出售时所有者权益会增加	溢价出售会确认一次性投资收益	投资性现金流流入
公募REITs	溢价出售所有者权益会增加	溢价出售会确认一次性投资收益	投资性现金流流入

A股建筑公司持有的BOT运营型资产主要集中于公路、能源两个板块。A股建筑公司中持有较多BOT经营资产的主要为央企和地方国企，其中大部分为交通基建类企业，少部分为能源等专业工程企业。如中国交建，其2019年末控股运营的高速公路达到20条，参股运营的高速公路达到12条，其控股项目中有9条的运营年限超过4年，已运营项目大部分集中于中部和西南省份。而四川路桥2019年BOT及PPP运营收入来自四川省内成自泸等5条高速公路，实现营收18.45亿元，由于公司大股东为省内高速公路的主要投资主体，与公司曾签署避免同业竞争的协议，只有公司明确表示不参与投资的项目，公司大股东方可投资，因此可以合理推断公司在手的高速公路资产相对较为优质。中国电建的特许经营资产主要集中于能源领域，控股项目累计投运装机容量1520.28万千瓦，涵盖水电、火电、风电、光伏等领域，清洁能源占比为79%。而葛洲坝除运营477公里高速公路外，还拥有58座污水处理厂及5座水电站的特许经营权。从资产的创收能力来看，葛洲坝、中国电建和隧道股份的资产质量较好，其中葛洲坝和中国电建拥有较多能源类资产，而隧道股份的高速公路资产集中于长三角地区。

表 1-6 主要建筑公司披露的 2019 年运营类资产情况

公司名称	运营资产情况	运营收入情况
中国电建	截至 2019 年底，公司累计投运控股装机容量 1520.28 万千瓦，其中：水电 586.46 万千瓦，火电 316 万千瓦，风电 497.97 万千瓦，光伏发电 119.85 万千瓦，清洁能源占比达到 79.21%。截至 2019 年底，公司累计投运和在建装机容量达 1778.77 万千瓦	2019 年电力投运收入 169.67 亿元，同比增长 17.7%，毛利润率为 43.89%，净利润为 17.2 亿元
四川路桥	主要为四川省内成自泸、成绵、江习古等五条高速公路	2019 年 PPP 及 BOT 运营收入 18.45 亿元，成自泸项目效益较好
中国交建	2019 年控股运营公路项目 20 个，参股运营 12 个	2019 年控股项目运营收入为 63.22 亿元，净亏损为 26.14 亿元
北新路桥	包括福建、川渝地区的高速公路项目	
重庆建工	主要为四川遂资高速	
中国铁建	2019 年在运营高速公路里程超过 635 公里	
葛洲坝	2019 年运营高速公路 477 公里，污水处理厂 58 座，全年水务处理量为 3.99 亿吨，水电站 5 座，装机容量为 31.45 万千瓦，全年发电量为 7.85 万度，销售电量为 7.68 万度	2019 年公路运营公司营收为 23.3 亿元；2018 年公路、水务、水电运营收入分别为 19.18 亿元、6.40 亿元、2.43 亿元，利润总额分别为 7.33 亿元、1.22 亿元、2.37 亿元
北方国际	主要为老挝南湃水电站	2019 年项目收益为 3330 万元
隧道股份	预计主要为嘉浏高速和杭州钱江隧道	2019 年运营收入为 5.35 亿元，同比增长 7.89%，毛利润率为 61.7%
中国中铁	截至 2019 年报告期末公司 PPP（BOT）运营项目 37 个，主要包括轨道交通、高速公路、水务、市政道路、产业园区、地下管廊等类型，运营期均在 8~25 年。其中公司运营的 11 条高速公路总里程达 952 公里，报告期为公司 PPP（BOT）运营业务贡献了 90% 以上的收入。但 2019 年 12 月公司出售了持有 11 条高速公路的中铁高速 51% 的股权	2019 年运营收入为 29.9 亿元，同比增速为 3.64%，毛利润率为 47.71%，但出售中铁高速后 2020 年运营收入预计减少
中国中冶	预计主要为贵州三荔高速、三施高速等高速公路资产	

资料来源：2019 年各公司公告。

3 生产方式变革：
装配式建筑推动行业进入工业化时代

装配式建筑是指用工厂预制构件在工地装配而成的建筑，广义的装配式建筑包括预制装配式混凝土建筑、钢结构建筑、木结构建筑等。预制装配式是建筑工业化的主要特征之一，装配式建筑是工业化程度较高的建筑，建造方式一般是系统化设计、模块化拆分、工厂制造、现场装配。装配式建筑强调的是施工技术手段创新，即采用装配式（施工装配化）而不是以传统的现浇、湿作业或手工作业为主的建造方式。相较于现浇建筑，装配式建筑具有建造速度快、受气候条件制约小、节省材料、节约人员配备、安全环保、构件可循环利用等优点，在节能、节材和减排方面有明显优势，对助推绿色建筑发展、提高建筑生活品质和内涵、促进建筑业转型升级具有重要作用。

表1-7　装配式建筑相较于现浇建筑的优点

主要指标	装配式建筑优点
用水	节省约50%
木材	节省约80%
施工能耗	降低约20%
建筑垃圾	减少70%以上
施工周期	缩短25%~30%
砌筑、抹灰、砂浆	降低约60%

资料来源：住房和城乡建设部。

预制装配式混凝土结构（Precast Concrete Structure，PC结构）是目前装配式建筑的主流，也是建筑产业现代化的重要形式之一，集中应用于中高层住宅，典型企业如上海建工、中国建筑设计院、宝业集团、万斯达等。钢结构建筑是一种正在兴起的装配式建筑，其与PC结构的不同在于，钢结构建筑主要承重构件全部采用钢材制作，广泛应用于场馆厂房、桥梁工程和中低层住宅等，典型企业如中建钢构、鸿路钢构、精工钢构、东南网架、宝冶集团等。现代木结构集传统木结构建筑材料和现代加工、建造技术于一体，但受森林资源和建造成本制约，行业体量较小，典型企业主要是板材类企业，如平潭发展、康欣新材等。

表1-8　装配式建筑三种结构对比

结构特征	PC结构	钢结构	木结构
工业化程度	高	最高	高
生态环保性能	较好	好	最好
工期	较短	最短	短
抗压强度	最高	较高	略低于超轻钢结构
导热系数	较小	最大	最小
主材自身防火性能	好	较差	差
主材自身防腐性能	好	较好	差
主材自身防虫性能	较好	最好	差（主要是白蚁）
结构抗震性能	一般（7度）	很好（9度）	很好（9度）
结构隔音性能	较好	较好	较好
结构主材资源	丰富	丰富	缺乏
建造成本	略低	较高	最高
适应建筑类型	别墅、多层、高层	三层及以下建筑	三层及以下建筑

资料来源：远大住工. 装配式混凝土结构、木结构、轻钢结构三种绿色建筑类型比较［EB/OL］. http://www.wenku.baidu.com。

装配式建筑如同制造业，其产业链主要包括研发设计、生产制造、安装与维护等环节。装配式建筑的上游包括技术研发、技术咨询、规划与整体设计，中游包括构件部品工厂化生产、构件吊装与现场施工、室内外装修，下游包括市场销售、物业管理、拆除及报废、建筑垃圾资源化处理，每个阶段均坚持"四节一环保"的原则。若按行业/领域划分，装配式建筑产业的上游领域主要是水泥、钢铁、木材等生产商，下游领域主要包括工业建筑、住宅、酒店、办公楼、电力塔、铁路及桥梁建设等服务对象。

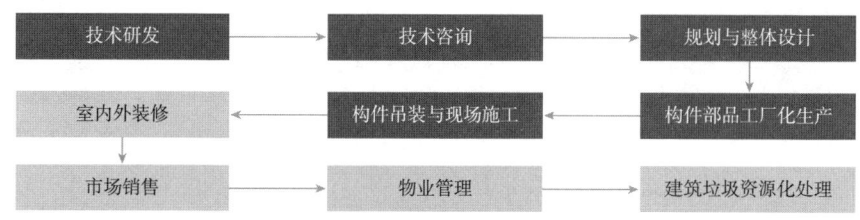

图 1-25　装配式建筑全产业链流程

（资料来源：齐宝库等. 基于产业链的装配式建筑相关企业核心竞争力研究 [J]. 建筑经济, 2015 (8)）

我国的装配式建筑起步于 20 世纪 50 年代，最初是从研究装配式混凝土建筑的设计施工技术开始，逐渐形成一系列装配式混凝土建筑体系，到 20 世纪 80 年代，由于人民居住需求的快速释放，装配式混凝土建筑的应用达到全盛时期。20 世纪 90 年代中期，由于对抗震的整体性和设计施工管理的专业化研究不够，装配式混凝土建筑逐渐被全现浇混凝土建筑体系取代，造成预制结构发展长期处于停滞状态。但近年来随着装配式建筑的技术研究逐渐改善、劳动力成本上升以及对绿色建筑的呼声日益增强，我国正迎来装配式建筑发展的新阶段。

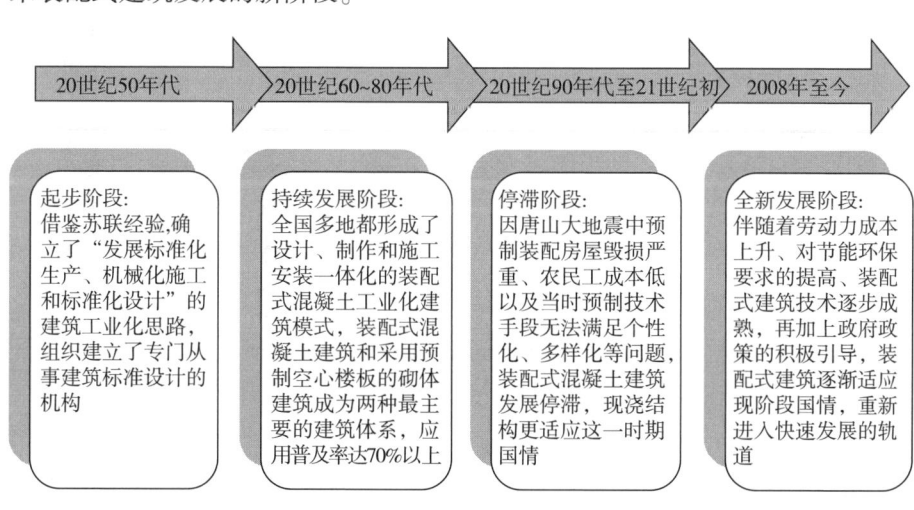

图 1-26　我国装配式建筑发展历程

（资料来源：李海建等. 装配式建筑的发展现状和前景分析 [J]. 中国建材科技, 2017 (3)；易晓园等. 我国装配式建筑的发展历程和技术体系与前景 [J]. 科技资讯, 2017 (34).）

自 2014 年以来，国内连续出台多项重要政策文件，推进装配式建筑发展。2014 年之前住房和城乡建设部对于装配式建筑的描述较为定性，关于装配式建筑的政策较少，2013年住房和城乡建设部印发《"十二五"绿色建筑和绿色生态城区发展规划》首次明确提出要加快形成装配式混凝土、钢结构等工业化建筑体系。2016年国务院办公厅印发《关于大力发展装配式建筑的指导意见》，提出"力争用10年左右的时间，使装配式建筑占新建建筑面积的比例达到30%"的定量要求，标志着我国装配式建筑进入全新发展阶段。2017年之后政策制定更为细化，《"十三五"装配式建筑行动方案》出台，方案规定到2020年全国装配式建筑占新建建筑的比例达到15%以上，其中重点推进地区、积极推进地区和鼓励推进地区分别大于20%、15%和10%；国务院办公厅印发的《关于促进建筑业持续健康发展的意见》要求：力争用10年左右的时间，使装配式建筑占新建建筑面积的比例达到30%。根据住房和城乡建设部数据，2019年我国装配式建筑面积约为4.2亿平方米，同比增长44.64%，新建装配式建筑面积占新建建筑面积的比例约为13.4%。

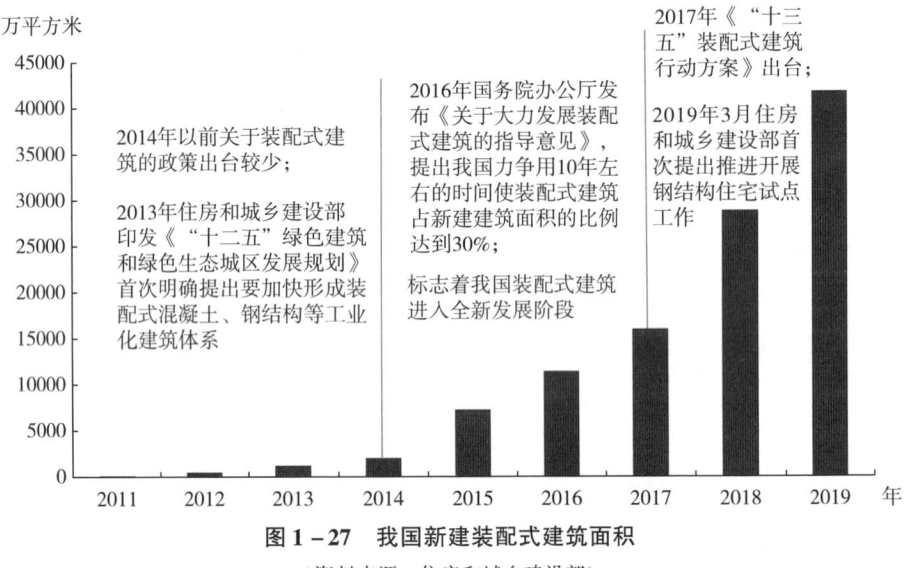

图1-27 我国新建装配式建筑面积

（资料来源：住房和城乡建设部）

在具体执行层面，各级政府也都针对性地出台了相应规划和举措。根据住房和城乡建设部数据，截至2018年底，各省市使用的激励政策主要包括：用地支持、财政补贴、专项资金支持、税费优惠、容积率支持、评奖优先、信贷支持、审批引导、消费引导、行业扶持10个小类。在政策使用比例方面，税费优惠政策超过90%，用地、财政和容积率支持均超过50%，支持政策不断出台，为推动建筑装配式发展创造了条件，但消费引导的方式目前只在浙江、福建、湖北和湖南四省份有所使用。

表1-9 截至2018年底我国各地装配式建筑补贴激励政策按类别分布情况

项目	华北					华东							华中			华南			东北			西北					西南				
	北京	天津	河北	山西	内蒙古	上海	江苏	浙江	安徽	福建	江西	山东	河南	湖北	湖南	广东	广西	海南	黑龙江	吉林	辽宁	陕西	宁夏	青海	甘肃	新疆	重庆	四川	贵州	云南	西藏
减税退费	√		√	√		√	√	√		√	√	√				√	√		√	√	√	√		√	√	√	√	√	√	√	√
财政补贴	√					√	√	√	√	√	√	√			√	√	√	√	√		√		√				√	√	√	√	√
专项资金	√															√												√			√
信贷支持							√	√		√	√	√			√	√			√		√	√					√		√		√
用地支持	√										√	√			√						√						√	√	√		√
容积率奖励	√							√				√				√												√			√
行业扶持	√																√		√				√				√	√		√	
审批引导	√		√					√							√		√													√	
消费引导															√																

资料来源：住房和城乡建设部。

从各地区针对装配式建筑的规划目标来看，**目前装配式住宅渗透率仍不高**。根据各地方住建部门数据，28%的地区明确提出到2020年实现装配式建筑占比达到30%及以上的目标，38%的地区制定了试点示范期，到2020年实现装配式建筑占比达到15%~20%的目标，因此我们判断装配式建筑目前在全国的渗透率仍不高，且存在着区域发展差异较大的现象。装配式建筑发展较快的上海、浙江等地对装配化率作出进一步要求。由于装配化率是针对单体建筑而言的，装配化率=建筑中预制构件/建筑部品数量（或面积），具体公式含义为占同类构件或部品总数量（或面积）的比率，其更能代表建筑工业化的前进方向，**未来装配化率将是装配式建筑政策着力强调的方向之一**。

从装配式建筑的结构形式上看，2019年新开工装配式建筑面积中混凝土、钢、木、其他结构的占比分别为65.4%、30.4%、0.6%、3.6%；按下游分，商品住房、保障性住房、公共建筑、农村旅游景观、其他占比分别为40.7%、13.4%、21.6%、0.8%、23.5%。2019年新开工装配化装修建筑面积为4529万平方米，而2018年仅为699万平方米，增长迅速。2020年住房和城乡建设部已启动编制装配式装修技术体系发展指南（居住建筑），我们预计未来随着行业技术趋于成熟，装配式装修有望在成本端取得较大改善，逐步提升产品竞争力。

钢结构建筑在装配式建筑中具有显著优势，住宅、学校和医院等领域钢结构的渗透率有望进一步提升。钢结构建筑具有优越的保温、隔音、防火、防虫、节能、抗震、防潮功能，且随着现场施工范围的缩小，现浇将逐步被工厂预制所取代。钢结构建筑建造速度快，受限条件小，节省劳动力，并且可以提高建筑质量；不仅能减少建筑原材料的使用，还能促进我国装配式住宅实现工业化、绿色化、标准化的目标，符合我国可持续发展政策。目前钢结构建筑广泛应用于大跨度工业厂房、单层和多层厂房、仓储、库房、大型公共设施等领域，但2017年钢结构住宅的占比仅为4%左右，学校、医院占比仅为1%左右，我们预计住宅、学校和医院等领域的渗透率有望进一步提升。

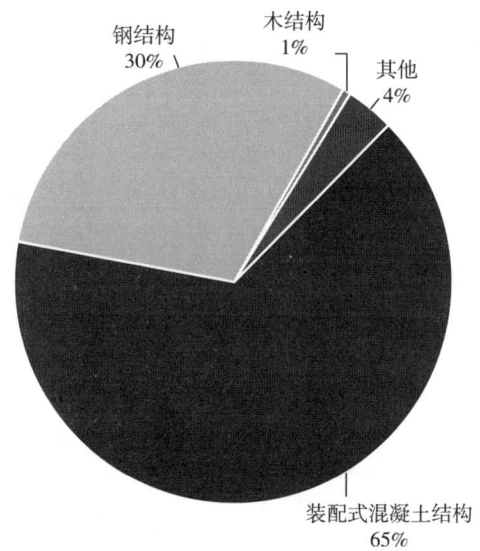

图1-28 各地装配式建筑占新建建筑面积比例目标分布图（数据截至2020年）

（资料来源：住房和城乡建设部）

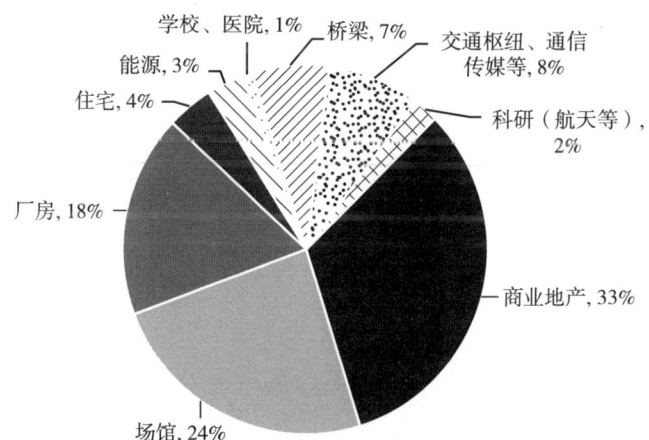

图1-29 2017年我国一定规模钢结构工程项目中不同建筑类型占比

（资料来源：中国建筑金属结构协会钢结构分会）

第二部分 建筑行业三大下游成长空间及周期波动

1 房建：短看产品周期，长看城镇化及人口结构[①]

房建作为一种建筑产品，从库存角度看是指从项目新开工到竣工交付的建筑产品周期，其产业链传导链条是"新订单—新开工—施工—竣工"，通常需要 2～2.5 年完成，其长度略短于房地产产业链"拿地—招投标（建筑新订单）—新开工—施工—竣工—交付地产商—交付业主"的地产产品周期（2.5～3 年）。

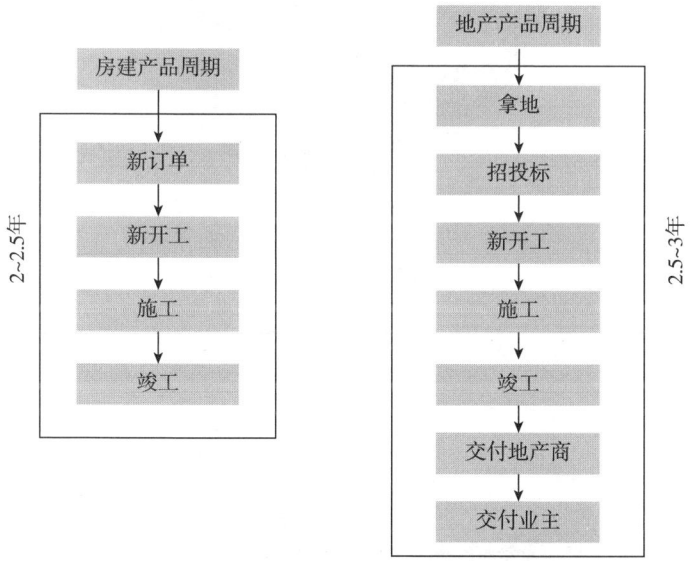

图 2-1 房建和地产产品周期示意图对比

1.1 库存：住宅存量规模庞大，商品住宅去化成果显著

目前住宅仍是房屋建筑的重点领域，2019 年房地产开发口径下的住宅竣工面积为 6.8 亿平方米，同比增长 3.0%，占地产全部房屋竣工面积的 71%；建筑业口径下的住宅竣工面积为 27.11 亿平方米，较 2018 年仅减少 7350.21

---

① 本部分内容完成于 2020 年 5 月。

万平方米,占建筑业全部房屋竣工面积的 67%。从同比增速上我们发现,自 2007 年以来房地产竣工面积同比增速与商品房住宅竣工面积同比增速几乎一致。从建筑业口径看,随着厂房、商业服务和办公楼建设进入稳定期,建筑业竣工面积同比增速与建筑业住宅竣工面积增速的走势也基本一致。

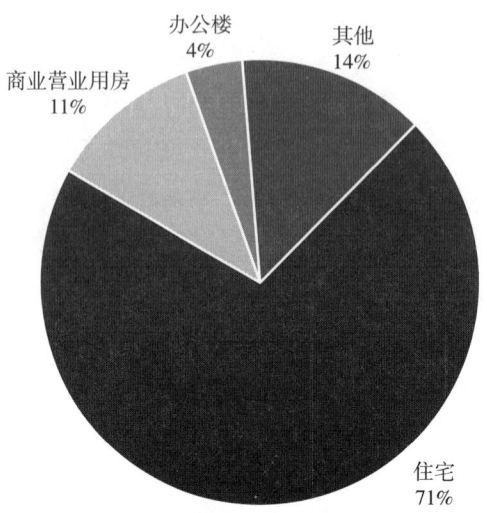

图 2-2　2019 年房地产房屋竣工面积构成

(资料来源:Wind 数据库)

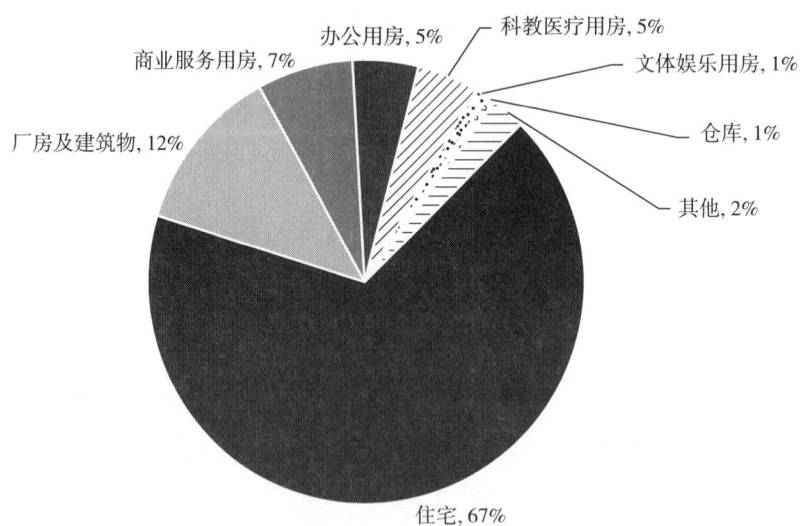

图 2-3　2019 年建筑业房屋竣工面积构成

(资料来源:Wind 数据库)

图 2-4　商品房屋与住宅竣工面积同比增速

（资料来源：Wind 数据库）

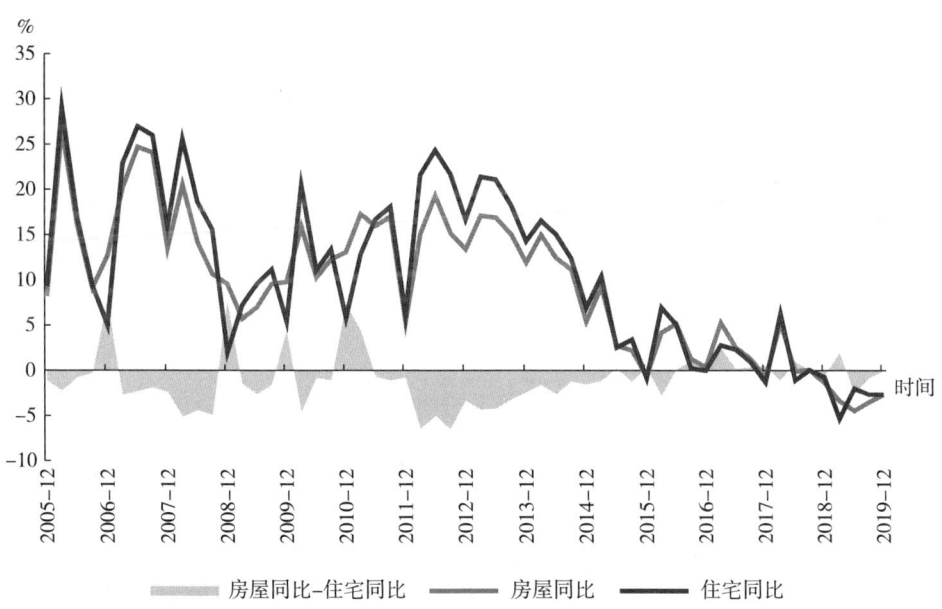

图 2-5　建筑业房屋与住宅竣工面积同比增速

（资料来源：Wind 数据库）

目前我国住房存量规模庞大。根据中国人民银行调查统计司城镇居民家庭资产负债调查课题组发表的《2019年中国城镇居民家庭资产负债情况调查》，2019年我国城镇居民户均拥有住房1.5套，考虑到四舍五入的情况，我们假设我国城镇居民户均拥有住宅1.45~1.54套，2019年末我国城镇总人口8.48亿人，按照样本统计披露的户均人数3.2人（本次调查共覆盖城镇居民99868人，共计31100户城镇居民家庭）计算，我国城镇居民拥有房屋套数为3.84亿~4.08亿套。若按照每套房屋面积80~95平方米测算，则城镇房屋存量面积为307.2亿~387.6亿平方米，住房存量规模庞大。

去库存成果显著，商品房住宅库存处于历史低位。2019年12月末，狭义商品房库存2.25亿平方米，较2018年12月末下降10.43%，处于2013年以来的历史新低位，最近6个月平均销售面积为1.33亿平方米，去化周期仅为1.61个月。广义住宅商品房库存9.75亿平方米，与2018年末广义住宅商品房库存基本持平，广义库存去化周期6.97个月，自2014年10月以来广义库存去化周期持续缩短，目前广义去化周期已处于2010年以来的历史低位。2017年4月住房和城乡建设部、国土资源部共同发布的《关于加强近期住房及用地供应管理和调控有关工作的通知》，明确要求根据住房库存情况调整土地供应：对消化周期在36个月以上的，应停止供地；18~36个月的，要减少供地；6~12个月的，要增加供地；6个月以下的，不仅要显著增加供地，还要加快供地节奏。目前商品房住宅库存处于历史低位，去化周期较短。

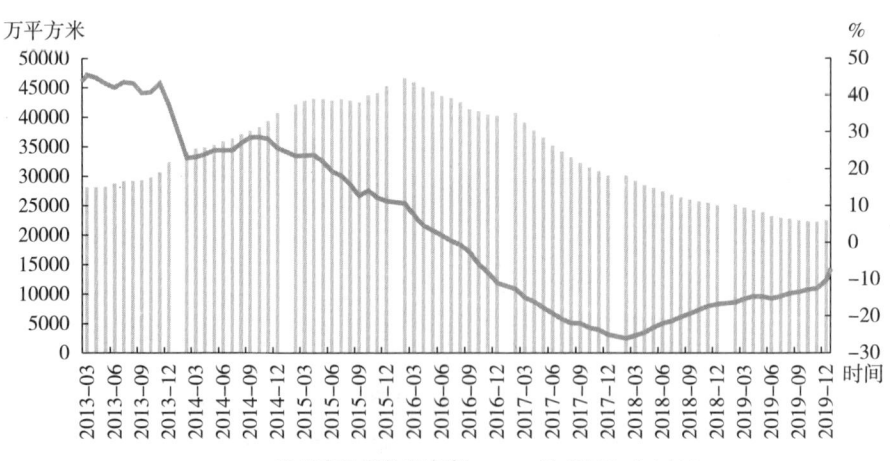

注：狭义商品房住宅库存是指商品房住宅待售面积。

图2-6 狭义商品房住宅库存面积及增速
(资料来源：国家统计局)

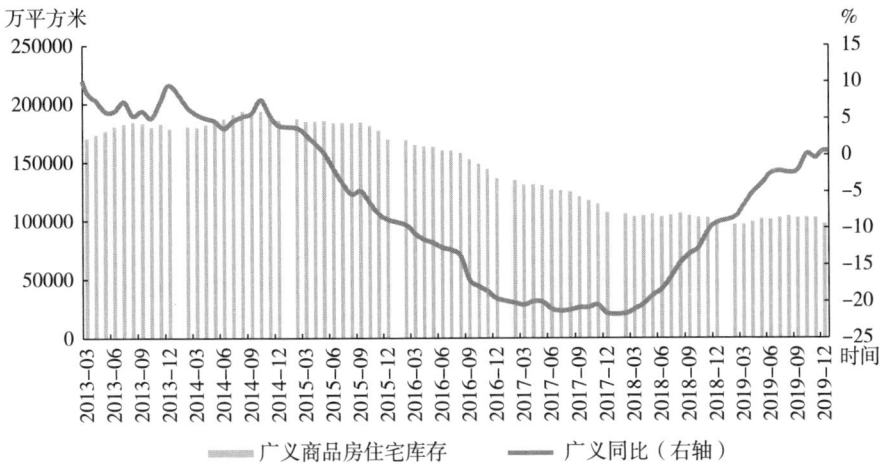

注：广义商品房住宅库存面积＝历年累计新开工面积×0.9－历年累计销售面积，累计数据从1992年算起，假设1992年之前没有商品房住宅存量。

图 2-7 广义商品房住宅库存面积及增速
（资料来源：国家统计局）

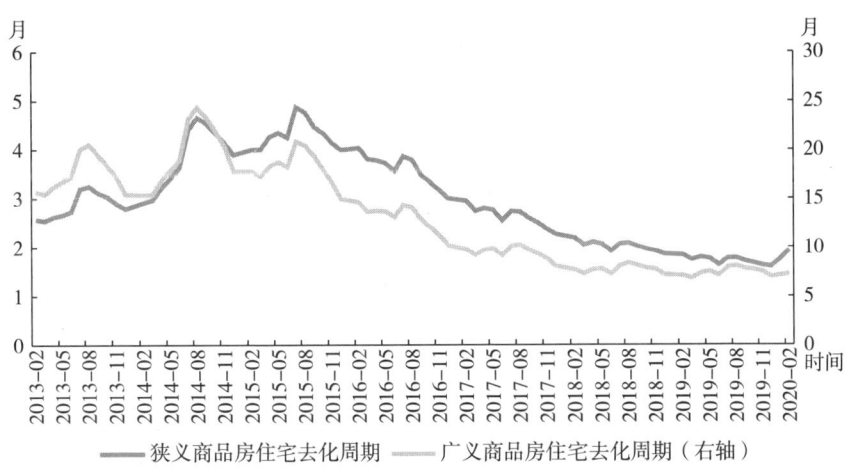

注：去化周期＝库存/最近6个月商品房住宅销售面积的平均值。

图 2-8 狭义和广义商品房住宅去化周期
（资料来源：Wind 数据库）

1.2 新开工：销售面临下滑压力，弱化新开工动力

从周期视角看，商品房销售面积增速存在三年周期，2018年之后政策逐渐熨平周期，地产销售增速趋于平缓。自2005年以来，商品房销售面积

同比增速出现了四次波峰、三次谷底，四个波峰间隔周期分别为48个月、36个月、36个月，三个谷底间隔周期分别为35个月、34个月。2019年末商品房累计销售面积为17.16亿平方米，同比下降0.06%，增速较2018年下降1.36个百分点；其中商品住宅累计销售面积为15.01亿平方米，同比增长1.50%，增速较2018年下降0.67个百分点。受地产限购、限贷、限售政策的影响，近两年地产销售增速逐渐趋于平缓。

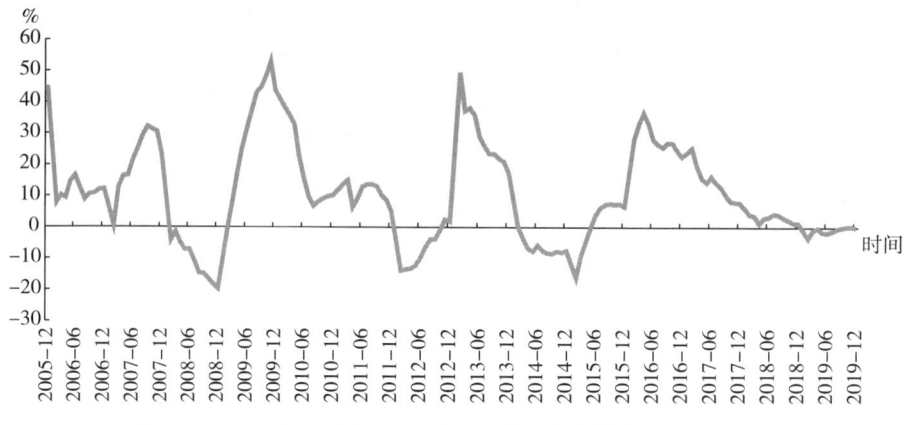

图2-9 2005年12月至2019年12月商品房销售面积同比增速

(资料来源：国家统计局)

从政策端看，销售直接随政策影响波动，未来销售下行压力较大。从地产传导逻辑来看，商品房销售面积增速主要受政策影响，2008年救市、2012年前半年持续宽松的货币政策推动了销售面积强势上涨，而2009年的"国四条"、2010年的"新国十条"、2013年的"新国五条"、2016年的限购限售等均导致销售同比持续下降。自2019年5月中国银保监会下发《关于开展"巩固治乱象成果促进合规建设"工作的通知》（以下简称"23号文"）以来，房地产融资连续出台针对性收紧政策，信托、境内债、境外债、开发贷等房地产传统融资渠道相继被加强监管，是自2008年以来最严格的一轮融资收紧周期。我们认为此次融资端的管控背景在于对房地产行业的去金融化思考，所以在"不让更多资金流向房地产领域"的定调下，房地产行业的融资管控可能在中期会趋于常态化，未来地产销售仍存在下行的压力。

新开工滞后销售2~3个季度，但近几年逐渐趋向同步。按照地产产业链传导关系，当销售回款后，资金就会传导至房屋新开工端，造成新开工面积同比增速一般滞后于销售2~3个季度。2013年之后，由于自筹资金增加，且叠加政策端的收紧，销售回款作用减弱，销售与新开工的领先滞后关系弱化，二者表现趋于同步。此外值得注意的是，2018年之后，新开工增速明显高于销售增速。一方面，基于融资收紧的压力，房企为加速回款继续抢跑；另一方面，在全市场房价预期已充分管理到位的背景下，房企对周转的诉求更为强烈。我们认为，新开工的持续性将面临挑战：一方面，在棚改力度大幅收缩的背景下，全国销售面临下滑的压力，这将弱化房企新开工动力；另一方面，房企经历两年抢跑期，叠加2019年补库力度不足，有限的储备也将阻碍新开工进一步增长。同时，三线及以下城市在2018—2019年都呈现高增速，两方面阻碍因素更为突出，2020年地产新开工增速面临一定的下行压力。

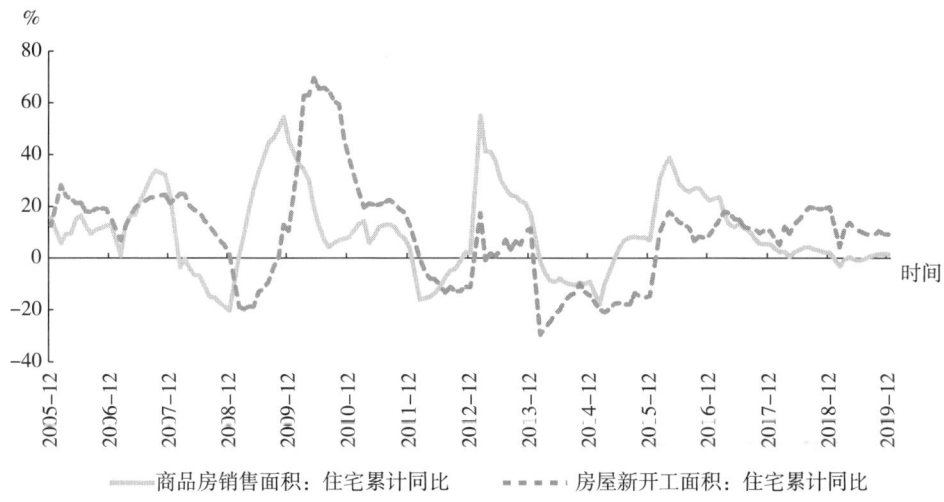

图2-10 销售增速领先新开工增速2~3个季度
(资料来源：Wind数据库)

2019年全国房地产开发企业土地购置面积为2.58亿平方米，同比下降11.40%，降幅较2018年下降25.6个百分点。2019年土地成交价款为1.47万亿元，同比下降8.70%，降幅较2018年下降26.7个百分点。2019年房地产开发投资中的土地购置费为4.17万亿元，同比增长14.5%，增幅较2018年下降42.5个百分点。2020年土地购置费在2019年的基础上仍有一定回落，核心原因在于融资收紧降低房企再投资意愿，土地市场已从2019年第三季度开始转入淡季，这点在三线及以下市场表现更为明显。通常新开工面积同比增速滞后土地成交面积增速4~6个月，因此从土地成交面积角度来看，2020年地产新开工面积增速也存在一定下行的压力。

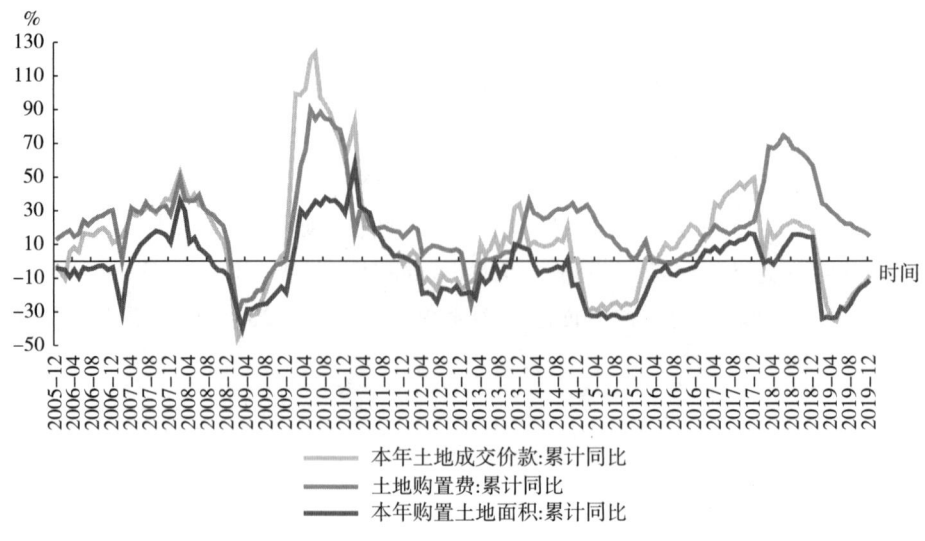

图 2-11 房地产土地购置面积累计同比

（资料来源：Wind 数据库）

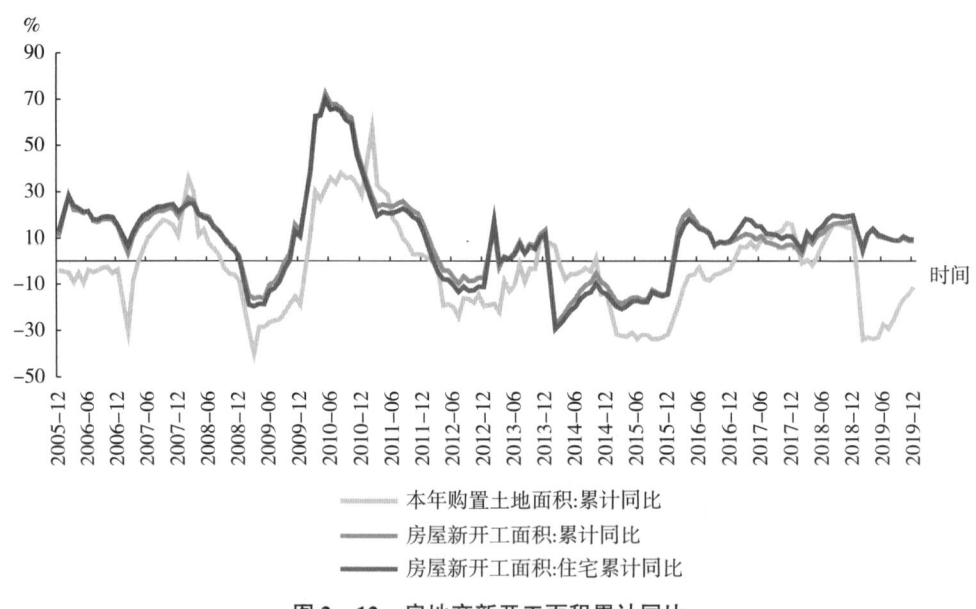

图 2-12 房地产新开工面积累计同比

（资料来源：Wind 数据库）

1.3 竣工：多重需求驱动，竣工面积迎修复周期

竣工与销售、新开工相关性较强，滞后销售 2～3 年，滞后新开工 1～2 年。销售对于竣工有较强的指引性，2011 年以前，销售与竣工的时滞约为 2 年，2013 年的地产销售高峰一直到 2016 年兑现，时滞拉长到 3 年；但在 2016 年之后，销售与竣工趋向于同步，地产开发商在长效机制预期下施工转向"以销定产"，2016 年销售高峰兑现到竣工的时滞会进一步拉长，预计会在 3.5～4 年。但自 2016 年以来，新开工面积增速也会影响竣工面积增速，一般领先竣工 1.5～2 年，但竣工增速由于施工过渡波动相对更小，变化相对更加平滑。2010—2019 年，地产竣工面积复合增速为 2.8%，2019 年地产竣工面积同比增速为 2.6%，其中地产住宅竣工面积同比增速为 3.0%，竣工面积增速近 3 年首次回正，且在 2016—2018 年地产新开工、竣工同比增速差持续扩大，2019 年二者之间的剪刀差显著收敛，竣工和新开工的缺口开始迎来修复，后续竣工的回暖有望持续。

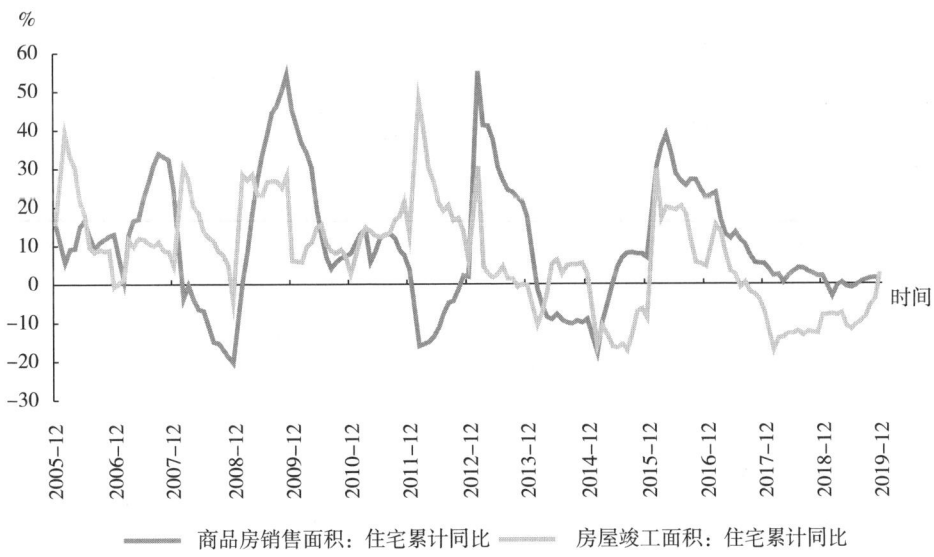

图 2-13 竣工滞后销售 2～3 年

（资料来源：Wind 数据库）

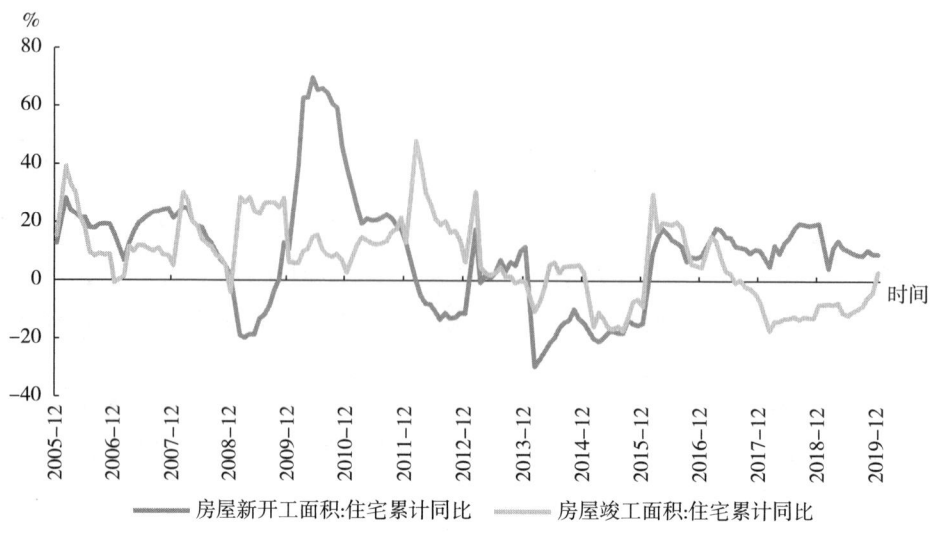

图 2-14　竣工滞后新开工 1.5~2 年

(资料来源：Wind 数据库)

1.4　房建中长期需求取决于城镇化及人口结构

住宅市场存在三类重点需求，城镇化需求仍是主要驱动力。根据中国指数研究院的数据，2018—2020 年城镇住房需求主要由三个方面组成：一是城镇化需求，即人口从农村迁徙到城镇带来的新增住房需求，该类新增城镇人口带来的住宅需求占比约为 40.1%；二是改善需求，是指随着收入提高，追求更高生活品质带来的改善性住房需求，该类需求约占 26.2%；三是拆迁改造需求，是指存量住房由于不能满足居住需求或城市发展规划等而不得不进行的拆迁重建，该类需求约占 33.7%。

自 2011 年以来，大型高周转房企龙头在京津冀、长三角、珠三角、长江中游及成渝 5 个城市群拿地面积占总拿地面积六成以上，而从一线、二线和三四线城市占比来看，20 家代表企业拿地金额在一线城市的占比从 2015 年的 46% 下降至 2019 年上半年的 10.2%，而在二线城市的拿地金额占比从 2015 年的 40.7% 提升至 2019 年上半年的 60.5%，三四线城市的拿地金额占比从 2015 年的 13.3% 提升至 2019 年上半年的 29.3%。

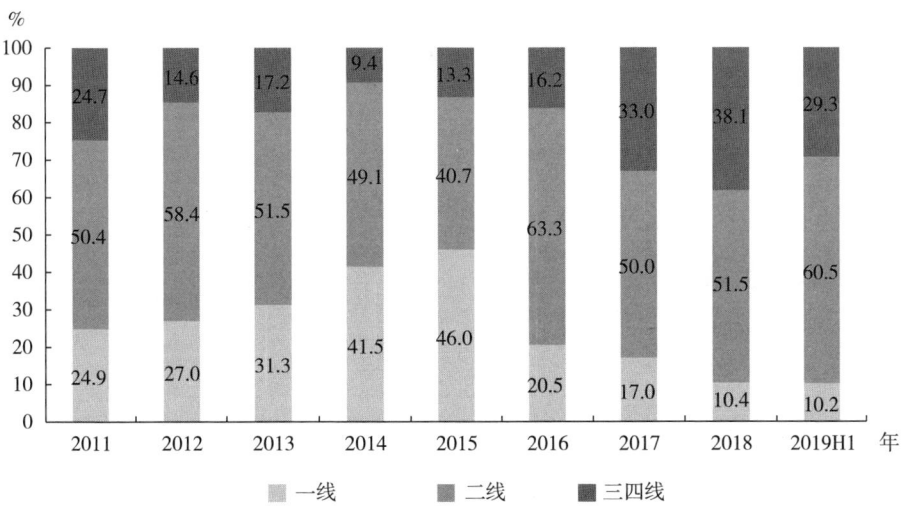

图 2-15 自 2011 年以来 20 家代表企业拿地金额在各等级城市的分布

(资料来源：中指数据)

城镇化进程持续推进，人口稳步增长，城镇住宅需求存量持续增加。 自改革开放以来，我国城镇化进程处于快速推进阶段，城镇化率提升较快。2019 年全国常住人口城镇化率为 60.6%，较 2011 年增加 9.3 个百分点，同时 2019 年末全国总人口达到 14 亿人，城镇常住人口达到 8.48 亿人，2020 年 4 月国家发展改革委印发《关于 2020 年新型城镇化建设和城乡融合发展重点任务的通知》（以下简称《通知》），《通知》中提到加快实施新型城镇化战略，活化人口流动和落户政策，增强城市群和城乡一体化建设，完善城市新型基建，我们预计城镇常住人口的增长将持续推动对城镇住宅的需求。

政策差别调控支持改善需求，保障性安居工程略超预期构建强支撑。 2017 年 12 月召开的全国住房城乡建设工作会议指出，2018 年将针对各类需求实行差别化调控政策，满足首套刚需、支持改善需求、遏制投机炒房。随着人们品质需求的日益增长，我们预计改善性住房也将逐渐成为住房需求的重要组成部分。

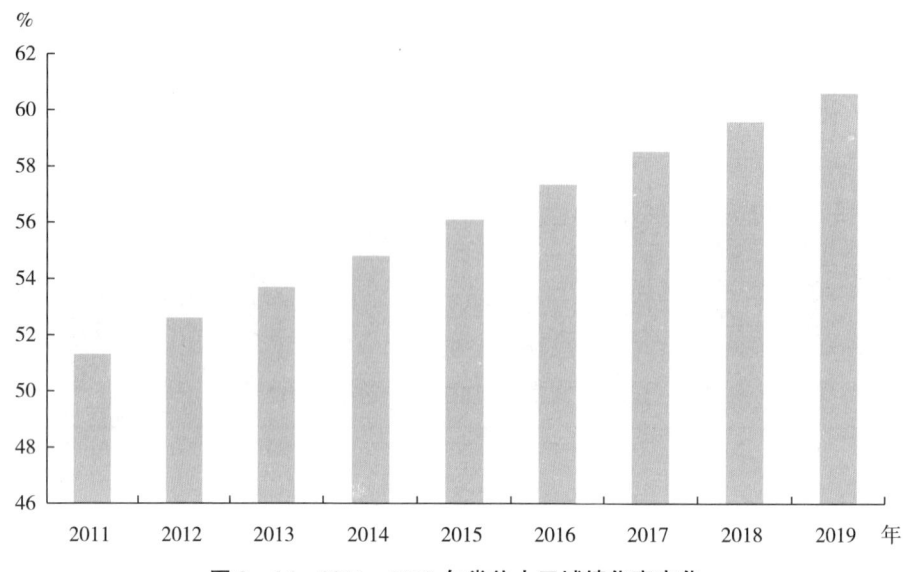

图 2-16 2011—2019 年常住人口城镇化率变化

(资料来源：国家统计局)

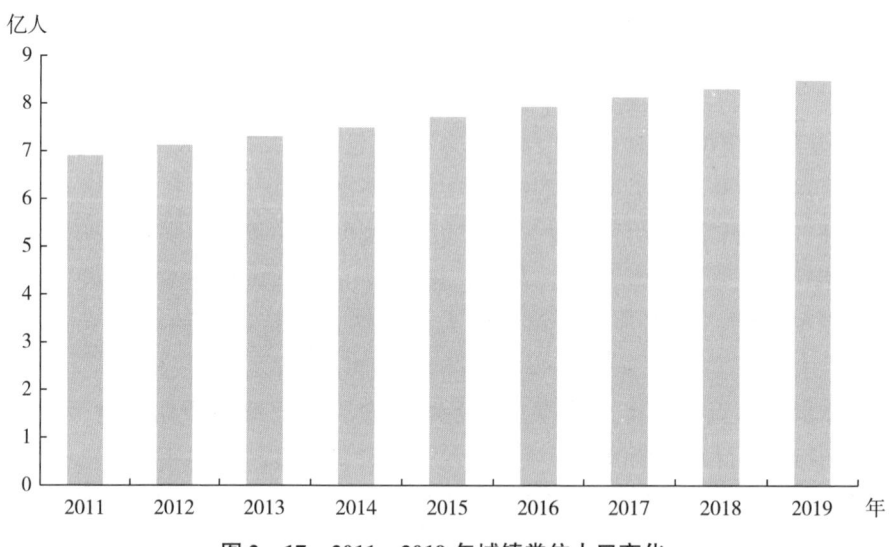

图 2-17 2011—2019 年城镇常住人口变化

(资料来源：国家统计局)

此外，自"十二五"时期以来保障性安居工程一直是民生重点工程，但建设重心从之前大规模的经济适用性房、公租房/廉租房建设转移到了更有效解决低收入家庭住房困难的棚户区改造建设。《住房城乡建设事业"十三五"规划纲要》要求,"十三五"时期全国开工改造各类棚户区住房2000万套,力争到2020年基本完成现有城镇棚户区、城中村和危房改造。根据国家统计局数据,2016—2019年全国棚改累计开工2157万套,累计建成1896万套,其中2019年开工316万套,基本建成254万套,相当于2015—2018年每年500万~600万套规模的一半。尽管2017年5月,国务院常务会议曾提出启动新的三年棚改攻坚计划,即2018—2020年改造各类棚户区1500万套,但我们预计2020年只需基本建成104万套即可完成"十三五"2000万套的规划目标,我们假设2020年预计完成100万套保障性住房和161万套棚改房,若按保障性住房套均60平方米和棚改房套均50平方米的标准测算,测算二者合计新增保障性安居工程1.40亿平方米。

表2-1 2011—2020年保障性安居工程竣工套数及面积估算

单位:万套、亿平方米

项目	2011年	2012年	2013年	2014年	2015年	2016年	2017年	2018年	2019年	2020E
保障性安居工程	432	601	544	551	772	659	754	611	354	261
其中:保障性住房	350	341	224	81	192	132	150	100	100	100
棚改房	250	260	320	470	580	527	604	511	254	161
保障性安居工程	3.35	3.35	2.94	2.98	4.05	3.43	3.92	3.16	1.87	1.40
其中:保障性住房	2.10	2.05	1.34	0.49	1.15	0.79	0.90	0.60	0.60	0.60
棚改房	1.25	1.30	1.60	2.35	2.90	2.64	3.02	2.56	1.27	0.80

资料来源:历年政府工作报告,Wind数据库。

总量预测:若地产开发商不参与保障性安居工程的开发与建设,即剔除保障性安居工程的竣工量,我们对商品住宅的竣工需求进行估算,并作如下假设:

- 总人口数:参考2017—2019年人口增长的复合增长速度0.36%,预计2020年我国人口数量大约是14.05亿人;

- 常住人口城镇化率：根据《国家人口发展规划（2016—2030年）》，常住人口城镇化率继续推进，按照2017—2019年城镇化率提升幅度，2020年我国城镇化率将达到61.64%；
- 城镇居民人均住宅面积：随着基数的增大，调整2020年城镇居民人均住宅面积年均复合增长率至0.90%；
- 存量住宅拆迁率（或称为存量住宅折旧率）：商品住宅的产权年限一般为70年，相当于1.5%的折旧率水平；
- 城镇保障性安居工程竣工套数及面积：2020年保障性安居工程竣工套数为261万套，其中棚改住房竣工161万套，保障性住房竣工100万套，竣工面积参考表2-1；
- 2020年城镇扩容新纳入面积为3.2亿平方米。

在上述假定条件下，我们测算得出2020年商品住宅总竣工需求量为**8.78亿平方米**，预计2020年商品住宅竣工面积同比增长**8.60%**。

表2-2 2011—2020年城镇住宅竣工实际及未来需求量测算

项目	2011年	2012年	2013年	2014年	2015年	2016年	2017年	2018年	2019年	2020E
总人口（亿人）	13.47	13.54	13.61	13.68	13.75	13.83	13.90	13.95	14.00	14.05
城镇化率(%)	51.27	52.57	53.73	54.77	56.10	57.35	58.52	59.58	60.60	61.64
城镇常住人口（亿人）	6.91	7.12	7.31	7.49	7.71	7.93	8.13	8.31	8.48	8.66
城镇人均住宅面积（平方米）	28.07	28.69	29.33	29.98	30.31	30.59	30.87	31.14	31.42	31.71
城镇住宅供给存量（亿平方米）	193.91	204.24	214.41	224.57	233.74	242.58	251.07	258.85	266.60	274.58
每年竣工需求量（亿平方米）	10.25	11.23	10.79	11.07	11.39	11.14	10.80	9.75	8.67	8.78
竣工需求量（同比）(%)	—	9.58	-3.95	2.64	2.83	-2.15	-3.06	-9.72	-11.14	1.37
城镇保障性安居工程竣工套数（万套）	432	601	544	551	772	659	704	611	354	261

续表

项目	2011年	2012年	2013年	2014年	2015年	2016年	2017年	2018年	2019年	2020E
城镇保障性安居工程竣工量（亿平方米）	3.35	3.35	2.94	2.98	4.05	3.43	3.62	3.16	1.87	1.40
商品住宅竣工量（亿平方米）	6.90	7.89	7.85	8.09	7.34	7.72	7.18	6.60	6.80	7.38
商品住宅竣工量（同比）（%）	—	14.29	-0.53	3.18	-9.37%	5.18	-6.92	-8.14	3.01	8.60

资料来源：Wind 数据库。

旧改接力棚改是我国城市发展的必然趋势。在旧改兴起之前，棚户区改造一直是我国保障性安居工程的重点民生工程。我国保障性安居工程在摸索中逐渐形成了保障性住房（公租房、廉租房等）、棚户区改造、农村危房改造三大体系，2019年老旧小区改造也被纳入该体系。2016年前后，中央城市工作会议和"十三五"规划提出五年完成城镇棚户区住房改造2000万套，2020年基本完成现有城镇棚户区、城中村和危房改造。而随着棚改货币化安置政策的进一步厘清，以及房地产市场去库存基本完成，棚改的历史使命也基本完成。

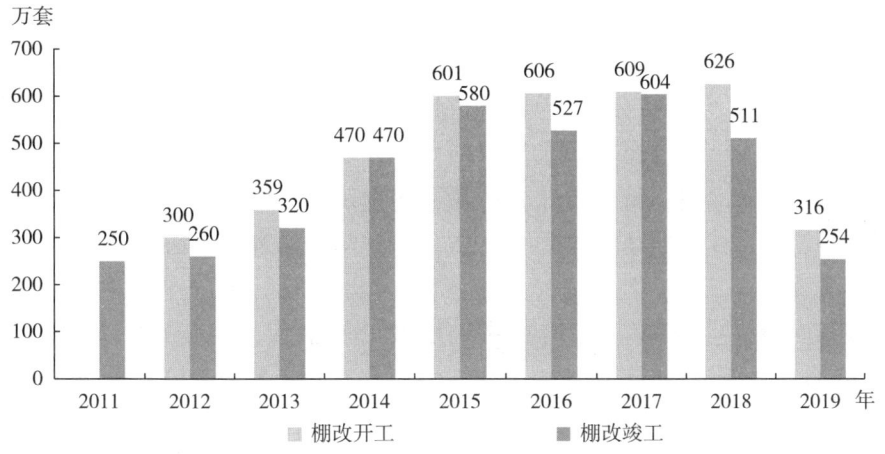

图2-18 2011—2019年棚户区改造开工和基本建成情况

（资料来源：国家统计局）

从政策、融资、市场规模等比较来看，老旧小区改造与棚户区改造存在诸多不同。自 2008 年以来，我国保障性安居工程的政策重点经历了 2008—2012 年的保障性住房、2013—2018 年的棚户区改造等不同政策阶段。从政策和市场比较来看，我们认为 2019 年是老旧小区改造启动的元年，而 2020 年将是实现大规模扩散的关键之年。

从改造需求来看，截至 2019 年，我国棚户区改造工程累计改造各类棚户区住房 4556 万套，其中 2013—2019 年累计改造 3266 万套。而根据住房和城乡建设部标准定额司 2019 年 5 月的介绍，其初步统计全国共有老旧小区近 16 万个，涉及居民超 4200 万户（套），建筑面积约 40 亿平方米，因此，从改造需求来看，老旧小区改造的套数总量并不低于棚改。

从改造单价来看，由于棚改涉及土地和完整的施工环节，因此改造成本相对较高。根据住房和城乡建设部数据，2013—2017 年全国棚改累计完成投资约 6 万亿元，若按竣工 2501 万套估算，平均每套投资约 24 万元；根据审计署 2017 年全国保障性安居工程跟踪审计结果，2017 年棚户区改造完成投资 1.84 万亿元，按当年竣工 604 万套估算，平均每套投资约 30 万元。而国务院参事仇保兴在 2019 年 3 月曾初步估算我国城镇老旧小区综合改造的投资总额可高达 4 万亿元，按此计算老旧小区改造平均每套投资最高可达 9.5 万元，改造的核心内容主要包括水、电、气、路、屋顶、外墙、电梯等。2020 年 4 月 14 日，国务院常务会议确定加大城镇老旧小区改造力度，要求当年改造城镇老旧小区 3.9 万个，涉及居民近 700 万户，比 2019 年增加一倍。按 9.5 万元最高户均改造投资估算，2020 年旧改市场规模约 6650 亿元，同比翻番。

未来财政、社会、居民三方共同出资可能是老旧小区改造的主流融资模式。《关于做好 2019 年老旧小区改造工作的通知》明确拓宽项目筹资来源，按照"谁受益，谁出资"的原则，明确居民出资责任，并指出居民出资来源可通过住宅专项维修资金及公共收益等渠道落实。而社会出资方面督促管线单位落实责任，通过直接投资、落实资产权益等方式参与改造，积极探索通过政府采购，新增设施有偿使用等方式引入社会资本。2020 年 4 月 14 日国务院常务会议提出，要多措并举加大积极财政政策实施力度，并抓紧按程序再提前下达一定规模的地方政府专项债，在老旧小区改造中，建立政府与居民、社会力量合理共担改造资金的机制，中央财政给予补助，地方政府专项债给予倾斜，鼓励社会资本参与改造运营。

2 基建：需求看经济增长，供给看政府资金状况[①]

2.1 基建需求取决于经济增长与人口产业集聚

中国基建投资占GDP比重最大，但长三角地区相比于日本投资强度仍不高。 2018年美国基建投资约为中国的20%，日本则略低于长三角地区，2018年中国、日本和美国三国基建占GDP比重分别为19.6%、3.7%和2%，中国基建投资对GDP增长的贡献更加明显。2018年美国、中国整体、日本、中国长三角地区的面积投资强度分别为41、184、349、443万元/平方公里，人均投资强度分别为1.14、1.26、1.05、0.71亿元/万人，可比维度下中国整体上的人均投资并不明显高于美国和日本，同样作为人口高密度区，长三角地区的人均投资强度明显低于日本，如果考虑到长三角地区和日本相比交通基础设施的存量水平存在明显差距，我们认为尽管当前中国基建占GDP的比重较高，但未来在需求带动下基建投资不大可能出现滑坡。

从计划性角度看，未来我国的基建需求仍有望保持在高位，但从财政角度看，短期的基建投资仍然面临一定的压力。 经济社会发展及各领域建设投资的五年规划同样是预判我国基建投资需求的重要指标，目前我国长三角地区和日本的基建建设水平仍然存在比较明显的差距，而长三角是我国基础设施最发达的地区之一，因此我们认为在"十四五""十五五"阶段我国基建投资需求仍然可能保持在较高的水平，有望较"十三五"时期继续实现一定增长。但自2018年以来的地方政府去杠杆对包括地方融资平台在内的地方政府基建融资形成了一定压力，在经济降速、减税大背景下，2019年地方本级财政收入仅同比增长3.1%，而从行业常识来看，地方政府投资同样对我国基础设施投资具有显著影响，因此我们认为短期内地方政府财政收入端的压力可能对基建投资增速的向上弹性构成一定制约，但中长期基建需求向好，根基在于对中国经济保持稳定增长的信心。

[①] 本部分内容完成于2020年5月。

我们在 2020 年 4 月的报告《基建春来发新枝，旧改更著消费花》中，采用均值比较、拟合优度检验两种方法，挖掘了国内基建投资增速的短期影响因素，采用均值比较检验的方法，对 23 个国内宏观指标与基建投资增速之间的关系进行了广泛检验，宏观指标分类如表 2-3 所示。

表 2-3 使用均值比较与拟合优度检验的国内宏观指标类别

项目	指标名称
国民经济核算	GDP 不变价：当季同比
	GDP 累计同比贡献率：最终消费支出
	GDP 累计同比贡献率：资本形成总额
	GDP 累计同比贡献率：货物和服务净出口
	对 GDP 累计同比的拉动：最终消费支出
客运量	客运量总计：当月同比
	客运量总计：累计同比
用电量	全社会用电量：累计同比
货运量	铁路货运量：当月同比
	铁路货运量：累计同比
社融数据	社会融资规模存量：同比
	社会融资规模存量：人民币贷款同比
	社会融资规模存量：外币贷款（折合人民币）同比
	社会融资规模存量：委托贷款同比
	社会融资规模存量：信托贷款同比
	社会融资规模存量：未贴现银行承兑汇票同比
	社会融资规模存量：企业债券同比
	社会融资规模存量：非金融企业境内股票同比
	社会融资规模存量：政府债券同比
	社会融资规模存量：存款类金融机构资产支持证券同比
	社会融资规模存量：贷款核销同比

资料来源：Wind 数据库。

对于基建投资，将上述指标中月均超额增长率大于 10% 的指标展示如表 2-4 所示。GDP 累计同比贡献率对资本形成总额、GDP 累计同比贡献率对货物和服务净出口、社融规模存量之贷款核销同比等指标上行或指示下月基建投资增速上行。其余指标月均超额增长率虽小于 10%，但也可能对基建投资增速存在影响。

表2-4 或能指示基建投资增速变动方向的宏观指标　　　　　单位:%

指标名称	月均超额增长率	指标方向
GDP累计同比贡献率：资本形成总额	35.23	正向
GDP累计同比贡献率：货物和服务净出口	34.61	正向
对GDP累计同比的拉动：资本形成总额	20.57	正向
社会融资规模存量：贷款核销同比	15.57	正向
对GDP累计同比的拉动：货物和服务净出口	15.16	正向

资料来源：Wind数据库。

研究发现，社融规模存量等同比指标与下期基建增速正相关。客运量、各类社融同比、GDP不变价同比等指标与下月基建投资增速存在显著的正相关关系，存款类金融机构资产支持证券同比（对社融规模有负向拉动）则与基建投资增速存在显著的负相关关系。

表2-5 或能指示基建投资增速的宏观指标

指标名称	β	p值	显著性	3月变动方向
客运量总计：累计同比	0.78	0.000	***	—
社会融资规模存量：同比	0.60	0.000	***	↑
社会融资规模存量：人民币贷款同比	0.81	0.000	***	↑
社会融资规模存量：外币贷款（折合人民币）同比	0.20	0.000	***	↑
社会融资规模存量：委托贷款同比	0.31	0.000	***	↑
社会融资规模存量：信托贷款同比	0.25	0.000	***	↓
社会融资规模存量：企业债券同比	0.15	0.000	***	↑
社会融资规模存量：政府债券同比	0.90	0.000	***	↑
社会融资规模存量：贷款核销同比	0.31	0.000	***	—
GDP不变价：当季同比	1.43	0.008	**	—
社会融资规模存量：存款类金融机构资产支持证券同比	-0.16	0.003	**	↓

资料来源：Wind数据库。

在2020年3月的数据指标中，社融存量：人民币贷款同比，以及社融存量：委托贷款同比等多数正相关指标上行，负相关指标社融存量：存款类金融机构资产支持证券同比下行,或指示短期内基建投资增速上行。

2.2 区域结构:真实需求看中西部,投资实力看东部

基建投资的区域差异显著,我们重点关注其未来成长空间,最常用的方法是通过比较人均基础设施的地区间差异来衡量地区间的基础设施建设差距。一般而言,人均基础设施不足的地区未来的发展空间较大。但是该方法会因对人口范围的界定不同而有很大不同。为了避免这个问题,我们选择以房地产投资指标如"人均住宅面积"来测度城市化进程,以"人均道路面积"来表征居民基础设施存量,以"城镇居民生活用电量"表征当地真实活动人口。

整体来看,我国基建投资空间仍然比较大。全国道路长度和全国居民生活用电量增速基本一致,这验证了许多学术文献中以居民生活用电量表示真实人口活动需求的合理性。自 2003 年以来,全国道路长度和居民生活用电量增速基本稳定,但道路长度增速低于居民生活用电量的增速。此外,基建扩张速度也低于房地产扩张速度。一般来说,每增加一单位的居民生活用电,相当于增加一单位真实需求,必然需要一定的房屋和道路与之配套。

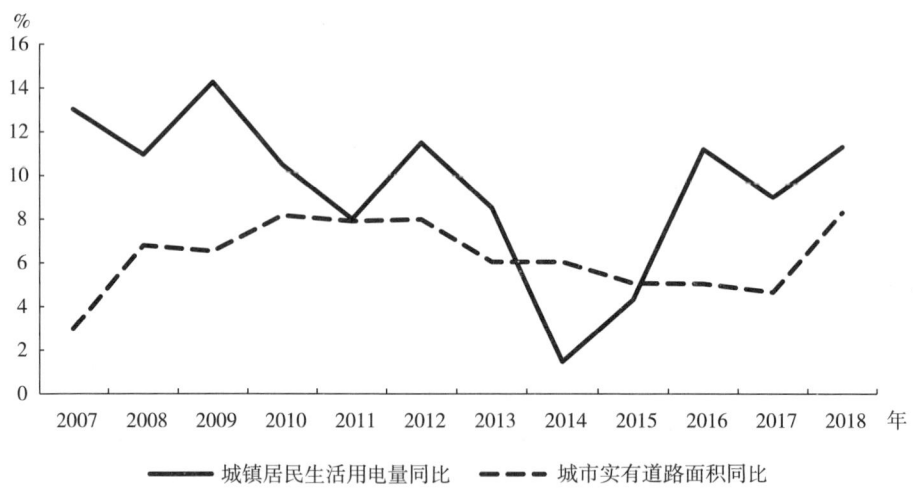

图 2-19 全国道路和居民生活用电增速比较

(资料来源:Wind 数据库)

分区域来看,我国中西部基建投资发展空间较大。从全国来看,我国当前以道路建设为代表的基建增速基本上符合需求,但低于房地产的扩张速度。从省级层面来看,我国中西部地区基建发展空间相对较大,尤其是

西部地区，基建需求相对更加旺盛。从基建投资和房地产投资匹配的角度来看，贵州、重庆、陕西、四川、宁夏、河南和辽宁等省份在未来3年到5年内基建发展空间较大；从基建投资和当地真实人口活动需求匹配的角度来看，贵州、陕西、重庆、广西、四川、河南、山西、天津和福建等省市在未来3年到5年内基建发展空间较大。

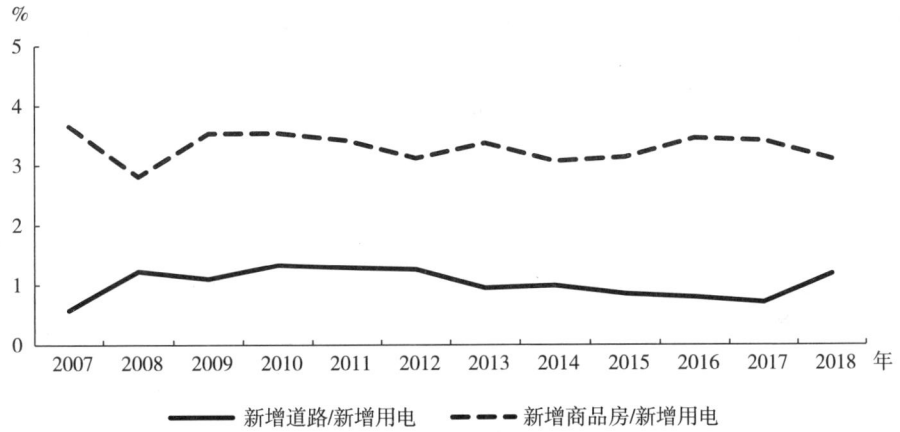

图2-20 基建投资与房地产投资实物量增速比较

（资料来源：Wind数据库）

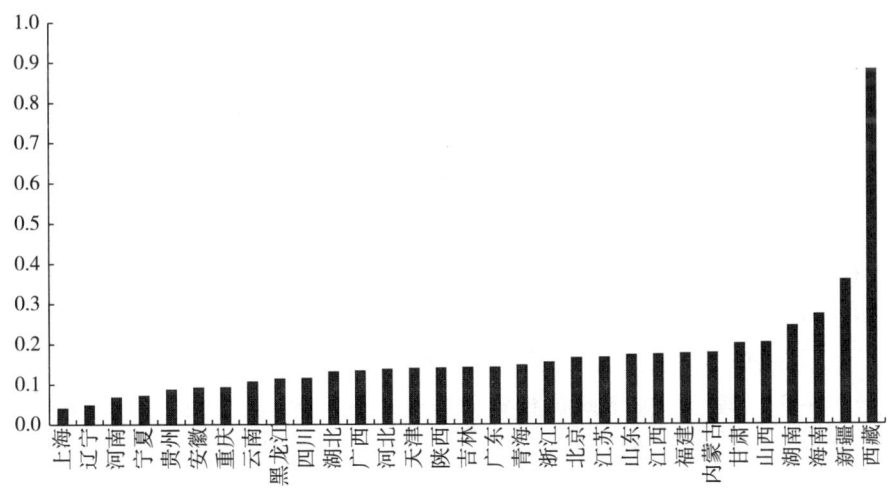

图2-21 2007—2018年新增道路长度/新增商品房销售面积

（资料来源：Wind数据库）

黑河—腾冲线，是我国著名地理学家胡焕庸在1935年提出的划分我国人口区域分布的地理分界线，从中国东北边境的黑龙江省黑河市一直延伸到中国西南边境的云南省腾冲市。该线东南部以平原、水网、丘陵地势为主，西北部主要地形为草原、沙漠和高原，东南部的地理条件有利于经济和产业发展，从而吸引更多的人口集聚。以此线为界，约有94%的人口居住在东南部地区（约占全国土地面积的43%），约6%的人口居住在西北部地区（约占全国土地面积的57%）。

根据NASA气象卫星的观测数据绘制出的夜光图，1992—2013年，黑河—腾冲线东南部地区夜晚灯光逐渐变得明亮和密集，京津冀、长三角、珠三角三大城市群迅速崛起，在夜光图中的亮度向外不断延伸，而西北大部分地区灯光变化并不显著，印证了东南地区城镇化和产业集聚更加迅速这一区域特点。另外，人口密度更高的地区基础设施往往也更为发达，从"十三五"国家高速公路规划建设示意图可以看出，以黑河—腾冲线为界，东南部地区高速公路网盘根错节，非常稠密，而西北部地区高速公路网则更加稀疏，与夜光图呈现出的区域差异相吻合。

2.3 行业结构：交通环保快速增长，科教文卫前景广阔

2019年基建投资增速仍处于底部震荡阶段，传统基建发力程度较弱。 2019年广义基建投资增速为3.33%，2018年为1.79%，2019年狭义基建投资（不含电力）同比增长3.8%，增速与2018年持平。其中，交通运输、仓储、邮政投资同比增长3.4%，增速较2018年下降0.5个百分点，水利、环境和公共设施管理投资同比增长2.9%，增速较2018年下降了0.4个百分点，而水电燃热的生产和供应投资同比增长4.5%，增速较2018年提升11.2个百分点，交通、市政、环保类投资增速的下行对整体基建投资增速产生了较大的影响。

展望2020年，从拉动投资增长的效率角度看，交通水利类投资"立即见效"的能力较强，偏市政类投资作为改善城市运营的重要方面，有望受益于老旧小区改造等增量领域，城市轨交和生态环保类投资有望继续保持高增长。2021年若其他部门的经济出现恢复性增长，基建稳增长压力或下降，交通和市政投资增速或明显回落，但轨交和环保类投资有望继续维持高景气度。

第二部分　建筑行业三大下游成长空间及周期波动

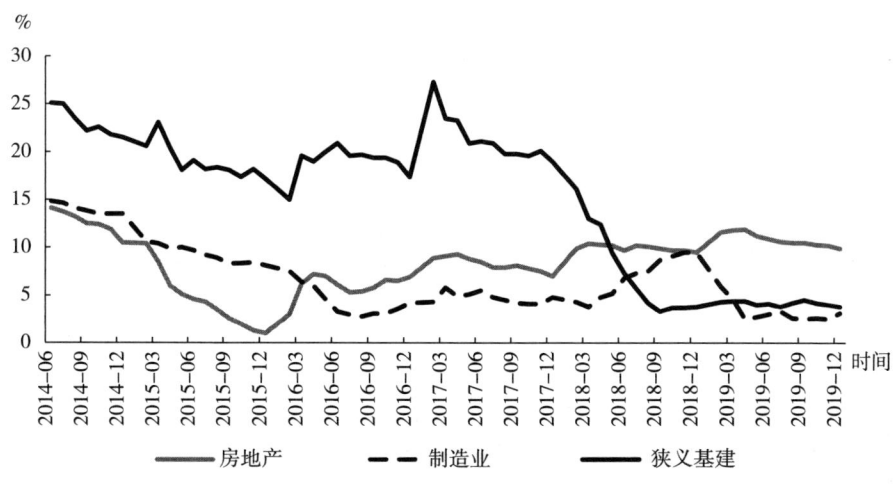

图 2-22　建筑三大下游板块投资累计同比增速

（资料来源：Wind 数据库）

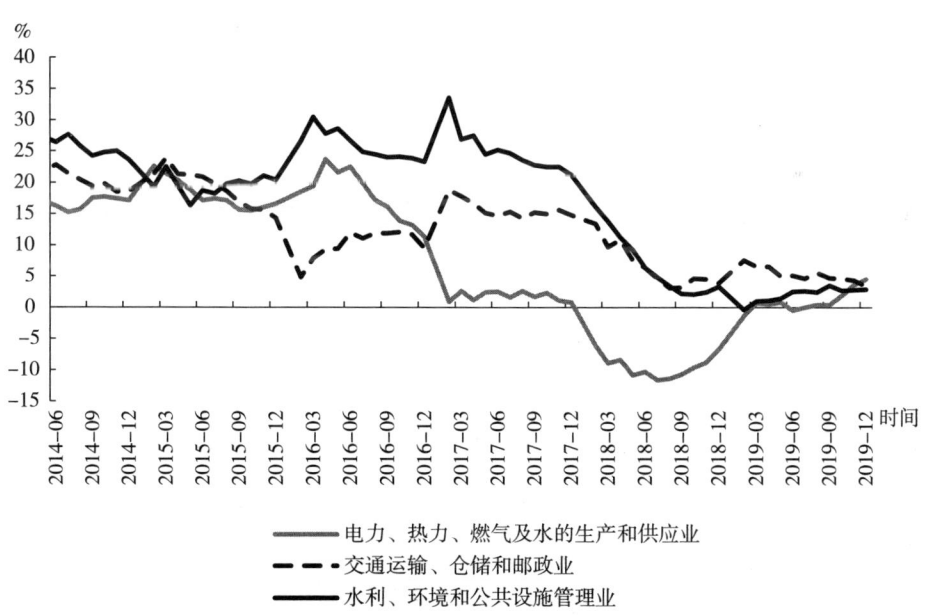

图 2-23　基建细分子行业累计投资同比增速

（资料来源：Wind 数据库）

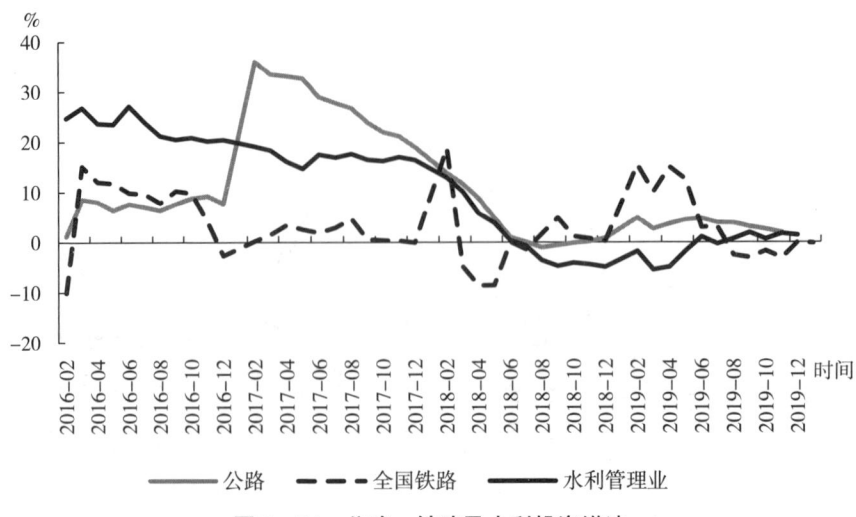

图 2-24 公路、铁路及水利投资增速

(资料来源：Wind 数据库)

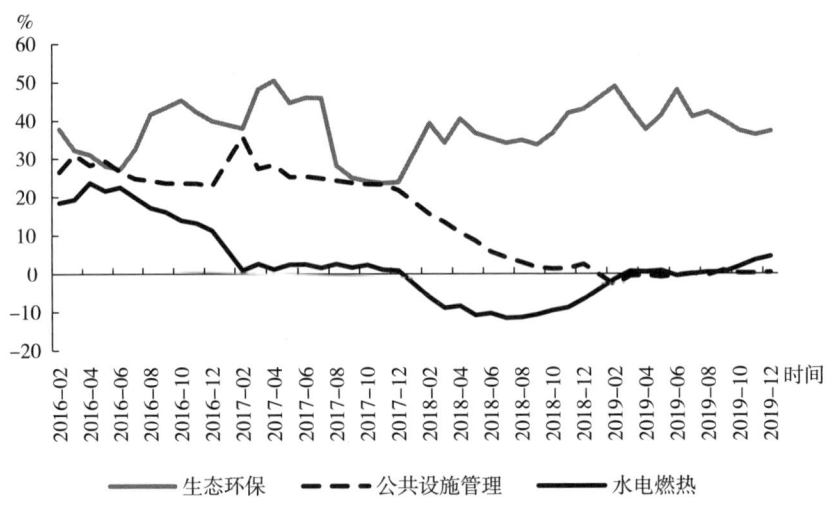

图 2-25 偏市政类基建细分子行业累计投资同比增速

(资料来源：Wind 数据库)

我们认为基于"十三五"及更长期的交通基建规划，在稳增长压力较大的情况下，"十三五"未完成的公路项目及有望提前落地的"十四五"铁路、机场项目均有望拉动交通类基建投资实现较快增长。水利投资在2018年、2019年增长均较慢，水利部此前提出2020年防涝压力较大，水利投资有望实现较快增长。在市政类投资中，我们预计城投融资环境的改善对公共设施投资有望形成利好，城市快速路、垃圾处理等细分板块有望增长较快。我们预计水和燃气的生产供应业投资在改善民生过程中扮演重要角色，2020年有望继续保持较快增长，而电力投资则有望受益于特高压投资的快速增长。自2018年第三季度国家发展改革委重启建设规划审批以来，多地城市轨交规划获批，且城轨被列为新基建的重要组成部分，我们预计未来均有望维持较快增长。在生态环保领域，生态治理和流域治理有望继续为板块贡献较大的增量。

表2-6　重点传统基建项目投资及增速预测　　单位：亿元，%

项目	2014年	2015年	2016年	2017年	2018年	2019年	2020E	2021E
1. 交通水利								
公路	15461	16513	17784	21163	21335	21740	23045	23736
年同比	12.92	6.80	7.70	17.70	0.40	1.90	6.00	3.00
全国铁路	—	8238	8015	8010	8028	8029	8270	8104
年同比	—	—	-2.71	-0.06	0.22	0.01	3.00	-2.00
机场	734	769	782	869	857	943	1079	1219
年同比	2.46	4.78	1.70	11.12	-1.43	10.00	15.00	13.00
水利管理业	6290	7250	8725	10021	9530	9663	10630	10948
年同比	26.50	15.27	20.35	14.85	-4.90	1.40	10.00	3.00
2. 偏市政类								
公共设施管理	38138	46180	56776	68262	69969	70179	74389	75877
年同比	23.10	21.09	22.95	20.23	2.50	0.30	6.00	2.00
电力热力生产供应	17538	20260	22638	22055	19342	19304	20848	20848
年同比	19.40	15.52	11.73	-2.57	-12.30	-0.20	8.00	0.00
水生产供应	3136	4118	4964	5509	6352	7426	8539	9564
年同比	16.80	31.29	20.54	10.99	15.30	16.90	15.00	12.00
燃气生产供应	2242	2331	2135	2230	2372	2802	3222	3383
年同比	1.90	4.00	-8.44	4.45	6.40	18.10	15.00	5.00
3. 生态环保	1801	2249	3146	3822	5466	7499	10124	13667
年同比	26.00	24.90	39.87	21.52	43.00	37.20	35.00	35.00
4. 城市轨交	2899	3683	3847	4762	5470	6564	8533	10069
年同比	33.90	27.04	4.45	23.78	14.87	20.00	30.00	18.00

续表

项目	2014年	2015年	2016年	2017年	2018年	2019年	2020E	2021E
广义基建投资	111939	131363	152012	173085	176185	182049	199384.2	209712.9
年同比	20.29	17.29	15.71	14.93	1.79	3.33	9.52	5.18
(1+2+3+4)/广义基建	—	84.95	84.74	84.76	84.41	84.67	84.60	84.60
狭义基建投资	89114	104654	122276	143291	148387	154028	167987	177311
年同比	21.50	17.20	17.40	19.00	3.80	3.80	9.06	5.55
(1+公共设施+3+4)/狭义基建	—	81.11	81.03	81.59	81.31	80.91	81.00	81.00

资料来源：Wind 数据库。

科教文卫民生类投资虽然并不计入基建投资，但与基建稳投资的逻辑和手段均相似，也更符合改善民生、促进消费升级的大方向，有望取得较快增长。 体育、卫生、教育和科研行业的固定资产投资对应体育场馆、医院、学校和科研场所的建设，但该部分投资并不计入基建投资。2019 年卫生业固定资产投资 0.62 万亿元，同比增长 6.8%，教育业固定资产投资 1.4 万亿元，同比增长 17.7%，体育和科研投资数据截至 2015 年，但体育业固定资产投资 2013—2015 年占文化、体育和娱乐业投资的比例在 15%~20%，研究和试验发展业固定资产投资占科学研究、技术服务和地质勘查业固定资产投资的比例在 30% 左右。假设 2019 年体育业、科研业固定资产投资占一级行业的比例为 15% 和 30%，则分别对应投资额 0.18 万亿元和 0.24 万亿元，而二者对应一级行业固定资产投资在 2019 年的增速分别为 13.9% 和 17.9%。我们预计 2019 年体育、卫生、教育和科研行业固定资产投资合计 2.44 万亿元，是广义基建的 13.4%，但其增速远高于基建，我们预计其有望成为 2020 年稳增长的重要发力点。

2020 年财政实力较强省份交通投资较高的增长目标有望带动全国的交通投资继续实现稳健增长。截至 2020 年 4 月末，已有 22 个省份公布了 2020 年交通类基建投资的规划值，辽宁、广西、江西、浙江、江苏、山东 2020 年交通固定资产投资计划值较 2019 年计划值同比增长 152%、27.3%、25%、15.4%、15%、13.6%，广东、河北、河南、福建、陕西同比增速在 5%~10%，青海、海南、西藏、贵州的 2020 年投资计划较 2019 年的计划有所缩减，整体数据体现了比较明显的两极分化。我们认为 2020 年经济、财政实力较强省份交通投资较高的增长目标有望带动全国的交通投资继续实现稳健增长,在疫情导致基建稳增长压力增加的情况下,我们预计各省交通增长目标有望超额完成。

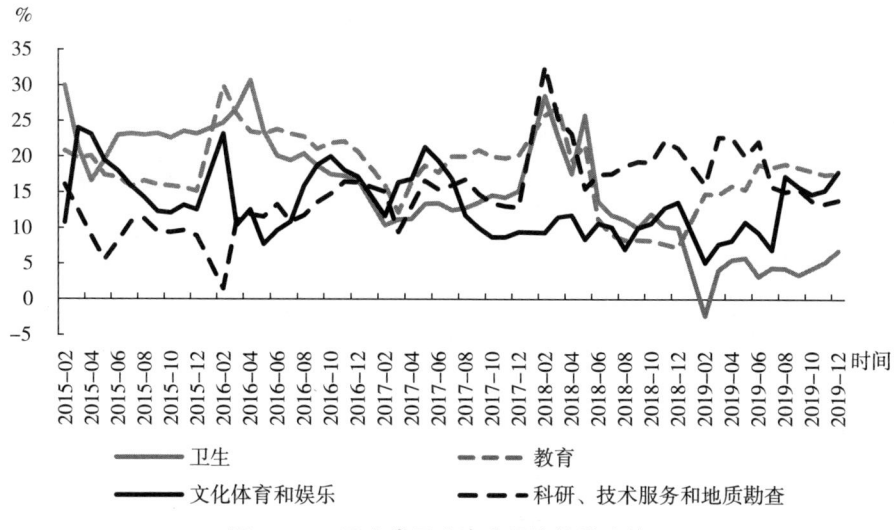

图 2-26 民生类固定资产投资的增速情况

(资料来源:Wind 数据库)

表 2-7 各省市 2019 年、2020 年交通口径基建投资规划情况

单位:亿元,%

省份	2020 年预计总投资	2019 年实际总投资	2020 年规划相比 2019 年规划同比增速	2019 年预计总投资	口径
浙江省	3000,力争 3300	3040	15.40	2600,力争 3000	交通建设投资
四川省	—	1805	—	1400,力争 1500	公路、水路
江苏省	1576	1396.5	15.04	1370	交通建设投资
广东省	1300	1750	8.33	1200	公路、水路
贵州省	1100	1207	-8.33	1200	公路、水路
广西壮族自治区	1400	1222.4	27.27	1100	交通固定资产投资
河南省	600	609.9	6.01	566	交通基础设施投资
湖北省	1000	1120	11.11	900,力争 1000	公路、水路

续表

省份	2020年预计总投资	2019年实际总投资	2020年规划相比2019年规划同比增速	2019年预计总投资	口径
福建省	900，力争1000（交通运输投资）	920	5.88	850，力争900	公路、水路
安徽省	700以上	788	0.00	700	交通建设投资
陕西省	700	811	7.69	650	交通基础设施投资
江西省	700	703	25.00	560	交通基础设施投资
西藏自治区	420	458	-23.36	548	公路
湖南省	500	554	0.00	500	交通固定资产投资
吉林省	—	209（高速公路）	—	284.1（高速公路213）	交通基础设施投资
海南省	160	163	-20.00	200	公路、水路
天津市	—	144	—	104.3	交通运输建设项目
河北省	950，力争1000	908	5.56	900以上	交通基础设施投资
山西省	—	544.99（公路、水路）	—	434（公路、机场和枢纽建设）	交通建设投资
内蒙古自治区	400以上	407	0.00	400	公路、水路
辽宁省	252	217.6	152.00	100	公路、水路
黑龙江省	—	410（公路、水路229）	—	470（公路、水路200）	综合交通运输基础设施建设
山东省	1842	1750	13.56	1622	交通基础设施建设
重庆市	—	—	—	850	交通投资
云南省	3000	2668.28	13.85	2635	综合交通建设投资

续表

省份	2020年预计总投资	2019年实际总投资	2020年规划相比2019年规划同比增速	2019年预计总投资	口径
甘肃省	—	—	—	771	交通运输固定资产投资
青海省	200	203.6	-37.83	321.7	交通固定资产投资
宁夏回族自治区	125	141	4.17	120	公路水路固定资产投资
新疆维吾尔自治区	542	529.18（1~11月）	3.04	526	交通固定资产投资

资料来源：各省份2019年、2020年交通运输工作会议。

(1) 高速公路：2018年末"十三五"目标完成率低，改扩建需求有望提供增量需求

"十三五"时期高速公路通车里程目标完成情况明显滞后，2020年新建高速公路投资有望增加。公布"十三五"时期高速公路通车里程目标的省份"十三五"末计划通车里程为16.94万公里，2018年末通车里程为14.26万公里，待通车里程为"十三五"规划总通车里程（"十三五"末规划总通车里程减去"十二五"末实际通车里程）的58.4%，截至2018年末仍有20个省份的待通车里程超过计划通车里程的50%。但从"十二五"的数据看，并不存在五年计划中最后两年集中通车的情况，2013年末"十二五"的待通车里程占"十二五"计划通车里程的36%，仅有9个省份在2013年末的待通车里程超过"十二五"总目标的50%。我们认为"十三五"时期高速公路的建设进度相对滞后，且2019年1月至11月公路投资增速较低，若想要完成或接近完成"十三五"通车里程目标，各省2020年公路投资在资金允许情况下有望加速。当前制约高速公路加速施工的规划、土地等因素已明显改善，也有望为公路投资2020年加速增长创造有利条件。

▎ 建筑周期估值及竞争格局变迁

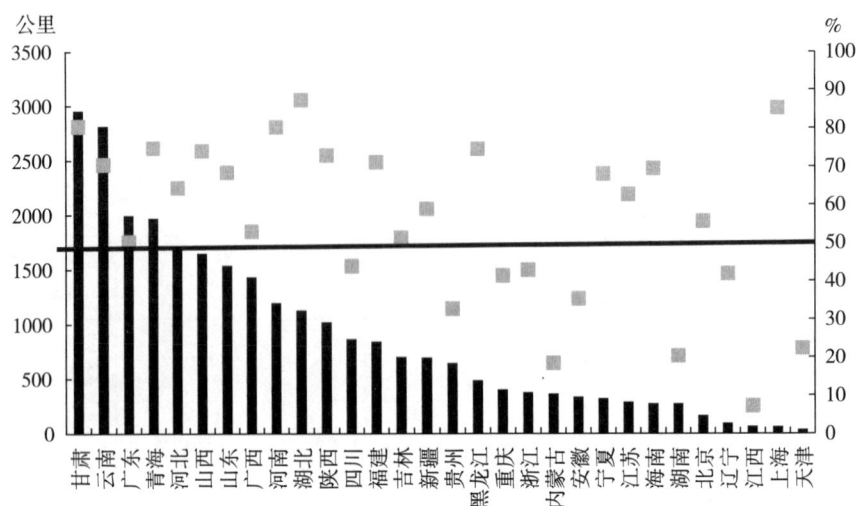

注：横线用来衡量各省份的待通车里程是否达到计划通车里程的50%。

图 2-27 2018年末各省"十三五"高速公路待通车里程及其占
"十三五"通车里程目标的比例

（资料来源：Wind 数据库）

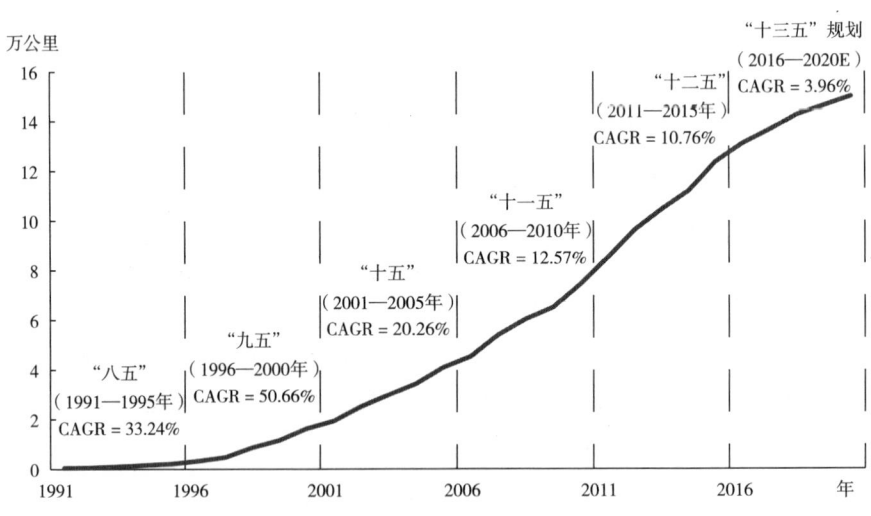

图 2-28 中国高速公路里程

（资料来源：Wind 数据库）

68

从中长期看，高速公路可能受制于行业收支平衡、发达地区高速公路密度饱和等因素，但高速公路扩建有望创造新的投资需求。在上一轮基建投资高峰期2014—2016年，超前建设与需求不足给高速公路行业留下了高额的债务和收不抵支的运营现状。据《2018年全国收费公路统计公报》，在收入支出方面，全国通行费收入为5552亿元，同比增长8.2%；支出总额为9622亿元，同比提高5.1%；收支缺口仍有4070亿元，同比基本持平。在建设投资方面，2018年全国收费公路建设投资6480亿元。在债务余额方面，全国收费公路债务余额为56914亿元，同比增长7.7%。

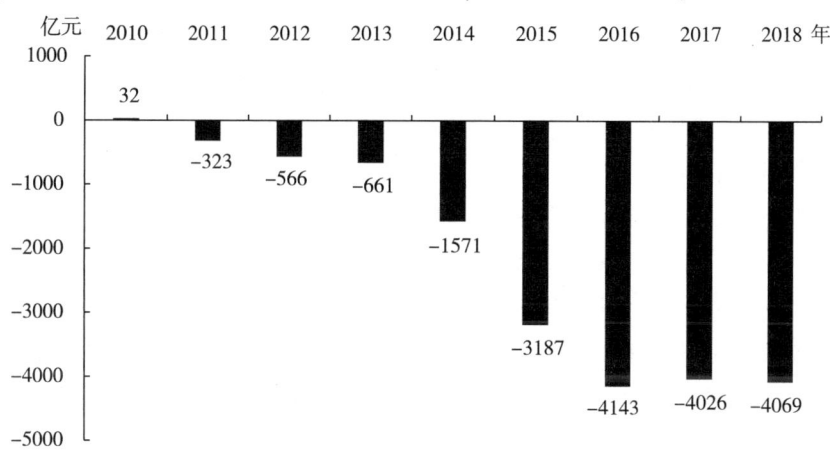

图2-29 中国收费公路收支平衡结果

(资料来源：Wind 数据库)

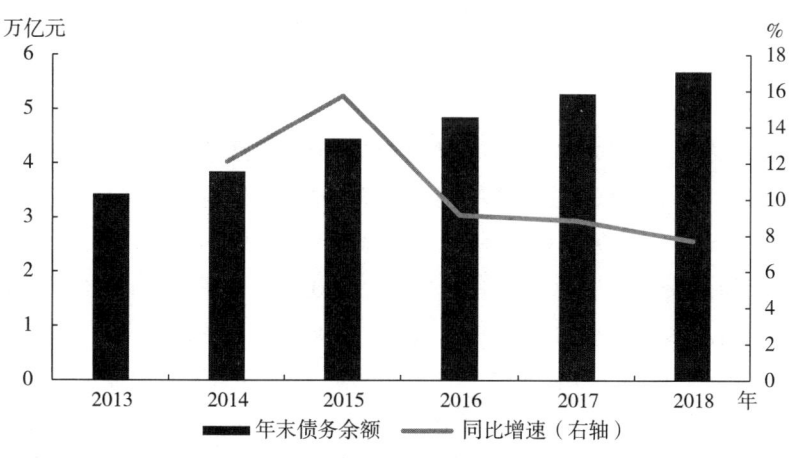

图2-30 中国收费公路行业债务余额

(资料来源：Wind 数据库)

中国高速公路通车里程已达到较高水平，尤其是在东部发达地区。考虑到行业债务压力以及收不抵支的现状，我们认为再次"粗放式"兴建高速公路的空间并不大。新一轮基建需要"精细化"分析项目的收益成本，发达地区部分拥堵路段或将出现改扩建机会。

值得注意的是，中国早期修建的"五纵七横"国道主干线（约3.5万公里）拥有较高的车流量，道路周边出现产业集群等区位优势。打个比方，我们可以将"五纵七横"国道主干线比喻为大动脉，将其他高速公路比喻为小动脉，普通公路比喻为毛细血管。随着人均收入水平提高以及消费升级，私家车替代巴士等公共出行方式正成为长期趋势。从经济效益以及激发经济潜在增速的角度出发，高速公路主干线的车道扩建都具备实施的前提条件。此外，公路改扩建项目的征地面积通常比新建公路项目少，投资可以更多倾向于建设方。

（2）铁路："八纵八横"高铁网络建设或提速

根据2016年《中长期铁路网规划》，我国计划修建"八纵八横"高速铁路网络。2025年的目标是全国铁路网达到17.5万公里，其中高速铁路3.8万公里；远期的目标是全国铁路网达到20万公里左右，其中高速铁路4.5万公里左右。高铁网络将连接省会和其他50万人口以上大中型城市，实现相邻大中型城市之间1~4小时的交通圈，城市群内0.5~2小时的交通圈。截至2019年底，我国高速铁路网已建成约3.5万公里。据世界银行统计，时速350公里的高铁平均建设成本为1.39亿元/公里，时速250公里的成本为1.14亿元/公里，时速200公里的成本为1.04亿元/公里。我们预计，在拉动基建的背景下，"八纵八横"高速铁路网络的建设进度有望加快。

"十四五"阶段轨道交通有望成为成长性最好的基建细分板块之一。2020年4月17日，国家发展改革委发布《关于促进枢纽机场联通轨道交通的意见》，要求国际枢纽机场应联通干线铁路、城际铁路、市域（郊）铁路、城市轨道交通，有效辐射周边800~1000公里范围内的地区。区域枢纽机场应尽可能联通干线铁路、城际铁路、市域（郊）铁路、城市轨道交通，有效辐射周边300~500公里范围内的地区。其他年旅客吞吐量1000万人次以上的机场应尽可能联通市域（郊）铁路、城市轨道交通，本期规划目标年预测旅客吞吐量可达到3000万人次及以上的机场，宜充分预留干线铁路或城际铁路等建设通道。少数具备条件的支线机场也应尽可能联通轨道交通。同日在浙江举行的全面推进高水平交通强省建设动员大会明确,将推进沿海高铁、沪杭甬超级磁浮等重大工程。我们认为在原有铁路网规划扩容基础上,"十四五"时期城际、市域市郊铁路、城市轨交等轨道"毛细血管"投资有望取得较快增长。

(3) 城市轨道交通:新一轮建设高峰或已开启

2018 年下半年国家发展改革委轨交审批之后,轨交建设规划的审批有所提速,我们认为 2019 年轨交建设已经有所提速,而高增长在 2020 年、2021 年有望延续。城市轨道交通具有明确的建设规划,建设规划的获批是一批轨道交通建设上马的前瞻指标。2017 年下半年,国务院出于控制地方债务、防止盲目扩张城轨投资的考虑,叫停了包头地铁一号线工程,国家发展改革委也停止了对轨道交通建设规划的审批,主要轨交建设上市公司城轨订单出现明显下滑。但 2018 年下半年在经济下行压力加大的情况下,中央提出逆周期调节政策,国家发展改革委于 2018 年 7 月发布《关于进一步加强城市轨道交通规划建设管理的意见》,虽然文件明显提高了城市申报建设地铁和轻轨的门槛,但国家发展改革委也同时重启了轨交建设规划的审批,2019 年第一季度后代表性央企的城轨订单增速有所回暖,中国铁建订单增速明显提升。

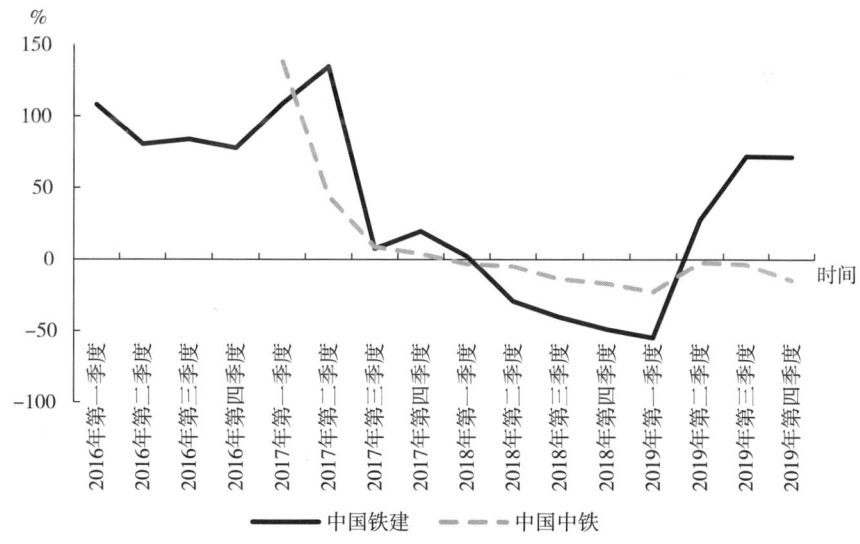

图 2-31 中国铁建及中国中铁城市轨交订单增速

(资料来源:公司公告)

2018年下半年,长春、苏州、杭州、重庆、上海、沈阳的轨交建设规划陆续获批,进入2019年,武汉、郑州、西安、成都、北京轨交建设规划获批,自2020年以来,合肥、徐州和深圳轨交建设规划获批。2018年、2019年获批的城轨建设规划总投资分别为0.63万亿元、0.59万亿元,自2020年以来获批总投资达0.22万亿元。根据RT轨道交通的统计,2020年福州、重庆、青岛等20个城市的新一轮轨交建设规划有望获批,同时15个左右城市的首轮轨交建设规划有望得到批复,我们认为2020年轨交建设规划审批投资额仍将维持较大规模,为后续轨交建设投资持续较高增长创造条件。

表2-8 自2018年下半年以来国家发展改革委审批通过的轨道交通建设规划

单位:亿元,公里

城市	规划名称	获批时间	新增总投资	建设里程
苏州	《苏州市城市轨道交通第三期建设规划(2018—2023年)》	2018年8月	933.2	137.4
长春	《长春市城市轨道交通第三期建设规划(2019—2024年)》	2018年11月	711.37	116
重庆	《重庆市城市快速轨道交通第三轮建设规划调整(2017—2022年)》	2018年11月	455.7	70.51
上海	《上海市城市轨道交通第三期建设规划(2018—2023年)》	2018年12月	2983.48	286.1
杭州	《杭州市城市轨道交通第三期建设规划调整(2017—2024年)》	2018年12月	560.1	68.3
沈阳	《沈阳市城市第三期轨道交通建设规划(2019—2024年)》	2018年12月	700	103.7
武汉	《武汉市城市轨道交通第四期建设规划(2019—2024年)》	2018年12月	1469.07	198.4
郑州	《郑州市城市轨道交通第三期建设规划(2019—2024年)》	2019年4月	1138.94	159.6
西安	《西安市城市轨道交通第三期建设规划(2018—2024年)》	2019年6月	968.5	150
成都	《成都市城市轨道交通第四期建设规划(2019—2024年)》	2019年6月	1318.32	176.65
北京	调整后的《北京市城市轨道交通第二期建设规划(2015—2021年)》	2019年12月	975.7	46.8

续表

城市	规划名称	获批时间	新增总投资	建设里程
徐州	《徐州市城市轨道交通近期建设规划（2019—2024）》	2020年1月	798.08	109.96
合肥	《安徽省合肥市城市轨道交通第三期建设规划（2020—2025年）》	2020年3月	535.91	79.3
深圳	《深圳市城市轨道交通第四期建设规划调整（2017—2022年）》	2020年3月	914.48	75.93

资料来源：国家发展改革委。

（4）港口：推进沿海码头建设，强化航运中心功能；加快内河高等级航道建设

中国是港口大国，港口规模连续多年稳居世界第一。中国港口发展呈现专业化、大型化、深水化趋势，目前已形成环渤海、长江三角洲、东南沿海、珠江三角洲和西南沿海五大港口群。2018年，我国沿海码头及航道固定资产投资共计563亿元，较2001年年均复合增速为9.3%；我国内河码头及航道固定资产投资共计628亿元，较2001年年均复合增速为16.0%。

2017年国家发展改革委印发的《"十三五"现代综合交通运输体系发展规划》指出，要完善水路运输网络，优化港口布局，推动资源整合，促进结构调整；强化航运中心功能，稳步推进集装箱码头项目，合理把握煤炭、矿石、原油码头建设节奏，有序推进液化天然气、商品汽车等码头建设；提升沿海和内河水运设施专业化水平，加快内河高等级航道建设，统筹航道整治与河道治理。增强长江干线航运能力，推进西江航运干线和京杭运河高等级航道扩能升级改造。

截至2020年年底，我国沿海港口万吨级及以上泊位数将达到2527个，相比2015年增加320个；内河高等级航道里程将达到1.71万公里，相比2015年增加0.35万公里。我们预计2021—2025年，我国沿海港口万吨级及以上泊位数和内河高等级航道里程数将保持3%~5%的年复合增速。

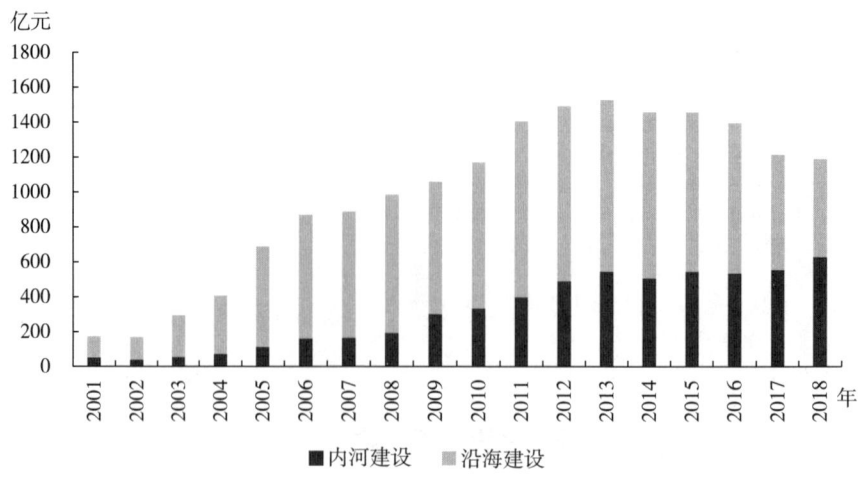

图2-32 中国水路交通固定资产投资金额

(资料来源：交通运输部)

(5) 机场：高投资性价比，机场建设稳步推进

民用运输机场作为国家重要公共交通基础设施，具有较高投资性价比。据中国民航局测算，民航业投入和产出的比例高达1∶8。目前我国机场覆盖范围不断扩大，截至2019年底，我国共有238个民用航空通航机场，但覆盖范围不够广泛，中西部地区覆盖不足，特别是边远地区、民族地区航空服务短板突出。与美国相比，我国机场建设仍有较大空间。根据美国国家综合机场系统（NPIAS）数据，截至2018年5月，美国主要商用机场达到380个，运载了99%的飞机乘客。

根据国家发展改革委和中国民航局2017年印发的《全国民用运输机场布局规划》（发改基础〔2017〕290号），到2025年，全国民用运输机场规划布局370个（规划建成约320个）。同时，航空出行持续向一、二线城市枢纽汇集，已建成机场定期存在扩建改造需求。另外，通用航空或将成为长期航空基础设施投资新增量方向，浙江省已规划到2025年，建成20个以上A类通用机场，实现通用机场"市市通"；到2030年，建成50个左右A类通用机场；到2035年，通用航空服务基本覆盖省内所有县级行政单元，实现通用机场"县县通"。我们预计沿海等经济发展领先省份，或将同样进行通航机场建设，满足经济发展需要。

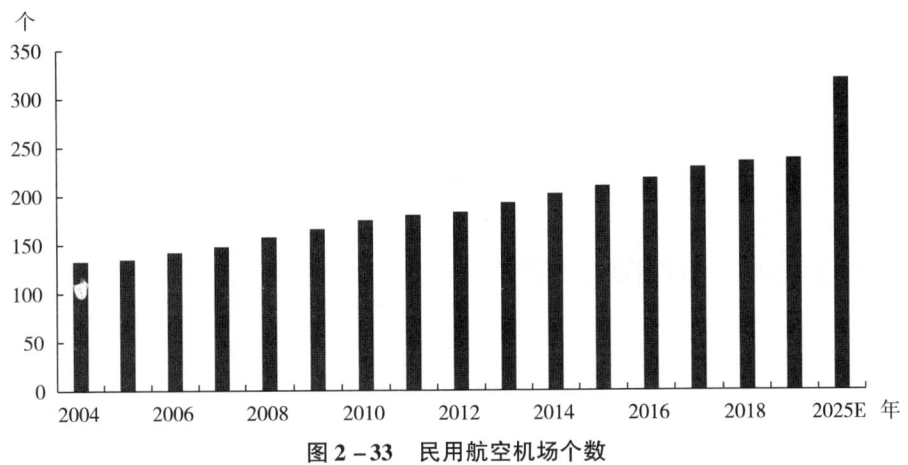

图2-33 民用航空机场个数

(资料来源：Wind 数据库，《全国民用运输机场布局规划》)

(6) 水环境治理：专项债提前下发，逆周期调节加码

重磅政策加持环保，健全价格机制有望解决长期痛点。2020年3月3日，中共中央办公厅、国务院办公厅印发了《关于构建现代环境治理体系的指导意见》，不仅明确了未来五年主要目标和责任主体，明确中央与地方分工，完善制度环境和规范竞争体系，更从财政端和资金端为项目落地提供了坚实保障。长期来说，健全价格收费机制落地有可能从根本上改变环保行业的盈利模式，解决产业痛点。

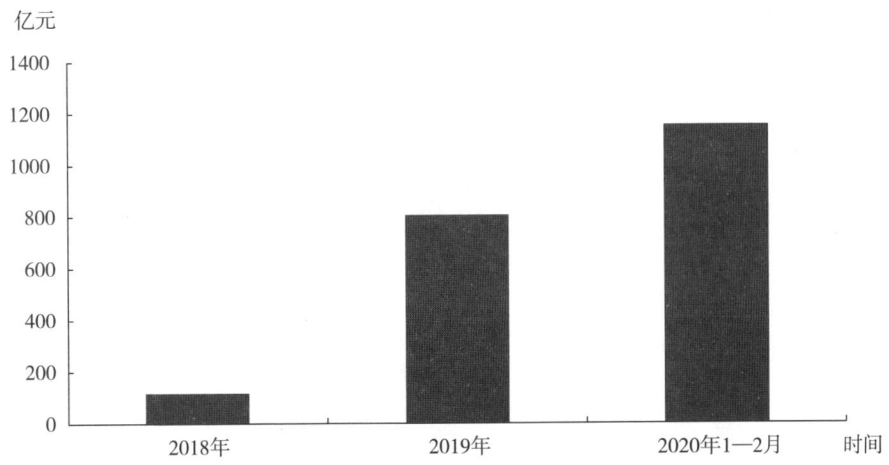

注：2018年、2019年数据系全年数据。

图2-34 2020年1—2月环保及公用领域专项债大幅提升

(资料来源：Wind 数据库，中国债券信息网)

专项债提振环保加码。 据统计,在 2020 年 1—2 月已公告发行的新增专项债中,暂无流向棚改及土储板块,而 2019 年 1 月棚改及土储板块合计占比达 70%。根据中国债券信息网数据,自 2020 年以来环保及公用板块(含生态环保、水务、农林水利、能源、绿化等)占比大幅提升,从 2019 年 1—2 月的 2% 提升至目前的 12%。基于新增专项债规模扩大及环保公用占比提升,2020 年 1—2 月投向环保公用领域的专项债已达 1154 亿元,相比 2019 年 1—2 月的 62 亿元大幅提升。

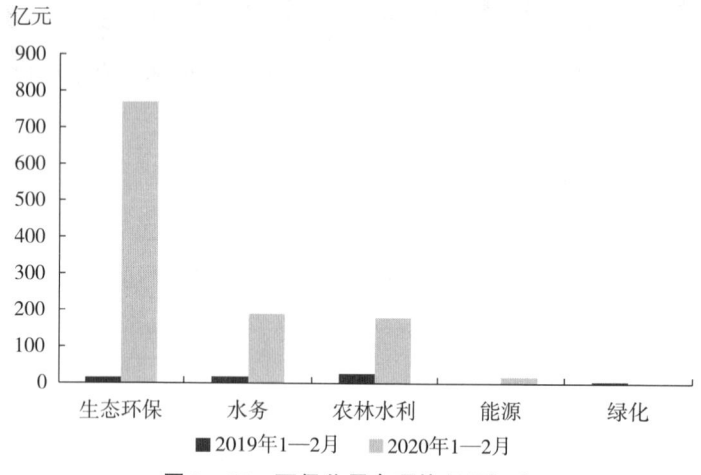

图 2-35 环保公用专项债项目细分

(资料来源:Wind 数据库,中国债券信息网)

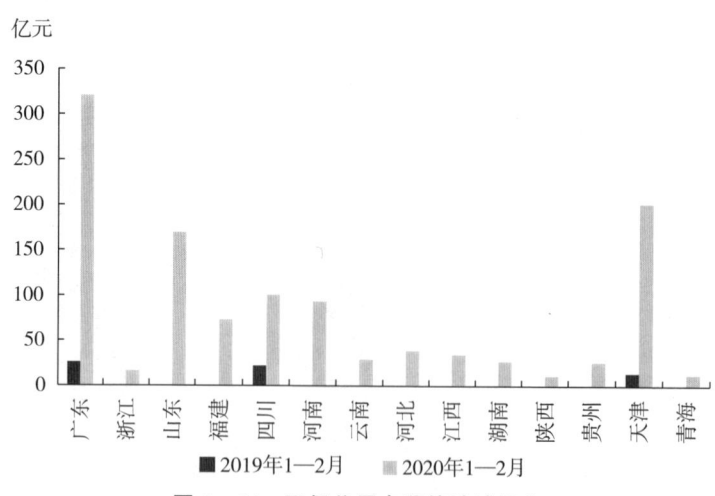

图 2-36 环保公用专项债地域细分

(资料来源:Wind 数据库,中国债券信息网)

在环保及公用板块新增专项债中，生态环保、水务、农林水利率先受益。2020 年 1—2 月，生态环保建设占比为 67%，达 770 亿元，水务板块专项债占比为 16%，达 189 亿元，农林水利占比为 15%，达 179 亿元。就地域而言，广东、天津环保公用专项债增幅最大。

2.4 资金来源决定基建供给

2018 年预算内资金、国内贷款和自筹资金合计占基建投资资金来源的 90.6%，对基建投资的资金面具有重大影响，随着《政府投资条例》针对工程企业清欠条款的深入实施，预计资金缺口或逐步缩小。基建资金来源可分为预算内资金、国内贷款、自筹资金、外资和其他五个大类，2018 年城投固定资产投资中基建投资的资金合计 14.53 万亿元，其中预算内资金、国内贷款、自筹资金占比分别为 17.3%、14.9%、58.4%，三者相加合计占比为 90.6%，对基建投资资金来源的变化具有重大影响，是资金来源的主要组成部分。此外，建设单位对施工企业的应付账款也是基建资金来源之一，但不计入基建资金来源的统计范围。

预算内资金是指财政一般公共预算内投向基建的部分，与支出分项中农林水、交通运输和城乡社区事务相关性较高；基建中使用到国内贷款的部分主要是项目贷，不包括工程企业为项目短期垫资投入的借贷资金，我们认为其与整体信贷环境、城投公司资本金充裕情况有关，由于项目贷一般都是中长期贷款，人民银行贷款数据中的非金融企业中长期贷款对预测基建国内贷款有一定参考意义。自筹资金主要由政府性基金支出、城投债、PPP、非标等构成，其中政府性基金支出主要是由土地出让金安排的支出和由专项债安排的支出两部分组成，主要需跟踪土地出让金收入情况及专项债用于基建的比例。2018 年广义基建资金来源与实际投资完成额相差 3 万亿元，我们认为其主要构成为当年应付款（可以表现为城投公司的应付账款），但 2019 年 7 月《政府投资条例》正式生效，其中规定禁止拖欠建筑企业工程款，我们预计 2019 年、2020 年都是政府类清欠高峰，2020 年应付款对应的基建资金有望减少，即 2019 年、2020 年基建资金来源与广义基建投资之间的差距有望缩小。

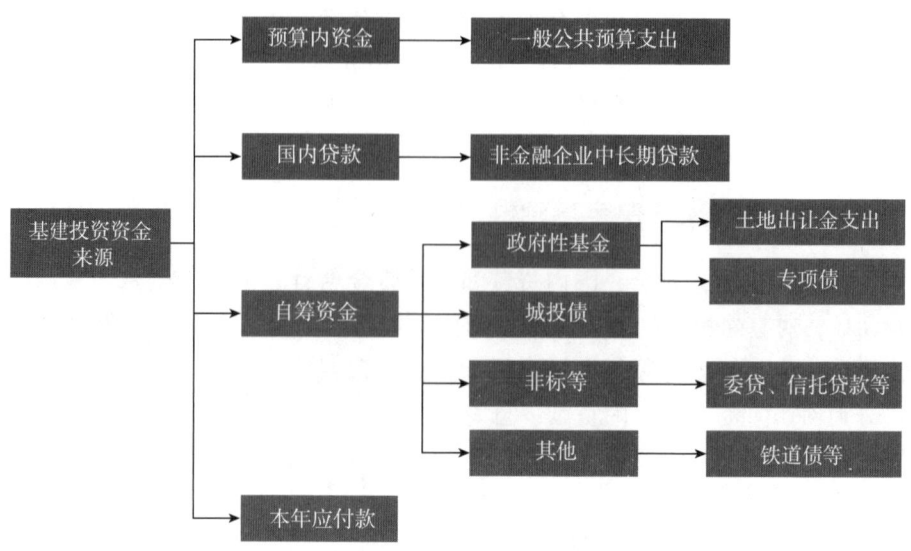

图 2-37 基建资金来源核心分析框架

（资料来源：国家统计局）

根据 2020 年 2 月 21 日、3 月 27 日中央政治局会议的提法，**提高财政赤字率、发行特别国债、增加地方政府专项债券规模，以及发挥好政策性金融作用，将是本轮宽财政的重要手段。城投债务在货币政策相对宽松的环境下也有扩张空间**。但不可忽视的是，税收、土地出让等财政收入主要来源，在疫情影响下面临收缩压力，评估财政空间不仅要看到"增量"，而且不能忽视"减量"，进而更综合判断财政力度。**在狭义财政（四本账）方面，我们估测扩张规模为 4 万亿元；在广义财政（纳入政策性金融与城投债务）方面，估测扩张规模为 5.2 万亿元**。

（1）预算内资金：一般公共预算增量依赖于扩大赤字

我们预计一般公共预算支出增长 0.5 万亿元，同比增速为 2.1%（2019 年同比增速为 8.1%）。扩大预算赤字是主要贡献。税收方面，经济下行导致税基收窄，减税降费等措施进一步缩减财源，预计全年零增长。非税方面，仍依赖国企利润上缴，预计增速放缓至 3%，增量为 0.1 万亿元。社保基金预算出现短收，或造成一般公共预算支出端分流压力。结转调入预计较上年压降 0.5 万亿元。预算赤字是打开公共财政空间的关键，预计赤字率提升至 3.5%，增量为 0.9 万亿元。

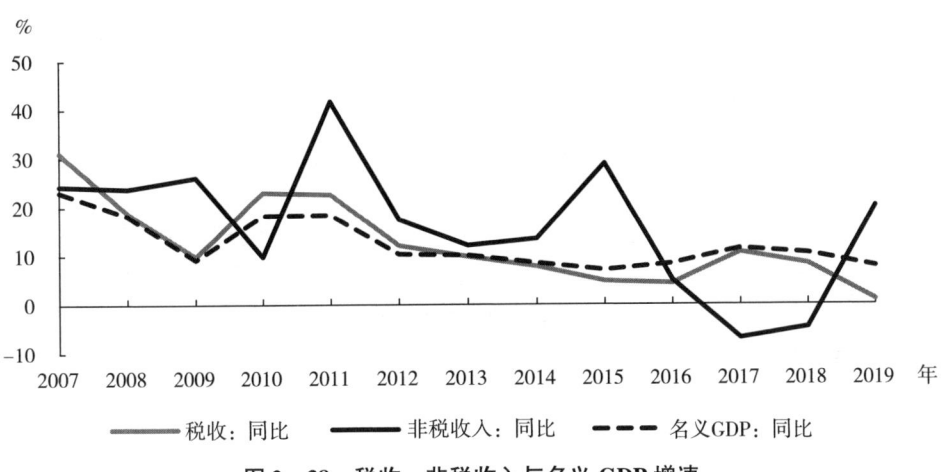

图 2-38 税收、非税收入与名义 GDP 增速

(资料来源:Wind 数据库)

我们预计 2019 年、2020 年用于基建的预算内资金占一般公共预算支出的比例有所提升,2019 年、2020 年基建预算内资金来源同比增速为 9.3%、3%。

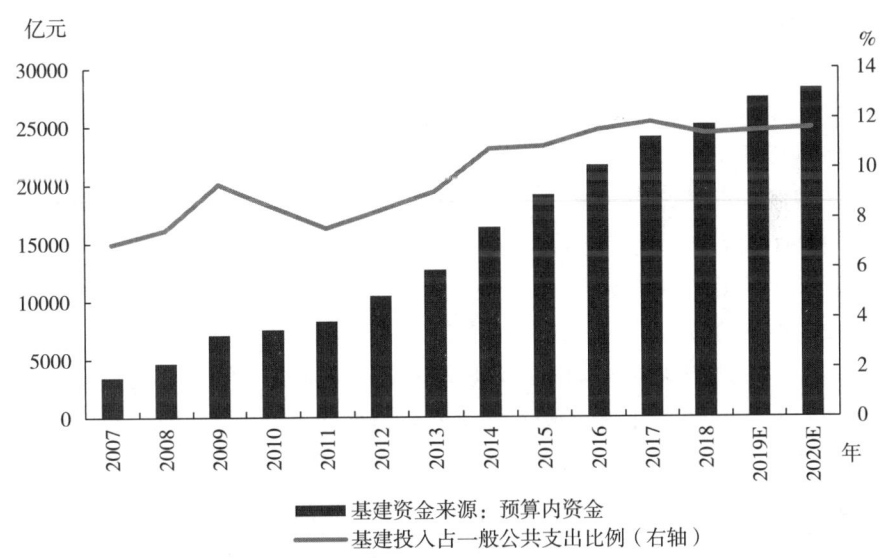

图 2-39 预算内资金用于基建金额及占一般公共预算支出比例

(资料来源:Wind 数据库)

(2)国内贷款:政策性银行承担准财政职责,中长期贷款有望持续改善

政策性金融有望担负准财政职能,我们预计 2019 年底三大政策性银行贷款余额约 21.2 万亿元,预计 2020 年增速达 10%,新增贷款达 2.1 万亿

元,同比多增 0.9 万亿元。

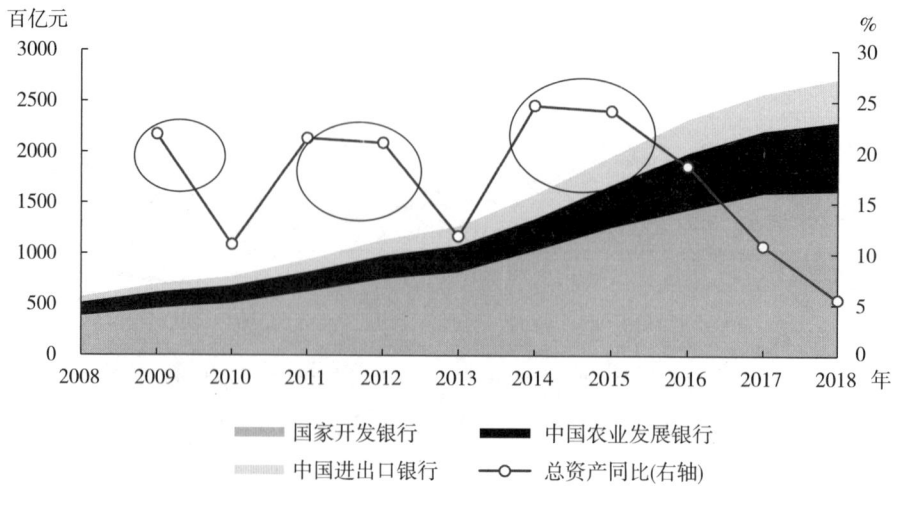

图 2-40　经济下行年份,政策性银行资产扩张

(资料来源:国家开发银行、中国农业发展银行、中国进出口银行)

我们预计基建资金来源中国内贷款占非金融企业中长期贷款新增额的比例在 2019—2020 年有所提升,2019 年、2020 年基建国内贷款同比增速为 7.59%、25.19%。2010 年之前基建国内贷款占非金融企业中长期贷款新增量的比例均在 46% 以上,但 2012 年之后占比逐步下降。2014—2016 年,制造业和地产投资增速均呈现低景气,基建投资客观上起到了稳投资的作用,叠加 BT 项目减少后支付进度款类项目增加,在此期间,基建国内贷款占非金融企业中长期贷款增量的比例未明显下降。2017 年基建国内贷款占非金融企业中长期贷款比例明显下降,我们认为可能与 PPP 项目模式处于高景气阶段、地产和制造业增速向上但基建投资增速向下有关。但 2018 年紧信用叠加表外融资受到抑制,基建贷款占非金融企业中长期贷款比例略有上升。我们认为 2019 年、2020 年财政端对隐性负债的控制仍然较为严格,表内融资对基建的支持力度有望增大,在资本金问题得到较好解决的情况下,用于基建的贷款落地有望加快,带动基建国内贷款占非金融企业中长期贷款新增额的比例继续有所提高。2020 年第一季度非金融企业中长期贷款新增 3.04 万亿元,同比增长 18.2%,增速较 2019 年第一季度和 2018 年第一季度显著提升,我们预计 2020 年全年其有望延续第一季度的高增长态势,预计全年增速或达 15%。

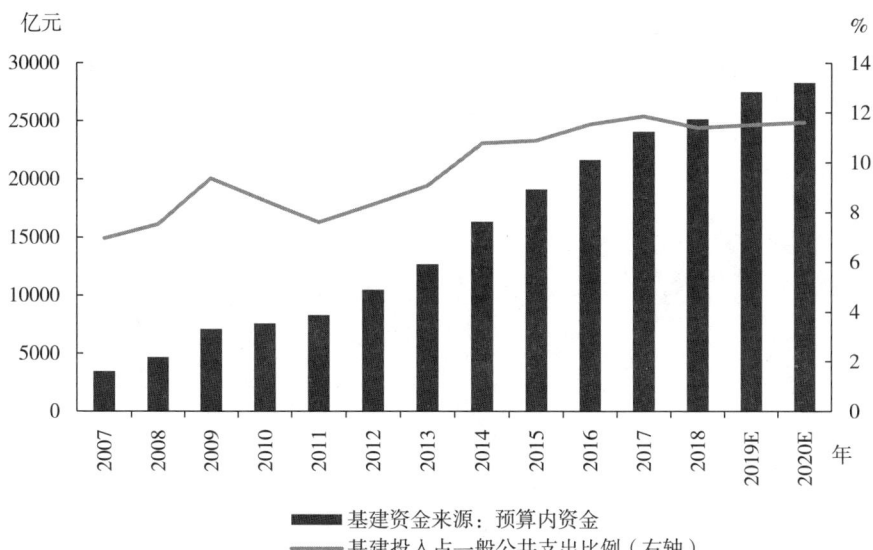

图 2-41　预算内资金用于基建金额及占一般公共预算支出比例

（资料来源：Wind 数据库）

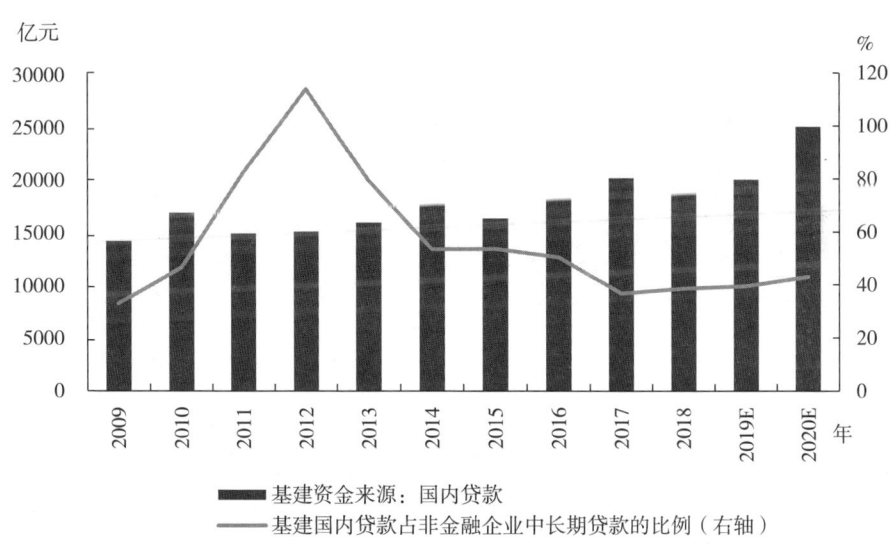

图 2-42　基建资金来源中国内贷款预测

（3）自筹资金：专项债或对冲卖地收入下行压力，PPP 有望改善

政府性基金支出是自筹资金的主要组成部分，其中两个核心组成部分是土地出让收入安排的支出和专项债安排的支出。在政府性基金收入中，国有土地使用权出让收入占比较高，2019 年地方政府性基金收入为 8.05 万亿元，其中土地出让金收入为 7.25 万亿元，占比为 90%。而从政府性基金支出端看，2019年地方政府性基金支出为8.83万亿元，其中土地出让金安排的支出为7.61万亿元，占比为86%，因此，对政府性基金收入和支出预测的核心是对土地出让收入及对应支出的预测。

图2-43 政府性基金相关指标增速变化示意

（资料来源：Wind数据库）

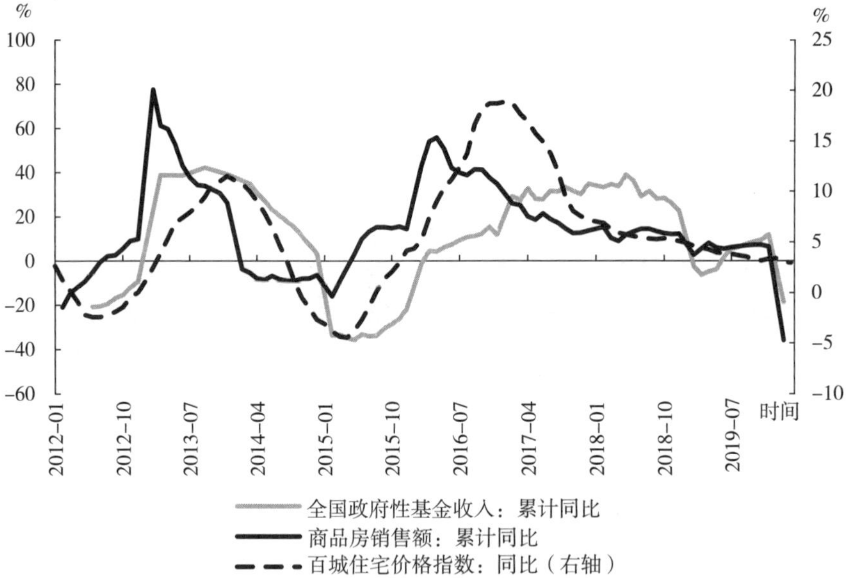

图2-44 政府性基金收入高度依赖房地产市场

（资料来源：Wind数据库）

我们预计，2020年全国政府性基金收入或受到土地出让收入下降影响，增速放缓至-5%，较上年收缩约0.4万亿元。从审慎角度出发，我们预计全年政府性基金支出或下降0.8万亿元左右。在2020年整体经济受疫情影响较大的情况下，我们预计除土地出让金外的其他基金账户收入也较难取得正增长，对应支出中性情况下预计与2019年基本持平。

我们判断历史上土地出让金支出和其他政府性基金账户支出中投向基建的比例均为**40%~45%，以40%计算，预计2020年政府性基金投向基建资金同比减少0.32万亿元**。专项债是政府性基金大类支出下有望对基建产生显著推动效应的科目，我们预计其有望为**2020年政府性基金的基建支出带来超2万亿元的增量资金**。2018年、2019年中央下发新增专项债额度为1.35万亿、2.15万亿元，我们预计2020年新增专项债额度有望达3.5万亿元。

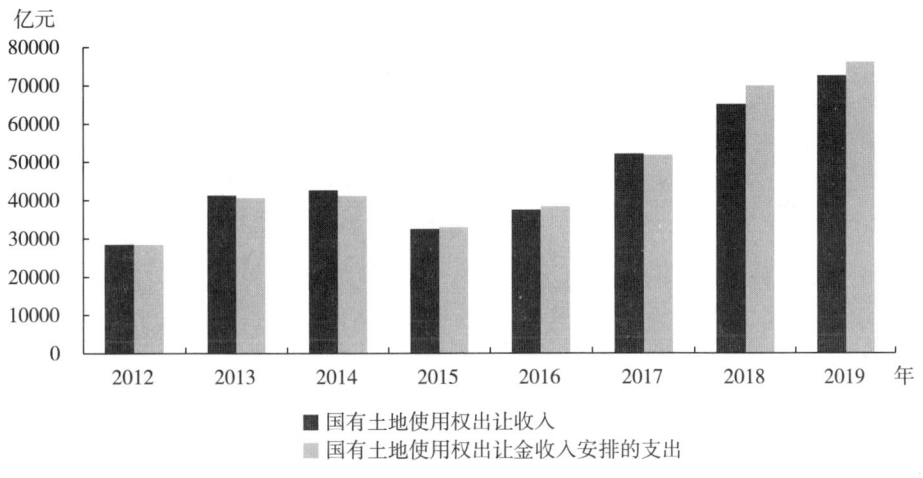

图2-45　历年土地出让金收入及对应支出

(资料来源：Wind数据库)

我们认为2020年专项债投向基建金额有望大幅增加，主要来自两个方面：**一是专项债投向基建的比例有望大幅增加**。我们以Wind数据库项目收益专项债口径进行研究，2018年、2019年项目收益专项债净融资额为1.02万亿元、1.97万亿元，其中投向土储和棚改的比例分别达到88%和70.6%。我们预计2019年投向基建的专项债基金在6000亿元左右，占当年专项债2.06万亿元净融资额的比例不超过30%。此前财政部已明确2020年提前下发的专项债额度不得用于土储等与房地产相关的领域，而根据财政部的数据，2020年1—2月发行地方债1.22万亿元，我们预计投向基建的比例有望超过70%。**二是专项债可作为资本金，在一定程度上提升了专项债的资金撬动能力**。假设2020年新增专项债额度3.5万亿元，其中投向基建的比例为70%，其中10%用作资本金（3倍杠杆），则2020年专项债对基建资金的贡献有望达到2.94万亿元，较2019年增加2.34万亿元。

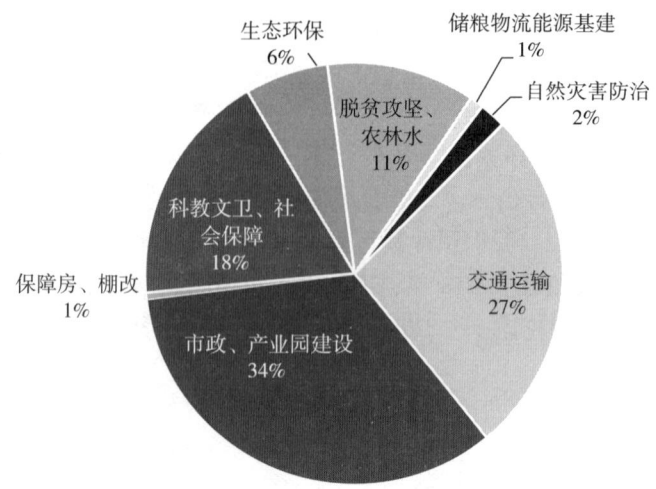

图 2-46 财政部 2020 年 1—2 月地方政府债券投向占比

(资料来源：财政部)

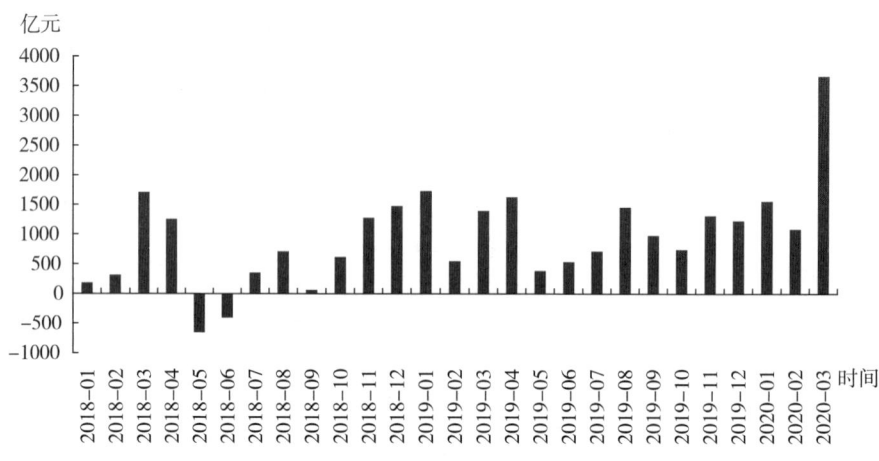

图 2-47 城投债净融资额单月情况

(资料来源：财政部)

城投融资环境边际改善，我们预计城投债全年净融资额与 2019 年相当，2020 年城投有息债务中，债券、信贷、非标余额增速分别为 25%、20%、-30%，对应债务规模增长 4.5 万亿元，其中剔除信贷的债务规模预计增长 1.2 万亿元左右。

PPP 步入规范发展期，预计全年对基建资金的贡献有望同比增加。我们预计 2020 年 PPP 项目投资有望实现 20% 左右增长。

非标压降仍可能是大势所趋，但"资管新规"过渡期的延长有望使得其对基建资金的负贡献边际收窄。2020年第一季度委托贷款和信托贷款净减少1100亿元，较2019年第一季度减少340亿元左右，若"资管新规"过渡期如期延长，有望降低非标融资的收缩压力，但非标融资对基建资金产生增量贡献的可能性较小，我们预计2019年、2020年基建融资中非标下降15%和10%。

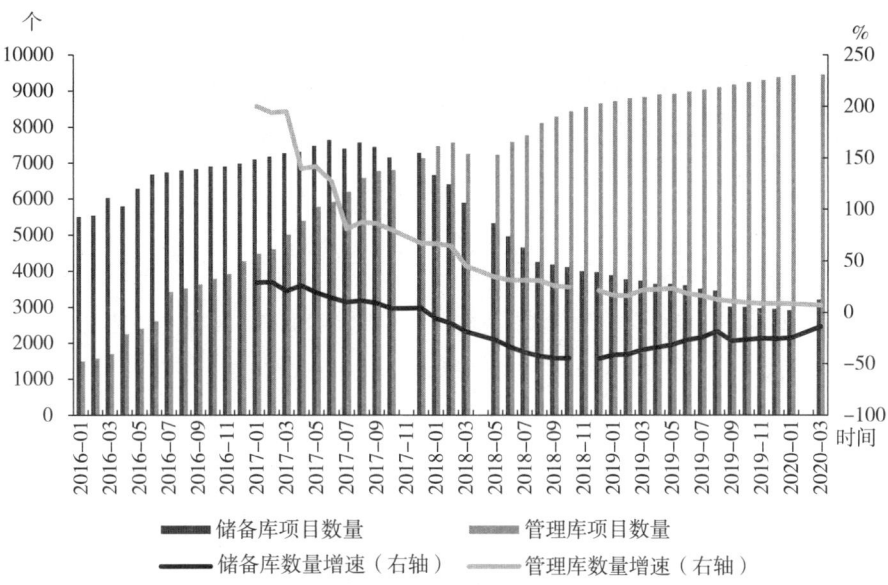

图2-48 财政部PPP库项目数量及同比增速

（资料来源：Wind数据库）

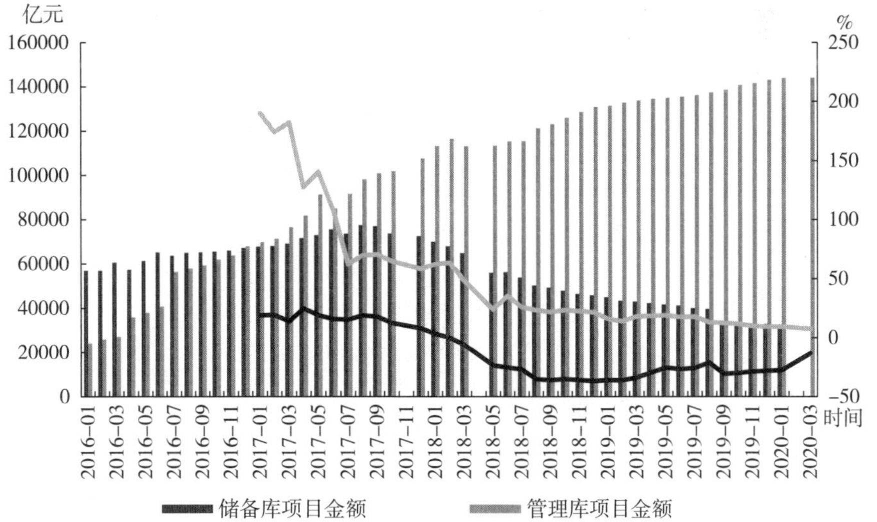

图2-49 财政部PPP库项目金额及同比增速

（资料来源：Wind数据库）

◆ 建筑周期估值及竞争格局变迁

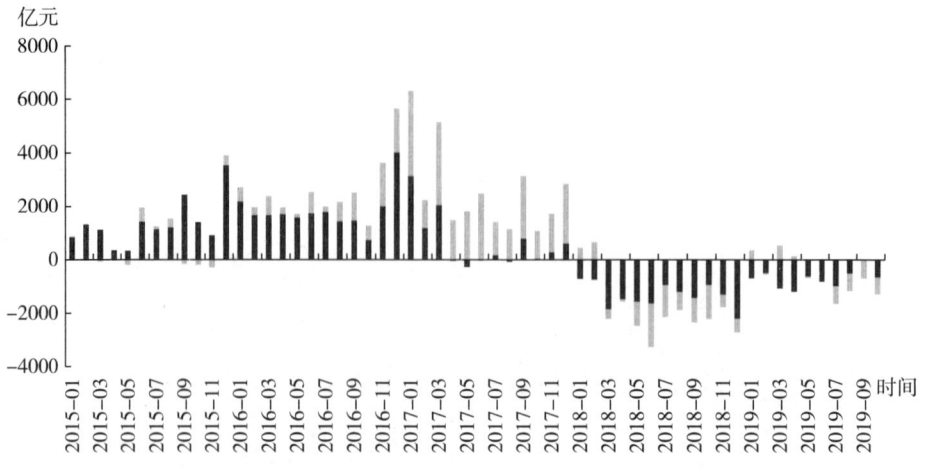

图2-50 新增委托贷款与信托贷款当月值

（资料来源：Wind 数据库）

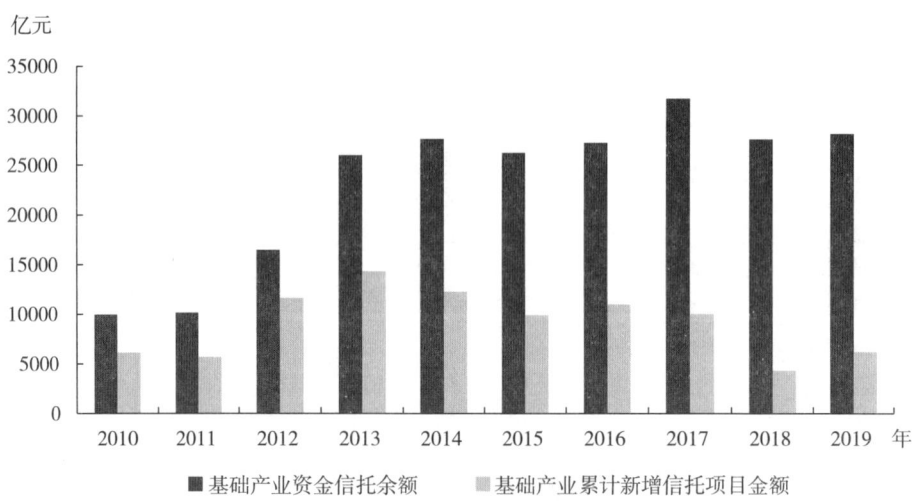

图2-51 投向基础产业信托余额及新增基础产业信托投资

（资料来源：Wind 数据库）

第二部分 建筑行业三大下游成长空间及周期波动

表 2-9 基建资金来源预测表

单位：亿元，%

项目	2016 年	2016 年同比增长	2017 年	2017 年同比增长	2018 年	2018 年同比增长	2019 年 E	2019 年 E 同比增长	2020 年 E	2020 年 E 同比增长
国家预算资金	21663	13.31	24082	11.16	25142	4.40	27470	9.26	28289	2.98
国内贷款	21084	11.13	23398	10.98	21587	-7.74	23326	7.59	29077	25.19
自筹资金	81845	2.60	87587	7.02	84928	-3.04	91750	8.03	110052	19.95
其中：(1) 政府性基金	21067	8.50	26738	26.92	35545	32.93	42546	19.70	62746	47.48
(2) 城投债	14537	29.17	5410	-62.78	6949	28.45	12718	83.00	12718	0.00
(3) 非标等	39322	-15.05	45261	15.10	35279	-22.05	29987	-15.00	26988	-10.00
(4) PPP	3913	-65.23	7516	92.08	5412	-28.00	5500	1.63	6600	20.00
(5) 其他	3006	64.69	2662	-11.45	1744	-34.49	1000	-42.66	1000	0.00
利用外资	265	26.19	460	73.74	378	-17.89	378	0.00	302	-20.00
其他	11439	30.33	14006	22.43	14026	0.15	14166	1.00	14166	0.00
基建资金来源	136296	7.44	149533	9.71	146061	-2.32	156990	7.48	181885	15.86
本年应付款	20290	4.77	23089	13.80	29520	27.85	24559	-16.81	22281	-9.28
广义资金缺口	10.34	—	13.61	—	17.10	—	13.77	—	12.50	—
广义基建投资	152012	15.71	173085	13.86	176183	1.79	182050	3.33	204621	12.40

资料来源：国家统计局。

3 工业建筑：
盈利驱动设备更新周期，供给侧加速结构分化

我国制造业行业众多，按照联合国工业发展组织的技术含量分类，制造业可以分为资源性产业、低技术产业、中技术产业和高技术产业等。

表 2-10 联合国工业发展组织制造业分类

类别	内容
资源性产业	农副食品加工业、食品制造业、酒饮料和精制茶制造业、烟草制品业、木材加工和木竹藤棕草制品业、造纸和纸制品业、石油加工炼焦和核燃料加工业、橡胶制品业、非金属矿物制品业（除陶瓷制品业）
低技术产业	纺织业、纺织服装及服饰业、皮革毛皮羽毛及其制品和制鞋业、家具制造业、文教工美体育和娱乐用品制造业、陶瓷制品业、金属制品业
中技术产业	印刷和记录媒介复制业、化学原料和化学制品制造业、塑料制品业、黑色金属冶炼和压延加工业、有色金属冶炼和压延加工业、通用设备制造业、专用设备制造业（除医疗仪器及器械制造业）、交通运输设备制造业（除航空航天器制造业）、电气机械和器材制造业
高技术产业	医药制造业、医疗器械制造业、化学纤维制造业、航空航天器制造业、计算机通信和其他电子设备制造业、仪器仪表及文化办公用机械制造业

资料来源：联合国工业发展组织，国家统计局。

注：国家统计局 GB/T 4754—2011 标准将橡胶制品和塑料制品业合为一项橡胶和塑料制品业，废旧资源综合利用业未计入联合国工业发展组织分类标准。

表 2-11 典型工业化国家主要行业增加值占制造业比重变化

行业	转折时人均GDP（1990年国际元）	转折后趋势
纺织业	5000	由 15% 持续回落至 5% 以下
食品工业	5000	由 20% 回落后稳定在 10%~15%
钢铁行业	11000	由 8% 持续回落至 3% 左右
金属制品	15000	由 8% 缓慢回落并稳定在 5% 左右
交运设备	15000	由 15% 缓慢回落并稳定在 10%~12%
电机器材	15000	英美稳定在 10%，德日稳定在 15%，韩国、中国台湾稳定在 20%

资料来源：王金照. 典型国家工业化历程比较与启示 [M]. 北京：中国发展出版社，2010. 刘世锦. 中国经济增长十年展望（2013—2022）[M]. 北京：中信出版社，2013.

注：转折是指行业增加值占制造业比重的变化趋势由增长转为下降或稳定。

3.1 工业企业盈利带动制造业资本开支

下游企业盈利状况驱动资本开支增加,是典型的朱格拉资本开支周期。 从企业利润增加传导至企业资本开支增加,一般存在 1 年左右的时滞。企业盈利状况好转,率先带动企业补库存,包括原材料和产成品,接着是增加设备厂房等固定资产开支。2006 年工业企业利润达到 31% 的高速增长,带动 2007 年制造业投资同比增速大幅上升;2009 年下半年到 2010 年上半年工业企业利润强势反弹,使得 2011 年制造业投资同比增速保持高位;2016 年下半年至 2017 年工业企业利润同比增速持续回暖,驱动制造业投资从 2018 年第一季度开始反弹。从上市公司资产负债表来看,存货周期与在建工程周期的波动也是高度相关的。

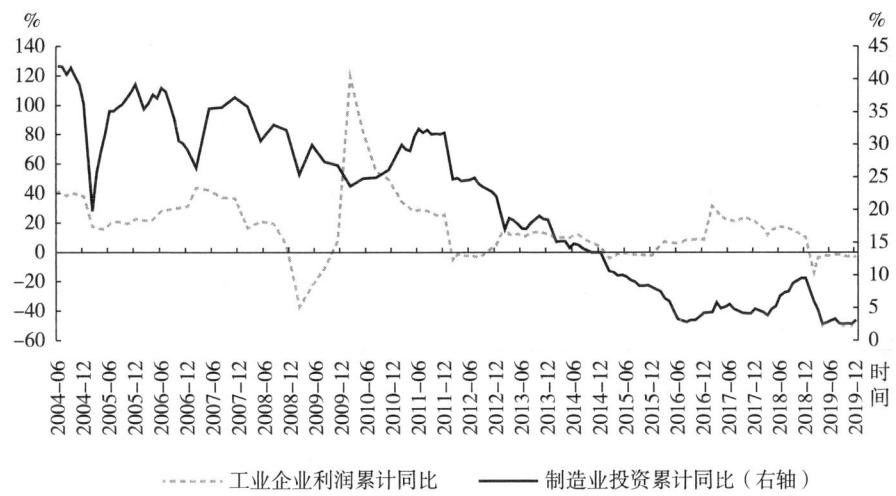

图 2-52　制造业投资和工业企业盈利同比增速

(资料来源:Wind 数据库)

产能过剩、成熟稳定的行业,如水泥行业等,即使盈利状况好转,也很难传导至资本开支,即使有,也大多与之前主业的投资领域或区域关联不大。比如 2019 年水泥行业资本支出大幅增长,主要原因为部分国内产能减量置换和海外投资增加,与之前意义上的同行业资本开支增加有所区别。

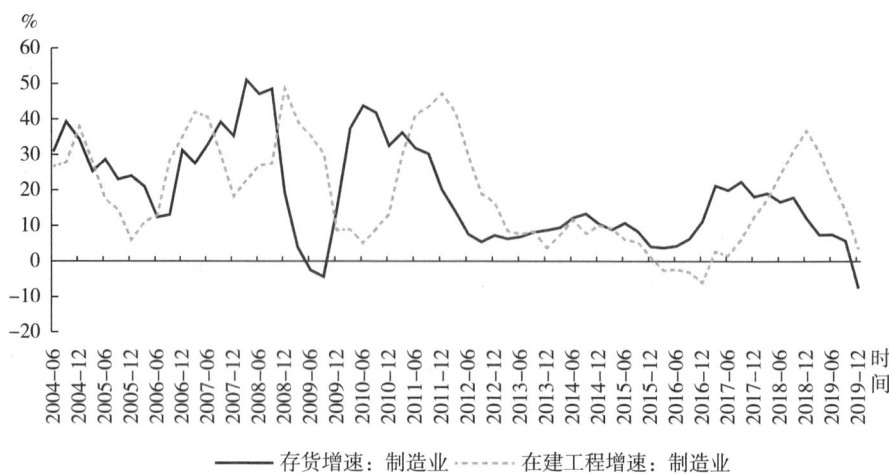

图 2-53 制造业上市公司存货和在建工程同比增速

(资料来源:Wind 数据库)

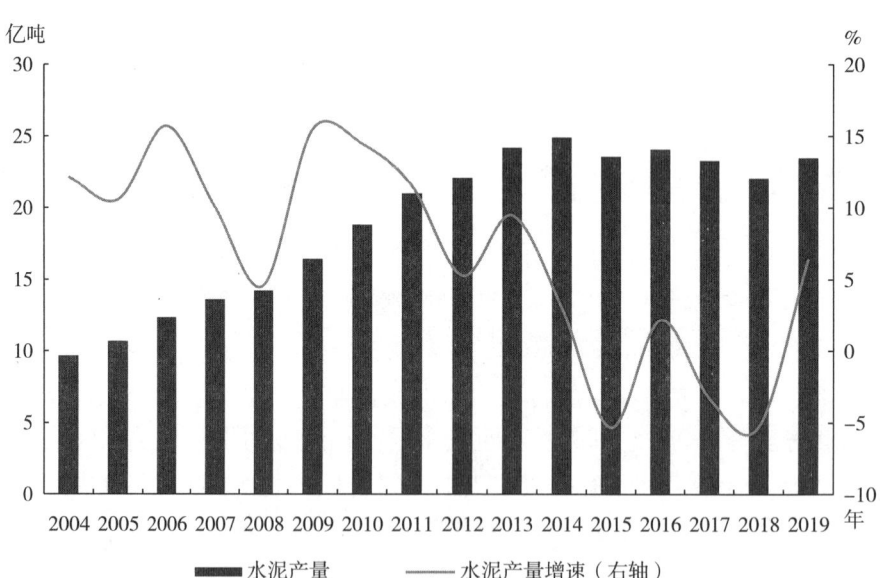

图 2-54 中国水泥产量及同比增速

(资料来源:Wind 数据库)

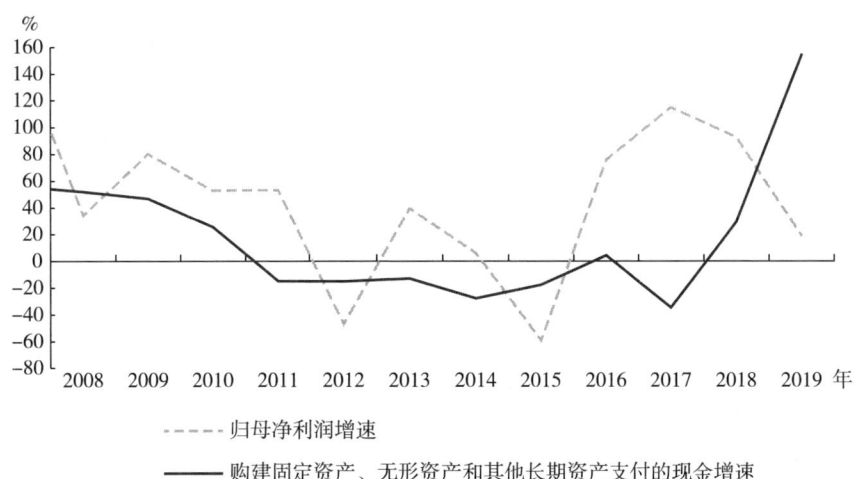

图 2-55 水泥行业利润和资本开支同比增速

(资料来源：Wind 数据库)

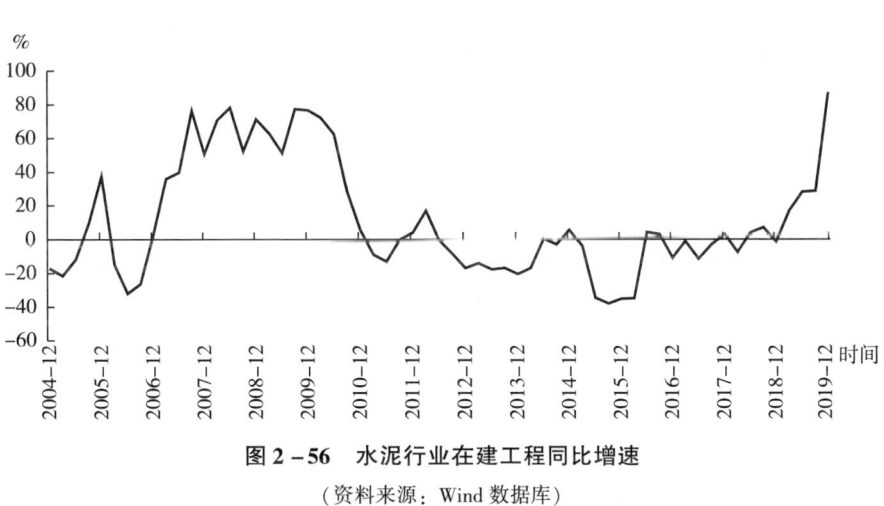

图 2-56 水泥行业在建工程同比增速

(资料来源：Wind 数据库)

3.2 中国制造业投资与出口和外商投资关联度较高

中国制造"世界工厂"的地位，决定了其较高的外向度，与出口增速及外商直接投资相关度较高。

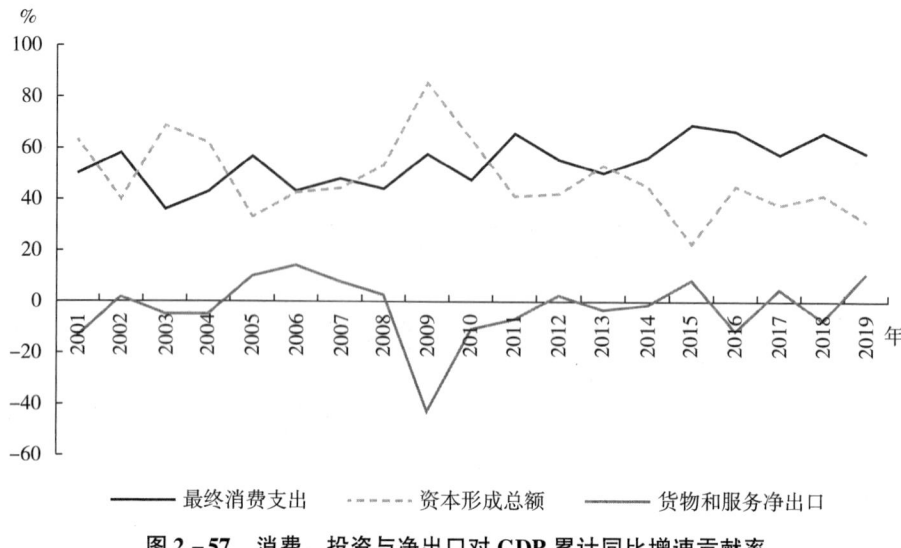

图 2-57 消费、投资与净出口对 GDP 累计同比增速贡献率
(资料来源：Wind 数据库)

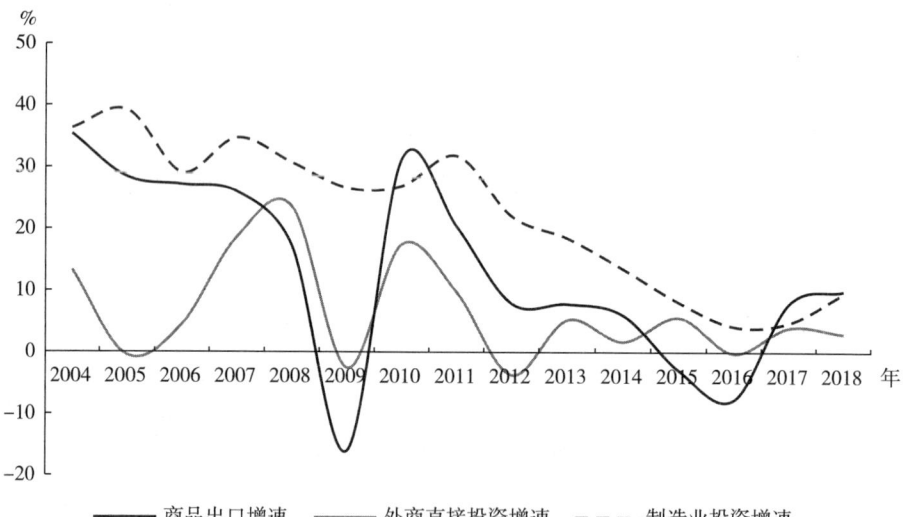

图 2-58 中国商品出口增速、外商直接投资同比增速与制造业投资增速相关度较高
(资料来源：Wind 数据库)

3.3 供给侧结构性改革和产业升级带来制造业投资结构性机会

由于中国目前正处于工业化和城市化中后期,从工业大国向工业强国迈进,以产业结构升级、消费结构升级、产业区位转移为特征的制造业转型将会持续,这将带来部分制造业行业的结构性机会。

一方面,自 2015 年以来供给侧结构性改革快速推进,叠加环保核查,加快了部分传统制造业的产能出清,为行业复苏营造了良好的竞争环境。另一方面,在高新技术制造领域,我国的产业链正在不断升级和扩展,研发强度持续提升。

2019 年,全国制造业投资 21.86 万亿元,同比增长 3.1%。其中,仪器仪表制造业,黑色金属冶炼及压延加工业,计算机、通信和其他电子设备制造业,石油、煤炭及其他燃料加工业固定资产投资同比增速超过 10%,分别达到 50.5%、26.0%、16.8%、12.4%。

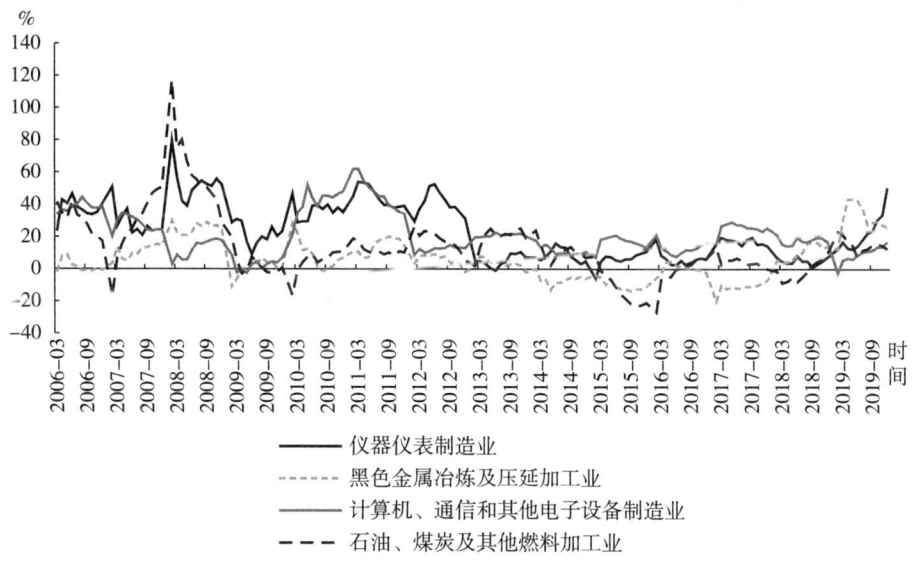

图 2-59 2019 年投资同比增速 10% 以上制造业细分行业

(资料来源:Wind 数据库)

通过计算各个子行业当年投资额占制造业当年投资额的比重,从而得到制造业 32 个子行业的投资贡献度。排名前 10 的子行业贡献度占比总计达 65%。伴随着科技周期带来的制造业转型升级,计算机、通信和其他电子设备制造业贡献度上升最明显,从 2013 年的 4.86% 增长至 2019 年的 8.08%,

位居2019年贡献度第二,专用设备行业贡献度也呈上升趋势。

计算各个子行业当年投资额的增量占制造业当年投资额增量的比重,可以衡量各子行业对制造业投资的拉动程度。在2019年制造业投资增长乏力的背景下,以计算机、通信和其他电子设备制造业及专用设备制造业等为代表的高端设备制造业和以化学原料及化学制品制造业、医药制造业为代表的石油化学工业对制造业投资拉动效果显著。

表2-12 对制造业投资贡献程度排名前10的细分行业　　　　　单位:%

行业	2013年	2014年	2015年	2016年	2017年	2018年	2019年
非金属矿物制品业	9.40	9.51	9.29	8.98	8.76	9.57	9.96
计算机、通信和其他电子设备制造业	4.86	4.76	5.01	5.57	6.67	7.10	8.08
专用设备制造业	6.81	6.82	6.85	6.41	6.38	6.72	7.18
化学原料及化学制品制造业	8.95	8.74	8.32	7.85	7.18	6.95	7.06
通用设备制造业	7.10	7.27	7.41	6.95	6.84	6.79	6.76
电气机械及器材制造业	6.22	6.21	6.28	6.80	6.89	7.14	6.43
汽车制造业	6.29	6.05	6.40	6.41	6.77	6.40	6.14
金属制品业	4.83	5.16	5.27	5.38	5.37	5.66	5.29
农副食品加工业	5.89	6.01	5.97	6.27	6.19	5.65	5.03
橡胶和塑料制品业	3.55	3.54	3.62	3.73	3.60	3.47	3.41

表2-13 对制造业投资拉动程度排名前10的细分行业　　　　　单位:%

行业	2013年	2014年	2015年	2016年	2017年	2018年	2019年
计算机、通信和其他电子设备制造业	5.5	4.0	8.1	18.8	42.4	11.7	45.0
专用设备制造业	7.1	6.9	7.2	-4.2	5.4	10.3	24.6
非金属矿物制品业	7.3	10.3	6.6	1.6	1.4	18.2	24.5
黑色金属冶炼及压延加工业	—	-1.4	-4.0	-1.3	-6.2	2.9	20.0
仪器仪表制造业	0.5	0.4	1.3	1.3	4.0	0.8	19.1
化学原料及化学制品制造业	7.6	7.1	3.1	-3.1	-14.7	4.5	11.0
医药制造业	4.3	3.5	4.6	6.4	-5.4	1.3	9.3

续表

行业	2013年	2014年	2015年	2016年	2017年	2018年	2019年
废弃资源综合利用业	1.1	1.2	0.8	0.8	5.5	3.1	8.8
石油、煤炭及其他燃料加工业	2.7	1.3	-5.3	2.1	-0.3	1.5	6.5
通用设备制造业	8.8	8.5	9.2	-4.0	3.2	6.2	5.6

3.4 工业建筑未来发展可期，关注高端设备制造和石油化学行业

从建筑工程安装的投资增速看，我国工业建筑投资高速增长的时期或难复现，未来将以细分行业的结构性机会为主。2018年制造业建筑安装投资额为12万亿元，同比增长12%。从建筑安装工程占比来看，2018年制造业建安投资在全部建安投资中的占比为27%，在整个制造业投资的占比为58%，两项占比在过去十年都保持平稳上升的趋势。

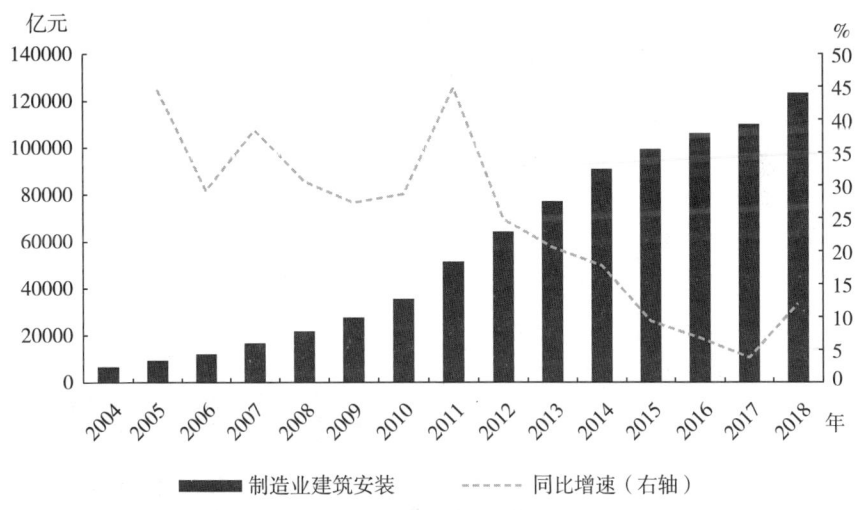

图2-60 工建投资及同比增速

（资料来源：Wind数据库）

我们关注两类制造业子行业的建筑安装投资，一是高端机械设备行业，二是石油化学行业。前者包括通用设备制造业、专用设备制造业、交通运输设备制造业、电气机械及器材制造业、计算机通信设备及其他电子设备

制造业、仪器仪表及文化办公用机械制造业。后者包括石油加工炼焦及核燃料加工业、化学原料及化学制品制造业、医药制造业、化学纤维制造业、橡胶和塑料制品业。为保持数据完整和可比性,我们剔除了橡胶和塑料制品业以及交通运输设备制造业。从建筑安装工程投资占行业总投资来看,高端机械设备行业和石油化学行业都保持了上升趋势。

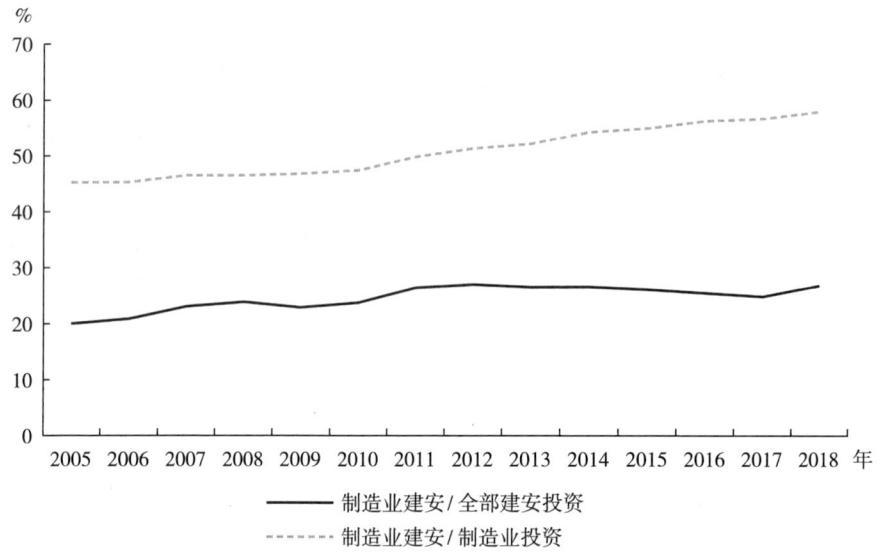

图 2-61　工建投资占建安投资及制造业投资比重

(资料来源：Wind 数据库)

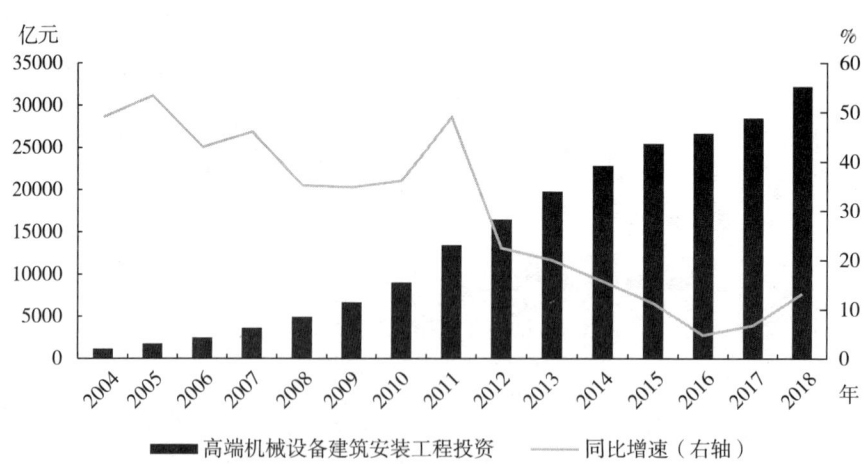

图 2-62　高端机械设备建筑安装工程投资及增速

(资料来源：Wind 数据库)

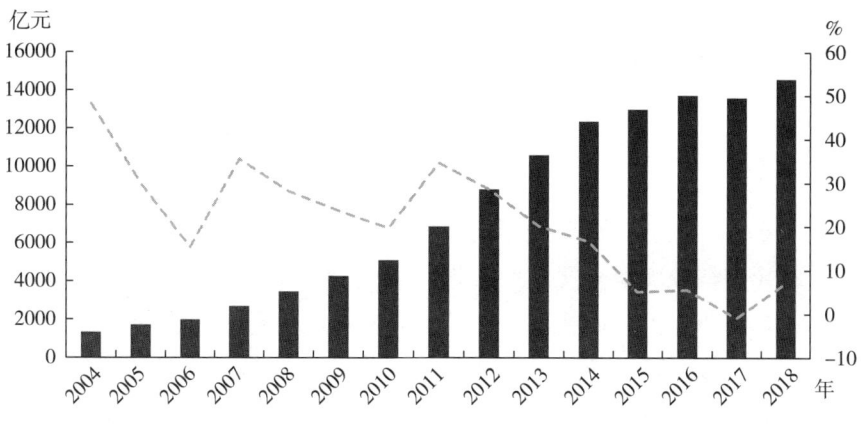

图 2-63 石油化学工业建筑安装工程投资及增速

（资料来源：Wind 数据库）

从建筑安装工程、设备采购和其他费用的占比情况来看，建筑安装工程是高端机械设备制造业和石油化学工业的主要组成部分，2018 年建筑安装工程占高端机械设备业和石油化学行业整体投资的比重分别达到 54% 和 58%，显示了建筑安装工程在这两个行业的未来发展潜力。

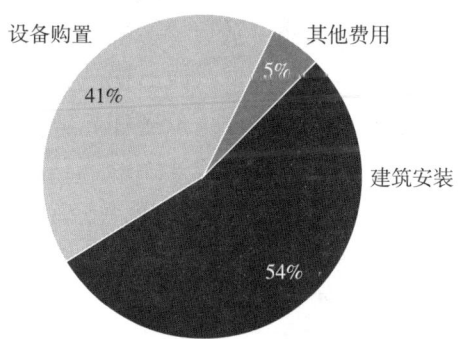

图 2-64 2018 年高端机械设备行业各环节投资占比

（资料来源：Wind 数据库）

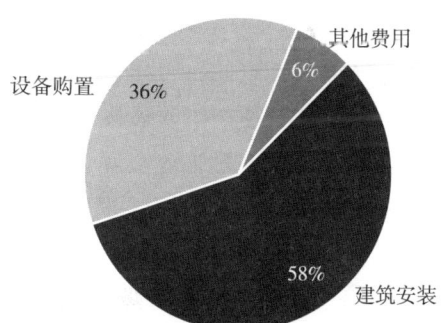

图 2-65 2018 年石油化学行业各环节投资占比

（资料来源：Wind 数据库）

4 建筑行业产值周期波动

反映建筑行业周期性波动的指标主要有建筑业经济增长率、建筑业就业水平、建筑业施工企业状况、建筑业生产技术水平和建筑业产业结构等方面的变动。参照国内外的研究成果，我们选取建筑业经济增长率来反映我国建筑业的周期性波动，而反映建筑业经济增长率的指标主要有建筑业总产值增长率和建筑业增加值增长率。

● 建筑业总产值是指在一定时期内一国（所有常住单位）或地区生产的建筑产品和服务的价值总和，包括建筑工程产值、设备安装工程产值、房屋构筑物修理产值以及非标准设备制造产值等。它是衡量建筑业经济运行过程中建筑行业生产规模及发展状况最直接的综合指标之一，能够客观地反映建筑业经济活动的波动。

1980—2019 年，我国的建筑业名义总产值从 286.93 亿元迅速增长到 248445.77 亿元，CAGR 接近 19%。这意味着，自改革开放以来，我国建筑业总产值增长总体符合指数增长规律，其中 2008—2014 年 "四万亿元" 计划驱动的建筑业产值明显快于指数趋势增长值，而 2015 年之后整体趋势已经发生了转变，建筑业实际产值低于趋势值，且未来我们预计无论从总规模来看还是从实际的增长来看，建筑业总产值或将保持小幅增长，之前的指数增长很难维持，而 2015 年 12 月我国重启中央城市工作会议，事实上也昭示着自 1978 年改革开放以来快速增长的周期已然过去。

● 建筑业增加值是指建筑业一定时期内在生产经营和提供劳务过程中所提供的用货币表现的社会劳动量。它综合反映建筑业全部经济活动的最终有效成果，即直接提供社会最终消费以及使用的产品和劳务总量，能够真实地反映建筑业的投入、产出、规模、速度、效益和分配等情况，是国民经济核算的重要组成部分。

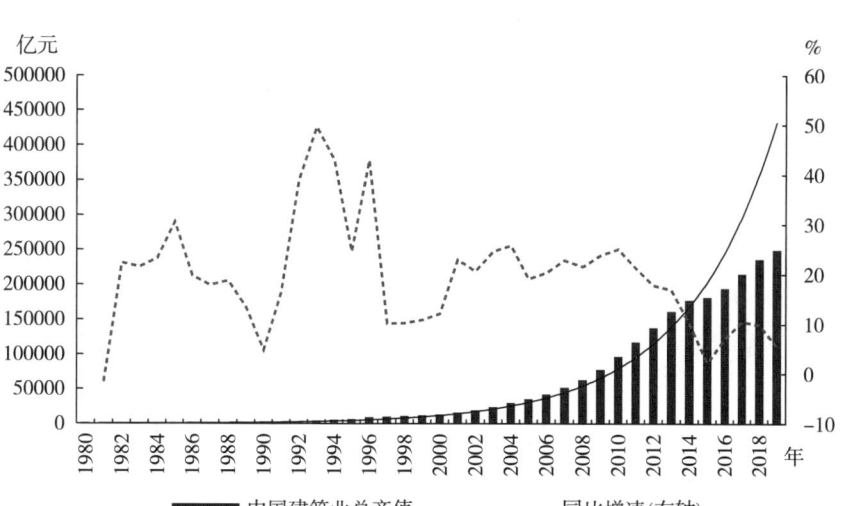

图 2-66　中国建筑业总产值及增速

（资料来源：中国建筑业协会）

1980—2019 年，我国的建筑业名义增加值从 196 亿元迅速增长到 70904 亿元，CAGR 为 16%。类似地，我国建筑业增加值增长总体也是符合指数增长规律的。从建筑业增加值增长率来看，1997 年同样是值得关注的时点，建筑业总产值和建筑业增加值在 1997 年后都在一段时间内低于长期趋势值，但在进入新世纪后又纷纷反超长期趋势值，我们认为其后开始的房地产繁荣周期功不可没。而 2011 年之后建筑总产值与增加值总体也呈现震荡下行的走势，其中 2017 年因为统计口径的调整导致名义同比增速有所上升，但实际增速较前几年仍是下行的。

剔除价格因素影响，我们以建筑业总产值和增加值的实际增长率作为测度指标，对比国内生产总值的实际同比增速，发现三者存在较强的相关性，相关系数均在 0.6 以上。1981—2019 年建筑业总产值和增加值实际增速的平均值分别为 15%、10%，我们把各年增长率从最低点经过平均值达到最高点再下降到最低点界定为一个周期，即"谷—谷周期"。

建筑业周期体现了朱格拉周期的典型特性。综合两项实际增长率，我们可以将 1981—2019 年合计 39 年大致划分为四个大的周期，其中完整的周期区间为 1981—2017 年，合计 37 年，周期平均长度约为 9 年，与一般的朱格拉周期长度接近，体现的背后逻辑主要是资本开支周期、政治周期。

建筑周期估值及竞争格局变迁

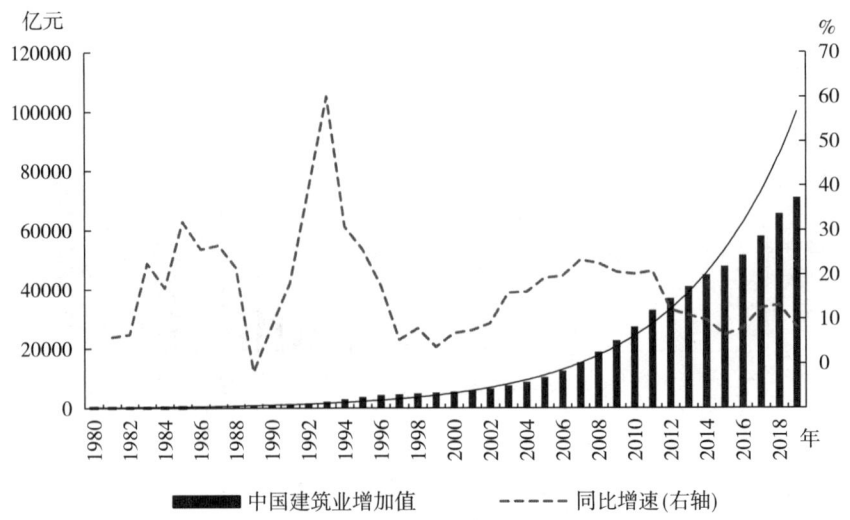

图 2-67 中国建筑业总产值及增速
（资料来源：国家统计局）

图 2-68 中国建筑业增加值、总产值及 GDP 实际同比增速
（资料来源：国家统计局，中国建筑业协会）

表 2-14　中国建筑业增加值周期描述表　　　　　　　　　单位：年，%

序号	时期	长度	谷值年份	谷值同比增速	峰值年份	峰值同比增速	落差	波动系数
1	1981—1989 年	8	1981 年	3.2	1985 年	22.1	18.9	0.57
2	1989—1997 年	8	1989 年	-8.4	1996 年	21.0	29.4	0.99
3	1997—2008 年	11	1997 年	2.6	2006 年	17.2	14.6	0.52
4	2008—2017 年	10	2017 年	3.9	2009 年	18.9	15.0	0.40
平均值		9.25		3.23		19.80	19.48	0.62

同时，我们发现相比于前两个周期，建筑业在第三和第四个周期的波动更加平缓了（波动系数缩小、落差收窄），而且周期长度相对延长，我们认为这部分反映了我国市场化经济改革的成功和宏观经济调控能力的增强。此外，值得关注的是，在这种调控下，1997 年亚洲金融危机、2000 年网络泡沫和 2008 年国际金融危机之后，我国建筑业都曾出现过短暂的强势逆周期增长，一定程度上反映出在投资作为宏观调控主要手段的大背景下，建筑业呈现出的"逆周期性"。

这种逆周期性有两点值得注意：（1）我国建筑业经济增长与全球经济周期存在短期的逆向趋势，显示我国该时期宏观调控确实对建筑业的增长产生了影响，这也是建筑板块行情的重要催化剂。（2）这种宏观调控是致力于改善外生冲击下的宏观经济运行还是由政府官员受升迁激励等动因决定的并不明确。我们将这种的政治周期导致的固定资产投资波动归纳为"换届效应"或"改革效应"。

"换届效应"在建筑业波动中并不显著，逆周期对冲主要目的在于稳定经济增长。以历次政府换届选举年为中心，前后各延长一年，我们并没有发现政府换届对建筑业波动有很好的解释，即"换届效应"在建筑业波动中并不显著。这表明，中国建筑业总产值或增加值的增长与政治周期的关系并不明显。但是建筑业的增长在政府换届至少两年后会有所体现。假定换届当年为 T，平均来看政府在换届前两年（T-2）和换届当年（T）的建筑业总产值增长最多，换届前一年（T-1）的增长次之，即建筑业在政府换届至少两年以后才能够有较快增长。我们认为这和我国的政治背景有关，政府官员上任之初往往更加倾向于关注民生项目，赢得民众支持，经济发展方面多是制订相关规划和学习中央精神。而在任职稳定之后，为了促进地区经济发展和任期结束后的晋升，大多数投资项目才会较快地得到批复开工,此外,许多五年规划初期投资的大型项目往往要2~3年之后才能真正得以落实。

"改革效应"对建筑业经济的发展具有更显著的作用。我们将主要改革性会议带来的固定资产投资提升称为"改革效应"。在改革开放以来四十多年的时间里,以历次党的三中全会为时点,我们发现三中全会召开当年及下一年的投资增速都明显高于其他年的投资增速(除1989年外)。我们分析其内在原因主要有两点:一是三中全会召开当年往往也是政府换届年,但往往年初是人事换届,年末第四季度召开三中全会,新上任的政府官员有作出形象工程的动力;二是三中全会往往有新的改革政策出台,由于社会各部门的良好预期,因而相对加快了投资节奏,积压的投资开始加速落实。但在十八届三中全会召开的2013年,固定资产投资增速并没有像往常一样突出,我们判断新一届政府的执政思路可能与以往有所不同,同时,随着我国政府执政理念更加偏向环保、民生和多元化,我们预计这两种效应可能都会发生变化,但从2013年及2018年两次实践来看,这种"改革效应"依然存在。

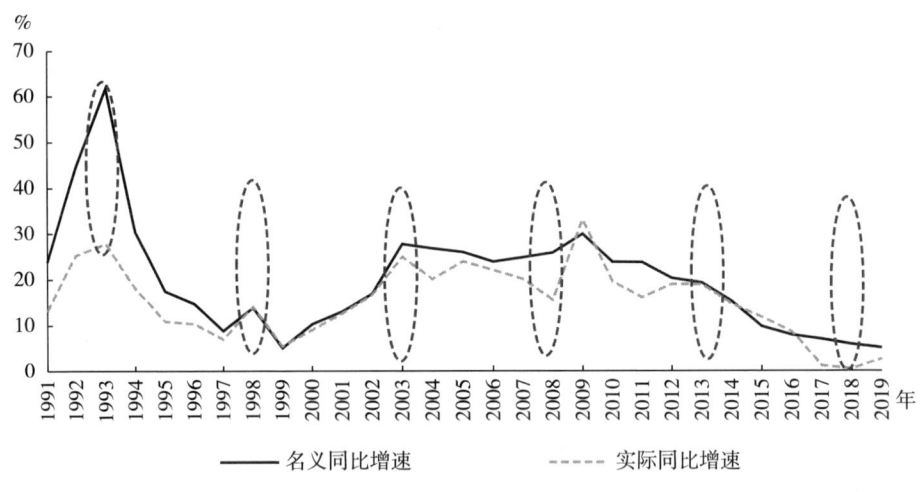

图2-69 中国固定资产投资同比增速

(资料来源:国家统计局)

第三部分 从市占率看建筑行业竞争格局及变迁

本部分,我们主要从订单、收入、人员等不同维度梳理国内主要的建筑龙头企业市占率变化过程,以显示中国建筑企业供给侧的竞争格局变化,以及不同企业的发展战略差异;并复盘法国万喜公司市占率提升过程中财务估值和估值变化,以期对国内建筑企业提供一定启示。

1 国内建筑龙头公司市占率

建筑工程细分行业众多,综合考虑公司规模、行业代表性与流动性三方面因素的影响后,我们结合重要指数成分股,共选取了10家建筑龙头企业进行比较分析,包括8家建筑央企、1家地方国企和1家民企。10家建筑企业覆盖了房建、基建、专业工程三大产业链,涉及房屋建设、装饰工程、铁路城轨、路桥港口、水利水电、金属冶炼、化学工程七大细分行业。此外,中国核建也是重要的建筑央企,但由于上市时间短、规模较小,我们在本章中暂未纳入分析。

表3-1 建筑工程细分行业龙头基本情况　　　单位:元/股,亿元

证券代码	证券简称	最新股价	总市值	细分行业
601668.SH	中国建筑	5.24	2198.97	房屋建设
601390.SH	中国中铁	5.86	1439.86	铁路城轨
601186.SH	中国铁建	9.78	1328.08	铁路城轨
601800.SH	中国交建	8.06	1303.68	路桥港口
601669.SH	中国电建	3.57	546.18	水利水电
601618.SH	中国中冶	2.57	532.60	金属冶炼
600068.SH	葛洲坝	6.53	300.69	水利水电
601117.SH	中国化学	6.17	304.37	化学工程
600170.SH	上海建工	3.29	292.95	房屋建设
002081.SZ	金螳螂	8.06	216.36	装饰工程

注:表中价格及市值数据截至2020年4月30日。
资料来源:Wind数据库。

根据中国建筑业协会的统计,2019年全国建筑企业(不含劳务分包)完成总产值24.8万亿元,同比增长5.7%;签订合同总额为54.5万亿元,同比增长10.2%,其中新签合同额为28.9万亿元,同比增长6.0%。自2008年以来,建筑行业总收入占行业总产值的比重趋于下降,2017年和2018年比重分别为91%、90%,按90%占比估算,2019年建筑业收入为22.4万亿元,同比增长5.5%。评价建筑企业市场份额的指标有很多,本部分主要从订单和收入

两个维度进行测算，以八大建筑央企为例，我们以八家企业的"新签订单额/建筑行业新签合同额"估算龙头企业订单市占率，以"营业收入/建筑行业总收入"估算龙头企业收入市占率。结合测算结果，我们发现：

（1）**建筑央企订单市占率高于收入市占率**。2008—2019 年，八大建筑央企订单市占率由 26.9% 提升至 33.8%，收入市占率由 18.1% 升至 20.4%，二者总体处于上升趋势，但订单市占率提升快于收入市占率，这也符合建筑行业订单领先收入的特征。

（2）**建筑央企市占率提升呈现顺周期特征**。2008—2010 年在"四万亿元"计划影响下，八大建筑央企订单和收入市占率快速提升，而 2011—2014 年投资小周期中市占率基本持平；2015—2017 年在 PPP 投资驱动下，市占率再次扬升，而 2018 年在 PPP 整顿过程中市占率小幅下降，2019 年在市场恢复中市占率再次较快上行。

（3）**基建领域龙头市占率高，房建集中度偏低**。在八大建筑央企中，连续单独披露房屋建设工程订单的企业不多，大部分是归入基础设施建设订单中。2019 年中国建筑、中国中铁、中国铁建和中国中冶四家建筑央企单独披露了房建订单，我们测算四家企业房建市占率合计为 16%，低于基建订单的合计市占率 32%，而八大建筑央企基建订单份额合计占比为 48%。尤其在 PPP 投资以及 EPC 项目中，我们认为国企具有较强的融资能力、管理能力以及风险抵抗能力，因此在项目获取方面，央企和少数地方国企占有优势，市占率预计将进一步提升。

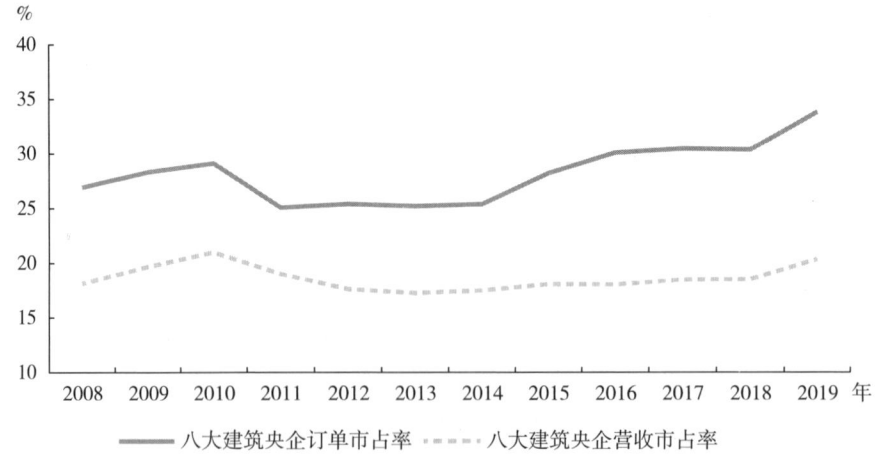

图 3-1　八大建筑央企市占率估算

（资料来源：各公司公告，Wind 数据库）

1.1 地产产业链市占率

地产产业链的充分竞争导致其上下游细分行业市占率偏低。我们所选的 10 只龙头股中，中国建筑、上海建工、金螳螂主业大多位于地产产业链，分别对应房建、房建、装饰业务，三家公司各自的市占率均处于较低水平。一方面，地产产业链较长，其前端施工产业包括钢铁、建材、化工、机械、有色金属、工程承包（建筑）等，后端产业主要有景观园林、装饰装修、家电家居等。另一方面，我国此前的地产产业集中度本身较低，根据克而瑞数据，2010 年和 2015 年中国地产企业销售额前十名市占率分别为 10% 和 17%，地产龙头企业市占率本身较低。但自 2016 年以来，地产头部企业市占率提升迅速，2019 年销售金额 CR10 为 26%，2018 年上半年一度达到 30%。尤其在 2018 年去杠杆背景下，实体经济普遍承压，叠加地产企业的头部化，催生了建筑材料等供应链企业 2019 年以来的牛市行情。这引发了我们的思考，如果延伸到施工领域，这种头部化现象能否催化房建企业的类似行情呢？

我们以中国建筑为例进行重点分析。2006 年公司新签房建订单 1599 亿元，占当年全国房屋建筑订单的 5.2%；2019 年中国建筑新签房建订单 19504 亿元，是 2006 年的 12 倍，占全国房建订单的 10.5%。2006 年中国建筑实现房建收入 1113 亿元，占全国房建工程收入的 4.5%；2019 年中国建筑房建收入 8724 亿元，是 2006 年的 8 倍，占全国房建工程收入的 6.2%。中国建筑房建订单的市占率提升明显快于房建收入市占率。一方面，这与房建收入的增长低于房建订单增长有关，2006—2019 年中国建筑房建订单 CAGR 为 21%，房建收入 CAGR 为 17%；另一方面，这也与部分房屋建筑工程的施工周期较长、建筑央企收入确认较为稳健、会计收入准则变化有关。

此外，我们从实物量（房屋建筑面积）角度进行交叉验证，2008 年公司房屋新开工面积 7792 万平方米，占全国建筑业新开工面积的 2.9%，2019 年公司新开工面积为 3.8 亿平方米，占全国房屋新开工面积的 7.4%。2008—2019 年，中国建筑施工面积占比由 4.1% 提升至 10.1%，竣工面积占比由 1.6% 提升至 5.6%，施工面积市占率与公司房建新签订单市占率基本吻合。

类似地，我们分别以"营业收入/全国房建总产值""营业收入/全国公装总产值"估算上海建工、金螳螂的行业市占率。自2006年以来,两家公司的市占率也总体呈现上升趋势,但占比均在1%左右,远低于中国建筑的提升速度。其中上海建工由2006年的0.8%升至2019年的1.5%,金螳螂由0.4%升至1.3%。"四万亿元"计划对于上海建工市占率的提升主要体现在2009—2010年,而金螳螂的市占率则由2010年持续升至2014年,但2009—2010年公司股价和市值就已提前反映并增长了十倍。

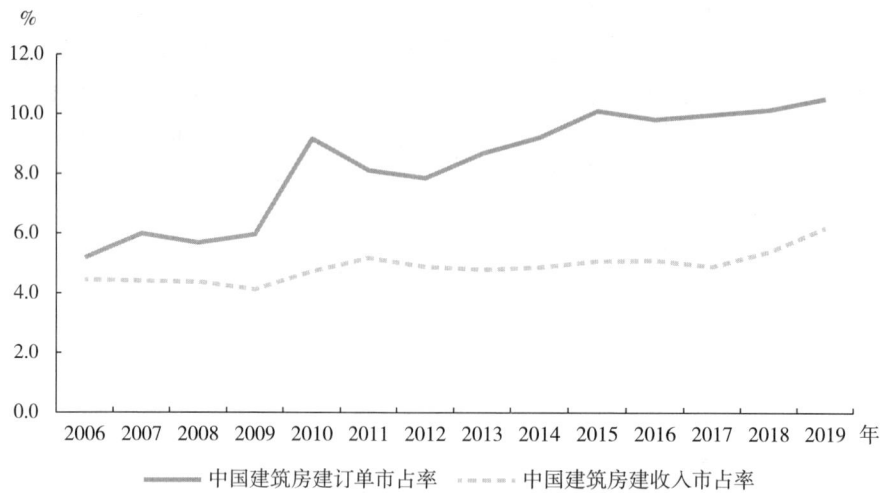

图 3-2 中国建筑房建市占率估算之一

(资料来源:公司公告,Wind 数据库)

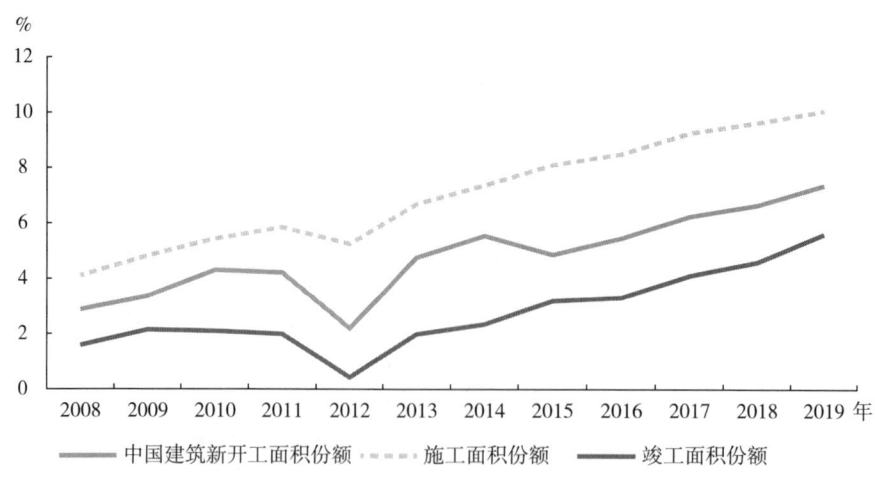

图 3-3 中国建筑房建市占率估算之二

(资料来源:公司公告,Wind 数据库)

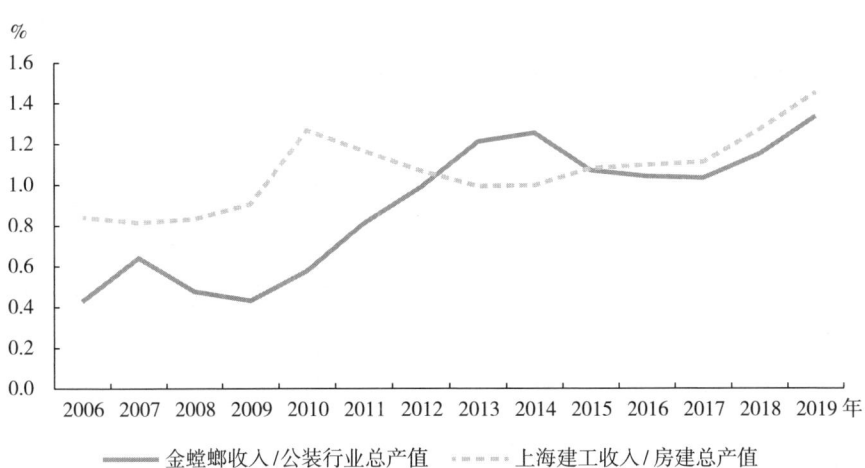

图 3-4 上海建工与金螳螂市占率估算

（资料来源：各公司公告，Wind 数据库）

1.2 基建产业链市占率

基础设施建设已成为建筑工程企业的主要角力场。"十三五"期间，随着国家加强供给侧结构性改革、"一带一路"倡议、京津冀协同发展、长三角一体化、粤港澳大湾区等国家战略规划的有效实施，国内基础设施建设和城镇化建设速度进一步加快。2020 年，国内外新冠肺炎疫情导致居民消费受到抑制、投资活动放缓、外需显著萎缩，政策端进一步提出扎实做好稳就业、稳金融、稳外贸、稳外资、稳投资、稳预期工作，全面落实保居民就业、保基本民生、保市场主体、保粮食能源安全、保产业链供应链稳定、保基层运转任务的"六稳""六保"战略部署。展望 2020 年和"十四五"，我们预计国内外基础设施建设仍将围绕人口聚集和城市化进程实现较快发展。

同时，国家积极推行基础设施 PPP 和工程总承包模式，传统竞争性纯施工业务占比下降，行业竞争进一步加剧，更加强调建筑企业的全生命周期管理运营能力、专业核心竞争力、商业模式创新能力、资源整合能力、融资能力以及风险控制能力，建筑企业分化明显，中央及地方大型建筑企业成为基建项目的主要竞争力量和实施主力军，"强者恒强"；而实力较弱的中小型国企、民企则因融资能力不足、风险承受能力低下等而无法拿到高质量的项目，竞争实力趋弱，建筑行业的竞争格局已在加快转变。2020 年 4 月 30 日，中国证监会、国家发展改革委联合发布《关于推进基础设施领域不动产投资信托基金（REITs）试点相关工作的通知》，正式启动基础设施领域的公募 REITs 试点工作，具有优质运营类基础设施资产的建筑公司有望脱颖而出。

1.2.1 非基建公司扩大基建业务占比

参考第二部分对于建筑需求的测算，我们总结认为，对于传统基建领域维持一定市场规模的细分行业，比如铁路工程，或者受政策影响处于去产能的细分行业，比如冶金工程，其龙头企业传统主业订单占比趋于下降；而对于市场规模呈现较快增长的细分行业，比如公路桥梁、轨道交通、水利水电等，其龙头企业主业订单占比则较为平稳，并积极拓展其他基建业务领域。

对于第一种情形，龙头企业在传统市场的市占率并未下降，主业订单占比的下降主要源于其他细分行业订单的更快增长。以中国中铁为例，2009 年公司新签铁路业务合同额为 3109 亿元，2019 年为 3112 亿元，2009—2019 年公司在国内大中型铁路基建市场的市占率一直保持在 45% 左右；新签城市轨道交通业务合同 2014 亿元，国内城市轨交基建市场份额维持在 40% 以上；新签公路工程合同 3091 亿元，国内高速公路基建市场份额维持在 10% 以上。

中国中冶传统主业冶金工程占比下降，但基建业务市占率大幅提升。公司是目前全球最大的冶金建设承包商和冶金企业运营服务商，但过去十年受国家对冶金行业产能过剩调控、《环境保护法》等政策逐步实施的影响，国内钢铁行业大规模、高强度建设期基本结束，公司冶金工程业务下降，2013—2016 年冶金工程订单占比快速下降。2019 年，公司非冶金合同新签合同额已达到新签工程合同额的 83%，较 2018 年增长 0.6 个百分点，公司在交通市政基础设施、高端房建、环境工程与新能源、地下综合管廊、特色主题、海绵城市、美丽乡村与智慧城市等领域持续发力，确立了新的竞争优势，在转型升级中取得了显著成果。同时，公司大力推进 PPP 模式，2018 年新中标 PPP 项目 47 个，总投资 1067 亿元；2019 年中标 PPP 项目 24 个，总投资 1387 亿元，单体项目金额明显上升，总投资规模稳定在千亿元以上。

中国建筑基建业务迅猛发展，全集团积极开展产业结构转型，大力向基建业务倾斜。公司传统主业房屋建筑工程在其所处领域具有绝对优势，其市占率保持稳定增长，2019 年公司房建新签合同占全国市场份额约 10.5%。公司曾提出"532"（2020 年收入结构中房建：基建：地产 = 5：3：2）和"1211"战略（2030 年进入世界五百强前十位，年营业收入达到 2 万亿元，市值突破 1 万亿元，成为世界投资建设领域第一品牌），产业结构优化调整势在必行,因此在 2015—2017 年 PPP 快速发展时期,公司大力推进其基础设施投资业务。2017 年,公司新签基础设施合同额 7369 亿元,占当年全部新签建筑业务合同的 33%,达到上市以来最高值,在轨道交通、城际铁路、城市综合管廊、道路桥梁等基建重点细分市场实现了突破,其中公司在管廊领域独占鳌头,截至 2018 年末已中标管廊项目 51 个,总里程约为 1300 公里,国内市场占有率约为 40%。

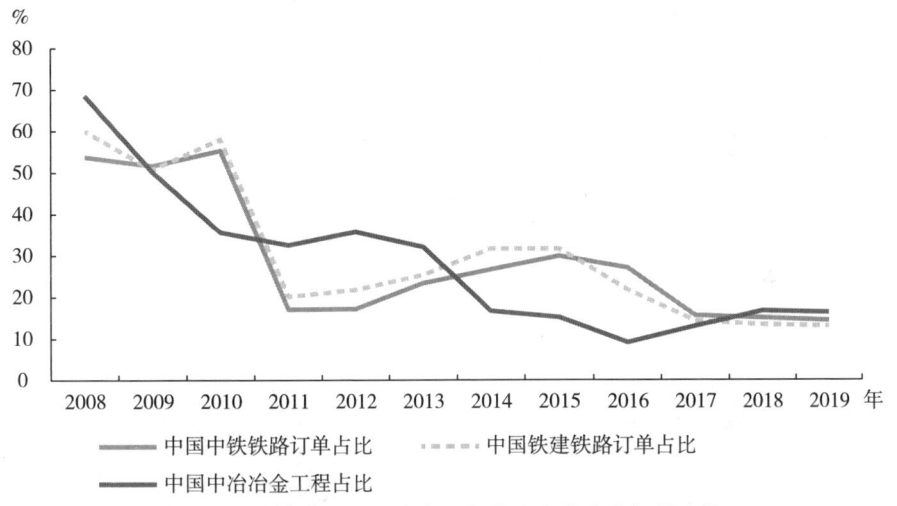

图 3-5 铁路工程、冶金工程龙头企业主业订单占比

(资料来源:各公司公告,Wind 数据库)

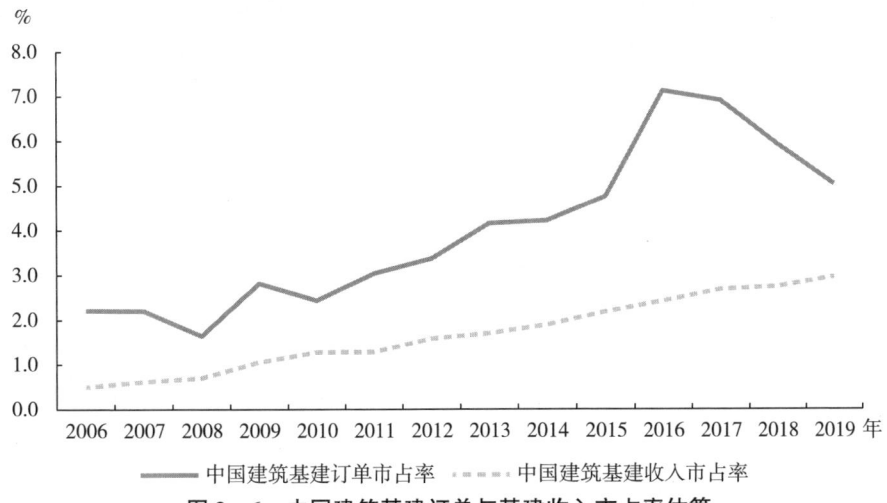

图 3-6 中国建筑基建订单与基建收入市占率估算

(资料来源:公司公告)

1.2.2 基建公司积极扩张市政环保业务

对于前述提到的第二种情形，主要发生在传统的公路、铁路、水利等领域，龙头企业传统主业订单占比总体呈现震荡走势，但由于下游需求依然旺盛，因此较第一种情形更为平稳。这类企业在积极维护传统优势领域竞争格局的同时，进一步大力扩张市政或环保等新兴领域业务。

以中国交建为例，2008 年公司新签公路工程合同 674 亿元（含 207 亿元投资类项目），占全部新签订单的 24%，在国家"四万亿元"计划投放过程中，公司公路订单占比最高升至 2012 年的 43%，随后小幅下行，但 2016 年在 PPP 驱动下占比再次升至 40%，2019 年下降至 28%。对比中国交建 2010 年和 2019 年基建建设业务新签订单可以看出，港口、路桥及铁路订单占比有所下降，市政与环保业务成为增长最快的板块。

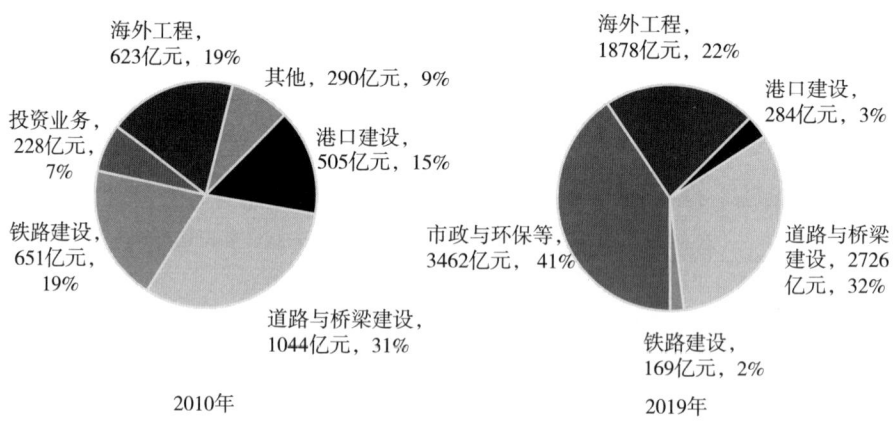

图 3-7 中国交建 2010 年与 2019 年基建建设新签合同分布

（资料来源：公司公告）

中国电建、葛洲坝等传统的水利水电工程订单总体受国内外相关投资周期的影响，通过 PPP 等模式大力拓展公路和环保业务。由于水利水电类工程建设受水文环境、投资政策等因素影响较大，因此占新签订单的比重总体呈现出与中国交建公路订单类似的震荡走势。中国电建与葛洲坝都是全球水利电力工程建设行业的龙头企业，2019 年中国电建新签水利水电工程合同额为 1799 亿元，占全部新签订单的 35%；葛洲坝新签水利水电工程合同额 769 亿元，占全部新签订单的 31%。两家公司水利水电工程订单的占比较 2008 年 45%~50% 的比重下降约 10 个百分点，但总体仍有30%以上占比,目前两家公司均正加速向基础设施工程承包、水资源与环境等非传统业务方面转型,我们预计非水利水电类工程订单占比将进一步快速提升。

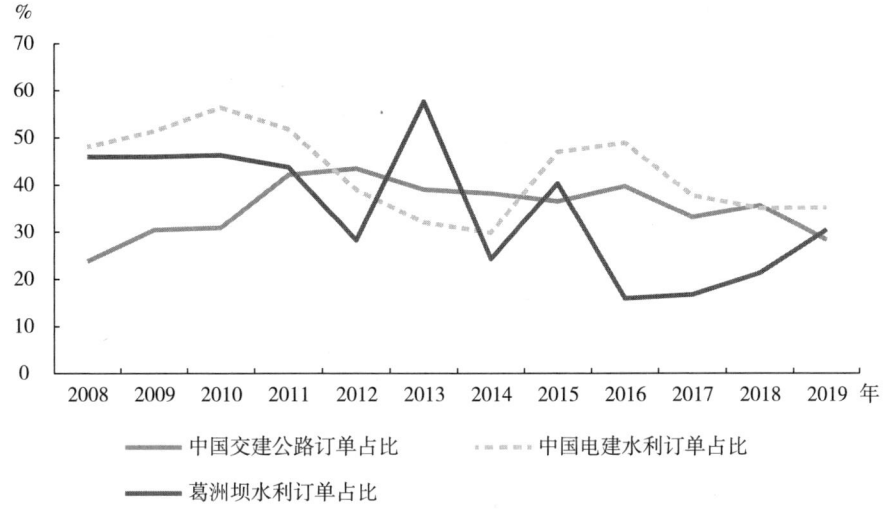

图3-8 公路工程、水利水电龙头企业订单占比
(资料来源:各公司公告,Wind数据库)

中国中铁与中国铁建积极布局全产业链,应对传统基建领域的竞争。对于中国中铁与中国铁建而言,两家公司情况也较为相似,2019年中国中铁与中国铁建新签铁路订单占全部订单的比重分别为18%、15%,近年来铁路基建业务占比逐步下降的原因主要是两家公司都加快产业结构调整,沿建筑产业链进行全面布局,新兴市政基建类订单占比显著上升。目前两家公司的业务涵盖工程承包、勘察设计咨询、工业制造、房地产开发、工业制造、物资物流及金融产业,具备了全产业链扩张和协同的能力,实现了从单纯施工企业向集科研、规划、勘察、设计、施工、监理、维护、运营和投融资为一体的一站式解决方案提供商转变。

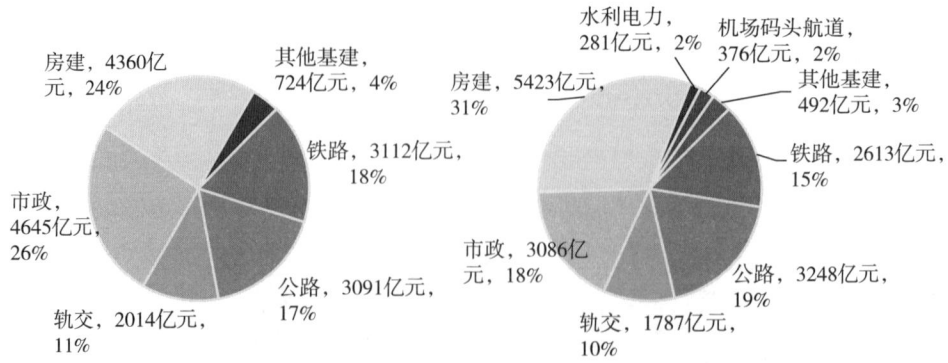

图3-9 2019年中国中铁与中国铁建基础设施建设新签订单分布

(资料来源：各公司公告)

1.3 国际工程市占率

除PPP、EPC等工程承包占比的提升外，"一带一路"倡议也为国内工程龙头企业差距的重要领域。自2013年以来我国提出"一带一路"倡议以来，对沿线国家相关承包工程取得显著成效。尽管2018年在贸易摩擦等因素影响下，我国对外承包工程新签合同额一度出现负增长，完成营业额几乎零增长，但2019年又都恢复了正增长，显示我国国际工程企业实力与日俱增、对外工程业务具备较强韧性。根据商务部数据，2019年我国对外承包工程业务全年完成营业额11928亿元人民币，同比增长6.6%（折合美元1729亿元，同比增长2.3%），新签合同额17953亿元人民币，同比增长12.2%（折合美元2603亿元，同比增长7.6%）。

2019年，我国企业在"一带一路"沿线62个国家新签对外承包工程合同6944份，新签合同额1549亿美元，占同期我国对外承包工程新签合同额的60%，同比增长23.1%；完成营业额980亿美元，占同期总额的57%，同比增长9.7%，"一带一路"沿线国家仍将是我国建筑工程企业"走出去"的重要市场。

同样地，我们以"新签境外订单额/我国对外承包工程合同额"估算龙头企业海外订单市占率，以"当年境外收入/我国对外承包工程完成营业额"估算龙头企业海外收入市占率。经测算，我们发现2011—2019年，八大建筑央企海外新签订单及营业收入市占率总体呈上升趋势，即使在2018年行业订单增速下降的情况下，八大建筑央企市占率仍然实现了小幅上升，2019年更是实现大幅扬升。与2011年相比，八大建筑央企2019年新签订单市占率由41%增长至65%，收入市占率由24%增长至36%左右，2019年订单和收入市占率分别是2011年的1.6倍、1.5倍。

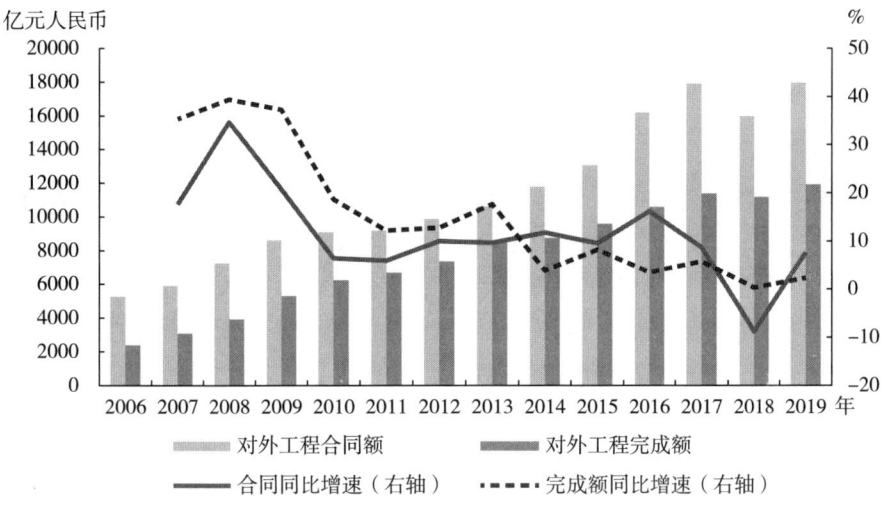

图3-10 我国对外承包工程合同额、完成额及同比增速

（资料来源：各公司公告，Wind 数据库）

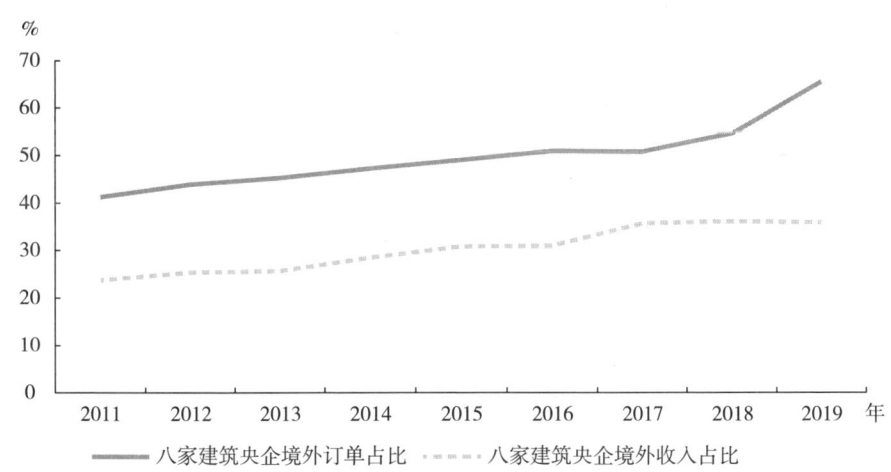

图3-11 我国八大建筑央企境外新签订单及收入市占率估算

（资料来源：各公司公告，Wind 数据库）

按照建筑央企不同的发展战略和海外业务新签订单、收入占比变化，我们将我国建筑企业对外承包工程业务大致归纳为以下三类：

（1）传统的国际承包类央企，主要包括中工国际、中材国际、北方国际和中钢国际。四家公司海外新签订单海外占比一般在50%以上，海外营业收入占比一般在80%以上。该类企业大多以国际工程总承包商的角色出现,活跃于1990—2010年,对外承接工程并分包给国内建筑企业。随着八大建筑央企相继上市并加快"走出去"步伐,对外主动承揽业务的能力持续增强。

(2)新兴的国际承包类央企,主要包括中国化学、葛洲坝、中国电建、中国交建。四家公司借助"一带一路"的东风,大力扩张海外业务,海外订单和收入占比等国际化率指标一般稳定在20%~40%,2019年中国化学、葛洲坝、中国电建、中国交建新签海外订单占其全部新签订单的比重分别为60%、32%、29%、20%。其中,中国化学2017年和2018年新签海外订单占比均为35%,2019年海外订单占比升至60%,主要受俄罗斯波罗的海化工综合体项目的影响,该项目为"FEED+EPC"总承包合同项目,总金额约为120亿欧元,履行期限为60个月。

但如果从海外新签订单绝对值来看,中国交建仍是目前中国最大的国际工程承包商。中国交建2019年排名位于美国ENR世界最大250家国际承包商(The Top 250 International Contractors List)第3位,已经连续13年稳居上榜中国企业第1名。公司已经成为中国企业"走出去"的一张亮丽名片。

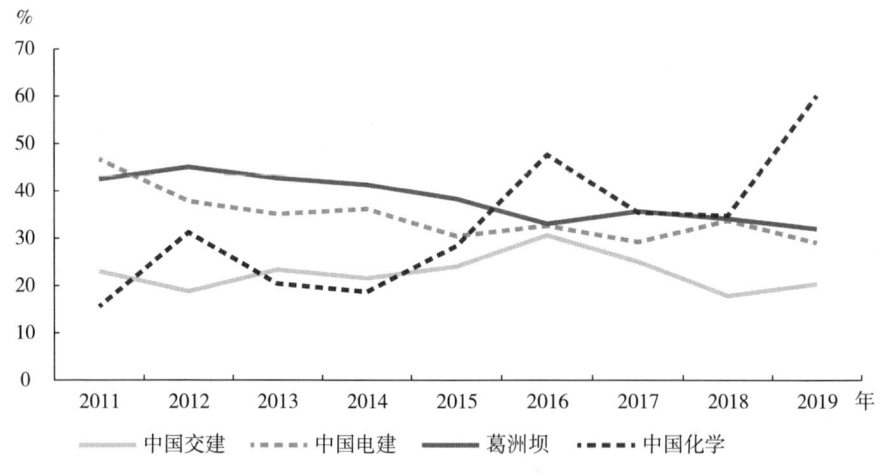

图3-12 新兴建筑央企境外新签订单占比

(资料来源:各公司公告,Wind数据库)

(3)中国建筑、中国铁建、中国中铁等特大型建筑企业集团,国际化率稳定在10%以内。这类特大型企业集团在2008年上市之前,境外新签订单绝对值不高,但占比并不低。随着上市资本实力增强和集团资产完成整合，海外订单占比有所下降，在2008年底国内"四万亿元"计划的刺激下，这类特大型建筑集团重心转向对国内业务的扩展，而随着2013年"一带一路"政策的提出与国内固定资产投资的走弱，又逐渐转战海外市场，海外业务占比又呈现明显提升的势头。

图3-13 特大型建筑集团境外新签订单占比

（资料来源：各公司公告，Wind数据库）

与国际著名大型承包商相比，我国大型央企的实力差距仍然较大。在ENR发布的2019年国际承包商TOP 250名单中，共有75家中国企业上榜，较2018年增加6家。中国交建连续4年进入前三，中国电建、中国建筑、中国中铁、葛洲坝、中国中冶也均进入了前50。但前250家国际承包商平均完成海外营业额为20亿美元，比2014年的完成额21亿美元下降4%，比中国企业的平均海外营业额（14.4亿美元）高39%。前10名国际承包商中，大部分承包商的国际化率（该排名仅指海外收入占公司总收入比重）在40%以上，但排名第三的中国交建尚不到30%，低于海外可比公司的国际化水平。

表3-2 2019年ENR国际承包商海外营业额前十强 单位：亿美元，%

2019年排名	2018年排名	企业名称	海外营业额	总营业额	国际化率
1	1	西班牙ACS	380.4	441.9	86.1
2	2	德国豪赫蒂夫（AG）	278.0	291.2	95.5
3	3	中国交建	227.3	832.8	27.3

续表

2019年排名	2018年排名	企业名称	海外营业额	总营业额	国际化率
4	4	法国万喜（VINCI）	222.1	521.4	42.6
5	5	奥地利斯特拉巴格（STRABAG）	157.8	186.9	84.4
6	7	法国布伊格（BOUYGUES）	155.8	320.2	48.7
7	10	中国电建	137.8	529.8	26.0
8	9	瑞典斯堪斯卡（SKANSKA）	135.8	171.2	79.3
9	8	中国建筑	128.1	1704.4	7.5
10	11	西班牙法罗里奥（FERROVIAL）	118.9	152.9	77.8

资料来源：ENR。

但从总营收绝对值，即ENR统计的全球前250名承包商（The Top 250 Global Contractors List）来看，尽管上榜的中国内地企业仅57家，较2018年增加3家，但中国承包商占据了前十席中的七席，规模已经远超过海外建筑工程企业，这首先得益于国内建筑工程自身的庞大市场，另一方面也显示我国建筑工程龙头企业实力与日俱增。相对而言，国内建筑工程企业的国际化率低于前十中的万喜集团、ACS集团及布伊格等海外龙头企业，国内前十建筑企业海外营业额平均占比仅为10%，大幅低于海外企业排名前十平均59%的占比。这也说明，中国承包商的收入仍主要来自国内，国际化率整体偏低，未来海外市场有待积极开拓。

表3-3　2019年ENR全球承包商总营业额前十强　　单位：亿美元,%

2019年排名	2018年排名	企业名称	总营业额	海外营业额	国际化率
1	1	中国建筑	1704.4	128.1	7.5
2	2	中国中铁	1400.9	61.8	4.4
3	3	中国铁建	1116.6	67.0	6.0
4	4	中国交建	832.8	227.3	27.3
5	6	中国电建	529.8	137.8	26.0
6	5	法国万喜（VINCI）	521.4	222.1	42.6

续表

2019年排名	2018年排名	企业名称	总营业额	海外营业额	国际化率
7	7	西班牙ACS	441.9	380.4	86.1
8	10	中国中冶	372.4	28.6	7.7
9	9	上海建工	342.5	6.7	2.0
10	8	法国布伊格（BOUYGUES）	320.2	155.8	48.7

资料来源：ENR。

1.4 从员工角度测算市占率与人均产值

员工人数是建筑工程企业的重要基础，员工总数的扩张与人均产值的提升往往共同发生，体现建筑企业生产力的进步。 前文我们通过新签订单的收入占比测算了国内房建、基建、海外等细分市场龙头企业的市占率，接下来我们进一步通过员工数量的扩张指标验证建筑公司的扩张速度，通过人均产值的提升验证建筑公司的效率提升。

随着建筑龙头市占率的不断提升，员工总数也逐渐呈现稳定增长的态势，但营业收入与人员数量的增长并不完全一致，表现为人均产值的提升差异，总体来看收入增速要快于员工增速。目前国内八大建筑央企中，中国建筑所属员工总数最高，2019年集团合计员工有33.5万人，占全国建筑从业人员总数5427万人的0.6%，低于按订单和收入估算的市占率，主要是因为大量分包业务存在，2019年中国建筑房建、基建分包成本分别为2577亿元、1261亿元，分别占公司总营业成本的20%、10%，二者合计占比为30%。

2011—2019年，八大建筑央企中仅中国建筑收入和人员复合增速均为两位数，中国中铁、中国中冶员工数量甚至是下降的，但营业收入分别复合增长8%、5%，体现了人均效率的提升。此外，中国电建、中国化学、葛洲坝三家建筑企业的营业收入复合增速均超过了11%，达到15.0%、11.4%、11.3%。

从八大建筑央企的人均产值来看，我国建筑工程企业人均营收水平分化较为明显，但总体均处于快速提升过程中。2019年中国交建人均营业收入最高，为446万元，较2011年的326万元增长37%；中国化学最少，为243万元，但却是2011年的2倍。

对比海外建筑公司，我国建筑龙头公司人均创利水平并不低。以法国万喜为例，公司 2019 年营业收入为 487.5 亿欧元，归母净利润为 33 亿欧元，按年末汇率 7.82 折算收入约为 4300 亿元人民币、净利润为 258 亿元。公司年末拥有员工 22 万人，人均营收约为 22 万欧元，折合人民币 172 万元，低于 2019 年同期八大建筑央企最低值（243 万元）。但万喜人均创利与八大建筑央企相比比较靠前，2019 年为 11.8 万元，仅低于中国交建（16.2 万元）、葛洲坝（13.8 万元）和中国建筑的（12.5 万元）。

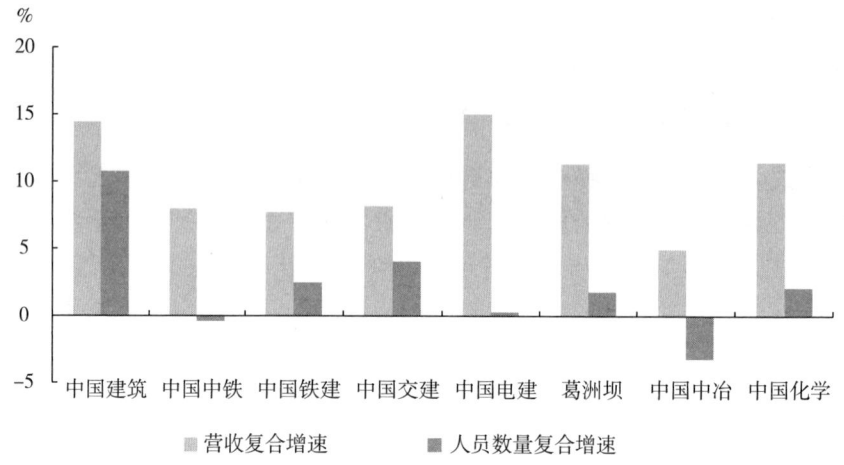

图 3-14　2011—2019 年八大建筑央企收入与人员数量复合增长

（资料来源：各公司公告，Wind 数据库）

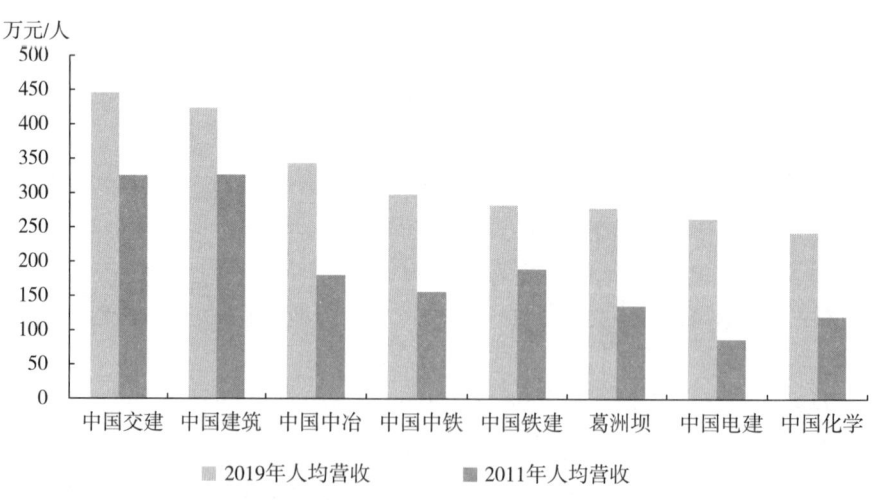

图 3-15　2019 年和 2011 年八大建筑央企人均营收比较

（资料来源：各公司公告，Wind 数据库）

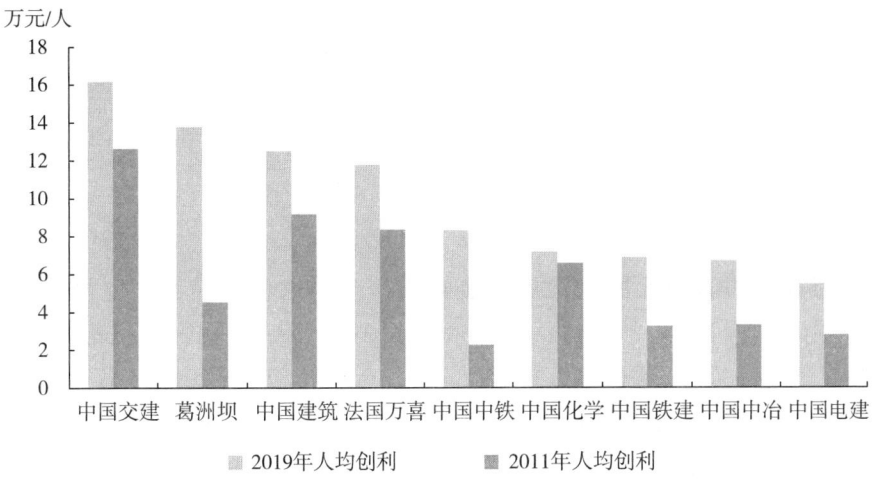

图 3-16　2019 年和 2011 年八大建筑央企人均创利比较

(资料来源：各公司公告，Wind 数据库)

从万喜的发展历程来看，公司年末员工总数与营业收入之间也存在高度同步性，即万喜公司在市占率提升或市值扩张的过程中伴随着员工人数的增长。因此，就全球来看，建筑工程整体上仍然是劳动密集型的行业，员工人数的增长可以作为公司市占率提升的先行指标，用于判断公司未来市占率的变动趋势。万喜公司在 1994—2019 年这 26 年中，通过不断地外延并购，人员规模基本可以保持 5% 左右的年均复合增长，而同期营收复合增速为 8%。

图 3-17　1994—2019 年万喜营业收入与员工人数同比增速

(资料来源：Wind 数据库)

2 复盘万喜市占率及估值提升路径

万喜是法国最大的建筑服务企业,在全球也名列前茅。公司创办于 1891 年,至今已有 129 年的历史。截至 2019 年末,公司拥有员工 22.2 万人,在全球 100 多个国家累计开展项目约 30 万个。公司 2019 年营业收入为 487.5 亿欧元,归母净利润为 33 亿欧元,按年末汇率 7.82 折算,收入约为 3812.25 亿元人民币、净利润约为 258.06 亿元,低于中国建筑的收入(1.4 万亿元)、净利润(419 亿元),但年末万喜市值达 549 亿欧元(折合人民币 4293 亿元),大幅领先中国建筑 2359 亿元的市值。在由美国《工程新闻记录》(ENR)评选的全球前 250 家工程承包商中,公司在 2002 年、2009 年排名第一,2010 年排名第三,2011 年、2012 年排名第四,2013—2016 年以及 2018 年排名第五,2017 年和 2019 年排名第六。

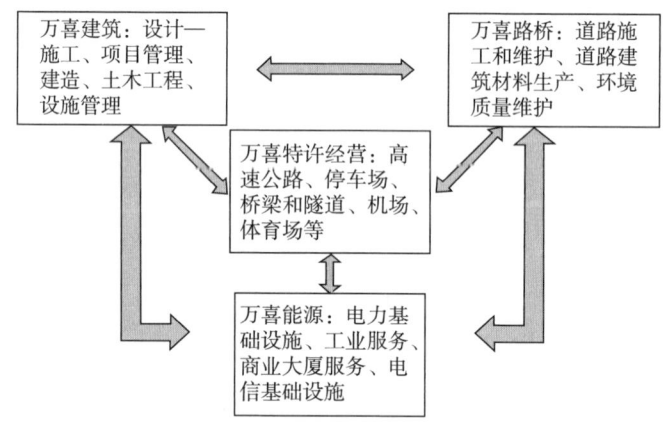

图 3-18　法国万喜整合型商业模式

万喜的核心业务主要包括特许经营与工程承包两大部分,建筑施工仍然是公司最主要的收入来源。2019 年,万喜集团的建筑施工业务实现收入 389 亿欧元,占内部抵销前合计收入的 79%;特许经营业务收入为 85 亿欧元,占合计收入的 17%,自 2003 年提升至 10% 以上就一直维持提升态势。按照公司最新的收入分类,万喜的工程承包收入主要来自建筑施工(万喜建筑)、能源电力(万喜能源)和路桥施工万喜路桥(Eurovia),2019年分别占工程承包收入的38%、35%、26%。万喜的特许经营业务主要涉及高速公路、停车场、机场、桥梁和隧道、铁路基建和体育场等方面,2019年高速公路运营收入56亿欧元,占公司特许经营业务收入的65%,机场运营收入占特许经营业务收入的31%,剩余约4%为其他交通运营收入。万喜以法国国内的业务为主,但也通过收购和获取其他国家的特许经营权等形式扩大国外业务,2019年公司法国国内收入263亿欧元,占全部收入的54%,较2003年的62%有所下降,但仍然维持50%以上。此外,公司在除法国以外的欧洲地区实现收入131亿欧元,占营业收入的27%,因此,公司来自欧洲区域的收入合计占公司总营收的81%。

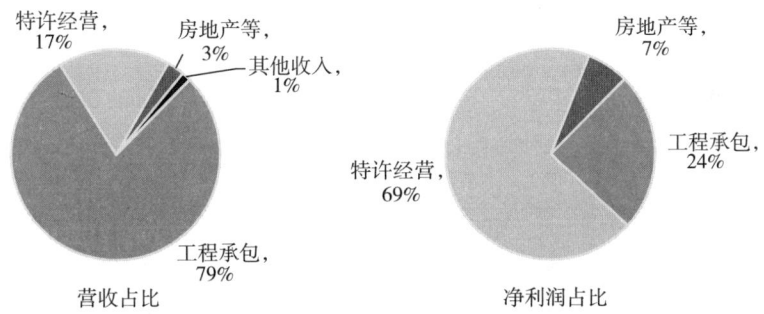

图3-19 2019年万喜营业收入与净利润构成

(资料来源:Bloomberg)

尽管万喜的收入主要来自工程承包,但盈利却主要来自特许经营,特许经营业务净利润占全部净利润的比重持续攀升,由2003年的30%提升至2019年的69%。在万喜的四大业务板块中,建筑业务产生的收入最多,近15年占总营业额比重都在40%左右,但从2014年开始建筑业营业额所占比重逐年下滑;路桥和能源业务收入及净利润占比少,但这两项业务都在不断地发展,对进一步提高万喜特许经营和建筑业务市场地位起到推动作用。2019年万喜工程承包净利率为2.0%,其中建筑施工仅为1.2%,能源业务为3.0%,路桥施工为2.0%。万喜特许经营业务营业额虽然只占总收入的17%左右,却是集团最主要的盈利业务,2019年净利率为26%,其中高速公路运营为30.5%,机场运营为21.9%。梳理万喜特许经营业务的净利率提升,我们发现也并不存在比较明显的提升过程,其中2004—2014年基本维持在14%左右,2014年以来才稳定在25%左右,这一方面得益于高速公路资产运营进入盈利期,另一方面也与当年收购ANA扩大机场业务有关。

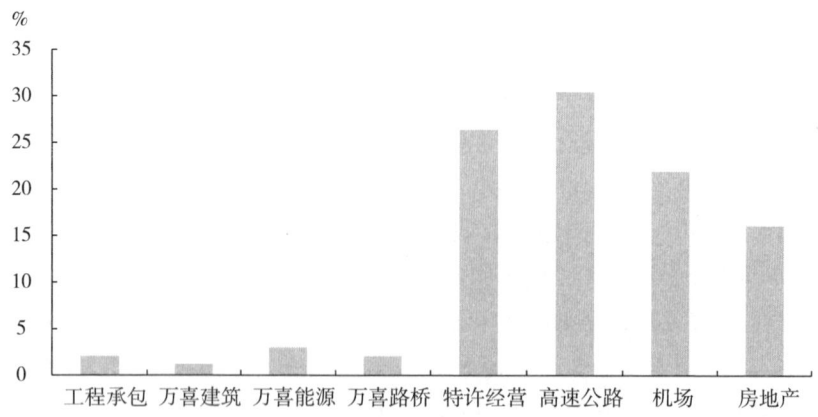

图 3-20　2019 年万喜分业务净利率比较

（资料来源：Bloomberg）

为进一步研究万喜市占率提升过程中财务指标与市值的变化情况，我们以"万喜营业收入/法国建筑行业总收入"估算万喜历年全口径业务的市占率，并以其国内业务收入口径计算国内市占率。由于法国统计局并非每年都公布法国建筑业收入，我们以法国营建支出指数进行校正调整。总结来看，万喜集团通过兼并与收购不同行业的专业公司、获取特许经营权等方式，保证了其市场占有率的稳步增长，万喜的市占率从 1990 年的 4% 逐步提升至 2019 年的 34%。

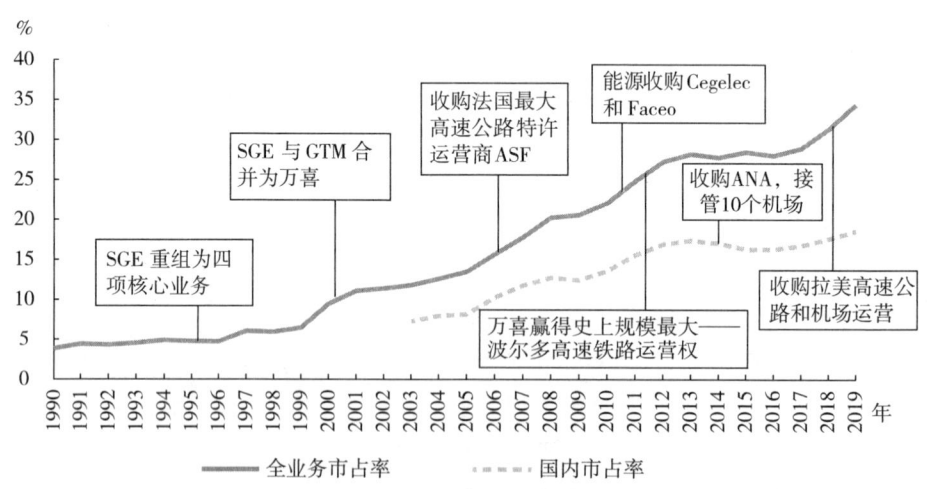

图 3-21　1990—2019 年万喜市占率变化

（资料来源：Bloomberg）

2.1 市占率与市值

市占率提升驱动的业绩规模增长是市值增长的基础。1994—2019 年这 25 年间，我们将万喜市占率与市值的提升大致划分为三个阶段：第一阶段为蓄势待发期，第二阶段为快速提升期，第三阶段为曲折上涨期。而在不同的发展阶段，公司市值、财务状况及估值水平均有着不同程度的变化。

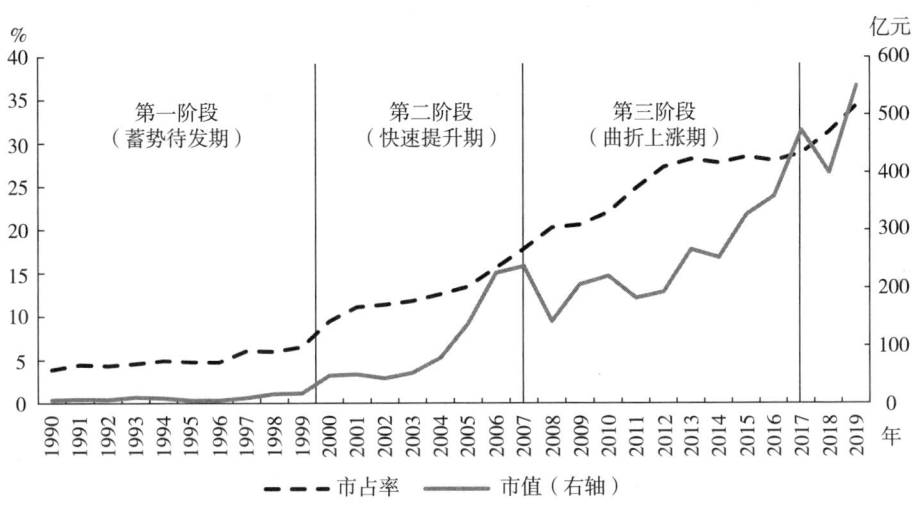

图 3-22　1990—2019 年万喜市占率与市值变化

（资料来源：Bloomberg）

- **第一阶段：市占率提升前期，公司蓄势待发**

1996 年，公司将其全部业务重组为特许经营、建筑、能源及路桥四大板块，商业模式的改变使公司市占率开始缓慢上升。市占率的提升使得公司的营业利润率出现增长，业绩改善。2000 年，SGE 公司与 GTM 公司合并为万喜，并购形成的财务压力约束未来预期业绩增长，PE 呈现下降趋势，而 PB 由于预期资产的注入出现大幅提高。公司市值由于业绩的改善与 PB 的提高开始逐步增长。重组并购之后，ROE 提升，公司蓄势待发。

- **第二阶段："业绩释放 + 龙头效应"带来戴维斯双升**

由于前期收购与业务重组所带来的专业化能力的提高，公司市占率开始稳步上升。一方面，由于市场占有率的提升，公司业绩得到释放，营业利润率较快增长，EPS 提高。另一方面，公司在 2005 年从政府手中收购法国最大的高速公路特许运营商 ASF，公司的估值由于龙头效应而水涨船高。公司在这一阶段也实现戴维斯双升，市值因为业绩的提升与估值水平的提高而极速飙升，2007 年的市值约是 2002 年的 5.5 倍。

- **第三阶段：市占率增长先抑后扬，资产注入边际贡献降低**

2008 年国际金融危机带来全球市场资产价格重估，全市场 PB 跌落，并长期处于低位。公司此前采取的外延式的并购市占率提升策略，遭遇市场对公司价值的追溯调整，同时公司市值也相应回落。经过战略优化调整后，2009 年公司进一步加速市占率提升，业绩稳定增长，公司市值曲折上涨。出于危机之后对于资产价值的谨慎，整个过程当中 PE 一直处于低位震荡，公司"绝对龙头"地位逐步奠定，公司市值提升速度也逐步趋缓。自 2018 年以来，尽管全球宏观经济增长压力显现，但公司市占率由于经营稳健，被动呈现快速提升，估值也呈现触底回升。整体来看，万喜的 PE 与 PB 均具有较强的周期性，在遇到系统性事件时会随 CAC40 指数同步变动，但 PE 与 PB 比基本保持在 10 倍与 1.5 倍之上，在极端不利的环境下市场也会给予其较高的溢价水平，预期的安全边际相对较高。

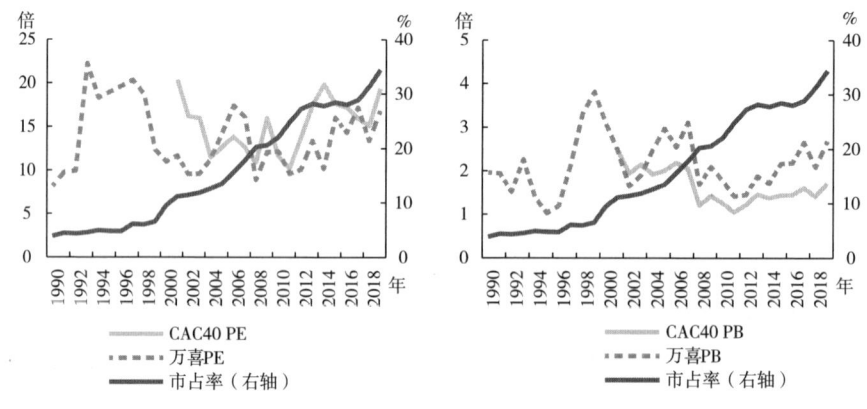

图 3-23　万喜市占率与公司、市场估值变化

（资料来源：Bloomberg）

为了避免市场对个股估值的影响，我们引入相对估值比来观察万喜的历史估值变化，我们以"万喜 PE（PB）/CAC40 PE（PB）"作为万喜公司估值的动态观察指标。2001—2012 年，PE 比的变化基本与市值保持同步。其中 2001—2007 年，万喜的 PE 比值在市值与业绩的共同驱动下保持增长。这一段时期内，万喜市值增长约 4.5 倍，业绩增长约 3 倍，PE 比增长约 1.5 倍，体现了一定的龙头溢价效应。2008—2012 年，由于全球范围的金融危机，估值与市值同步跌落，但之后处于震荡上升状态。而 2013 年起，PE 比呈现大幅下降趋势，而市值却稳定增长，主要是同期公司业绩保持稳定增长，以及 2013

年之后全球流动性宽松导致 CAC40 PE 大幅增长，PE 比被动下滑；同期 PB 与市值保持同步增长，具有良好的指导作用。综合来看，当公司业绩和市占率处于高增长周期时，其市值和估值呈现较明显的提升。

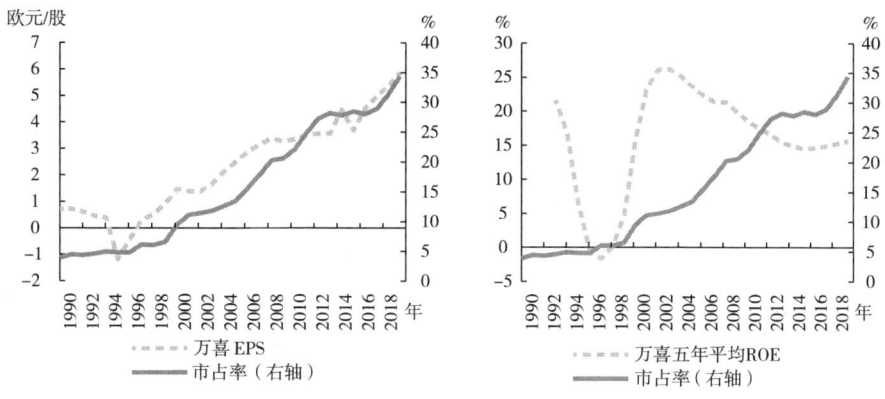

图 3-24　万喜市占率与公司 EPS、ROE 变化

（资料来源：Bloomberg）

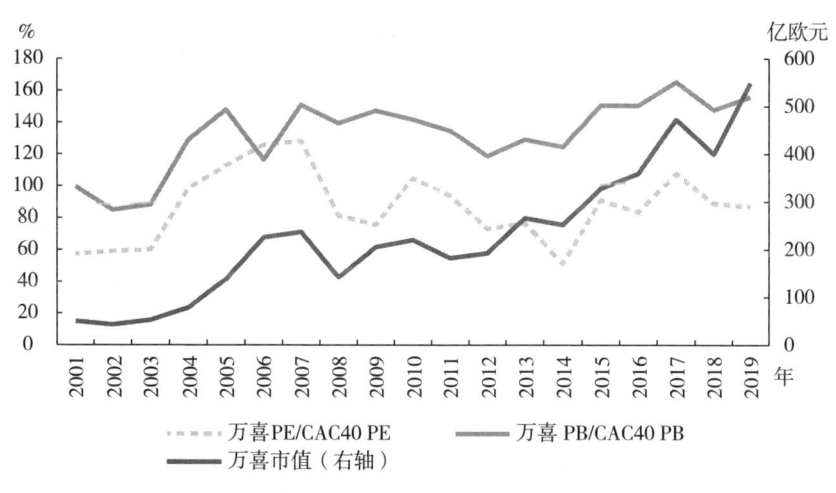

图 3-25　万喜相对估值比与市值变化

（资料来源：Bloomberg）

2.2　市占率与商业模式

市占率提升对净利率的提升效应要大于现金流的提升。上市公司市值的增长主要是由业绩（净利润）增长与估值（PE 或 PB）增长共同推动的，然而估值的提升具有不稳定性，需要准确把握市场多方面因素，但业绩的

增长却具有一定的稳定性,因此我们进一步对万喜市占率提升过程中公司财务指标的变化进行深入分析。

万喜市值增长与 ROE 之间并不存在显著相关关系。我们采用 ROE 这一能够有效体现公司长期投资价值的核心财务指标进行研究。但万喜的市值增长与 ROE 之间并不存在完全的正相关关系:1996—2003 年,ROE 提升的同时市值同步提升;2003 年之后,ROE 开始逐年下滑,从 2003 年的 25% 降至 2019 年的 17%,而 2003—2019 年这段时间市值却是呈现曲折增长的状态。结合前文的估值分析,在公司 ROE 持续下降的过程中,公司 PE 相对法国 CAC40 的 PE 比值先上升但中长期也呈现下降,这与国内建筑企业自 2013 年以来相对估值与 ROE 同步下降是类似的。但通过杜邦拆分,我们发现万喜市值增长主要与销售净利率提升呈现同步变化,因此 2003 年之后市占率提升作用于净利率提升,进而带动市值增长才是公司真正的成长路径。

第一阶段(1996—2003 年):商业模式转型带来市占率主动提升,ROE 提升,市值增长。1996 年,万喜的前身 SGE 公司将其业务重组为四大板块:特许经营、建筑、能源与路桥,公司商业模式发生根本性变化,ROE 从 1996 年的 -0.62% 提升至 2003 年的最高点 26.21%,增长飞快。这一阶段,公司资产负债率与总资产周转率处在高位,表明公司采取外部融资以进行扩张,市占率稳步提升。而市占率的提升又带来净利率的提升,净利润增加,公司的市值也随之增长。

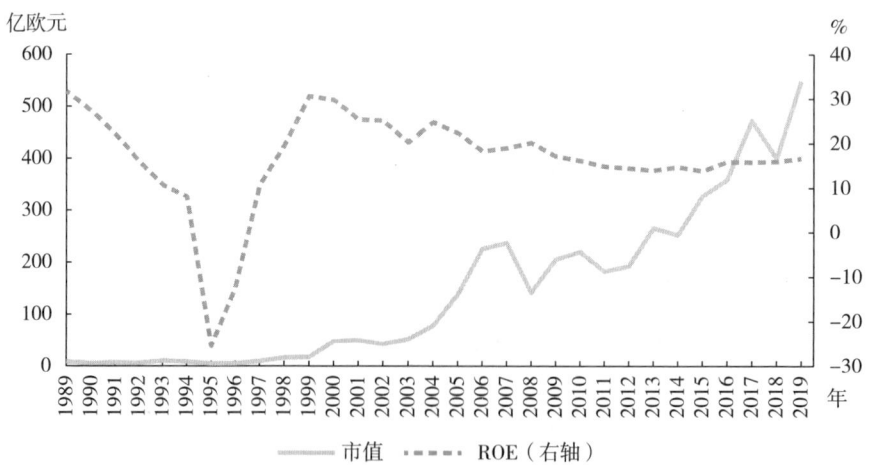

图 3-26　1989—2019 年万喜市值与 ROE 变化

(资料来源:Bloomberg)

第二阶段（2004—2019 年）：特许经营带来的市占率被动提升、业绩稳定增长以及机构持股增加共同推动市值增长。 2004 年起，万喜的 ROE 呈现逐步下滑趋势，而市值却出现跳跃式增长。从杜邦分析的三项指标来看，净利率继续保持着稳定的上涨，而净资产周转率与权益乘数却呈现下降趋势。其主要原因是万喜特许经营资产的增长带动净利率提升，公司"龙头"位置确立带来市占率被动提升，而市占率的提升带来了净利率的提升。2005 年，万喜收购法国最大的高速公路特许运营商 ASF，特许经营业务快速增长。同时，公司逐步摆脱前期外部融资带来的债务压力，前期收购也增加了公司的净资产，这使得公司资产负债率降低，权益乘数下降。净资产增加导致的资产规模增加以及杠杆水平下降导致的公司收入水平的相对减缓使得公司的资产周转率下降。

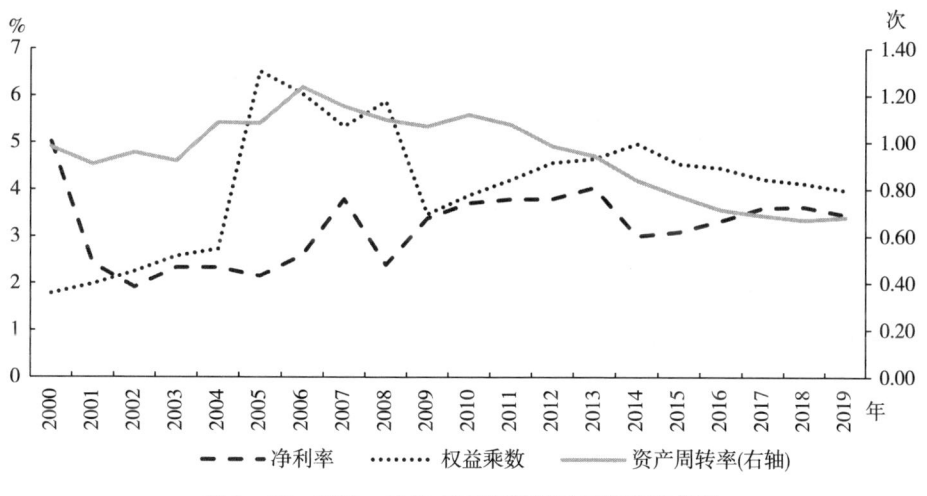

图 3-27　2000—2019 年万喜杜邦三因子变化趋势

（资料来源：Bloomberg）

而万喜的商业模式又决定了现金流与分红的稳定性，这吸引了大量机构投资者。1999—2019 年，万喜的股权自由现金流与经营活动净现金均为正，其中历年经营活动净现金均大幅超过当年归母净利润。以"股权自由现金流/归母净利润"作为判断指标，1999—2019 年，除 2012 年、2014 年和 2017 年这三年二者的比值分别为 0.99、0.99、0.87 外，其余年份均超过 1。稳定的现金流为万喜奠定了高分红基础，公司自 2006 年以来股利支付率均稳定在 45% 以上，2014 年甚至一度达到 69%。尽管万喜 ROE 下降，但公司处于行业龙头地位，有着较高的市场占有率，"白马效应"决定了其业绩增长的稳定性,这也恰好是机构投资者所追求的,机构投资者持仓比例的提升共同决定了万喜市值的增长。

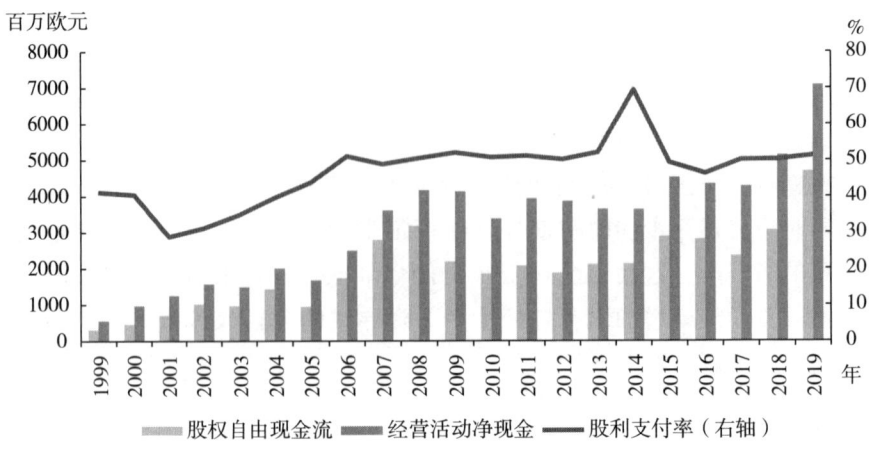

图 3-28　1999—2019 年万喜现金流与分红变化

(资料来源:Bloomberg)

3　国内建筑业市占率与估值演变展望

国内建筑股龙头市占率处于快速提升期，整体 ROE 或处于持续下行阶段尾声，整体估值处于底部区间。结合前文分析，我们认为随着地产头部化趋势的加速以及基建市场的融合发展，建筑龙头企业的市占率将处于快速提升周期。2020 年在新冠肺炎疫情和海外不确定性增加的影响下，我们认为将加速建筑业企业的这一趋势。

自 2006 年以来，国内建筑行业整体 ROE 也处于下行通道，这与万喜 2000 年之后的下行情况类似，但与万喜不同，国内建筑股的 ROE 水平本身并不高。2000—2010 年，万喜 ROE 由 31% 下降至 15%，万喜相对于法国 CAC40 的估值比也持续下降。而国内建筑整体 ROE 由 2006 年的 15% 下降至 2019 年的 6.8%，降幅也在一半左右，建筑 PE（或 PB）相对万得全 A 的 PE（或 PB）的比值总体也处于下行。因此，无论从时间周期还是以降幅来看，我国建筑 A 股的 ROE 水平基本完成万喜 2000 2010 年的调整过程水平。而在 2010 年之后，万喜 ROE 下降速率整体趋于缓和，近十年稳定在 14%~16%，而 PE 比值基本都在 0.7 倍以上（仅 2014 年例外，一度降至 0.5 倍），PB 比值均在 1 倍以上，而 2019 年末国内建筑股相对万得全 A 的 PE 比值和 PB 比值均为 0.6 倍，我们认为总体处于底部区间。

从杜邦拆分的结果来看，建筑股整体 ROE 的杜邦拆分结果与万喜公司也存在高度相似性，即净利率与市值保持着同步变动，而总资产负债率与权益乘数呈现下降趋势，与市值保持反向变动。虽然 2009—2014 年权益乘数由于资产负债率的提升而逆向提升，但终不可持久，经历了自 2015 年以来的整体去杠杆，2019 年末建筑 A 股的负债率已低于 75%，未来通过资产周转率的提升实现 ROE 以及市值的提升，才是建筑行业更有效的发展之路。

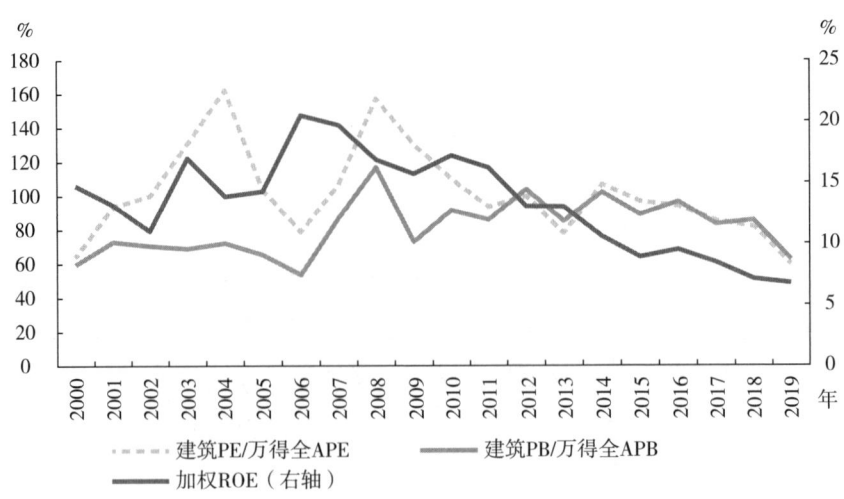

图 3-29　2000—2019 年建筑 A 股相对估值与 ROE 变化

(资料来源：Wind 数据库)

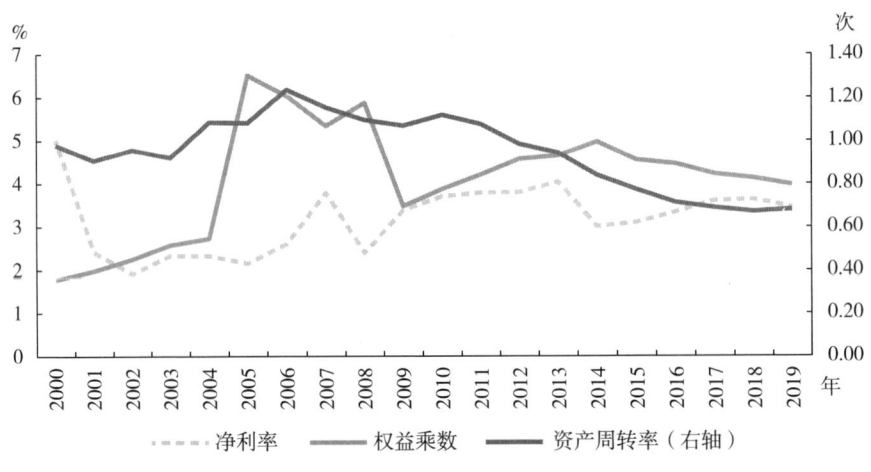

注：图中"净利率"数据未包含单位"%"。

图 3-30　2000—2019 年建筑 A 股杜邦三因子变化趋势

(资料来源：Wind 数据库)

第四部分　三维复盘寻找建筑估值之锚

本部分我们主要探讨建筑行业及建筑公司的估值问题。建筑行业研究如同建筑本身一样，有其自身运行逻辑与框架。建筑研究最为主要的两个方面，一个是基本面，另一个是估值，二者构成影响建筑市值变化的主要因素，对应到对股价（P）的判断，就是对 EPS 和 P/E 的分析。我们的建筑基本面研究框架主要包括空间和周期两个维度，空间对应未来的成长性，周期对应所处的行业阶段，在前几个部分都进行了深入讨论；估值研究框架主要分为估值和轮动两个维度，估值对应市场给予的价值评判，轮动对应市场表现的先后顺序，此四者对应的四维空间就是我们一直以来对建筑工程研究的基本框架。

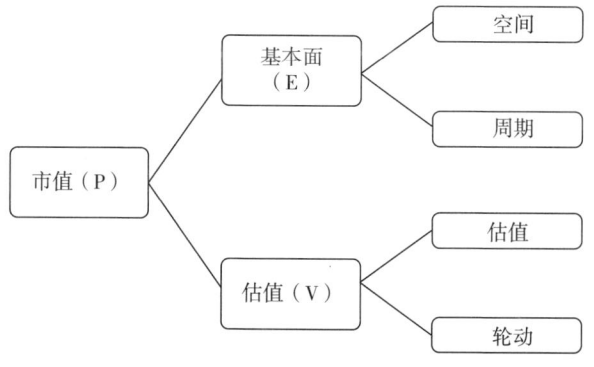

图 4-1　建筑研究基本框架

1 建筑估值现状：
再次跌破1倍，估值趋于国际化

1.1 建筑估值为什么重要

市场投资者对建筑行情的基本印象是"牛短熊长"，波动率大。比较自2002年以来的SW建筑指数与沪深300指数，二者走势基本一致，相关系数高达0.88，因此，我们初步预计建筑行情的走势受宏观因素（政策、投资、利率）的影响较大，只有在少部分时期内，建筑板块才可能取得较好的超额收益。我们试图通过对建筑板块的长周期行情复盘，总结建筑板块市场走势的主要特征及影响因素，并对板块当前运行进行判断。

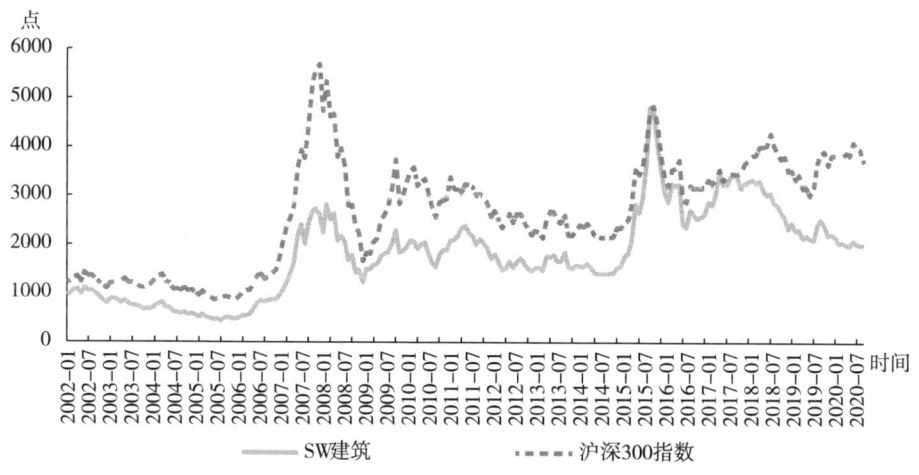

图4-2 建筑指数与沪深300指数密切相关

（资料来源：Wind数据库）

建筑指数的下跌主要受估值下跌驱动，之后由于业绩支撑和预期修复，估值也逐渐得到修复，并在适当条件下可能发生估值溢价，驱动板块指数大涨，并进入新一轮周期。建筑市值的成长来自估值与基本面的共振，板块指数的涨跌可以拆分为估值贡献与业绩贡献。我们通过比较建筑指数相对沪深300指数的比值走势，将建筑指数行情划分为不同区间，我们认为在二者同向运动时,建筑主要跟随市场趋势运行,反之则有相对独立的行情。按照该方法,我们将1999年12月至2020年3月的SW建筑指数月末收盘价(P)划分为7个上涨区间及7个下跌区间,在每个区间内按市盈率(P/E)和每股盈利(EPS)进行拆分,市盈率涨跌幅与每股盈利涨跌幅分别对应估值贡献和业绩贡献。

结果显示,估值波动是主导建筑行情的主要因素。在2017年4月至2020年3月的建筑行情中,建筑指数自2017年4月中旬以来总体处于下跌趋势,其间2018年10月至2019年4月虽然有一波反弹行情,但之后仍总体处于下行期。市场投资者对于基建投资的悲观预期和对于去杠杆可能影响板块业绩增长持续性的担忧,导致建筑板块估值和指数持续下行。而2020年2月因新冠肺炎疫情导致其触底后,指数目前处于筑底阶段,结合前三部分对ROE的判断,我们认为建筑指数长周期正处于向上趋势中。

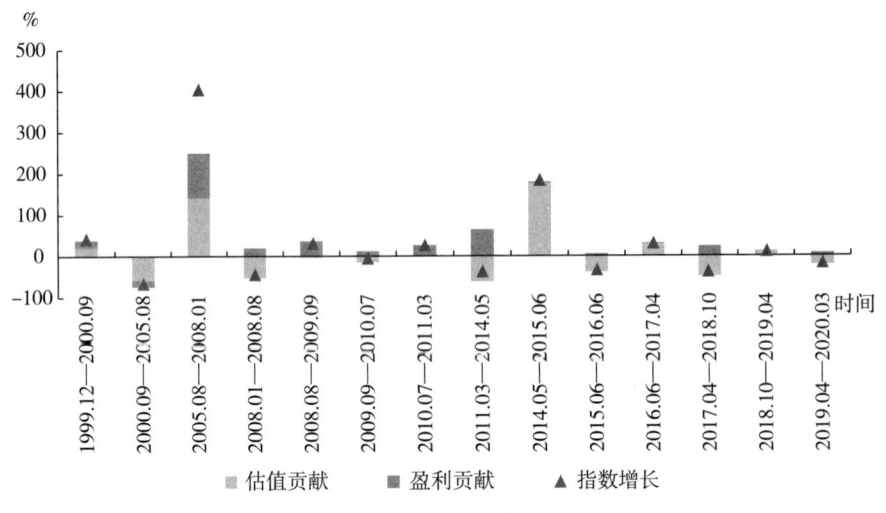

图4-3 不同时期建筑指数盈利估值拆分

(资料来源:Wind数据库)

1.2 估值的纵向与横向比较

1.2.1 建筑估值纵向比较

我们先从建筑历史静态估值来看,截至2020年4月末,自1995年以来建筑PE(TTM)的均值为31.5倍,中位数为28.5倍;PB(MRQ)历史均值为2.75倍,中位数为2.4倍。截至2020年4月30日,建筑PE为8.7倍,PB为

0.95 倍,均低于历史中位数和均值,但这种静态比较忽略了 A 股估值的整体下移和建筑下游投资整体下行的影响,即受到所选样本和时间段的影响。

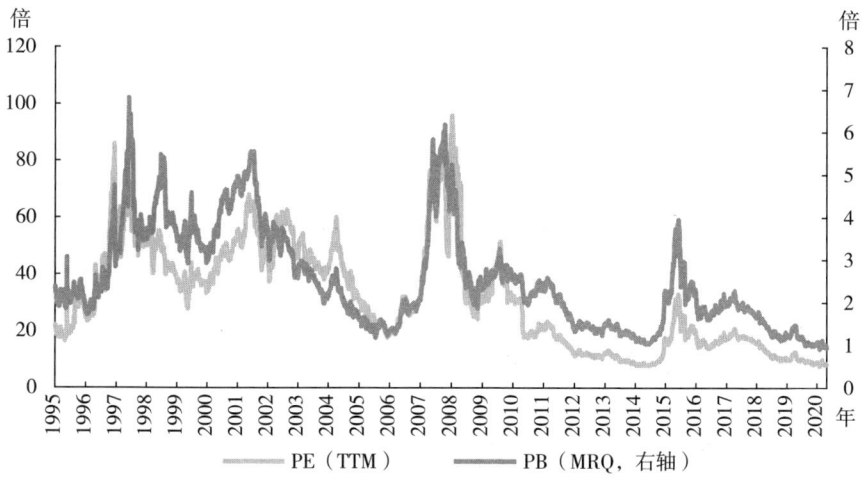

图 4-4 建筑板块历史估值走势

(资料来源:Wind 数据库)

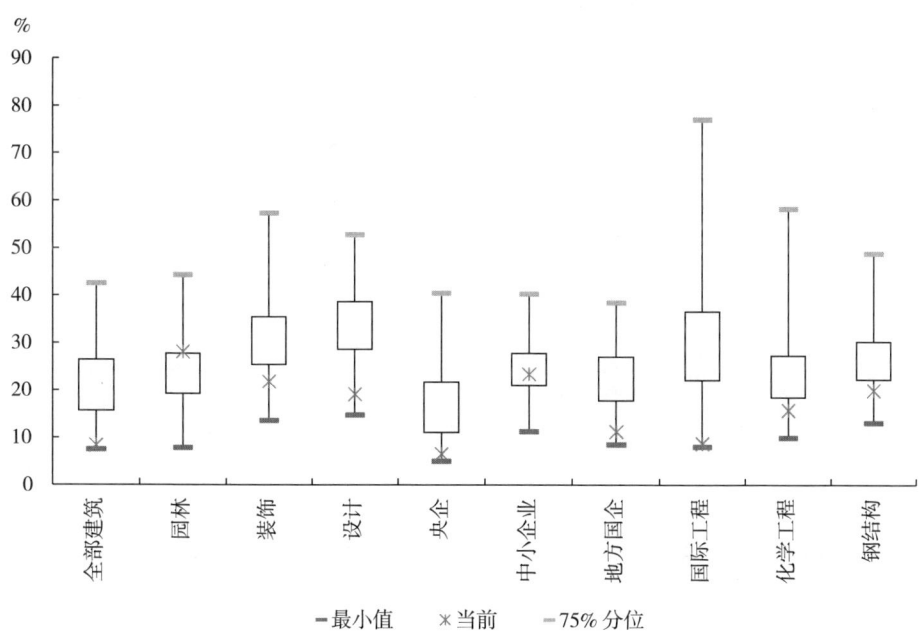

注:分位数的取值区间为 0~100%(包含 0 和 100%)。

图 4-5 截至 2020 年 4 月 30 日建筑及二级行业 P/E 估值分位数

(资料来源:Wind 数据库)

因此，我们进一步采用分位值的方式进行比较，即测算建筑某个时点估值水平处于历史纵向估值序列的分位值。相对而言，这种方式能够衡量历史上建筑指数估值低于当前估值水平的比例，一定程度上能避免估值绝对值高低的影响。截至 2020 年 4 月末，建筑 PE（TTM）分位数水平为 4%，即历史上低于当前估值水平的时间段仅有 4%，建筑整体估值处于底部区间。

1.2.2 建筑估值横向比较

我们纵向比较了建筑估值的绝对值与分位值水平，接下来我们以 SW28 个行业的估值水平进行横向比较，大多数时候建筑行情的启动与其相对其他行业的低估有关。截至 2020 年 4 月 30 日，PE（TTM）低于建筑的仅有银行（5.96）、地产（8.41），PB（MRQ）低于建筑的仅有银行（0.64）、采掘（0.81）、钢铁（0.85）。当然，这种横向时点比较也存在缺陷，无法从本质上说明建筑处于低估，因为银行、地产的估值体系与建筑有所不同，从 PE 和 PB 角度看一般比建筑都要低。但建筑估值相对于全体行业较低、相对于银行地产较高的现象为解释估值轮动提供了一个有益的启示，即每次地产和银行大涨提升了板块估值，建筑板块往往也会跟随上涨，即所谓的"水涨船高"。

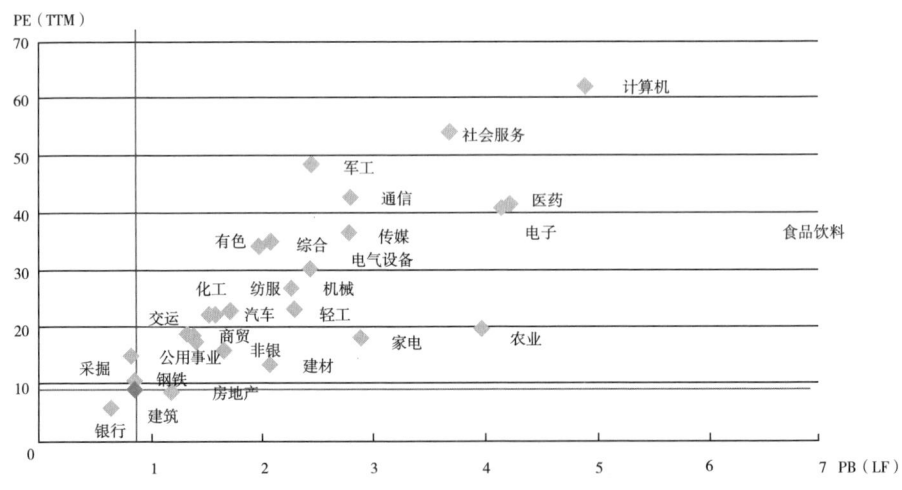

图 4-6 截至 2020 年 4 月 30 日 SW 一级子行业 PE 与 PB 估值

（资料来源：Wind 数据库）

与国际可比建筑个股的估值相比，中国大型建筑工程企业的 PB 估值普遍较低。截至 2020 年 4 月 30 日，我们选取的主要施工企业 PE（TTM）在 5~10 倍区间，PB 在 0.5~1.0 倍区间，而国际可比工程企业 PE（TTM）在 7~15

倍区间，PB在1.0~2.5倍区间，其中中国建筑和葛洲坝的PE估值最低。通过国际比较，我们发现美国建筑股的PE相对更高，日本和韩国建筑股的估值与A股接近。三个地区估值的差异除了利率与二级市场制度差异外，还与不同区域公司的成长阶段和业务结构有关。在成长阶段方面，境外市场给予建筑股的估值都是按照周期股进行，这是由于境外建筑行业早于我国进入成熟阶段。但相对而言，美股建筑业（个位数ROE，业绩增速尚可）处于高PE低PB区间；而欧洲建筑股ROE处于10%~20%，业绩增速从个位数到30%不等，日本建筑股当前的估值水平已与A股建筑公司较为接近。

此外，我们在上一部分研究中发现万喜的估值底部分别为10倍PE、1.5倍PB，也要高于国内建筑A股。我们认为这主要和国外企业运营类资产较多而国内企业经营性负债较多有关，随着国内建筑企业资产结构的改善和周转率的提升，我们认为未来国内建筑A股的估值也有望逐渐转向更加关注PB。

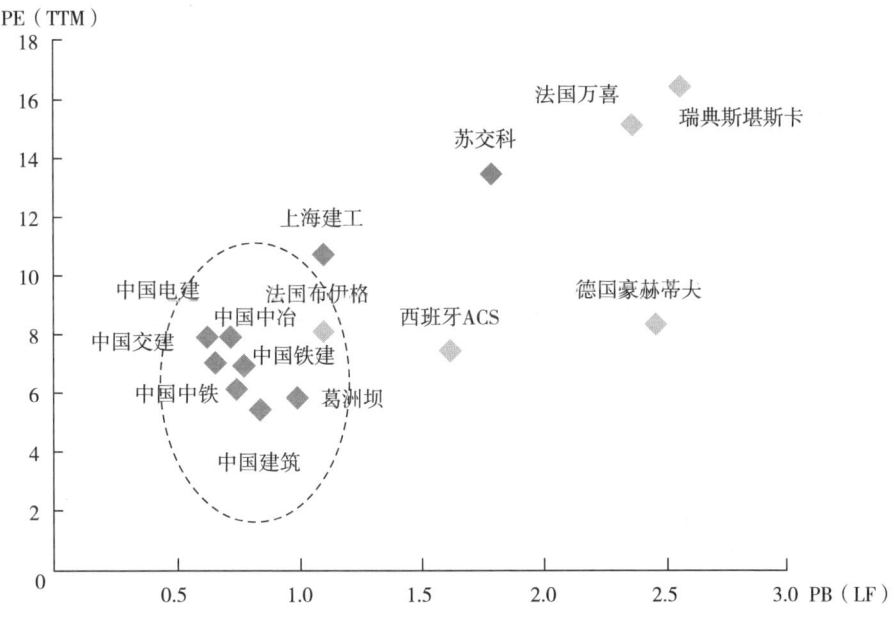

图4-7 截至2020年4月30日国际建筑企业PE与PB估值比较
（资料来源：Bloomberg）

从A股与H股的估值比较来看，我们跟踪的建筑重点标的中有6只涉及A股和H股，其中中国交建、中国铁建、中国中铁和中国中冶属于"A+H"股，中国建筑子公司中国海外发展和中国建筑国际，以及葛洲坝所属集团中国能建集团均在港交所上市。自2014年沪深港通开通以来，A股相对于H股估值始终处于较高的水平,但不同公司的溢价率并不相同;2018年随着A股加入富时罗素、MSCI等国际化指数,A股与H股的溢价率有所收窄。截至2020年4月30日,中国交建H股相对于A股折价41%,中国铁建与中国中铁折价21%、28%,中国中冶折价率则长期维持在52%左右。考虑到两地市场流动性的差异,A股与H股估值溢价短期或继续维持。

图4-8 主要建筑行业H股与A股估值折价比较

(资料来源:Wind数据库)

1.2.3 神奇的"1"

我们通过不同的指标比较了建筑股的纵向与横向估值水平,但这对投资仍然缺乏必要的指导意义。因此,我们进一步比较建筑PE与PB的历史序列,首先就两个指标的相关度而言,自1995年以来二者相关系数高达87%,且自2010年以来相关系数提高至96%并维持在较高水平。尽管我们认为未来建筑行业A股估值或更多关注国际化的PB估值比较,但目前国内的估值体系仍以PE为主,且二者相关度趋势性提高。

类似地,为了避免市场对行业估值的影响,我们引入相对估值比来观察建筑行业的历史估值变化,以消除市场变动的影响。由于沪深300成分股与建筑股走势接近,我们以"建筑PE(PB)/沪深300PE(PB)"作为建筑行业估值的动态观察指标,若该比值低于1,说明建筑行业PE整体在沪深300PE的1倍以下,意味着建筑估值跌破市场估值,从理论上来说存在估值回归的可能（前一部分提到万喜 PE 相对于法国 CAC40 PE 从未低于 1 倍）。而在实践中，这种低估值场景出现后，一般都会跟随出现建筑板块的历史性大机遇，2000 年 9 月、2007 年 2 月、2014 年 1 月均是建筑股暴涨前的重要启动点，且周期大致都是 7 年。

若拉长时间段来看，建筑板块相对于沪深 300 的 PE 比值在 1996 年 6 月末 7 月初以及 1998 年 3 月中下旬均有约一周的时间低于 1，这与 2000 年之后的 7 年经验规律并不吻合，我们认为主要原因是当时建筑板块上市公司少，A 股市场仍处于发展初期，可比性较差。自 1995 年以来，建筑和沪深 300 的 PE 比的历史均值和中位数均为 1.4（PB 比值均为 0.9）。2008—2012 年，主要建筑央企均已实现上市，板块估值底部基本确定，自 2012 年 7 月以来，建筑和沪深 300 的 PE 比的历史均值和中位数均为 1.2，PB 比值的均值和中位数分别为 1.0 和 0.9，建筑 PB 存在小幅提升。截至 2020 年 4 月末，建筑 PE 比值为 0.74，PB 比值为 0.71，均已显著低于历史可比估值水平。

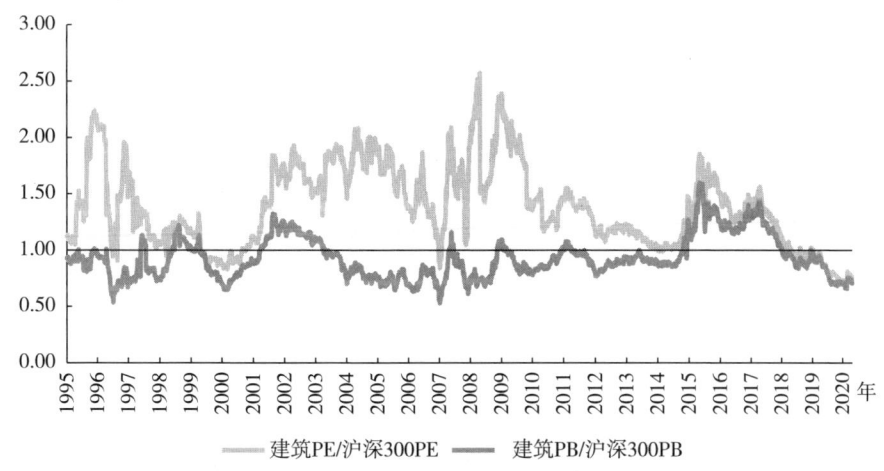

图 4-9　1995—2020 年建筑估值相对于沪深 300 的估值比

（资料来源：Wind 数据库）

我们运用该指标识别估值底部后，建筑板块的收益如何？我们进一步分析建筑估值比的历史数据和超额收益情况，建筑历史大机遇的 PE 底部在 1 倍前后，低于 1 倍 PE 估值比是被绝对低估的，PB 底部相应的中位数在 0.90 附近。我们以建筑 PE 估值比由低于 1 转向 1 以上作为估值转变的拐点时间，通过比较拐点前后的收益情况，我们发现建筑板块在经过估值历史拐点后存在显著的超额收益（相对于沪深 300 的流通市值加权比较），且在拐点后一个月内存在较好的买点，我们认为这种历史性估值拐点后获取的主要是估值提升收益。

表 4-1　建筑 1 倍 PE 估值比前后相对于沪深 300 指数的超额收益

拐点时间点	对应 PB 估值比	拐点前一个月	拐点当月	拐点后三个月	拐点后六个月	拐点后一年
2000 年 9 月初	0.86	4.78%	-1.40%	1.75%	7.03%	17.48%
2007 年 2 月初	0.65	9.80%	15.74%	61.91%	41.00%	18.81%
2014 年 1 月末	0.87	-4.45%	-1.69%	0.32%	0.11%	41.74%

资料来源：Wind 数据库。

1.3　估值与基本面映射

就建筑板块的估值与基本面比较而言，我们综合研究的结论是：**A 股市场是有效的**（反映当季业绩变化），也是无效的（中期来看四年左右周期 PE 对基本面的反映不足），但最终还是有效的（长期来看估值跟随基本面变化）。截至 2020 年 4 月末，我们合计重点跟踪 124 只建筑上市个股，剔除 5 只借壳上市企业，剩余 119 只个股上市时间不一，为避免时间序列数据的缺失和 IPO 新股上市对财务数据的扰动，我们筛选了 2010 年以前上市的 37 只个股作为不变样本进行重点分析。2020 年 4 月末不变样本股的总市值为 0.87 万亿元，占全部 124 只建筑个股总市值 1.41 万亿元的 62%，具有一定的代表性。

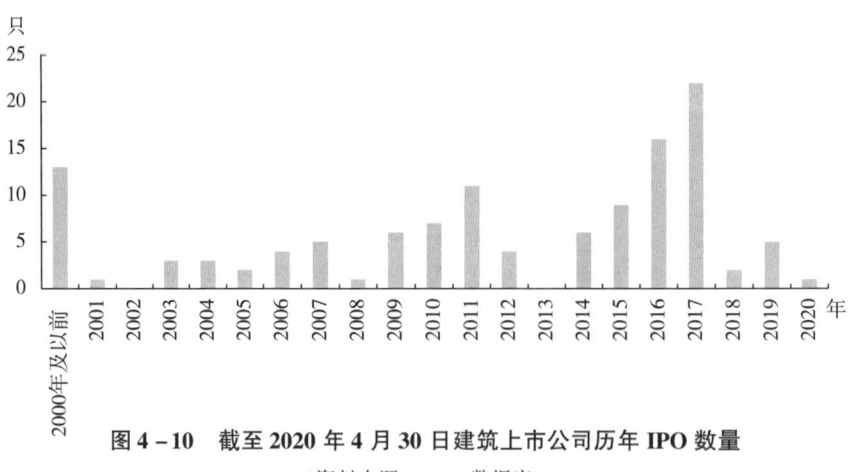

图 4-10　截至 2020 年 4 月 30 日建筑上市公司历年 IPO 数量

(资料来源：Wind 数据库)

同时，为了规避企业上市时的利润调节影响，我们比较了自 2009 年以来这 37 只个股的经营情况与估值情况。从季度频率看，建筑当季营收同比增速与季末 PE 估值序列的相关性为 65%，业绩增速与季末的 PE 估值的相关性为 44%，PE 估值对收入变化的反映相对充分，但对业绩变化的反映仍然不够。

我们也发现其中存在显著背离的两个时期：一个是 2013 年中至 2015 年第三季度，建筑企业收入增速与估值二者的关系呈现较为显著的负相关，相关系数高达 -72%；另一个是 2017 年至今，虽然业绩与估值的相关性仍为正，而收入增速、归母净利润增速与 PE 相关系数仅为 18%、28%，反映程度明显不足，说明该时期建筑板块的估值和基本面的情况背离较大。我们认为这两种情况可能主要与由利率/流动性所导致的对现金流的担忧有关。2013 年 6 月至 2013 年末，1 年期国债收益率由 3.48% 迅速飙升至 4.22%，建筑 PE 则由 2013 年 6 月末的 9.33 倍超调至次年 3 月末的 8.15 倍；而 1 年期收益率在 2014 年 6 月末由 3.38% 快速下降至次年 6 月末的 1.74%，建筑 PE 由 7.71 倍超调至 21.85 倍，2015 年第一季度业绩仅同比增长 10.91%，并在中报中同比下降 2.67%，因此，在 2014—2015 年大牛熊格局转换中，我们认为就建筑板块而言，是流动性主导的牛市，但最终因业绩被证伪而幻灭。此外，建筑企业的大量增发也加速了这一过程的形成，从而也说明了大的利率周期对估值存在重大影响，我们将在后文对该因素进行详细分析。与 2013 年类似，2017 年，1 年期国债收益率由年初的 2.65% 上升至年末的 3.79%，建筑估值大幅杀跌，自 2018 年以来建筑板块收益率大幅下降，出现了类似于 2014 年行情前期的筑底阶段，对于后市，我们认为可以更乐观一些。

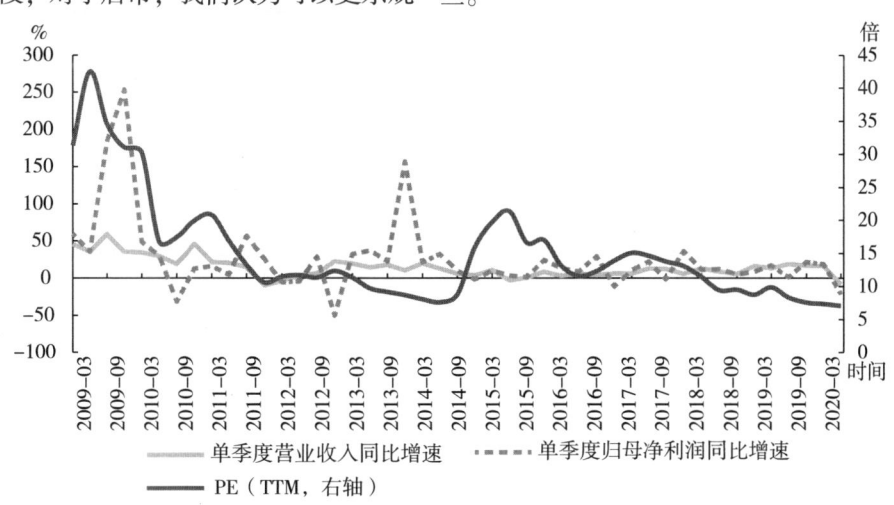

图 4-11　建筑行业单季度收入业绩增速与 PE 估值

（资料来源：Wind 数据库）

从板块年度数据来看，建筑板块与业绩的相关性仍然较强。我们筛选建筑工程板块全部样本自 2001 年以来 19 个年度数据基本面指标与估值指标，通过比较二者相关系数，发现建筑 PE 与归母净利润估值相关性仍然较高，接近 50%。其中装饰工程和化学工程由于业绩往往存在较强的周期性，且弹性较高，因此，在我们筛选中使用的 PE（TTM）指标有所滞后，使得二者关系呈现负相关，但从领先的收入指标来看，二者的关系仍然较高。在周期板块中，PE 具有超调特征，即订单、收入、业绩处于向上周期时，PE 估值往往会更高。

表 4-2　2001—2019 年建筑细分板块估值与收入业绩相关系数

板块		相关系数			
二级行业	三级行业	PE 与收入	PB 与收入	PE 与净利润	PB 与净利润
华泰建筑	—	0.35	0.15	0.49	0.10
万得建筑	—	0.32	0.09	0.49	0.09
房屋建设	—	0.21	0.04	0.36	0.03
装修装饰	—	0.15	0.14	-0.07	-0.27
园林工程	—	0.14	0.02	0.91	0.14
基础建设	城轨建设	0.42	0.50	0.28	0.30
	路桥施工	-0.14	0.16	0.14	0.59
	水利工程	0.14	-0.09	0.18	0.01
	铁路建设	0.15	0.08	0.44	0.06
	其他基础建设	0.52	-0.22	0.33	0.15
专业工程	钢结构	0.11	0.44	0.24	-0.05
	化学工程	0.31	0.21	-0.50	0.10
	国际工程承包	0.57	0.09	0.12	-0.06
	其他专业工程	0.32	0.09	0.06	-0.29

资料来源：Wind 数据库。

2　建筑估值深化：三重因素的内生比较

前文我们分析了建筑估值的重要性，以及如何判断不同时点建筑估值的相对水平。进一步地，我们在本节重点分析影响建筑估值的不同因素。我们采用 Feltham-Ohlson 估值模型中的理论推演结论：PE 是当期 ROE 的增函数，二者正相关，能反映当期净资产收益状况；PB 是未来 ROE 的增函数，二者正相关，更加注重反映未来净资产收益水平。股本一定时，估值还与净资产增长率和净资产规模等有关。PE、PB 和 ROE 之间存在恒等关系：

$$PB = PE \times ROE$$

我们将上述式子稍变形，则有

$$1/PE = ROE/PB$$

左边既是 PE 的倒数，也近似等于投资回报率，因此，较高的投资回报率主要取决于企业未来为股东创造较高的效益和较低的投资成本。我们在 2014 年和 2017 年实证回归分析建筑板块历史估值影响因素的时候，认为建筑上市公司的估值水平主要受所处细分行业估值水平、公司净资产规模和 ROE 三个因素影响，其关系式可简化为

$$PE_t = f(细分行业 PE +，账面净资产价值 -，ROE_t -)$$
$$PB_t = f(细分行业 PB +，账面净资产价值 -，E_t（ROE_{t+2} +））$$

但 2015 年中股市波动和 2016 年初"熔断"之后，市场监管环境和资金风格均发生了显著变化，使得原有的估值体系发生了转变；而 2018—2019 年的金融去杠杆，又进一步深化了之前政策和市场风格变化对建筑股估值的影响。为验证影响因素的变动，我们以 2016—2019 年每年的 4 月 30 日收盘作为调仓基准点（主要考虑此时年报已全部公告完毕），对我们跟踪的 115 只建筑样本股（剔除调仓时点上市未满一年的个股）按照未来两年业绩复合增速（Wind 数据库一致预期）、当年年化 ROE 水平、股本规模三项指标，每个指标按最高和最低各选出 10 只个股成立不同的组合，同时剔除基准时点上市未满一年的个股，然后比较不同组合的收益情况。

2.1 业绩增速：估值重要的锚

我们以调仓基准时点市场对未来两年业绩复合增速为标准对样本股进行排序。剔除借壳上市和重大资产重组的个股后，每年市场预期业绩增速排名靠前的个股有所差异，如 2016—2017 年主要是园林、钢结构板块，2018 年主要是化学工程类，2019 年主要是中小型建筑民企。但实际上，由于我们采用的是 Wind 数据库一致预测平均值，且近几年宏观环境变化较快，对于建筑企业的业绩预测很容易发生集体误判，导致市场过于乐观或悲观。

2016 年 4 月末至 2020 年 4 月末，高业绩增速组合的绝对收益率为 -23.17%，低业绩增速组合绝对收益率为 -28.43%，业绩增速更高的组合相对表现要好，但总体均大幅低于沪深 300 的收益率（23.79%）。从绝对值来看，估值水平与业绩增速水平仍然相对应，业绩增速是估值判断重要的锚。其中，2016—2017 年高业绩增速组合收益率总体表现较好，但自 2018 年以来，二者表现相差不大，主要仍受板块总体走势的影响。

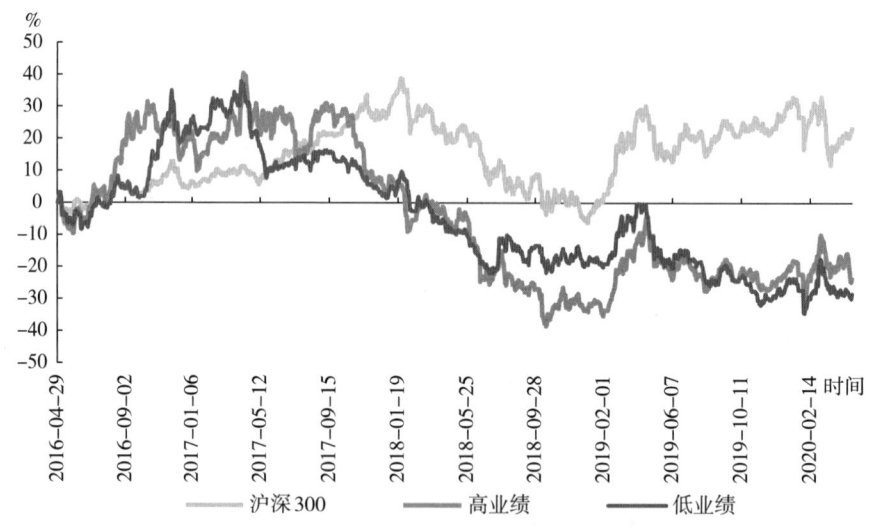

图 4-12　不同业绩增速组合收益走势

(资料来源：Wind 数据库)

比较两个组合的收益指标，其中高业绩增速组合 α 为 -12.54%，β 为 1.1，夏普比为 -0.27；低业绩增速组合 α 为 -13.10%，β 为 0.92，夏普比为 -0.44，二者夏普比均为负数表示该比较区间内并无显著意义，但总体而言,业绩对组合的贡献仍然值得重视。此外,我们还发现:第一,低业绩增速组合在年末年初表现要好于高业绩增速组合,可能与年末年初年报预期估值切换有关,即前一年低增长来年提速的概率相对更大;第二,剔除外生因素导致业绩高增长的个股后,低业绩组合和高业绩组合的收益情况差异大幅缩小,但低业绩组合的收益波动率进一步下降,说明市场对业绩增长的稳定性要求也提升了。

2.2 市场风格:大市值显著跑赢

我们以股本规模作为对账面净资产的近似估计(二者相关性为95%),比较小股本组合和大股本组合的收益率情况。在2017年之前,小股本组合的收益率总体好于大股本走势,2017年之后情况相反且二者收益率差异显著增大,并保持至2020年4月。截至2020年4月末,大股本组合累计收益率为 -3.64%,大幅好于小股本组合收益率(-31.05%)。整体而言,2017年至2020年4月大股本组合显著跑赢,当然整体估值仍受板块估值下跌的影响,而小股本组合PE则下台阶,这段时间小市值策略并不是一个好的策略。

图4-13 不同股本组合收益走势

(资料来源:Wind 数据库)

2016—2020年,建筑行业前十小股本公司发生显著变化,但前十大股本公司一直未变,主要包括八大建筑央企和上海两家地方老牌国企(上海建工、隧道股份）。对比 2020 年 4 月末和 2016 年 4 月末样本组合的 PE 估值，我们发现仅中国化学的 PE 估值和扣非 PE 呈现小幅提升，均增长 1%，中国建筑 PE 估值和扣非 PE 降幅分别为 12% 和 17%，二者估值变化相对较高，而其他八只个股的估值均大幅下跌，因此，总体而言，2017 年之后建筑股的下跌行情主要由估值的下降引发，且主要发生在 2018 年。

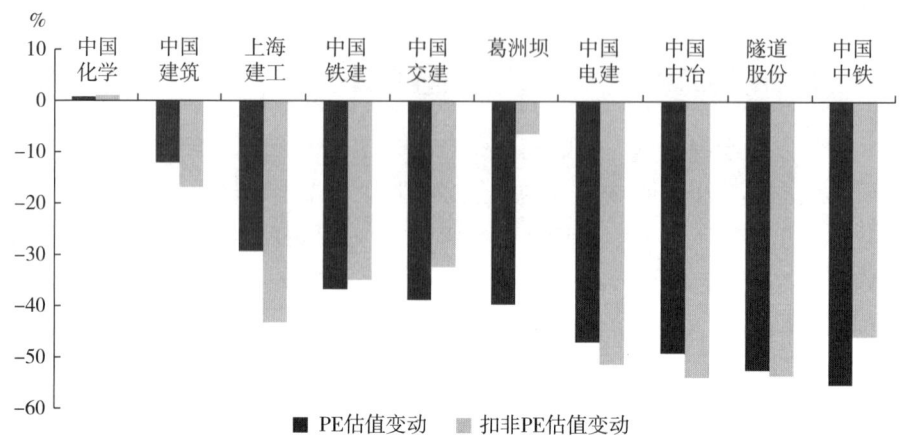

注：数据截至 2020 年 4 月 30 日。

图 4-14　前十大股本公司 2016—2020 年 PE 估值变动

（资料来源：Wind 数据库）

2.3　ROE：持续、稳定且绝对值较高

与业绩增速类似，我们按调仓基准时点对 ROE（TTM）自高到低排序，分别选取前十和后十的个股构建新的组合。与 2014 年结论一致的是，PE 仍然与 ROE 呈现负相关，ROE 越低 PE 反而越高；而 PB 与 ROE 呈现正相关，ROE 越高 PB 越高。ROE 指标对个股估值的影响几乎不显著，自成立以来这两个组合的估值水平并没有因为 ROE 的变化而发生显著变化。

反映到收益水平上，高 ROE 组合与低 ROE 组合呈现阶段性领跑的特征，2016—2018 年高 ROE 组合总体跑赢，但自 2019 年以来低 ROE 组合领先。其中 2019 年高 ROE 组合主要是设计和检测类个股，主要由资产负债率的上行带动，但与施工企业类似，这种非周转率或净利率的提升带动并不可持续；低 ROE 组合主要是园林和民营施工企业，经过 2017—2018 年的去杠杆，民营建筑施工企业经历了一轮洗牌，部分企业出售控股权给国企或地方国资委。截至 2020 年 4 月末，高 ROE 组合的累计收益率为 41.60%，

低ROE组合为-35.45%。这显示单纯依据ROE绝对值的高低选股并非可靠。

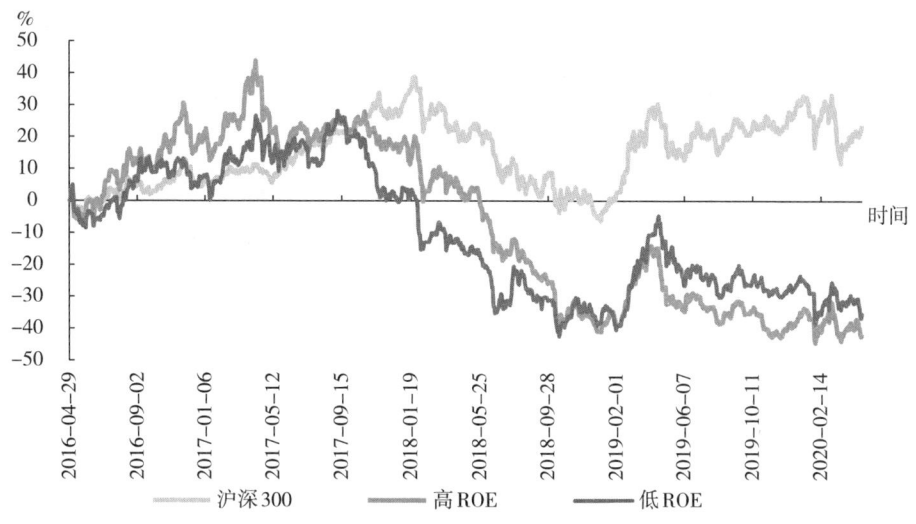

图4-15　不同ROE组合收益情况

（资料来源：Wind数据库）

结合我们在2014年和2017年的分析，我们将ROE与PE的这种背离关系概括为某种"市场错误定价"现象，认为发生这种情况主要有三种可能：一是财报不真实，会计数据因受盈余管理等影响没有充分披露企业净资产的质量以及盈利能力等信息，即ROE水平的高低未能正确反映关于企业内在价值的信息；二是市场理解滞后，作为新兴资本市场，市场有效性受到投机、供求等因素影响，市场无法准确理解财务报告尤其是低ROE类股票报表传递的内在价值信息；三是某个时点企业ROE的高低可能来自过度负债驱动，但这种经营方式为长期增长埋下了隐患，导致从长周期来看ROE呈现大幅波动。

对于第一种现象，随着监管的更加严格和信息披露制度的更加完善，我们预计其对估值的影响程度将逐渐降低。第二种现象容易导致出现我们无法预计的样本极值，比如北新路桥、棕榈股份等受新疆板块、粤港澳大湾区等区域性行情的影响，2017年上半年的大幅上涨导致其在可比时期内相对沪深300大幅上涨。对于第三种现象，我们认为随着近两年去杠杆的快速推进，建筑企业在经营理念和加杠杆实力上短期都将受到一定程度影响，因此 ROE 的增长也有望主要来自净利率和周转率的提升。

长期来看，ROE 仍是影响建筑 A 股估值的重要因素，但估值下降并不影响股票收益。为了避免 ROE 单个时点数据的不全面，我们仍然沿用了由 2017 年的七只个股组成的组合，该组合筛选了 2007—2016 年 10 年 ROE 均值超过 10% 且标准差低于 40% 的建筑个股，包括隧道股份、葛洲坝、中工国际、上海建工、精工钢构、宏润建设、金螳螂。尽管该组合成分股的 ROE 并非绝对高，且近十年 ROE 和估值水平整体呈现下降趋势，但 ROE 长期稳定性得到提升。截至 2020 年 4 月 30 日，该组合自 2007 年以来的累计收益率为 321.16%，大幅超越沪深 300 的 97.62%。组合年化收益率为 11.43%，夏普比为 0.3，均显著好于前边单一指标筛选出的组合收益水平。

图 4－16　长期稳定高 ROE 组合十年累计收益率

(资料来源：Wind 数据库)

为了避免不同样本区间对建筑收益率的影响，我们按照该选股方式，以 2016 年 4 月 30 日为筛选时点，选取过去五年 ROE 稳定性和绝对值水平均较高的个股建仓，并比较成立以来最近四年的收益率情况，以验证该组合的适用性。按照新的标准，我们选择中国建筑、中国铁建、中国交建、葛洲坝、铁汉生态、鸿路钢构六只个股。截至 2020 年 4 月 30 日，新的长期稳定高 ROE 低 PB 组合累计收益率为 7.81%，夏普比为 0.03%，相对于沪深 300 的累计收益率 23.79% 仍然跑输，但实现了累计正收益，年化收益率为 2.19%，且 2017 年 4 月 11 日最高累计收益一度达到 67.05%。结合前文对建筑估值的整体判断,我们认为若从未来十年的视角来看,该组合的累计收益率也将较为可观。

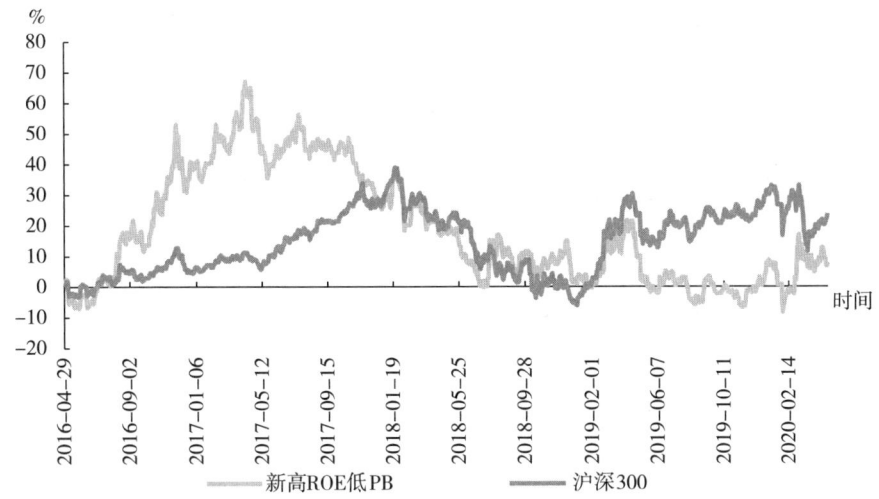

图 4-17　新的长期稳定高 ROE 低 PB 组合累计收益情况

(资料来源:Wind 数据库)

总结上述三大指标的变化我们发现:(1)建筑个股估值与内生性业绩成长和股本大小关系更加密切。内生性业绩增速越高、股本越大的个股获取超额收益的概率越高,外延并购导致的外生业绩成长对市值的影响程度大幅降低;(2)ROE 仍是影响建筑估值的重要因素,长期稳定且较高的 ROE 水平仍能帮助其获取超额收益。

3 建筑估值变迁:竞争格局与资金风格

3.1 竞争格局转变带动龙头估值上升

前文我们已经从经验上论证了 1 倍 PE 低大概率是建筑股大行情的拐点。同样地,若我们将自 1995 年以来建筑股相对于沪深 300 指数的 PE 比和 PB 比放在一起,可以刻画出 A 股投资者对建筑历史估值的大致偏好区间。在 PE—PB 轴系内,偏好分布区间基本位于 45 度线以上,说明传统的 A 股投资者对建筑板块 PE 估值的偏好显然要优先于 PB,但我们仍想再次强调,未来 20 年随着需求端城镇化建设进入存量时代,市场对建筑股的偏好也将大概率转向 PB。

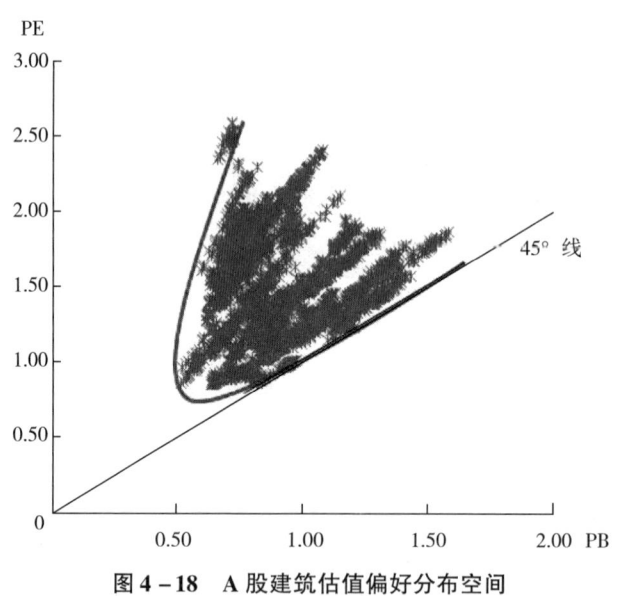

图 4-18 A 股建筑估值偏好分布空间

(资料来源:Wind 数据库)

我们一般将 PE、PB 均高的个股称为成长股,其特征是具有较高的 ROE 和业绩增速,但同时也因为大多处于产业生命周期中前期,面临的各种风险较多,因此必须关注 ROE 高速增长的持续性,以避免高成长股的陷阱;

与之相对的是，成熟期企业则大多收入及业绩增速稳健，A股给予的PE、PB估值溢价都不高，但往往由于具有充裕的现金流而享受较高的分红。高ROE主要取决于企业具有的竞争优势或细分行业的景气程度，因此，对于PE、PB估值相反的个股或行业必须寻找驱动ROE变化的真实原因，以回避依据高ROE简单筛选出的组合。

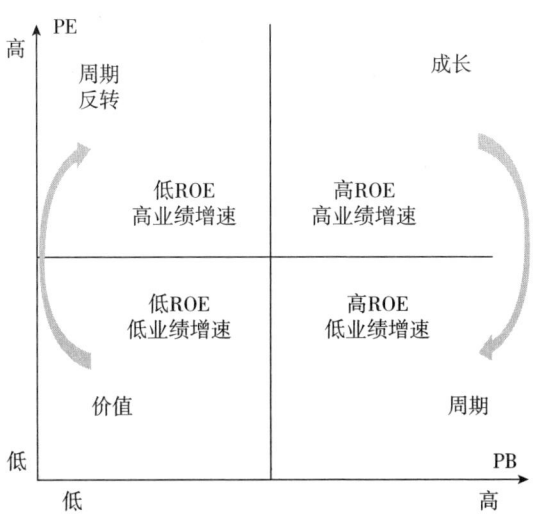

图4-19 估值与产业生命周期的关系

就建筑行业而言，我们以前述37只个股不变样本对2009—2019年的6月末和12月末的时点估值数据作统计，建筑板块估值的整体空间趋势是由（高PE、高PB）向（低PE、低PB）变动，这与建筑行业产值同比增速和ROE的整体下行相对应。但由于"一带一路"、PPP等细分行业机遇和竞争格局的转变，部分龙头企业市场份额快速上升，带动净利润率快速上行，最终实现市值的增长。同时，在去杠杆的整体背景下，建筑央企营运周转率和资产负债率的整体下行使得ROE趋势性下行。这种产业竞争格局的转变使得建筑整体板块PE、PB在近几年呈现价值型与周期型的反复震荡，并逐渐在（低PE、低PB）区间集中。

分季度来看，自2009年以来，我们的建筑不变样本组合累计加权ROE在2012年达到最低点10.08%之后，自2013年以来呈现趋势性下行，2017—2019年板块ROE为11.89%、11.52%、11.52%，2019年相较于2017年小幅下行但与2018年持平，且建筑股ROE有望在周转率提升、负债率趋稳的背景下实现回升，因此，我们预计建筑板块的ROE与估值指标也有望迎来企稳修复。

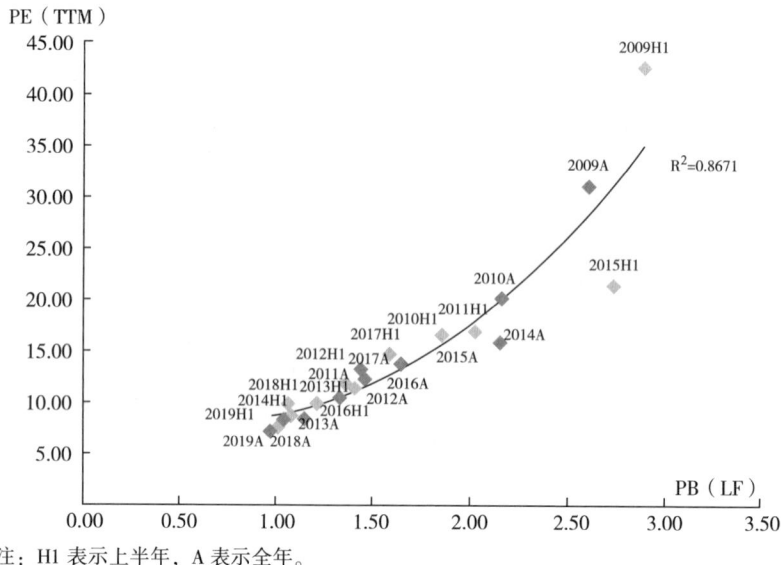

注：H1 表示上半年，A 表示全年。

图 4-20　2009—2019 年建筑不变样本估值变动走势

（资料来源：Wind 数据库）

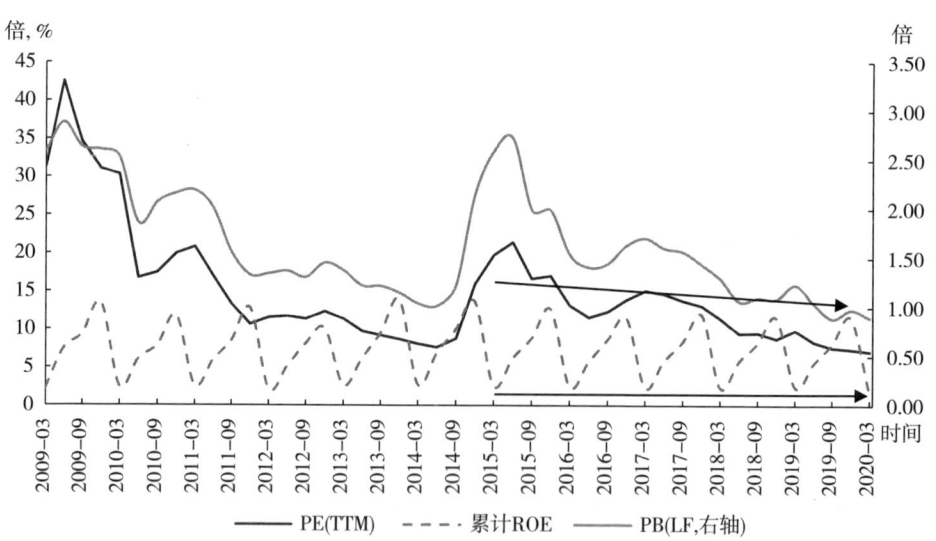

图 4-21　2009—2020 年建筑股估值与 ROE

（资料来源：Wind 数据库）

3.2 资金偏好转变撬动大建筑行情

竞争格局的转变解释了建筑估值更加看重内生和持续稳定的较高 ROE 这两个因素，因为只有细分行业龙头才是具备这两方面优势的，从而使得在建筑股估值整体下行过程中能够维持甚至提升估值。但除了竞争格局的转变外，我们认为市场资金偏好的改变也是带动大建筑股估值提升的重要因素。资金偏好的转变既有内部资金由于市场波动率下降、白马蓝筹相对收益提升导致的偏好转换，也有外部资金本身具有的不同投资风格因素。

在存量博弈的市场格局下，我们认为内部资金的机构化和外部资金的进入是导致建筑估值趋于国际化的重要因素。其中，内部资金的机构化可能来自中小创板块存量资金的调仓、保险资金等中长线资金，也可能来自类似机构化的资金，比如 ETF 基金。由于中小创板块调仓的影响已在指数上基本反映，而且资金量较小，保险资金规模较大，但受政策影响大，因此我们均不作进一步说明。ETF 基金类似于定期存款，在市场整体震荡的格局下具有相对较好的投资收益，因而成为个人投资者一个比较重要的投资渠道，也是 A 股市场由散户向机构化转变的重要途径之一。

自 2010 年以来每年审批、发行、成立、上市的 ETF 数量整体均呈上升趋势，2016 年以后新成立的 ETF 数量逐年上升，且增速逐年提速，到 2019 年年增速已达 139.47%。截至 2020 年 3 月 31 日，我国已成立 ETF 规模达 6947 亿元，占被动指数基金规模的比例为 83.48%，其中股票型 ETF 规模为 6247 亿元，占全部 ETF 规模的 90%。从资金流入与流出情况来看，2020 年第一季度 ETF 市场总体资金净流入 956 亿元，较 2019 年第四季度增加 119%，同比由净流出变为净流入。

关于外部资金方面，随着沪港通、深港通的启动和 A 股纳入 MSCI 等举措的实施，A 股估值的国际化程度也在不断提升，这也是建筑股估值变化的重要原因。海外资金由于其一贯的"价值投资"导向，大市值、业绩持续稳定且增速较高的个股将成为其资产配置首选。截至 2020 年 4 月末，我们重点跟踪的建筑个股中共有 41 只个股加入沪深港通，包括 25 只沪股通和 16 只深股通，尽管建筑工业整体存在一定周期，但类似中国建筑、中国铁建、葛洲坝等 ROE 长期稳定的个股因价值属性趋于增强，预计也将获得青睐。

建筑周期估值及竞争格局变迁

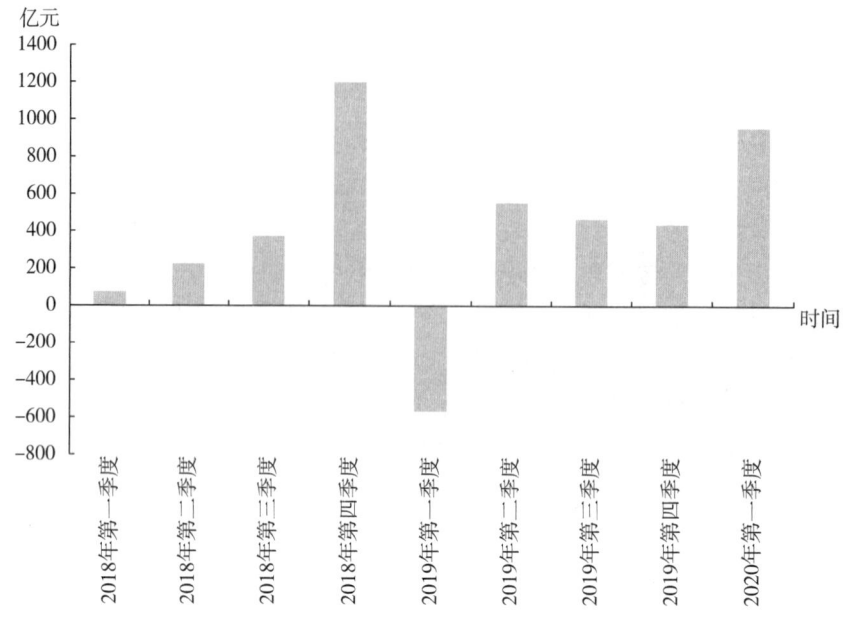

图 4-22 我国上市 ETF 各季度资金净流入

（资料来源：Wind 数据库）

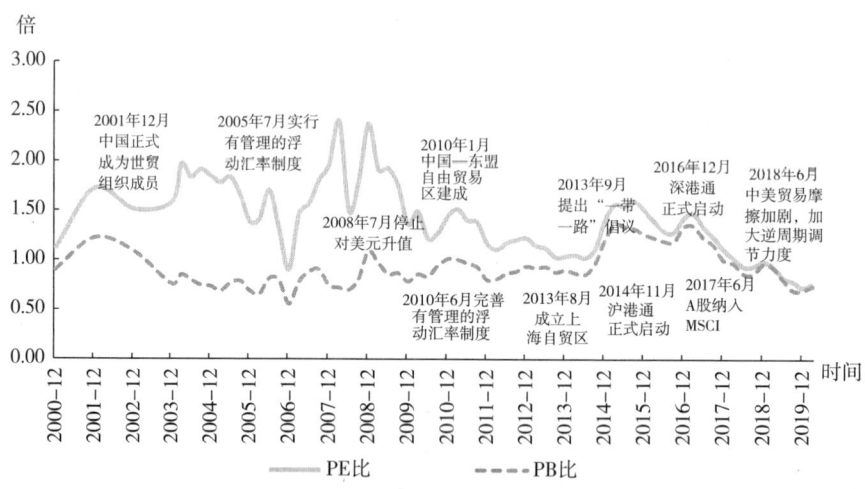

图 4-23 国际化事件与建筑股估值

（资料来源：Wind 数据库）

4 建筑三维复盘及投资时钟

前文我们总结了建筑估值的识别与判断方法,从建筑估值的轮动出发,我们发现建筑板块行情可能也存在一定的轮动规律,其轮动背后反映了宏观经济、利率信用以及行业基本面的运行情况。这种从宏观行业指标到估值和基本面的映射关系,是本节重点讨论的问题。

4.1 建筑三维复盘模型

4.1.1 经济周期维度

美国等成熟市场的研究结论表明,建筑行业在复苏和滞胀阶段的表现要优于扩张和衰退阶段。 美林投资时钟模型最早是由 Sam Stoavl 基于产出缺口(OECD 估计值)和通胀(CPI 同比)提出的,他研究了美国 1970—2004 年的经济周期和大类资产表现,将经济周期划分为复苏、过热、滞胀和衰退四个阶段,并认为金融、可选消费品是通缩与复苏期间表现最好的行业,稳定性消费品是通缩期间最好的防御品种,能源与大宗商品在过热与滞胀期间表现得最好。在 35 个行业中,建筑工程行业在复苏和滞胀阶段的表现要好于扩张和衰退阶段,但不属于前十表现最优行业。根据其研究,在扩张期间,建筑装饰行业相对于市场的平均回报为 -5.9%,排名第 31 位;在衰退期间,建筑建材行业相对平均回报为 -3.6%,排名第 27 位。

Jeffrey Stangl 的研究与 Sam Stoavl 不同,其对经济周期的划分基于美国国家经济研究局(NBER)给出的 1948—2003 年的商业周期划分,其认为在扩张初期,交通运输、能源与可选消费品表现最好;在扩张中期,资本品与信息技术表现最好;在扩张后期,能源表现最好。稳定性消费品在整个收缩期表现良好;在收缩初期,公用事业防御性出色;在收缩后期,服务业和信息技术表现最好,工业涨幅最少。行业轮动效果比较显著的应该是能源、基础原材料、工业、稳定消费品、可选消费品、金融和公用事业,建筑行业整体轮动效果并不显著。

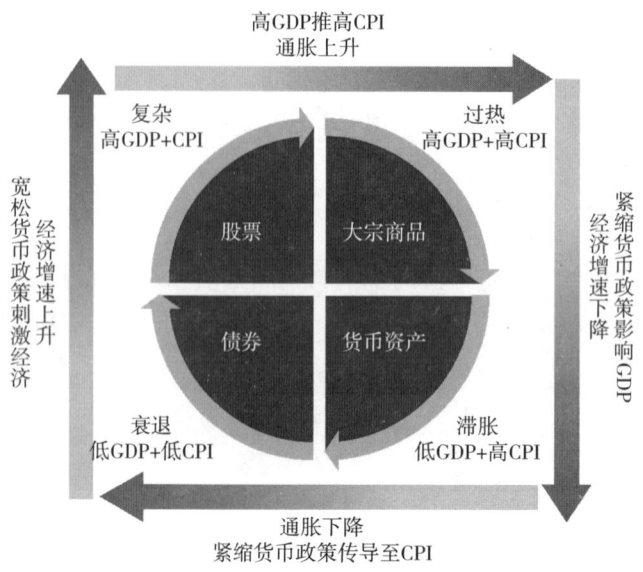

图 4-24 美林投资时钟模型示意

我国研究者于 2008 年国际金融危机前后开始应用投资时钟分析我国宏观经济周期与行业轮动,但争论一直存在。例如,部分研究认为美林时钟在中国呈现"电风扇"效应,也有部分研究认为我国并不存在真正意义上的滞胀和萧条。为避免不同定义带来的差异,我们在本书中统一概括成两种分类方法。我们在本书中对我国经济周期与股票市场行业轮动效应进行分析,构建建筑 A 股的投资时钟,并重点分析影响其轮动的主要因素。

表 4-3 经济周期判断指标

经济阶段	宏观经济一致指数	CPI 当月同比	VAI 累计同比	库存周期
复苏(复苏)	上升(↑)	下降(↓)	上升(↑)	被动去库存
扩张(繁荣)	上升(↑)	上升(↑)	上升(↑)	主动补库存
滞胀(收缩)	下降(↓)	上升(↑)	下降(↓)	被动补库存
衰退(萧条)	下降(↓)	下降(↓)	下降(↓)	主动去库存

投资时钟模型最关键的是对经济周期的划分,并确认当前所处的经济阶段。我们以宏观经济 Wind 数据库一致景气指数和 CPI 当月同比作为主要判断指标,以工业增加值(VAI)累计同比作为辅助变量,对 1999 年 4 月至 2020 年 3 月的经济运行进行周期划分。

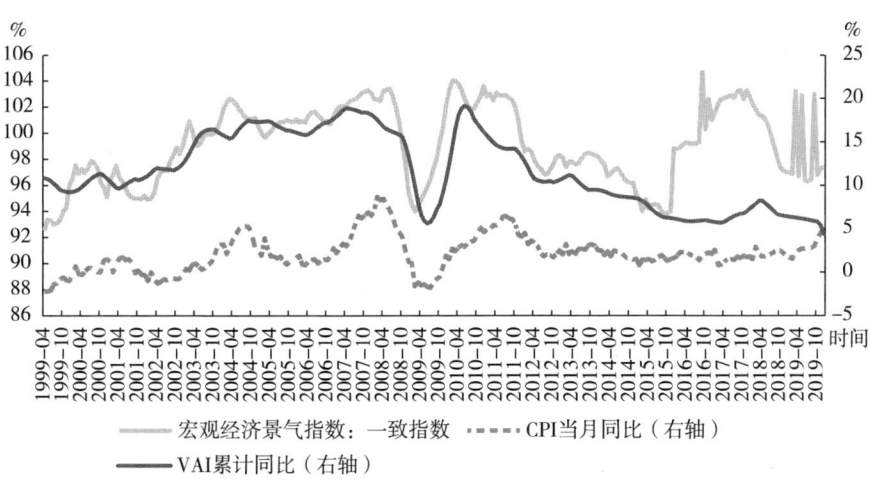

图 4-25　宏观经济景气一致指数、CPI 当月同比及 VAI 累计同比

（资料来源：Wind 数据库）

整体而言，在该样本期内我国经济运行经历了较完整的六轮小周期，每个周期为 3~4 年，当前我们正处于第七个周期的衰退阶段，由于中美贸易摩擦以及新冠肺炎疫情的影响，该周期运行受到较大干扰，复苏和扩张周期的长度均大大短于往年同期，而滞胀和衰退期预计会较长。

表 4-4　我国经济短周期划分

阶段	1999—2001 年	2002—2004 年	2005—2008 年	2009—2012 年	2012—2015 年	2016—2019 年	2019—2020 年
复苏（复苏）	1999年4月至5月	2002年2月至6月	2005年3月至2006年11月	2009年3月至6月	2012年8月至10月	2016年3月至8月	2019年3月
扩张（繁荣）	1999年6月至2000年8月	2002年7月至2004年3月	2006年12月至2007年12月	2009年7月至2010年2月	2012年11月至2013年9月	2016年9月至2017年3月	2019年4月至5月
滞胀（收缩）	2000年9月至2001年2月	2004年4月至9月	2008年1月至4月	2010年3月至2011年6月	—	2017年4月至10月	2019年6月至12月
衰退（萧条）	2001年3月至2002年1月	2004年10月至2005年2月	2008年5月至2009年2月	2011年7月至2012年7月	2013年10月至2016年2月	2017年11月至2019年2月	2020年1月至3月
周期长度	34 个月	37 个月	48 个月	41 个月	43 个月	36 个月	13 个月

资料来源：Wind 数据库。

从 28 个一级行业在不同经济阶段的绝对收益来看，建筑 A 股在复苏期表现最好，扩张期其次；滞胀期最差，衰退期其次；但从相对收益来看，建筑A股在衰退期表现最好,排名全行业第六。我们统计了2002年2月至3月28个一级行业在不同经济阶段的涨跌幅,并比较我国与成熟市场宏观周期和建筑业轮动效应的关系,发现建筑行业在各个经济阶段的表现正在向成熟国家靠拢,在复苏期均表现较好,滞胀期均表现较差,我们认为这与我国当前经济发展阶段和宏观调控目标有较大关系。当前我国的城镇化率仍较低,因此基础设施、地产投资在经济复苏和扩张周期内仍然发展较快。与2018年的研究结论相比,我们还发现建筑股在扩张期的收益排名大幅靠后,2016—2019年建筑股扩张期平均月涨幅为19%,全行业排名第1,而此次2019—2020年周期中扩张期平均月涨幅降至4%,排名降至第23名,我们认为这与2019年整体投资不及预期有关,而2019年上半年的扩张冲动在当年4月又出现了显著的政策转变。

但在滞胀期内,由于投资滑坡往往伴随着紧信用,因此无论是我国还是成熟市场,建筑股的二级市场表现均最差。而在衰退期内,信用的紧张状况预期将有所改善,同时政策端逆周期调节往往会频繁出现,建筑板块的收益情况也逐渐好转。由于国内投资、信用的较大周期波动,建筑A股的市场表现往往没有成熟市场稳定。

表4-5　28个一级行业及建筑行业月均涨跌幅统计描述　　单位:%

项目	复苏期	扩张期	滞胀期	衰退期
全行业最大涨幅	7.95	4.33	0.09	0.56
全行业最小涨幅	3.72	1.43	2.48	-2.72
全行业平均涨幅	5.20	2.89	-1.48	-1.20
全行业标准差	0.96	0.72	0.71	0.74
建筑装饰月均涨跌幅	3.89	2.43	-2.48	-0.69
建筑装饰排名	27	21	28	6

资料来源:Wind数据库。

同样,我们将建筑行业分为房屋建设、装修装饰、园林工程、基础建设和专业工程五个二级子板块,结果表明除装饰板块总体表现不尽如人意外,其他四个子板块轮动效应比较显著,其中房屋建设在复苏和滞胀阶段表现较好,园林工程在滞胀和衰退期间表现较好,基础建设在扩张和衰退阶段表现较好,专业工程在复苏和衰退阶段表现较好。

表 4-6 建筑一级行业及五个二级行业月均收益与超额收益 单位:%

项目	复苏期		扩张期		滞胀期		衰退期	
	涨跌幅	相对收益	涨跌幅	相对收益	涨跌幅	相对收益	涨跌幅	相对收益
房屋建设	4.53	0.64	2.38	-0.05	-1.24	1.24	-1.10	-0.41
装修装饰	3.47	-0.42	2.37	-0.07	-2.88	-0.40	-0.77	-0.08
园林工程	2.91	-0.98	-0.34	-2.77	-1.70	0.78	0.01	0.69
基础建设	3.33	-0.56	2.96	0.53	-2.71	-0.23	-0.54	0.15
专业工程	5.02	1.13	1.64	-0.79	-2.61	-0.13	-0.67	0.02

注：超额收益为二级子行业相对建筑装饰一级行业的涨跌幅。
资料来源：Wind 数据库。

4.1.2 信用周期维度

流动性是影响市场估值体系的重要因素之一，不同的货币/信用环境塑造不同的估值/盈利预期。我们在 2014 年和 2017 年系统研究了建筑产业周期与板块市场表现间的关系，认为建筑指数的周期表现主要依赖于行业的周期波动。不同的货币环境可能导致不同的市场估值体系（PE），而不同的信用环境将影响市场对建筑行业的盈利增长预期（EPS）。建筑二级子板块目前大多已经进入成熟期，而在前两年信用环境整体偏紧的背景下，市场对建筑股的信用风险关注大幅上升。因此，我们综合利率与信用指标，试图从经济产业周期和货币信用周期两个维度给出建筑板块的运行规律和板块轮动。

从宏观流动性指标来看，建筑指数与无风险收益率（我们以中债 1 年期国债到期收益率表征）、定期类存款增速（M_2-M_1 剪刀差同比增速）整体上呈现负相关关系，这与其他板块的运行规律是类似的。其中，建筑指数与 M_2-M_1 剪刀差增速相关性更加显著，1999 年 12 月至 2020 年 3 月二者相关系数高达 -0.45，反映紧信用环境下对流动性指标的关注持续提升。而国债到期收益率与建筑指数在部分阶段甚至呈现正相关关系，这也导致在市场整体流动性较好的情况下，建筑股反而跑输市场，比如 2017 年 6 月至 2020 年 4 月 1 年期国债到期收益率整体下行，但建筑板块反而是趋势性下跌的。

我们总体认为利率上行初期对建筑板块的估值影响不大，但需要注意利率上行的节奏和周期。而且建筑板块估值与 1 年期国债收益率负相关，与

10年期国债收益率弱相关,几乎可以忽略不计。2009年以后,由于全球货币宽松的影响,利率对建筑估值的影响更加突出,而建筑股同期下跌幅度较大主要是2009年后建筑板块大市值新上市个股较多,叠加了消化IPO溢价的特殊因素。此外,由于建筑企业的信用利差存在一定的周期波动,在信用利差大幅上升的初期同样不会过度反应。

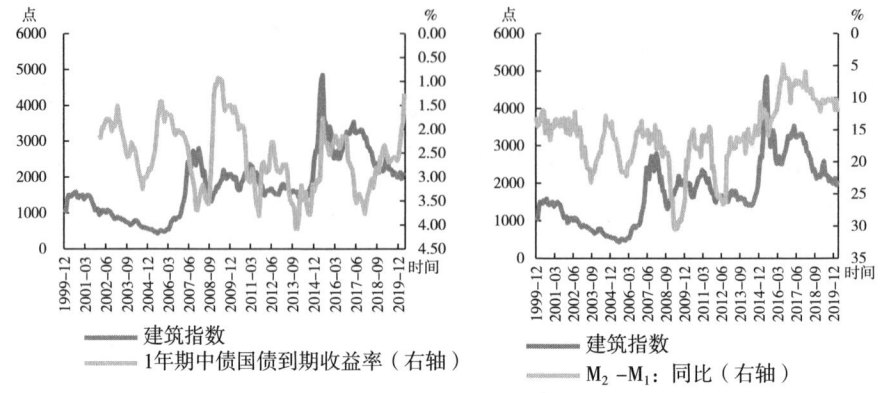

图4-26 建筑指数与宏观流动性指标关系

(资料来源:Wind数据库)

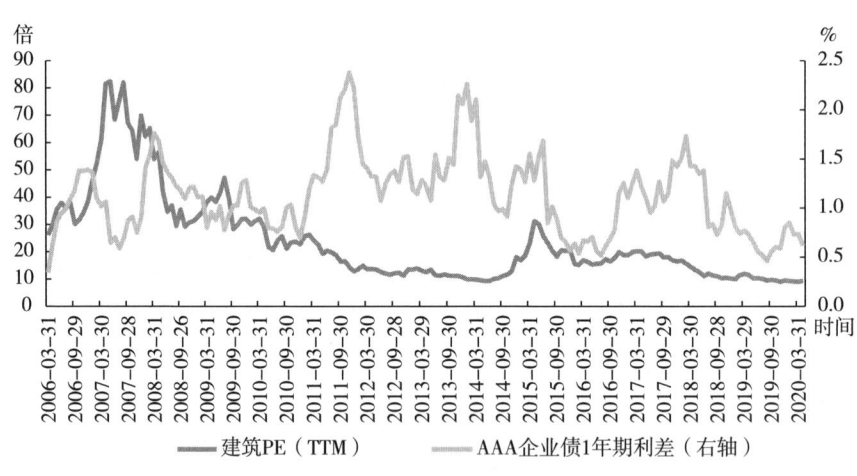

图4-27 建筑PE估值与企业债利差

(资料来源:Wind数据库)

为解决利率指标的缺陷,我们进一步引入信用指标,我们以国债收益率表征不同的货币环境,以M_2和社会融资规模同比增速表征不同的信用环境,据此可以按时间先后划分出宽货币宽信用、紧货币宽信用、紧货币紧信用、宽货币紧信用四个不同的期限组合。总体来看，M_2 与社融同比增速划分的信用周期阶段基本相同，只是 2017 年和 2019 年因为统计口径的调整，导致社融与 M_2 同比增速在部分阶段出现差异。

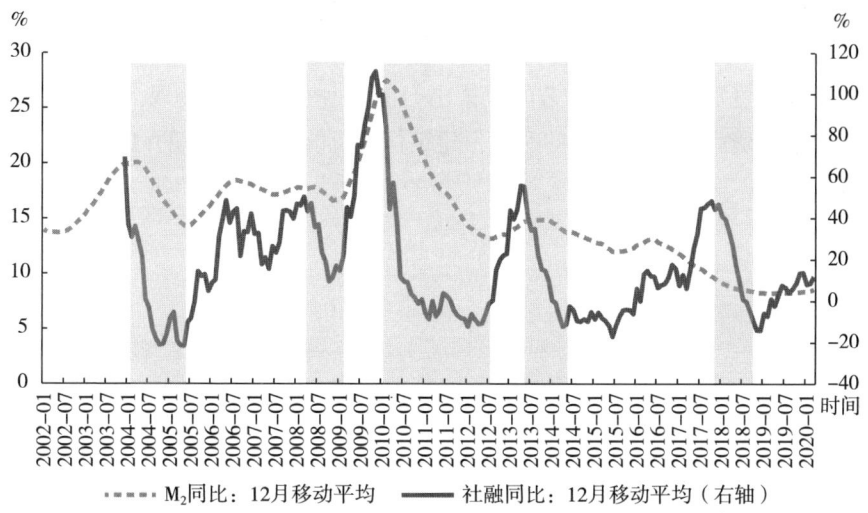

图 4-28　M_2 与社会融资规模同比增速

（资料来源：Wind 数据库）

在 2020 年之前，我们共划分出五个大的信用紧缩周期，在紧缩周期内，建筑指数都呈现大幅下行，沪深 300 也均下行，但历次下行幅度逐渐收窄。尽管在 2016 年之后 M_2 同比增速快速下行，但表外融资等方式使得社融增速维持高位运行，直至 2017 年 10 月金融去杠杆加快，社融增速才拐头向下。从历次紧缩周期来看，紧信用一般维持一年，即使是在第三个大的紧信用周期（2009 年 11 月至 2012 年 1 月）内，也存在一个小的宽信用时期（2010 年 7 月至 12 月），而 2017 年 10 月开始的紧信用周期，由于叠加了政策端加快去杠杆，导致紧货币紧信用周期延长，其中 2018 年 12 月是建筑指数和信用指标的阶段性低点。

表 4-7　紧信用时期建筑指数与沪深 300 涨跌幅　　　　　单位：%

紧信用周期	2003 年 8 月至 2004 年 10 月	2008 年 1 月至 10 月	2009 年 11 月至 2012 年 1 月	2013 年 4 月至 2014 年 3 月	2017 年 10 月至 2019 年 4 月
SW 建筑	-30.63	-55.45	-34.46	-15.48	-27.29
CS 建筑	-26.31	-56.56	-34.11	-13.92	-25.18
沪深 300	—	-60.04	-20.65	-7.98	-2.41

资料来源：Wind 数据库。

关于紧信用对建筑行业基本面的影响，我们先探讨可能的两个影响方向。一是我们认为紧信用往往会抑制行业固定资产投资，因此导致建筑指数与固定资产投资在信用收缩期往往呈现同向下跌。但从长周期来看，建筑指数与固定资产投资同比增速却呈现负相关，1999年12月至2020年3月二者相关系数为-0.57，我们认为主要由于建筑行情中估值为重要因素，建筑指数在鼓励加大投资或逆周期调节的政策出台时往往已经开始表现，因此在政策传导到固定资产投资数据端的时候，建筑行情可能已经被预期并提前反映。

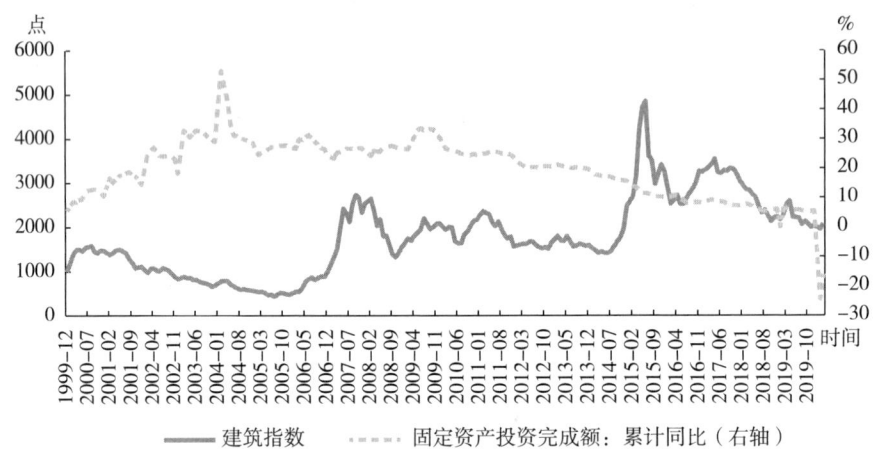

图4-29　建筑指数与固定资产投资同比增速

（资料来源：Wind数据库）

二是紧信用还可能会影响建筑企业的现金流，进而影响企业资产质量和未来扩张的基础。紧信用时期企业流动性一般较为紧张，反映在企业财务指标上，就是建筑指数与建筑企业现金流（经营活动现金流净额）增速呈现较强的正相关，2013年3月至2014年3月二者相关系数高达0.39。但从长周期（2004年3月至2020年3月）来看，二者几乎并无关系，相关系数为-0.01，主要是建筑企业由于行业特性一般经营现金流净额为负，市场给予估值评判时主要基于相对市盈率或市净率估值法而非DCF，而且在长周期视角下，企业经营现金流影响因素众多。因此，我们认为一般只有在信用紧缩时期，市场对高杠杆高负债公司的风险厌恶快速上行，驱动对企业现金流量表的高度关注。

如果从长期来看，紧信用导致的固定资产投资收缩、经营现金流紧张对建筑行情并无指引性，那么我们需要回归到紧信用对建筑上市公司业绩层面的影响，即估值在短期内对基本面的映射。我们以建筑上市公司预增区间和实际增速进行比较，一般而言上市公司对自身未来半年的发展相对更了解，因此，只有在信用等外生冲击下才更可能导致业绩低于或高于预增值。事实上，2010—2019年半年报和年报数据也显示，建筑上市公司在紧信用时期，业绩低于预期的比例确实有所上升。在2009年11月至2012年1月信用紧缩期，建筑业上市公司仅2011年年报业绩增速低于预增下限的比例有较明显提升，达到25%，但低于预增中值的比例为72%，恰好对应2011年较长的紧信用周期。而在2013年4月至次年3月信用紧缩期，2013年年报业绩增速低于预增中值的比例明显提升，达到80%。2017年10月至2019年4月的信用紧缩期，2018年年报业绩增速低于预期的比例也呈现上升，低于预增中值的比例达到72%。

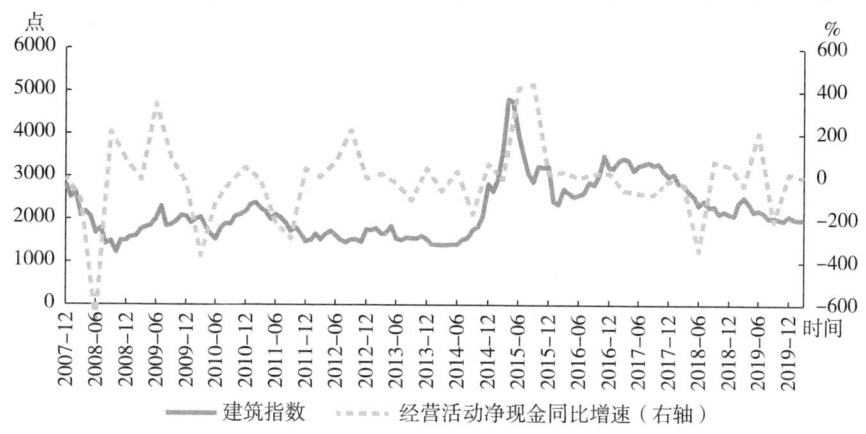

图4-30　建筑指数与建筑业经营活动现金流净额增速

（资料来源：Wind数据库）

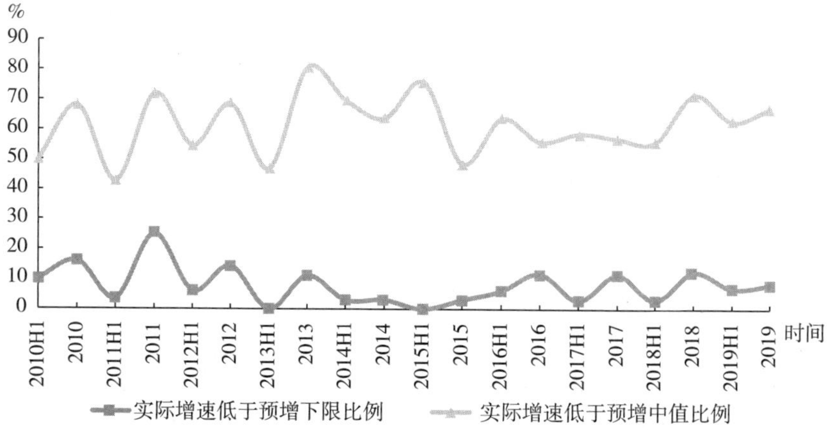

图4-31　信用紧缩周期下建筑公司业绩增长低于预期比例提升

注：H1表示上半年。

（资料来源：Wind数据库，各公司公告）

4.1.3 量化周期维度

前文我们从经济周期与信用周期两个宏观维度分析了建筑行情的影响机制,最后我们从量化维度出发,构建建筑板块轮动的数学展示。我们认为复杂经济金融系统是高维的,而任何资产板块的市场指数是其低维投影。建筑板块由于其天然的宏观属性,我们采用建筑指数的同比序列(对数同比收益率)代替原始指数,可以更清晰地观察指数边际变化;同时,我们尝试搭建拟合模型,以期能够给予更多的直观显示和预测指引。

建筑指数影响因素众多,原始变化是纷繁复杂的,但通过对数同比变化后,我们发现建筑指数的同比序列围绕某一截距值存在显著的周期运动,这与前文我们认为的建筑指数存在回归运动不谋而合。周期运动的好处是能够在一定程度上把握指数运动规律,并为预测指数的运行提供了可能。

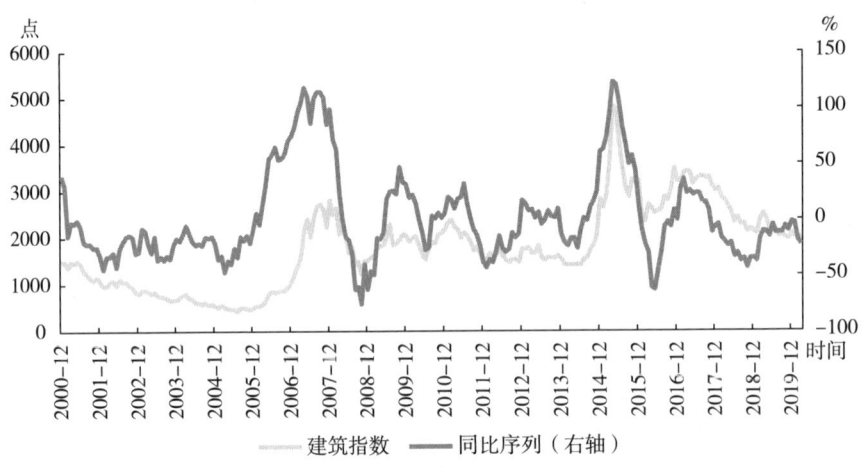

图 4-32　建筑指数与同比序列变换

(资料来源:Wind 数据库)

全球资产存在共同周期,其中最显著的三个驱动周期为基钦周期(42个月附近)、朱格拉周期(100个月附近)、库兹涅茨周期(200个月附近)。而对于尚处于成长初期的 A 股市场而言,库兹涅茨周期并不显著,最显著的三个驱动周期为风格切换周期(21个月)、基钦周期(44个月)和朱格拉周期(100个月左右)。虽然在33个月附近也有比较显著的能量,但它和基钦周期属于同一个能量集群。

我们以类似的办法,对 A 股建筑指数引入多重信号分类(MUSIC)算法,通过有效过滤市场噪声以及分离指数序列相位差异,发现存在最显著的三个驱动周期，分别为 24 个月、48 个月和 95 个月，与 A 股共同周期 21 个月、44 个月和 100 个月基本接近。

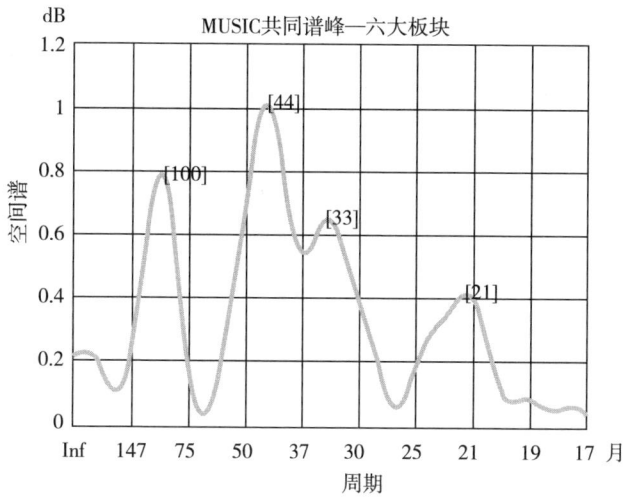

注：六大板块是指周期上游、周期中游、周期下游、大金融、消费、成长。

图 4-33 A 股六大板块 MUSIC 共同谱峰

（资料来源：Wind 数据库）

建筑指数的周期特征在一定程度上反映了建筑行业的周期波动规律。建筑下游需求主要来自基建、房建和工业建筑，分别与基础设施投资、房地产投资、制造业投资紧密相关。下游投资的周期波动直接影响着建筑业企业的产值和经营情况。建筑指数的周期长度与建筑业增加值同比增速的周期基本相近。建筑 A 股指数存在的这种周期特征，与我们在建筑研究方法论 2014 年系列报告中发现的建筑产业周期接近。1981—1989 年，是改革开放以后第一个建筑业周期，1989—1997 年为第二个建筑业周期，这两个建筑业周期长度均为 9 年，周期波动受政策影响较大，当时的 A 股证券市场尚处于起步阶段，建筑业上市企业较少。

1997—2015 年为第三个建筑业周期，主要受益于住房市场化改革，周期长度长达 18 年（216 个月），因此更接近 200 个月左右的库兹涅茨周期。由于驱动因素主要是地产投资，房地产的销售、开工及工业库存影响大，因此建筑业的大周期（库兹涅茨周期）又可以分解为两个中周期（朱格拉周期，8~10 年）或六个小周期（基钦周期，2~4 年），2016—2017 年 PPP 驱动的建筑业增加值快速回升，2017 年建筑业名义增加值为 5.57 万亿元，实际同比增长 9.34%，高于 2014 年的 9.10%。但经历了 2018—2019 年去杠杆，建筑业的小周期运动加快，导致行业转换过渡阶段市场对建筑业的估值体系进行重构，目前我们认为该阶段已经进入尾声，新一轮的周期正在酝酿中。

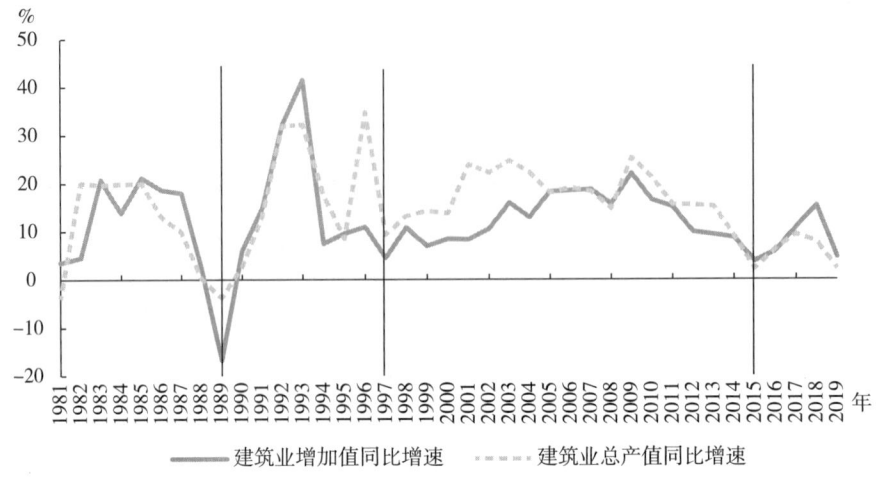

图 4-34　建筑业增加值与总产值实际同比增速

(资料来源：Wind 数据库)

结合前文的大中小周期，我们将建筑指数同比序列进行多元回归。截至 2020 年 4 月，我们跟踪的建筑量化复盘模型显示，建筑指数同比序列长周期 95 个月已于 2019 年 4 月见底，小周期 24 个月于 2020 年 6 月见底、中周期 48 个月于 2021 年 3 月见底。综合来看，建筑指数于 2020 年 6 月见底，这与前文我们通过经济周期维度、货币信用周期维度得到的结论是一致的，因此我们建议对 2020 年下半年建筑板块行情保持乐观。

当然，这种量化方法尽管具备基本面和宏观周期的映射关系，但在实际应用中也存在一定的缺陷。第一个缺陷是随着真实世界建筑指数的演绎，不同时点得到的建筑 A 股驱动周期长度可能会发生小幅度变化。比如我们在 2018 年 7 月 1 日外发的《盈虚有时，三重维度复盘建筑轮动》报告中首次使用该方法时，得到的建筑指数同比序列三周期为 26 个月、49 个月、93 个月，这与我们目前得到的周期 24 个月、48 个月、95 个月有所不同。尽管如此，但这种方法仍然让我们在当时准确地预判了建筑行情。我们当时判断如下：基建或率先触底，第四季度有望迎来转机。基建板块同比序列将于 2018 年 7 月首先触底，房建板块触底在 2018 年 10 月，工建板块则在 2019 年 1 月触底。总体来看，我们预计基建板块有望率先于 2018 年第三季度企稳，建筑整体板块或在2018年第四季度迎来转机。2018年7月中旬建筑板块再次下探后迎来了大幅拉升，建筑指数相对沪深300在连续跑输五个季度后，2018年第三季度、第四季度相对沪深300指数分别上涨1.0%、5.0%。

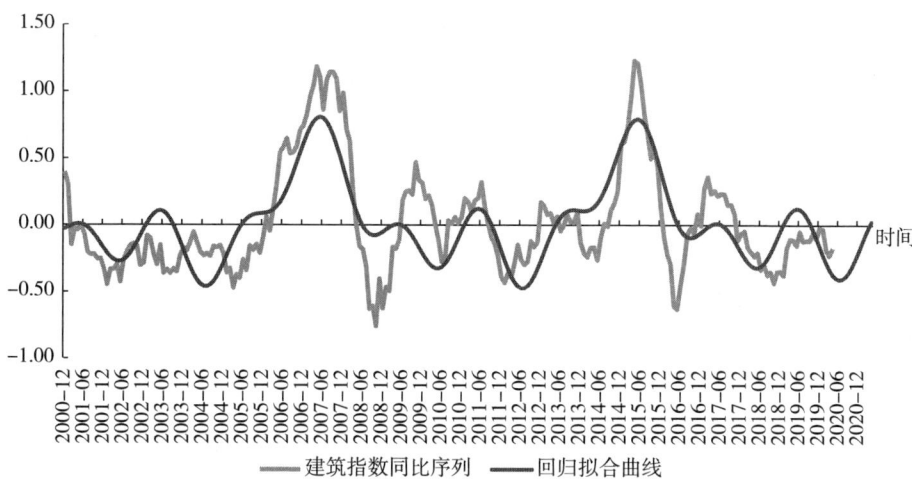

图4-35 建筑指数同比序列与回归拟合曲线

（资料来源：Wind数据库）

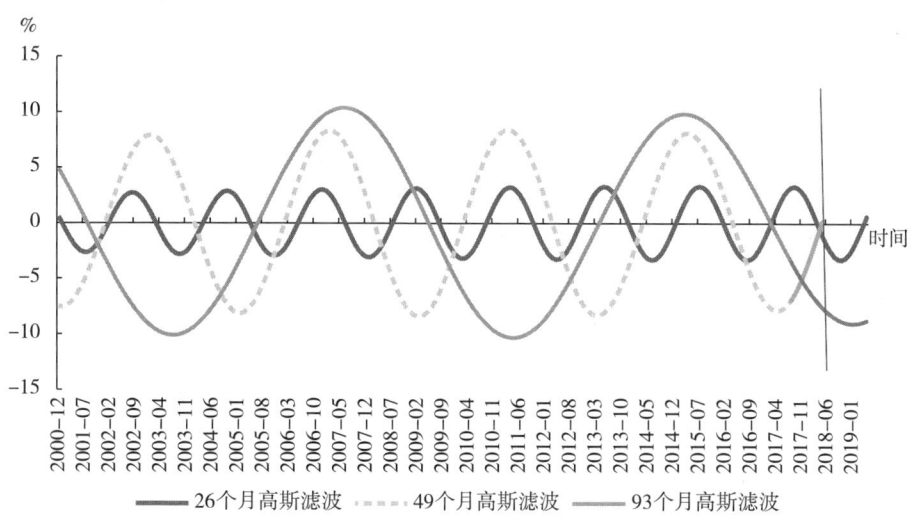

图4-36 建筑指数同比序列与回归拟合曲线（滤波分析）

（资料来源：Wind数据库）

第二个缺陷是建筑指数同比序列判断的顶部和底部，可能与建筑指数实际运行存在偏差。我们统计了历次同比序列触底和建筑指数实际触底的月份，以"+"号表示实际指数较同比序列延后触底的月份数，以"-"号表示实际指数提早触底的月份数。自 2000 年以来共有七次比较大的底部拐点，其中 2005 年、2012 年、2018 年三次同比序列都领先于建筑指数见底。截至 2020 年 4 月收盘，4 月建筑指数同比序列值较 3 月有所回升，如若之后延续回升，我们认为建筑指数同比序列与实际指数见底的概率大幅上升。

表 4-8 建筑及其子板块同比序列与指数见底时滞性统计　　　　单位：月

同比序列触底时间	指数实际触底时间	延长（+）或提前（-）
2005 年 3 月	2005 年 7 月	+4
2008 年 10 月	2008 年 10 月	0
2010 年 6 月	2010 年 6 月	0
2012 年 1 月	2012 年 8 月	+7
2014 年 5 月	2014 年 3 月	-2
2016 年 5 月	2016 年 2 月	-3
2018 年 10 月	2019 年 1 月	+3

资料来源：Wind 数据库。

4.2 季节轮动：春华秋实，夏雨冬阳

建筑行情季节性较为显著，在 2008 年后，第三季度和第四季度相对收益整体明显抬升。我们以 2002—2019 年共计 18 年完整的历史数据以及 2020 年第一季度数据为基础，统计了建筑板块相对沪深 300 的分季度收益情况。从长周期来看，各个季度建筑板块相对沪深 300 取得正超额收益的比例均在 1/3 以上，其中第三季度和第四季度实现正超额收益比例相对更高，达到 44%。纵向来看，第三季度和第四季度的相对收益自 2008 年开始得到显著提升，2008—2019 年第三季度、第四季度平均相对收益率为 0.7%、3.0%，高于 2002—2007 年的 -2.5%、-6.1%。2008 年之后众多大型建筑企业上市，而且近几年政策驱动的赶工往往集中在下半年，提升了下半年板块业绩的确定性和稳定性。

从 2015—2019 年和 2010—2019 年的季度表现来看，建筑行业第四季度平均收益率显著高于其他三个季度，平均收益均为正；第二季度表现最差，

平均收益均为负。第一季度与第三季度的表现相对不固定，差异较大，但第一季度平均收益均为正、第三季度均为负。

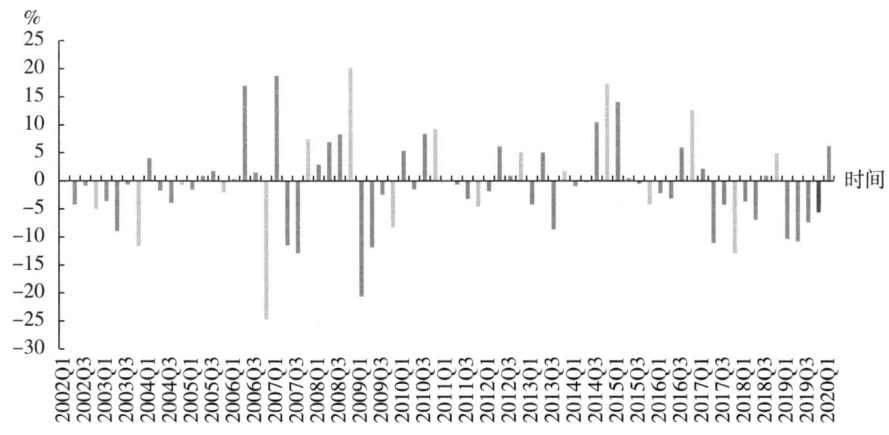

图 4-37　建筑相对沪深 300 季度超额收益

（资料来源：Wind 数据库）

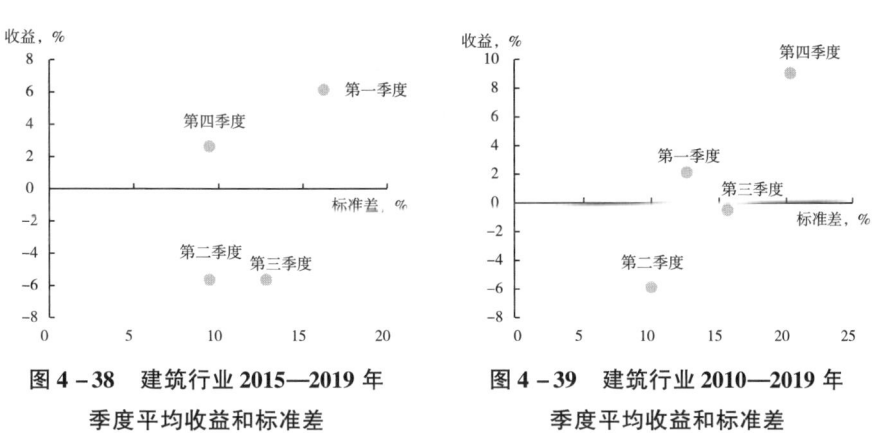

图 4-38　建筑行业 2015—2019 年
季度平均收益和标准差

（资料来源：Wind 数据库）

图 4-39　建筑行业 2010—2019 年
季度平均收益和标准差

（资料来源：Wind 数据库）

从相对收益的排名情况来看，第三季度在同一年中相对收益排名第 1 的有 3 次，占比为 17%，分别出现在 2003 年、2005 年和 2009 年，相对沪深 300 的超额收益分别达 -0.68%、1.77% 和 -2.47%；排名第 2 的有 9 次，占比为 50%。第四季度在同一年中相对收益排名第 1 的有 6 次，占比为 33%，分别出现在 2008 年、2010 年、2014 年、2016 年、2018 年、2019 年；排名第 2 的也有 5 次，占比为 28%。因此，相对而言，建筑板块第三季度和第四季度相对收益在一年四个季度中排名前二的频率分别为

67%、61%，即建筑板块在第三季度和第四季度超额收益相对较好。

表 4-9 2002—2019 年分季度相对收益排序

	排名第 1	排名第 2	排名第 3	排名第 4	合计
第一季度获得次数	6	1	7	4	18
第二季度获得次数	3	3	8	4	18
第三季度获得次数	3	9	3	3	18
第四季度获得次数	6	5	0	7	18

资料来源：Wind 数据库。

从历史的角度看，建筑第三季度与第四季度相对收益高度相关，且相邻年份变动方向相反。我们统计的 2008—2019 年，建筑第三季度与第四季度相对沪深 300 超额收益的相关系数高达 0.83，显著高于其与其他季度的相关性，我们推测主要是建筑企业前三季度经营情况基本奠定了全年增长基调，如果第三季度反映建筑企业经营良好，那么全年较好的业绩预期将在第四季度体现。其中除 2013 年以外，其他年份第三季度与第四季度相对超额收益的变动方向一致，若第三季度实现相对正收益，那么第四季度取得正超额收益的概率较高，这也是当时我们判断 2018 年第四季度建筑行情的依据之一。此外，我们还发现，自 2008 年以来，连续两年第三季度、第四季度相对收益的方向相反（除 2013 年第四季度），我们认为其背后的实质可能与宏观政策调控的 2 年周期有关。即如果 2019 年第三季度和第四季度相对负收益且幅度较大，2020 年下半年实现正相对收益的概率较高。在新冠肺炎疫情和外需冲击等因素影响下，2020 年下半年建筑板块有较好的表现。

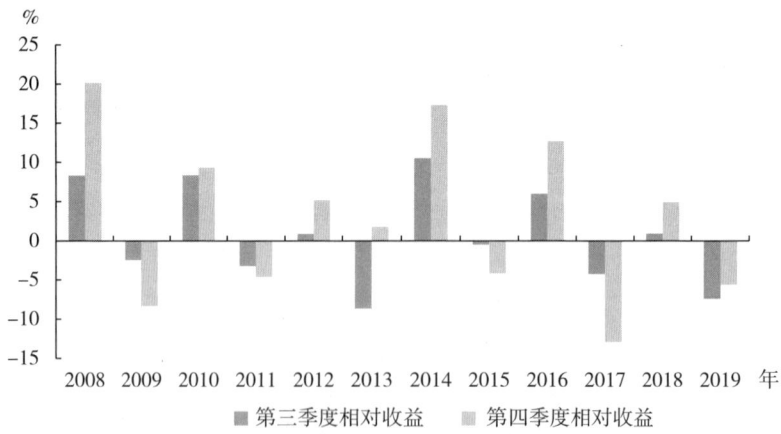

图 4-40 2008—2019 年第三季度、第四季度建筑相对沪深 300 超额收益

（资料来源：Wind 数据库）

4.2.1 建筑第一季度表现：业绩预期主导

我们总结了最近五年建筑板块第一季度的行情走势，认为第一季度是年初旺季开工和建筑企业业绩预期重要调整时期，开工程度的强弱和预期调整将影响板块及个股估值波动。一般来说，第一季度是信用投放的重要时期，信贷投放量决定了利率和宏观杠杆走势，而且"两会"等重磅年度会议集中召开，决定了全年政策走向和基调。尽管4月的中央政治局会议可能会对节奏有所调整，但总体基调仍是一致的。

而且，由于第一季度是年初开工的重要观察窗口，季末又是建筑国企类上市公司公布年报的主要时期，且第一季度运行基本结束，对全年的展望相对更科学合理，因此，该时期建筑板块业绩预期的上调或下修更能反映市场对当年行业基本面的预期，因此往往对估值波动的影响较大，成为板块行情的主导因素。以2016年第一季度为例，1年期国债收益率由2.35%下降至2.09%，但由于市场对建筑板块业绩预期较为悲观，当年业绩预期下修2.84%，最终导致板块PE由20.61倍下降至16.84倍，板块下跌15.98%。PPP引领的行业基本面改善和业绩修正直至2016年第二季度才逐渐体现，并延续至2017年第一季度，板块业绩预期上调0.34%，并带动板块估值于2017年第一季度实现提升。

表4-10　近五年建筑板块第一季度行情总结

区间	板块涨跌幅（%）	期初PE（TTM）	期末PE（TTM）	领涨个股（剔除IPO未满半年个股）
2016年第一季度	-15.98	20.61	16.84	*ST毅达、棕榈股份、ST围海
2017年第一季度	6.60	18.80	20.24	中材国际、蒙草生态、北方国际
2018年第一季度	-6.97	16.45	14.54	岭南股份、方大集团、城地股份
2019年第一季度	18.28	10.19	11.9	中毅达、农尚环境、方大集团
2020年第一季度	-2.91	9.51	8.99	东南网架、杭萧钢构、鸿路钢构

资料来源：Wind数据库。

此外，第一季度重磅政策也可能引发主题性炒作。比如2017年第一季度受第一届"一带一路"国际合作高峰论坛于2017年5月14日至15日在北京举行的影响，国际工程板块及建筑央企在第一季度涨势较好。而在2019年召开第二届"一带一路"国际合作论坛前期,市场就没有了类似行情。

截至 2020 年 3 月末,建筑板块相对 2020 年初下跌 2.91%,主要受疫情和经济担忧加剧的影响,市场整体偏弱,其中专业工程中的钢结构板块表现良好,主要龙头企业涨幅均超过 40%,是近五年第一季度中,继 2017 年第一季度"一带一路"行情之后唯一的一次板块性行情,我们认为这次行情的启动主要受益于板块第一季度订单和业绩实现了较大幅度增长。从 2002—2020 年第一季度表现来看,建筑板块第一季度是否取得正收益并没有特别的规律,需要结合当年政策基调与基本面进行综合判断。

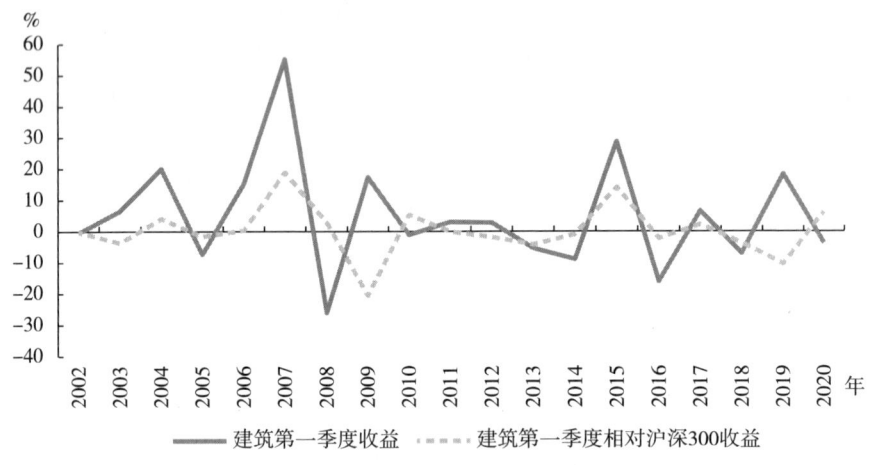

图 4-41 2002—2020 年第一季度建筑板块收益及超额收益情况

(资料来源:Wind 数据库)

4.2.2 建筑第二季度表现:流动性影响

我们总结了 2002—2019 年建筑板块第二季度的行情,认为利率融资等流动性紧张是第二季度行情表现较差的重要影响因素,其中信用收缩是制约建筑板块 2018 年第二季度表现的主要因素;而且受"五月抛售"(Sell in May)等市场因素的影响,建筑这类偏 β 性的板块也会受到一定影响。自 2012 年以来,建筑第二季度绝对收益和相对沪深 300 的超额收益震荡下行,其中 2015 年牛市尾端第二季度仍实现了 10.90% 的绝对收益,但超额收益仅有 0.48%,因此,总体而言,建筑板块在第二季度表现的确一般。

我们比较了该期间的影响建筑板块行情的估值与基本面因素,结论如下。

(1)建筑第二季度行情表现与估值、业绩预期变动均有关,但与估值的变动更为相关,近五年建筑板块涨跌幅与 PE(预测下一年)变动方向一致。建筑板块在第二季度的业绩预期波动不大,上半年净利润占全年业绩比重稳定在45%左右。

图4-42 2002—2019年第二季度建筑板块收益及超额收益情况

(资料来源：Wind数据库)

表4-11 近五年建筑板块第二季度行情总结

区间	板块涨跌幅（%）	期初PE（TTM）	期末PE（TTM）	领涨个股 （剔除IPO未满半年个股）
2015年 第二季度	8.97	23.14	25.75	瑞和股份、杭萧钢构、铁汉生态
2016年 第二季度	-5.00	16.84	15.60	方大集团、龙元建设、东方园林
2017年 第二季度	-5.69	20.24	18.98	杭萧钢构、中化岩土、蒙草生态
2018年 第二季度	-16.89	14.54	11.08	美芝股份、合诚股份、中油工程
2019年 第二季度	-11.94	11.90	10.36	东华科技、柯利达、龙建股份

资料来源：Wind数据库。

（2）建筑第二季度的PE估值与无风险收益率（我们以中债1年期国债到期收益率表征）有较强负相关,近五年除2018年小幅下降外（但信用呈现收缩）,其余四年无风险收益率均呈现上升,二者变动方向相反,导致第二季度建筑板块表现较差。

总结2015—2019年的行业板块走势,其中2016年第二季度受PPP等基本面改善因素影响,相关个股开始启动,其余年份领涨个股并无显著的板块规律。结合货币信用维度判断,我们认为在货币信用预期转变的等待期,即宽货币的确认期应以跟踪宏观因素的预期为主,对于市场投资者而言,第二季度建筑板块应以低利率敏感性标的配置为主。

4.2.3 建筑第三季度表现:业绩引领

我们总结了2002—2019年建筑板块第三季度的行情走势,认为建筑第三季度估值的提升主要来源于中报高增长引领的估值切换,这与第一季度年报估值切换类似,但增加了流动性紧张预期环比改善的利好。建筑板块第三季度绝对收益与相对收益呈现周期性震荡,我们认为主要反映了背后的政策周期及其驱动下的业绩波动。

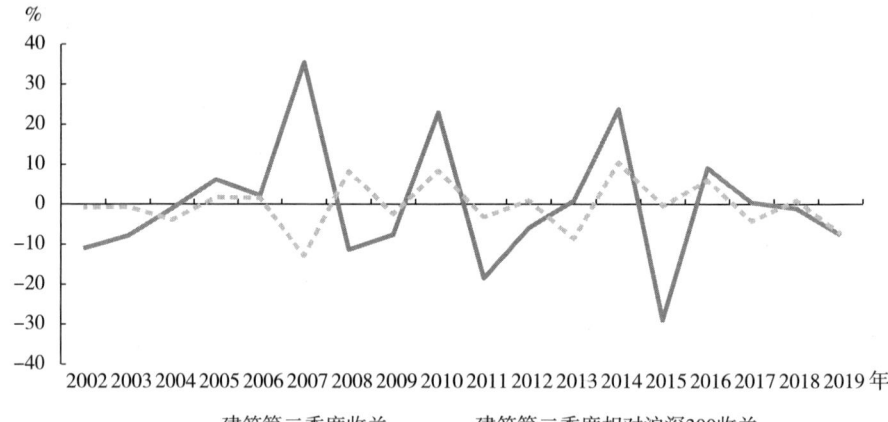

图4-43 2002—2019年第三季度建筑板块收益及超额收益情况

(资料来源:Wind数据库)

近五年来,建筑板块涨跌幅与估值PE变动方向基本一致,其中仅2017年第三季度板块业绩在PPP带动下表现较好,其余年份板块业绩变动整体比较平缓,但在业绩预期提升的2016年和政策预期改善的2018年,建筑板块第三季度均获得了较好的超额收益。从货币信用维度分析,2014年和2015年第三季度无风险利率均呈现上升,其中2014年第三季度建筑行情小幅表现,成为2014年第四季度大行情的预演;2015年第三季度建筑板块跟随市场大幅下跌。自2016年以来,除2017年第三季度利率均无明显变化外,其余年份的第三季度无风险利率均下降,流动性和风险偏好环比均改善,建筑板块相对收益表现较好,但呈现震荡格局,其中偶数年份第三季度表现更好。在业绩和无风险利率整体波动不大的情况下,建筑板块估值提升并不明显,市场仍处于货币信用政策转换的确认期。

从建筑细分个股的表现来看,近五年个股表现在 2016 年和 2018 年第三季度呈现一定的板块效应。其中 2016 年第三季度仍是对第二季度 PPP 利好的延续,而 2018 年第三季度,随着 6 月流动性整体紧张的时间窗口结束,财政政策边际放松得到确认,货币政策边际放松但仍有对冲操作,下半年整体宏观环境预期转向"宽货币+紧信用+宽财政"的叠加,基建板块表现相对更好,中国铁建、苏交科等龙头个股相对胜出。

表 4-12 近五年建筑板块第三季度行情总结

区间	板块涨跌幅(%)	期初 PE(TTM)	期末 PE(TTM)	领涨个股 (剔除 IPO 未满半年个股)
2015 年 第三季度	-24.12	25.75	18.19	中国中冶、苏交科、东方园林
2016 年 第三季度	8.30	15.60	16.43	东方园林、蒙草生态、美晨生态
2017 年 第三季度	0.27	18.98	17.99	同济科技、启迪设计、成都路桥
2018 年 第三季度	-1.11	11.08	11.06	中国铁建、柯利达、苏交科
2019 年 第三季度	-7.68	10.36	9.64	山鼎设计、中装建设、乾景园林

资料来源:Wind 数据库。

4.2.4 建筑第四季度表现:偶数年跑赢概率大

同样地,我们统计了 2002—2019 年建筑在第四季度的行情表现,自 2008 年以来,建筑第四季度相对收益存在一定的周期走势,即偶数年第四季度相对表现更好,而奇数年第四季度相对收益较差。近五年来,建筑板块第四季度行情完成了业绩驱动向估值驱动的转变,龙头股风格体现得比较明显。2015—2017 年第四季度,基本面波动平缓,估值和涨跌幅也均表现得更为平缓。

其中 2016 年第四季度,建筑股在当年国庆期间多城市出台楼市调控新政的背景下,仍然实现较大涨幅,我们认为主要是在 PPP 驱动下,板块业绩增长预期连续三个季度大幅提升,叠加保险、外资等中长期资金入场,提升了市场对蓝筹股的偏好,大建筑股上涨引领板块上涨行情。2017 年第四季度则在家装蓝海市场开启以及竣工改善预期下,以及房地产股的大幅上涨,带动建筑板块中低估值装饰龙头股表现。

表 4-13 近五年建筑板块第四季度行情总结

区间	板块涨跌幅（%）	期初 PE（TTM）	期末 PE（TTM）	领涨个股 （剔除 IPO 未满半年个股）
2015 年 第四季度	12.65	18.19	20.61	岭南股份、方大集团、广田集团
2016 年 第四季度	14.80	16.43	18.80	中国建筑、中国交建、中国铁建
2017 年 第四季度	-7.82	17.99	16.45	金螳螂、中材国际、东易日盛
2018 年 第四季度	-7.50	11.06	10.19	中达安、森特股份、亚泰国际
2019 年 第四季度	1.29	9.70	9.51	鸿路钢构、中装建设、中材国际

资料来源：Wind 数据库。

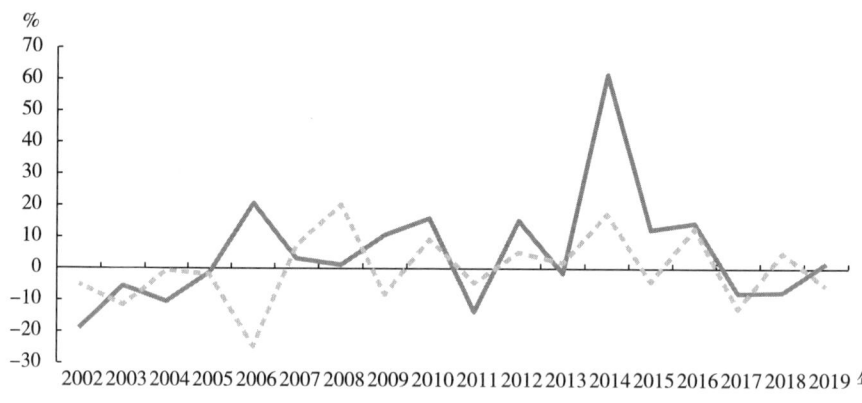

图 4-44 2002—2019 年第四季度建筑板块收益及超额收益情况

（资料来源：Wind 数据库）

总结来看，建筑股在偶数年跑赢市场的概率相对较高，建筑第三季度与第四季度相对收益高度相关，且相邻年份变动方向相反。我们统计的 2008—2019 年，建筑第三季度与第四季度相对沪深 300 超额收益的相关系数高达 0.83，显著高于与其他季度之间的相关性，我们认为建筑企业前三季度经营情况基本奠定了全年增长基调，若第三季度说明建筑企业经营良好，那么全年较好的业绩预期将在第四季度体现。其中除 2013 年以外，其他年份当年第三季度与第四季度相对超额收益的变动方向一致，若第三季度实现相对正收益，那么第四季度取得正超额收益的概率较高，这也是当时我们判断 2018 年第四季度建筑行情的依据之一。此外，我们还发现，自

2008年以来,连续两年第三季度、第四季度相对收益的方向相反(除2013年第四季度以外),我们认为其背后的实质可能与宏观政策调控的2年周期有关。即若2019年第三季度和第四季度相对负收益且数值较大,那么2020年下半年实现正相对收益的概率较高。目前在新冠肺炎疫情和外需冲击等因素影响下,我们预计2020年下半年建筑板块将有较好的表现。

图4-45 自2016年10月初以来建筑与地产板块相对走势

(资料来源:Wind 数据库)

4.3 案例一:2014年建筑牛市复盘

为更好地帮助投资者理解我们的建筑研究框架,我们以2014年建筑行情为例进行复盘,并对当时的宏观基本面与估值进行解读。

建筑股在2012—2015年中期的收益情况经历了大幅波动,由于2008年"四万亿元"政策实施到2010年结束,因此其刺激效应在2010—2011年快速消退。2012年在稳增长背景下,中央在铁路等少数领域加杠杆,但投资层面总体呈现谨慎的态度;地方政府则提出大规模投资规划,但在2013年中央对地方债务担忧升级的背景下,市场对投资落地也产生一定的质疑。反映在建筑股走势上,2012年相对收益仍然显著,但2013年板块绝对与相对收益大幅回落。直到2014年初,建筑估值跌破历史新低后,才逐渐在"一带一路"新增海外市场、沪港通开通以及国企改革等因素催化下,实现了历史性大行情,当年指数上涨83%,2015年6月累计涨幅最高一度达到246%,成为建筑股的高光时刻。

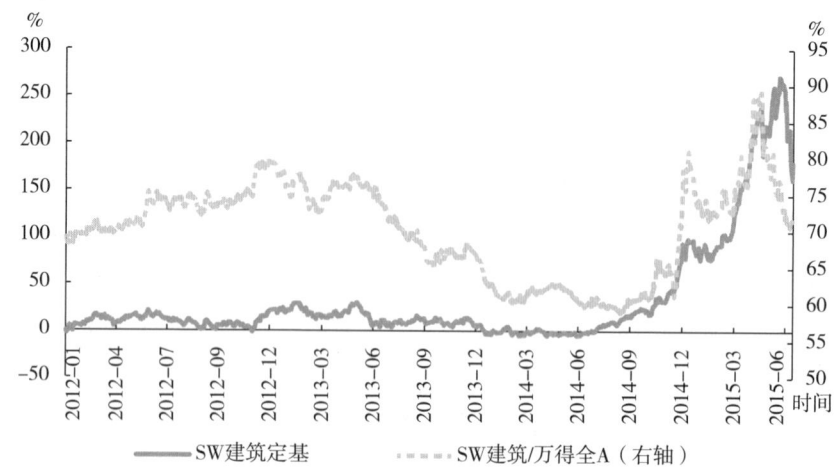

图 4-46 2012—2015 年建筑绝对收益与相对收益走势

（资料来源：Wind 数据库）

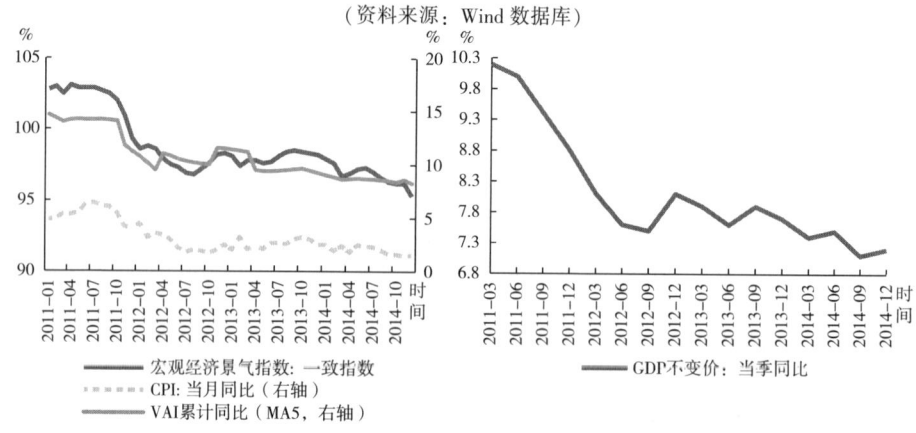

图 4-47 2014 年建筑复盘经济周期

（资料来源：Wind 数据库）

先看当时的经济周期，截至 2012 年第二季度，GDP 当季同比增速连续 6 个季度下滑，从 2011 年第一季度的 10% 下降到 2012 年第二季度的 7.6%。自 2011 年 7 月以来，宏观经济 Wind 数据库一致景气指数、CPI 当月同比、工业增加值（VAI）累计同比增速，一直延续下降趋势，经济表现疲软，衰退期自 2011 年下半年开始一直延续到 2012 年上半年。在 2012 年 3 月召开的全国"两会"期间，政府工作报告提出 2012 年国内 GDP 目标增速 7.5%，为自 2004 年以来首次低于 8%。但在当时基建投资增速快速下滑的压力下，积极的财政政策仍然发挥工具作用。但从 GDP 实际增速来看，2012 年之后总体处于震荡下行周期，经济增长压力较大。

再从货币信用周期来看，2011年第四季度，为应对基建投资增速的快速下滑，中央银行已开始通过降准等举措来促进经济结构性稳增长，但并未如2008年那样在一个季度内快速向宽信用传导，M_2和社融等数据仍维持缓慢下行态势。2012年2月和5月经过两轮降准后，M_2同比增速才开始于2012年7月呈现企稳回升，并在2013年4月达到16.10%的高点。货币向信用传导的不畅，导致2014年市场对投资悲观预期大幅提升，2014—2015年中央银行五次调低存贷款基准利率，一年期国债收益率大幅下降至2%以下，虽未直接推动信用大幅回升，但却推动了股市和楼市资产价格大涨。

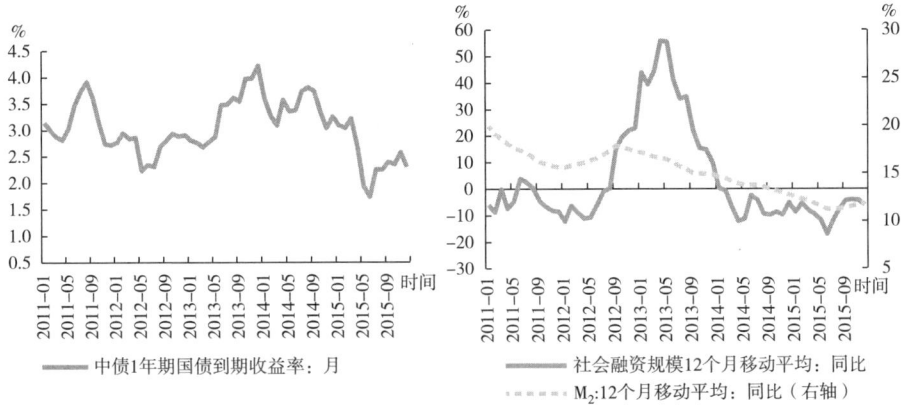

图4-48　2014年建筑复盘货币信用周期

（资料来源：Wind数据库）

从估值层面来看，2014年1月建筑板块估值经历了一年多的杀跌后，接近我们在估值方法论一中提到的1倍PE底，震荡大半年后最终于第四季度突破上行。2014年第四季度相对沪深300超额收益为17.34%，表现较好。主要受益于多重开放政策和改革利好（国企改革、"一带一路"倡议、沪港通）、利率下行等，在业绩必要条件满足的前提下，我们同时认为低估值和利率下行也是2014年第四季度大行情的重要原因。

从建筑二级子板块涨跌幅来看，基础建设总体领先，其次是房屋建设，最后是专业工程，2014—2015年累计最高涨幅分别为357%、264%、214%，均在2倍以上。装修装饰累计最高涨幅为152%，园林工程累计最高涨幅为95%。即使在2015年市场大跌后反弹，建筑板块个股以基建蓝筹股居多，逆周期调节多以基建为先，指数上板块代表性也更强，体现了建筑板块行情的自我强化效应。

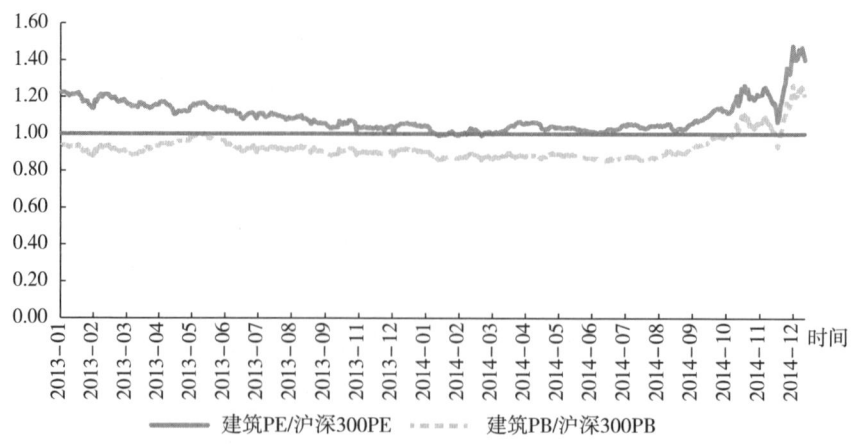

图4-49 2013—2014年建筑板块相对沪深300的PE比和PB比

(资料来源:Wind数据库)

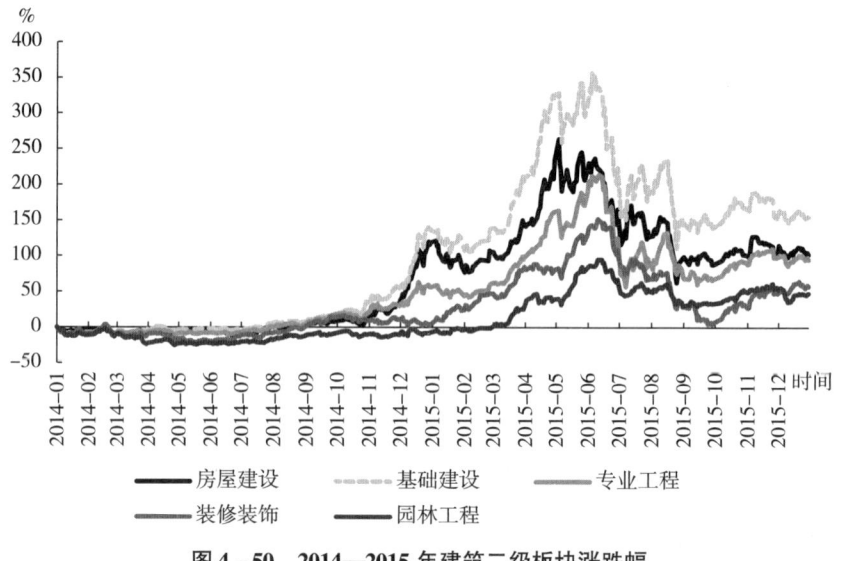

图4-50 2014—2015年建筑二级板块涨跌幅

(资料来源:Wind数据库)

个股方面,在"一带一路"倡议、沪深港通和国企改革的推动下,中国中铁等大型建筑央企领涨全市场。中国中铁在2014年1月至2015年6月累计上涨806%,其中主要的上涨阶段集中在2014年10月至2015年4月。在地方债务担忧不断升级的背景下,市场预期国内基建、地产投资空间有限,而2013年10月提出的"一带一路"倡议在2014年开花结果:先是9月中蒙俄经济走廊规划纲要签署,成为"一带一路"倡议下的首个多边合作规划纲要;

2014年12月丝路基金成立；2015年3月"一带一路"倡议发布，"一带一路"倡议成为贯穿建筑股2014—2015年行情的重要主线。而在改革层面，2014年7月，国企"四项试点"改革确定在中粮集团、中建材集团等企业进行，党的十八届三中全会预期的改革动作进入落地期，再叠加沪港通于2014年11月正式开通，提振建筑A股估值并向国际水平靠拢，市场空间的打开和改革实质性动作共同作用，使得建筑央企在2014年末至次年4月产生了历史性大行情，此次行情的结束以建筑央企普遍的大规模增发为标志。

表4-14 2014年1月至2015年6月建筑个股涨幅前五名

单位：点，%，倍

公司代码	公司简称	区间涨跌	2014年归母净利润YOY	2015年归母净利润YOY	启动点PE(TTM)	启动点PB(TTM)
601390.SH	中国中铁	805.80	10.51	18.32	5.61	0.61
601669.SH	中国电建	533.79	5.11	-24.68	5.76	0.77
601618.SH	中国中冶	512.72	33.01	21.10	10.53	0.70
601800.SH	中国交建	496.15	14.41	13.02	4.89	0.62
600528.SH	中铁工业	482.10	-32.91	-40.65	15.31	1.11

资料来源：Wind数据库。

4.4 案例二：2018年建筑二级板块轮动

我们在前文概述了从货币信用周期如何识别建筑行情的轮动，实际上，建筑二级行业也存在类似的轮动效应。考虑到2018年去杠杆之后建筑公司业务趋于融合，我们以2018年7月1日外发的报告《盈虚有时，三重维度复盘建筑轮动》进行复盘，以展示如何理解建筑二级行业的轮动效应，以及在不同货币信用周期中的表现。

我们根据不同的货币环境和不同的信用环境，将2002年1月至2018年5月划分为"宽货币宽信用""紧货币宽信用""紧货币紧信用""宽货币紧信用"共四个不同的期限组合，分别计算建筑板块及其二级行业相对沪深300的平均月涨跌幅和涨跌频次。

从建筑一级行业来看，其绝对收益与沪深300指数收益规律相同，信用周期的影响强于货币周期，"紧货币紧信用"表现最差，"宽货币宽信用"跑赢概率高，"宽货币紧信用"平均收益好。从相对沪深300的收益情况看，建筑板块在"紧货币紧信用"和"宽货币宽信用"阶段表现均较差，相对沪深300跌幅均超过4%，而在"宽货币紧信用"阶段表现较好，获得了6.27%的超额收益。其中"宽货币宽信用"阶段收益表现较差，这主要与部分期限内的极值有关。例如在2008年12月至2009年7月的"宽货币宽信用"期间，建筑板块行情反弹强度不及市场，导致51.25%的相对亏损。而2008年9月至12月，属于"宽货币紧信用"阶段，建筑板块由于在之前的牛市上涨幅度不及市场，在下跌过程中跌幅也小于市场，反而取得了20.18%的相对收益。而"宽货币紧信用"的另一区间（2014年7月至2016年6月）正处于建筑板块的牛市，因此获得了33.31%的相对收益。

表4-15 建筑二级行业不同信用环境相对沪深300月均涨跌幅 单位：%

项目	"宽货币宽信用"	"紧货币宽信用"	"紧货币紧信用"	"宽货币紧信用"
房屋建设	3.08	-6.93	-1.26	4.56
装修装饰	-5.62	18.45	1.76	14.77
基础建设	-8.24	1.06	-1.47	7.43
专业工程	6.86	1.82	-3.23	-0.75
园林工程	0.2	17.77	11.26	-0.73
建筑整体	-4.16	0.64	-4.31	6.27

资料来源：Wind数据库。

我们进一步从二级细分板块获得正超额收益的频率（相对沪深300获得正超额收益的次数/样本次数）来看，其中"宽货币宽信用"阶段表现最好，赔率小；"紧货币紧信用"阶段表现仍然最差，其余两个时段赢率一样。综合来看，"紧货币紧信用"阶段，建筑行业二级市场表现最差。市场认为我们当时正处于"宽货币紧信用"初期，结合历史统计情况来看，我们在2018年7月认为当时可以适当乐观一些。

从二级子行业来看，"紧信用"对园林工程影响最大。基于建筑二级行业超额收益视角，装修装饰和园林工程的高成长特性使得其分别在三个货币信用阶段均有较好的表现，超越沪深300以及建筑板块获得较高的超额收益。而房屋建设、基础建设和专业工程轮动效应比较显著，其中房屋建设在"宽货币"阶段表现最好，主要是下游地产企业融资预期改善幅度最大；基础建设在"紧货币紧信用"和"宽货币紧信用"阶段表现较好，主要是政策刺激预期提升；专业工程在"宽信用"阶段较好，主要是制造业企业融资大为缓解。而在四次"紧货币紧信用"阶段，获得最高平均超额收益的园林工程板块，仅有一次获得正超额收益，对应的频次仅为0.25，表明结果并不稳健，受信用约束影响最大。

表4-16 建筑二级行业不同信用环境下正超额收益频次　　　　单位：次

项目	"宽货币宽信用"	"紧货币宽信用"	"紧货币紧信用"	"宽货币紧信用"
房屋建设	0.40	0.40	0.17	0.80
装修装饰	0.33	0.60	0.40	0.75
基础建设	0.40	0.40	0.67	0.40
专业工程	0.80	0.60	0.50	0.40
园林工程	0.50	0.75	0.25	0.67
建筑整体	0.60	0.40	0.33	0.40

资料来源：Wind数据库。

"宽货币"对建筑影响好于紧货币，房建受益程度最高；"宽信用"是最优时期，园林、专业工程等高成长板块表现最好。"宽货币"时期，装饰装修和房屋建设相对收益最高，且获得正超额收益频次也较高。宽信用时期，装修装饰和园林工程表现较好，相对收益均超过10%，正超额收益频次分别达到0.67和0.80。此外，专业工程板块也有较好表现。"紧信用"时期，基础建设板块正超额收益频次最高，达到0.71，且有3.31%的相对收益，表现较好。

货币从紧到松，房屋建设相对收益增长7.76%，增幅最高，获得正超额收益频次增加0.47，增幅也最高。此外，专业工程和装修装饰板块相对收益以及获得频率也均有所增加，园林工程频率不变，收益却减少6.65%。信用从紧到松，专业工程相对收益增长6.98%，增幅最大但频率不变，园林工程获得正超额收益频次增加0.40，增幅最多且相对收益均为正。此外，房屋建设和基础建设板块相对收益和获得正超额收益频次均有所减少。

表4-17 建筑二级行业不同信用和货币环境相对沪深300月均涨跌幅　单位：%

项目	"宽信用"	"紧信用"	"宽货币"	"紧货币"
房屋建设	-5.44	1.13	5.11	-2.65
装修装饰	11.00	8.33	6.35	1.78
基础建设	-3.24	3.13	-3.66	-1.47
专业工程	5.14	-0.84	0.55	-4.16
园林工程	10.28	17.01	-1.04	5.61
建筑整体	-1.08	0.42	-1.81	-2.06

资料来源：Wind数据库。

表 4-18 建筑二级行业不同信用和货币环境下正超额收益频次

单位：次

项目	"宽信用"	"紧信用"	"宽货币"	"紧货币"
房屋建设	0.29	0.43	0.67	0.20
装修装饰	0.67	0.67	0.50	0.25
基础建设	0.43	0.71	0.17	0.20
专业工程	0.57	0.57	0.33	0.20
园林工程	0.80	0.40	0.67	0.67
建筑整体	0.71	0.43	0.33	0.40

资料来源：Wind 数据库。

2018 年 7 月，我们判断仍处于当年 2 月开始的"宽货币紧信用"阶段初期，历史上此期限组合的平均时长为 12 个月，其后往往是"宽货币宽信用"阶段，即货币的边际放松逐渐传导到信用放松，若信用条件拐点来临，建议增配园林及专业工程板块。

在金融去杠杆大背景下，"宽货币紧信用"向"宽货币宽信用"的传导也可能需要更长时间，但来临的时间点决定了市场行情的拐点。若按历史 12 个月的统计规律，2018 年下半年仍处于"宽货币紧信用"阶段，房屋建设、装修装饰及基础建设板块仍是值得关注的板块。在个股层面，继续重点关注经营现金流优越且低有息负债的企业。从事后的验证来看，"宽信用"也的确在 2018 年末得以实现，并在 2019 年第一季度建筑板块取得了良好的绝对收益。

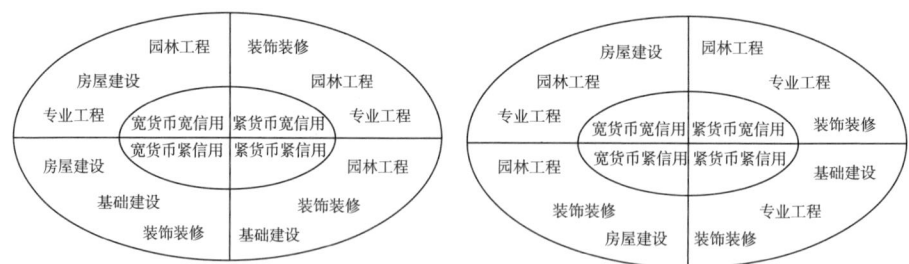

注：左图为基于超额收益率，右图为基于超额收益频次。

图 4-51 建筑二级板块不同货币信用环境下的轮动

（资料来源：Wind 数据库）

第五部分　从财务指标解读建筑公司商业模式

1 ROE：建筑企业核心驱动指标

净资产收益率（ROE）不仅是影响建筑估值的三大重要因素之一，也是衡量上市公司股东回报水平和长期投资价值的核心财务指标。我们本章通过对 ROE 指标体系的拆分，进一步了解建筑企业 ROE 的变化及主要驱动因素，并通过分析建筑企业财务报表的主要特征挖掘导致驱动指标变动的主要路径。我们采用最常用的杜邦分析法，从盈利能力、营运能力与资本结构三方面进行分析。

表 5-1 建筑企业 ROE 影响因素拆分和影响方向

杜邦拆分	公式	主要影响因素	主要细分指标	影响方向	影响程度	相应影响因素
销售净利率（重要指标）	净利润/营业收入	毛利率		正向	大	业务领域和结构、行业竞争
		期间费用	销售费用	反向	小	业务性质
			财务费用	反向	中	有息负债、汇率、资本支出等
			管理费用	反向	大	研发费用、激励
		资产减值损失		反向	大	坏账损失等
总资产周转率（主要变动）	营业收入/平均总资产	流动资产周转率	存货周转率	正向	大	原材料、已完工未结算资产等
			应收账款周转率	正向	大	业主回款情况、公司信用政策
		固定资产周转率		正向	小	固定资产
权益乘数	平均总资产/平均权益	资产负债率		正向	中	资本结构、财务杠杆、回款等

整体来看，建筑行业 ROE 主要受资产周转率和净利率的变动影响，权益乘数影响中等，而影响资产周转率的核心观测指标在于收入和回款。若净利率上升，资产周转率和权益乘数下降，则 ROE 一般趋于下降。建筑估值变化的一个重要原因在于行业竞争格局转变，建筑龙头企业市占率提升，进而带动净利率提升。与公司资产周转率和权益乘数相关性大的主要是收入和回款，代表公司面上的表现；与净利率相关度高的主要是毛利率和期间费用率，代表公司所处行业的景气程度、公司竞争壁垒和管理实力，是一个公司内在更为核心的竞争力。

我们选择 MSCI 中 11 只个股（剔除 2016 年 6 月上市的中国核建）及苏交科的 ROE 数据进行分析，选择对象包括 7 家央企、2 家上海地方国企和 3 家民企，基本涵盖了建筑细分板块的龙头企业。从绝对值来看，中国建筑、东方园林、金螳螂、中国电建、葛洲坝、中国交建、苏交科七家企业近十年来 ROE 均高于 10%，其中中国建筑和金螳螂近八年均高于 15%。

表 5-2　2010—2019 年建筑重点个股 ROE 变化　　　　　　　　单位:%

公司名称	2010年	2011年	2012年	2013年	2014年	2015年	2016年	2017年	2018年	2019年
中国建筑	12.60	16.28	16.48	18.55	17.56	16.98	16.67	16.26	16.67	16.07
上海建工	15.56	14.97	14.39	13.05	11.46	9.35	9.29	10.32	9.57	12.26
东方园林	21.88	28.42	30.29	22.82	11.97	10.07	16.79	21.25	13.26	0.41
金螳螂	36.86	33.94	30.64	32.28	29.52	20.29	18.11	17.88	17.18	16.55
中国电建	28.27	19.02	14.07	14.06	12.94	10.96	11.56	10.49	9.33	7.48
葛洲坝	14.96	14.52	13.24	12.14	13.30	13.09	11.56	11.77	11.11	11.42
中国交建	15.38	17.16	15.04	13.25	13.07	11.88	10.91	12.07	10.40	9.41
隧道股份	13.21	11.16	14.51	11.00	9.93	9.17	9.60	9.82	10.02	10.08
中国中铁	11.73	9.64	9.78	11.36	11.18	10.69	9.23	10.87	9.91	11.46
中国铁建	7.67	12.86	12.64	13.54	13.20	12.48	11.53	11.45	11.23	10.63
中国中冶	12.80	9.11	-15.56	6.96	8.63	8.90	8.20	7.92	7.66	7.26
苏交科	24.74	15.15	10.43	12.56	14.30	13.44	13.39	13.79	15.68	15.97

资料来源：Wind 数据库。

从盈利能力来看，净利率是重要参考指标，毛利率及管理费用率对净利率影响大。我们认为，对于建筑企业来说，营业收入主要受订单驱动，这与公司的规模、资金实力等有较大的关联；而影响净利率的主要因素包括毛利率、期间费用率以及资产减值损失等。在同行业内部，毛利率往往是影响可比公司 ROE 水平的最直接原因,它与公司的主营业务结构、收入确认结算进度和行业竞争程度等因素有关;而在三项费用方面,销售费用、财务费用与管理费用涉及公司营销、利息支出以及运营管理等多方面,有效地控制三项费用能够显著地提高公司的净利润水平;资产减值损失对于公司的风险控制能力则有较高的要求。

以细分行业房屋建筑领域的两家龙头企业中国建筑与上海建工为例,在 2009—2018 年的十年间,中国建筑 ROE 平均高出上海建工大约 4 个百分点。通过对两家公司 ROE 的杜邦拆分我们可以看出,两家公司总资产周转率与权益乘数水平大致相似,而销售净利率之间存在较大差距,中国建筑盈利较高的地产业务占比高于上海建工,2018 年地产收入占比分别为 15% 和 13%(利润占比更高),且中国建筑的费用控制更好。从纵向来看,两家公司的 ROE 均呈现先升后降再升的趋势,这与销售净利率的变动幅度高度相似。因此,销售净利率这一指标是影响公司 ROE 变动的重要因素。

表 5-3 2010—2019 年中国建筑与上海建工杜邦三项指标比较

杜邦三项	公司名称	2010年	2011年	2012年	2013年	2014年	2015年	2016年	2017年	2018年	2019年
ROE(%)	中国建筑	12.60	16.28	16.48	18.55	17.56	16.98	16.67	16.26	16.67	16.07
	上海建工	15.56	14.97	14.39	13.05	11.46	9.35	9.29	10.32	9.57	12.26
销售净利率(%)	中国建筑	3.97	3.98	3.99	4.31	4.15	4.08	4.29	4.43	4.62	4.45
	上海建工	1.42	1.79	1.77	1.63	1.63	1.57	1.61	1.96	2.01	2.10
总资产周转率	中国建筑	1.07	1.07	0.99	0.95	0.94	0.88	0.78	0.72	0.70	0.73
	上海建工	1.96	1.41	1.23	1.14	1.07	0.97	0.84	0.77	0.83	0.87
权益乘数	中国建筑	4.71	5.43	6.06	6.53	6.62	6.5	6.88	7.26	7.44	7.48
	上海建工	6.15	6.48	6.79	7.19	6.88	6.48	7.02	7.39	7.08	7.38

资料来源:Wind 数据库。

2008—2012 年,中国建筑的毛利率大约是上海建工的两倍;2013 年起,随着上海建工毛利率水平的提高,两家公司的毛利率水平趋于一致。从期间费用来看，2008—2016年，两家公司的销售费用率与财务费用率均不足1%，2019年中国建筑的财务费用率为0.56%，上海建工的财务费用率为0.83%，对于营业收入的侵蚀作用较小；而管理费用对利润的影响程度相对较高，中国建筑管理费用率呈较为稳定的趋势，销售净利率随着费用率的整体下降而上升。相反，上海建工管理费用率呈现明显上升趋势，因此，即使毛利率出现较大幅度的增长，公司的销售净利率也未出现明显提升。从资产减值损失来看，资产减值损失虽然呈现逐年上升趋势，但是占营收的比重仍不足1%，侵蚀作用同样较小。

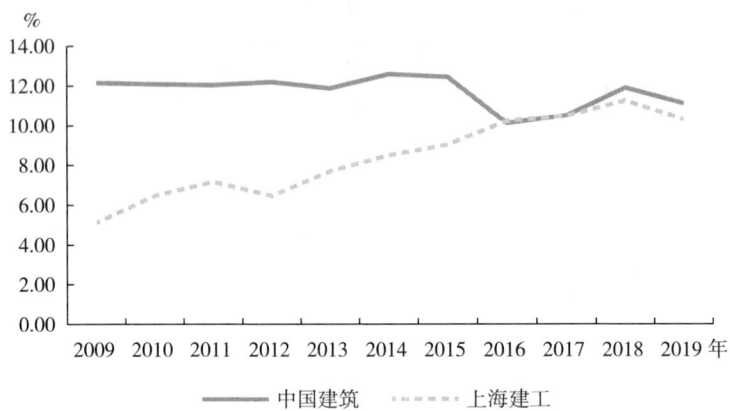

图5-1 2009—2019年中国建筑、上海建工毛利率

（资料来源：Wind数据库）

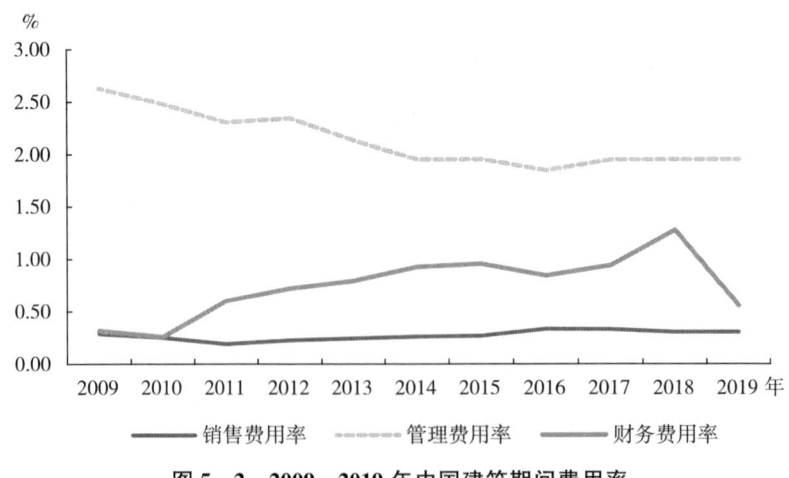

图5-2 2009—2019年中国建筑期间费用率

（资料来源：Wind数据库）

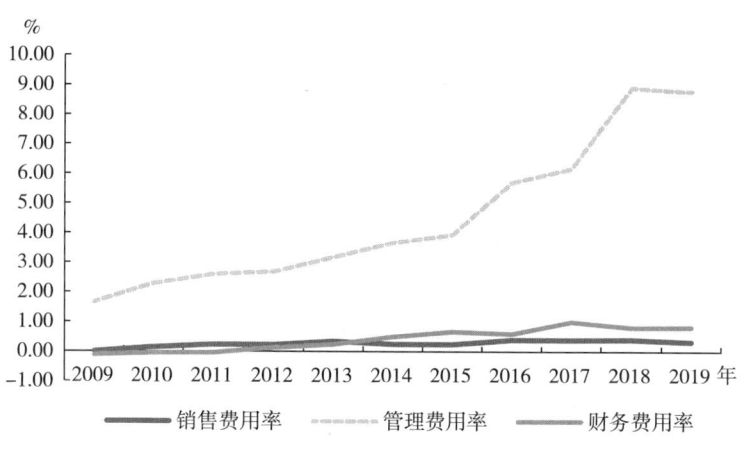

图 5-3 2009—2019 年上海建工期间费用率

(资料来源：Wind 数据库)

从营运能力来看，总资产周转率是核心参考指标，应收账款和存货对周转率影响大。在营业收入一定时，影响总资产周转率的主要因素是公司资产的运营。资产可以分为流动资产与固定资产，以铁路轨交细分龙头中国中铁与中国铁建为例，2019 年中国中铁和中国铁建的流动资产占总资产的比重分别为 67% 和 70%；而流动资产中占比较大的，主要是应收款项及存货，因此，存货周转率对于工程企业总资产周转率的影响较大。存货周转率则主要与公司的开发成本、原材料、已完工未结算资产等相关。

从纵向来看，2011—2018 年中国铁建 ROE 基本高于中国中铁 2 个百分点，而中国铁建的销售净利率在大部分时间都与中国中铁持平，近五年开始高于中国中铁，在权益乘数方面也相差不大。两家公司差距较大的指标主要在于总资产周转率：中国铁建总资产周转率在近十年中基本高于中国中铁。随着中国中铁剥离中铁工业等相关装备资产，未来资产周转率有望提升，近两年中国中铁资产周转率已开始接近甚至超过中国铁建。

表 5-4 2010—2019 年中国中铁与中国铁建杜邦三项指标比较

杜邦三项	公司名称	2010 年	2011 年	2012 年	2013 年	2014 年	2015 年	2016 年	2017 年	2018 年	2019 年
ROE (%)	中国中铁	11.73	9.64	9.78	11.36	11.18	10.69	9.23	10.87	9.91	11.46
	中国铁建	7.67	12.86	12.64	13.54	13.20	12.48	11.53	11.45	11.23	10.63

续表

杜邦三项	公司名称	2010年	2011年	2012年	2013年	2014年	2015年	2016年	2017年	2018年	2019年
销售净利率（%）	中国中铁	1.75	1.57	1.66	1.80	1.75	1.90	1.99	2.06	2.36	2.99
	中国铁建	0.92	1.72	1.79	1.78	1.95	2.23	2.36	2.48	2.72	2.72
总资产周转率	中国中铁	1.35	1.07	0.95	0.95	0.93	0.89	0.88	0.87	0.83	0.85
	中国铁建	1.49	1.18	1.07	1.14	1.01	0.91	0.86	0.86	0.84	0.83
权益乘数	中国中铁	5.49	6.18	6.78	7.15	7.07	6.09	5.42	5.41	5.15	4.84
	中国铁建	5.72	6.33	6.62	6.76	6.81	6.48	5.99	5.64	5.45	5.26

资料来源：Wind 数据库。

具体来看，两家公司的存货周转率与应收账款周转率均大幅下滑，进而总资产周转率走低，这一走势符合我们的结论，即占资产比重最大的存货与应收账款对于总资产的影响较大，资产周转率的降低使得 ROE 的水平持续下滑。

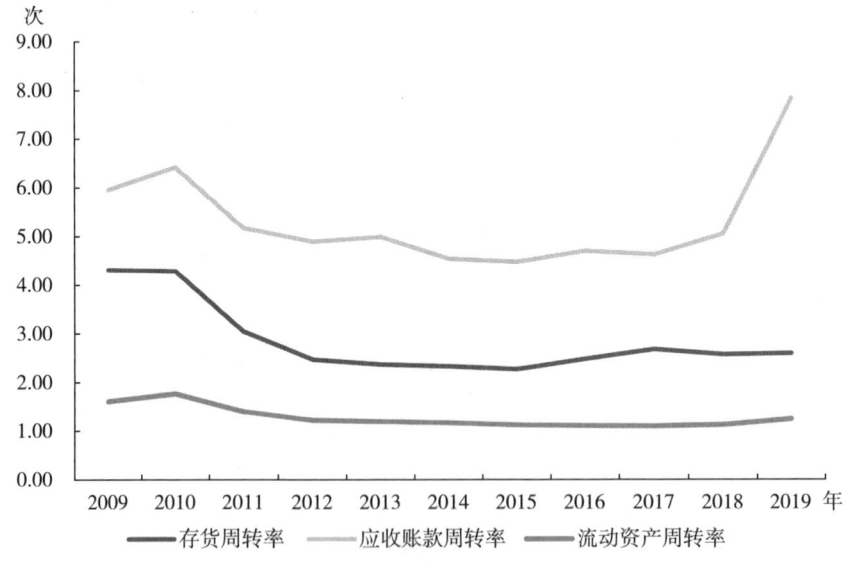

图 5-4 2009—2019 年中国中铁资产周转率

（资料来源：Wind 数据库）

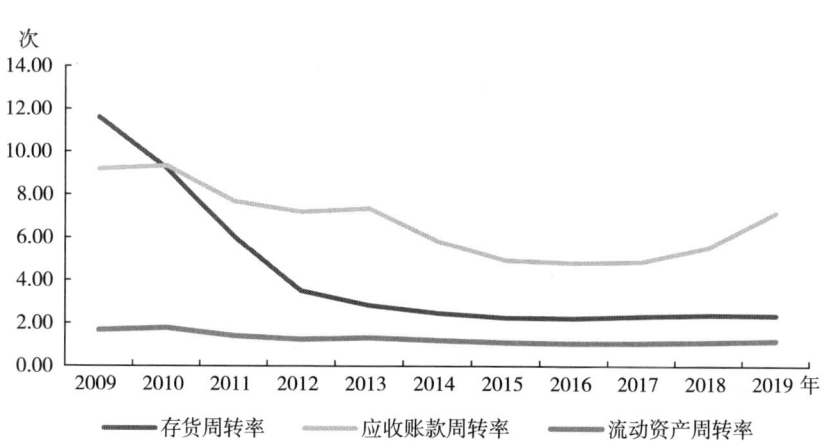

图 5-5 2009—2019 年中国铁建资产周转率

(资料来源：Wind 数据库)

从资本结构来看，权益乘数是重要参考指标，资产负债率有望趋于降低。这一指标与公司资产负债率紧密相关。从横向来看，中国电建的 ROE 在前五年基本高于葛洲坝，近五年低于葛洲坝，而销售净利率及总资产周转率却常年低于葛洲坝，只有权益乘数这一指标中国电建远远高于葛洲坝。从纵向来看，两家公司的 ROE 呈现逐年下降趋势，这与权益乘数的变动趋势大致相符。因此，我们可以认为权益乘数的变动对于两家公司的 ROE 影响较大。

表 5-5　2010—2019 年中国电建与葛洲坝杜邦三项指标

杜邦三项	公司名称	2010 年	2011 年	2012 年	2013 年	2014 年	2015 年	2016 年	2017 年	2018 年	2019 年
ROE（%）	中国电建	28.27	19.02	14.07	14.06	12.94	10.96	11.56	10.49	9.33	7.48
	葛洲坝	14.96	14.52	13.24	12.14	13.30	13.09	11.56	11.77	11.11	11.42
销售净利率（%）	中国电建	3.18	3.47	3.43	3.59	3.16	2.75	3.18	3.03	3.37	3.05
	葛洲坝	4.32	3.89	3.52	3.28	4.13	4.17	4.47	5.47	5.92	5.97
总资产周转率	中国电建	0.91	0.8	0.74	0.7	0.64	0.61	0.53	0.50	0.46	0.46
	葛洲坝	0.75	0.77	0.75	0.73	0.75	0.71	0.72	0.63	0.50	0.49
权益乘数	中国电建	10.83	7.48	5.92	6.37	7.01	7.24	7.73	7.66	7.82	7.88
	葛洲坝	5.28	5.66	6.05	6.21	5.55	5.67	4.75	4.25	4.83	4.75

资料来源：Wind 数据库。

建筑央企和地方国企受到国资委对资产负债率的监管约束（一般为70%~80%）。因此，权益乘数继续上升对于建筑龙头ROE的影响作用较为有限。过去几年国企去杠杆一直是国资委的考核重点项目之一，建筑央企和地方国企的资产负债率也在通过债转股、发行偏权益类债券及外币债券、加快经营性应付科目的清欠等方式降低，权益乘数对ROE的提升总体为负贡献，但随着2020年降杠杆目标的阶段性完成，预计建筑央企和地方国企资产负债率继续下行的压力不大。

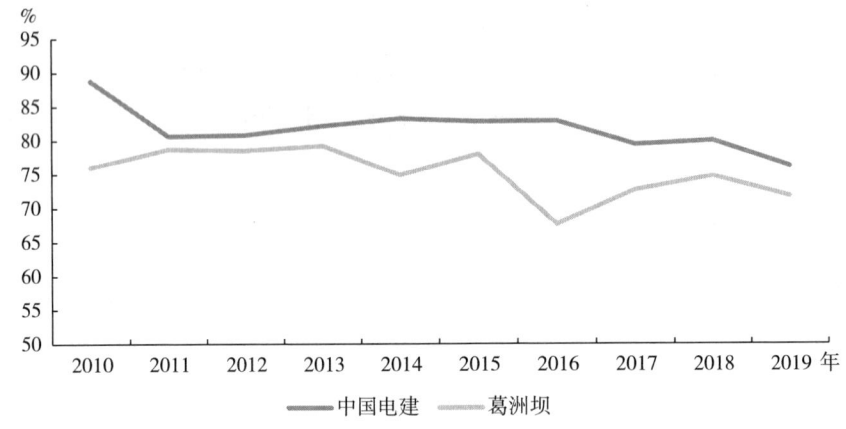

图5-6 2010—2019年中国电建与葛洲坝资产负债率

（资料来源：Wind数据库）

近三年来，建筑行业流动资产周转率的下降是影响行业ROE下滑的主要因素。综合来看，我们采用整体法对于MSCI 11只建筑股及苏交科的ROE及三项指标进行计算，结果发现：无论年度数据还是单季度数据，整体净资产收益率（ROE）水平呈现在高位震荡中轻微下滑趋势。而销售净利率基本呈现上升趋势，但上升幅度不大，主要受到毛利率及管理费用的影响；权益乘数由于受到资产负债率监管的约束，近年来基本趋于下降。因此，可以认为近几年ROE向下的主要因素是总资产周转率的持续下滑，主要原因在于流动资产周转率的下滑，其中应收账款周转率与存货周转率的下滑影响较大，且存货周转率的下降影响大于应收账款周转率的下降。

一般而言，影响建筑企业存货和应收账款的因素主要来自收入确认和回款进度的差异，建筑企业按施工进度确认收入与业主结算实际支付工程款并不一致，导致现金流量表中的经营现金流与利润表收入差异较大，同时也为利润表中的收入跨期确认和毛利率调节提供了空间，反映为工程企业资产负债表中存货（尤其是工程施工—已完工未结算科目）和应收账款科目，这几个关键项目的变化构成了建筑工程企业财务报表的核心分析要素。

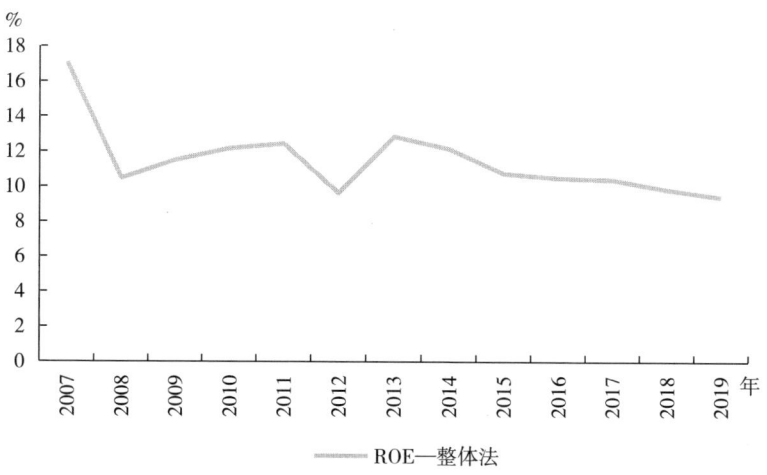

图 5-7　2007—2019 年建筑样本组合 ROE

（资料来源：Wind 数据库）

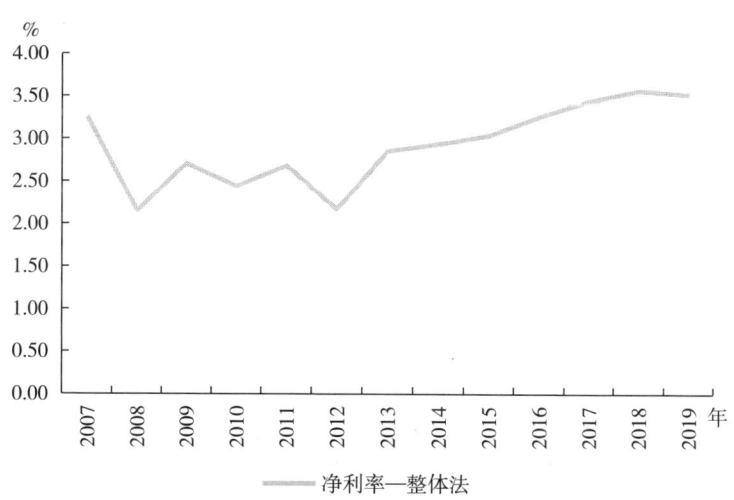

图 5-8　2007—2019 年建筑样本组合销售净利率

（资料来源：Wind 数据库）

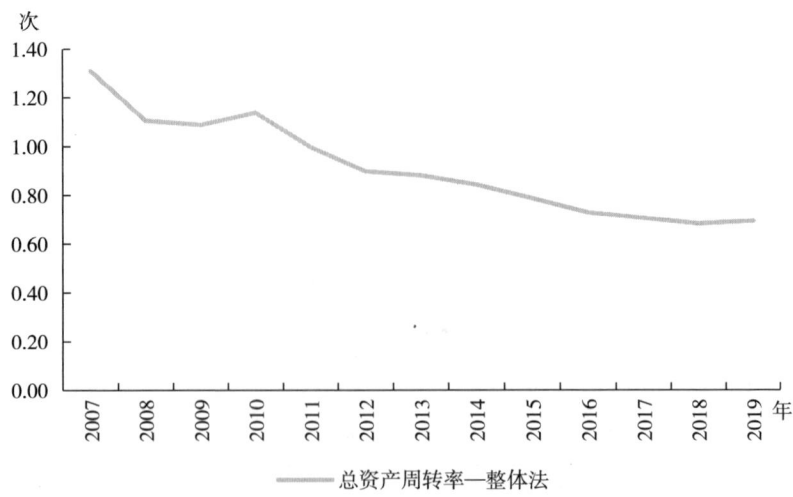

图 5 – 9　2007—2019 年建筑样本组合总资产周转率

（资料来源：Wind 数据库）

2 订单驱动收入增长,成本差异显著

2.1 收入:依工程进度确认,新规下差异逐渐缩小

2.1.1 建筑行业不同发包模式下收入确认方式

建筑行业收入确认一般以工程施工进度进行确认,施工及结算进度的调控空间较大。传统的工程业务一般分为投标、施工准备、正式施工和竣工结算等环节。在投标阶段,工程企业需要先垫付一部分投标保证金;中标后,投标保证金在签订施工合同后可以退还,并且在施工准备阶段承包公司可以获得一定的项目启动资金;施工阶段的收入根据不同的工程发包模式和不同的收入确认模式执行;竣工结算后,需要保留一定的质保金。根据2017年1月出台的《建设工程质量保证金管理办法》,建筑领域工程质量保证金预留比例上限由5%降至3%,缺陷责任期一般为1年,最长不超过2年。

表5-6 传统工程业务流程及资金流转

过程	内容	收入/垫付
投标阶段	业主发布招标公告、组织开标、评标、定标等活动	支付投标保证金,一般为预估工程价款的2%~5%
施工准备阶段	技术准备、规章制度准备、物资准备	项目启动资金(预付工程款的10%~15%)
施工阶段	进入项目施工周期	按施工进度进行收入确认
竣工结算阶段	竣工验收	工程尾款结算及质保金(上限为工程价款结算总额的3%)

资料来源:中债资信。

表5-7 建筑工程不同发包模式及优缺点

承包模式	特点	主要优点	主要缺点
工程总承包(EPC)	对设计—采购—建造进行总承包	提高了工作效率,减少了协调工作量	业主不能对工程进行全程控制

续表

承包模式	特点	主要优点	主要缺点
项目管理承包（PMC）	承包商代表业主对工程项目进行全过程、全方位的项目管理	协调和管理项目的设计与施工，对项目的设计进行优化	业主参与工程的程度低
设计—施工总承包（DB）	业主选定一家公司负责项目的设计和施工	业主和承包商密切合作	业主对最终设计和细节控制能力较低
设计—招标—建造模式（DBB）	工程项目的实施必须按照设计—招标—建造的顺序进行，只有一个阶段全部结束另一个阶段才能开始	管理方法较成熟，业主对设计要求可控制	项目周期较长，设计的可施工性差
施工管理承包（CM）	边设计、边施工。完成一部分分项工程设计后，即对该部分进行招标，发包给一家承包商	缩短建设周期	分项招标导致承包费可能较高
建造—运营—移交（BOT）	从政府获得基础设施的建设特许权，组建项目公司，负责项目的融资、设计、建造和经营，在特许期内，项目公司通过项目的经营获得利润	减少政府主权借债和还本付息的责任，将公营机构的风险转移至私营承包商	在特许权期限内，政府将失去对项目所有权和经营权的控制，前期时间过长且融资成本高
政府和社会资本合作（PPP）	政府、私人企业基于某个项目而形成的相互间合作关系的一种特许经营项目融资模式	公共部门和私人企业在初始阶段就共同参与论证，项目初期实现风险分配，政府拥有一定的控制权	组织形式比较复杂

资料来源：国家发展改革委，住房和城乡建设部。

对于BOT、PPP项目，实施模式主要有两种：一是项目公司直接实施项目建设，依托其自身或其牵头组建的联合体的建筑资质，在这种模式下，建设期间按照会计中建筑合同原则处理，确认相应的收入及成本；二是建设环节发包、参与投资和运营阶段的模式，在这种模式下，因为项目公司不具有施工资质，因而将项目通过招标托付于有资质的公司，项目公司通过支付第三方建筑单位的施工费用，确认相应的无形资产或长期应收款，在运营期内进行摊销，主要有金融资产模式、无形资产模式或混合模式，BOT、PPP收入的确认主要体现在建设期和经营期。

表 5-8 BOT、PPP 项目会计处理

时期	财务处理
建设期	建造服务,费用确定
建设期结束后	项目公司可以无条件地向合同授予方收取确定金额的货币资金或其他金融资产的,或在项目公司提供经营服务的收费低于某一限定金额的情况下,合同授予方按照合同规定负责将有关差价补偿给项目公司的,应当在确认收入的同时确认金融资产
	从事经营的一定期间内有权利向获取服务的对象收取费用,但收费金额不确定的,该权利不构成一项无条件收取现金的权利,项目公司应当在确认收入的同时确认无形资产

资料来源:财政部。

2.1.2 不同会计准则下收入确认方式的差异

不同的收入确认方式下会计处理差别较大。建筑工程收入的确认可根据劳务合同准则或建造合同准则,以风险报酬的转移为依据。劳务合同的确认方法,与一般的销售商品处理模式类似,而采用建造合同的方法需涉及项目进度结算的问题。两种合同在测算工程进度上都可分为成本测算、工作量测算和实际测算。

表 5-9 收入确认及工程进度计算方式

收入确认方式	计算工程进度方式
成本测算	根据已支出的成本占预算总成本的比例来确定劳务交易的进度
工作量测算	根据已完成工作量占总工作量的比例来确定工程进度
实际测算	实际测定的完工进度

资料来源:财政部。

两种不同的收入确认方式在财务处理上有着较大的区别。对于已完工的部分,二者都在利润表中确认收入,但资产负债表的确认有所不同。在劳务合同的确认中,一般不设"存货—工程施工"一项,不管是否结算都归入应收账款;而在建筑合同的确认中,将已完工未结算的部分计入存货,剩下的计入应收账款。在已完工未结算部分,由于劳务合同相对于建造合同作为应收账款记账并计提相应坏账,因此用劳务合同的处理方式相对更为保守,能较充分地体现该项工程收入无法收回的风险。

表 5 – 10　不同收入确认准则下财务处理的差别

依据准则	财务处理主要差别
劳务合同准则	● 确认方法隶属于一般的收入准则，与一般的销售商品处理模式类似
	● 确认一般无"存货—工程施工"一项，已完工部分无论是否结算都应计入应收账款
	● 按"完工百分比法"确认收入，已完工未结算部分作为应收账款记账，在期末计提相应的坏账准备，在准备计提上相对保守，可以体现该项工程收入无法收回的风险
建造合同准则	● 确认方法隶属于独立的"建造合同"准则，涉及项目进度结算的问题，形成工程施工科目，核算过程较为复杂
	● 确认有"存货—工程施工"一项，已完工未结算部分计入"存货—工程施工"，相当于未来的应收账款，已完工已结算部分计入应收账款
	● 按"完工百分比"法确认收入，但存货项下的"工程施工"基本不计提跌价准备（有预计亏损的除外），因此这部分"已完工未结算"的未来应收账款实际上并没有计提跌价准备，未能体现工程收入无法收回的风险

资料来源：财政部，中债资信。

2.1.3　"建造合同"准则下建筑企业的收入确认

（1）具体操作

由于收入确认和工程结算进度的不同，存货中已完工未结算部分相当于收入提前确认但尚未实际收款。在"建造合同"准则下，建筑施工企业一般按照完工百分比法确认建造合同收入，根据复式记账法，确认收入时，当期确认的收入对应工程施工项目：

借：工程施工

　　贷：主营业务收入

而在工程结算时，应收账款与客户确认的合同结算价款对应：

借：应收账款

　　贷：工程结算

在实际操作中，由于建筑行业的工程服务周期长，且产业链地位偏弱，工程结算常常滞后于收入确认 1~2 个月。这就导致期末工程施工和工程结算余额不等，工程结算和工程施工在资产负债表中没有固定列示。

从财务报表的钩稽关系来看，不考虑现金流量表，且假设工程在同一报告期内完工，**本期确认的应收账款 ≈ 本期确认的收入 – 存货里已完工未结算部分 + 预收款项里已结算未完工部分。**

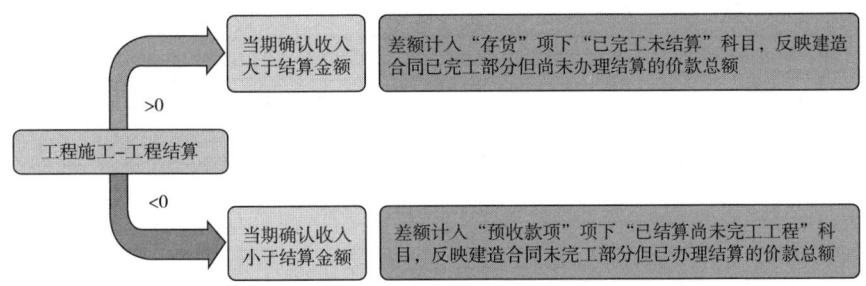

图 5–10　"完工百分比法"下工程施工与工程结算在资产负债表中的列示

(资料来源：Wind 数据库)

（2）"存货—工程施工"对于资产负债表及利润表的影响

若"存货—工程施工"项目数额较大，反映企业资金占用大，收款质量一般，容易导致收入被高估，应收账款被低估。这一科目产生的主要原因在于建筑企业按照完工百分比法确认收入，但在业主签字之前并没有得到结算，只能计入"存货—已完工未结算"项中；签字之后代表业主确认该笔应付账款，计入施工方的"应收账款"项中。因此，在"存货—已完工未结算"项在产生时建筑企业已经确认收入，但由于还未结算，相当于收入被提前确认，在结算完成之后这一项目才转为"应收账款"。所以，对于建筑企业来说，"存货—已完工未结算"金额越大，表明企业未来的应收账款越多，即建筑企业虽然工程量已完成很多，但是业主还未进行收入确认，对企业的资金量占用较大。

"存货—工程施工"减值准备计提不充分将影响利润质量。由于"存货—已完工未结算"项可以看作"未来的应收账款"，结转后将面临一定的回款风险。然而，存货对计提减值准备主观性较强，当前会计准则的要求也没有应收账款计提坏账准备那么严格，若未计提相应的跌价准备或计提不充分将可能带来坏账损失，从而影响利润。

2.2　成本：细分行业成本构成存在显著差异

为了消除因 IPO 因素、行业景气波动和收入跨期确认带来企业毛利率大幅变动的情况，我们筛选出 2008 年后上市且毛利率变动较小的 14 家建筑企业，涵盖了基建、园林工程、设计咨询、水利水电、智能工程等九个细分行业，并选择东方园林、中国建筑、中国铁建这三家细分行业龙头企业进行成本拆分，进一步了解影响工程企业的主要成本项目。

表 5-11　2008 年后上市且毛利率波动较小的 14 家建筑企业　　　单位:%

公司代码	公司名称	所属板块	2013 年	2014 年	2015 年	2016 年	2017 年	2018 年	2019 年
601668.SH	中国建筑	房屋建设	11.9	12.6	12.4	10.1	10.5	11.9	11.1
601800.SH	中国交建	基建建设	13.0	13.6	15.2	14.9	14.0	13.5	12.8
002310.SZ	东方园林	园林工程	38.4	34.6	32.4	32.8	31.6	34.1	29.5
002717.SZ	岭南园林	园林工程	30.9	29.5	29.6	28.3	28.7	25.0	23.7
300197.SZ	铁汉生态	园林工程	30.2	31.0	26.9	26.8	25.2	25.8	15.5
300284.SZ	苏交科	设计咨询	29.0	33.3	35.8	30.2	29.1	31.2	38.3
603018.SH	中设集团	设计咨询	41.5	40.1	39.2	33.9	31.7	26.2	31.2
601669.SH	中国电建	水利水电	14.5	14.0	14.8	13.0	14.1	14.8	14.1
002421.SZ	达实智能	智能工程	29.5	31.6	28.7	30.5	32.5	32.0	31.4
002482.SZ	广田集团	装饰装修	15.8	17.0	16.9	10.8	11.6	14.6	13.2
002713.SZ	东易日盛	装饰装修	40.2	38.2	39.1	37.3	36.9	37.2	34.4
002541.SZ	鸿路钢构	钢结构	12.5	17.3	18.2	18.4	15.9	15.6	14.2
601117.SH	中国化学	化学工程	14.5	13.2	13.8	14.0	15.3	11.6	10.8
601186.SH	中国铁建	铁路城轨	10.1	10.9	11.5	9.2	9.2	9.8	9.6

资料来源：Wind 数据库。

东方园林人力成本占比超过 40%，是最主要的成本影响项目，未来公司收入的提升主要取决于规模效益。为了挖掘成本项中对盈利侵蚀最大的项目，我们对东方园林成本进行拆分。2014—2019 年，人力成本占比较大，总体占到总成本的 40% 以上，且逐渐提高。其次是材料成本，2019 年占比为 12% 左右。而苗木成本占比持续下降。而通过对人力成本的进一步拆分，我们发现工程建设劳务成本是主要成本，占比约为 40%。

表 5-12　2013—2019 年东方园林成本拆分　　　单位:亿元,%

项目	2013 年	2014 年	2015 年	2016 年	2017 年	2018 年	2019 年
人力成本	10.69	12.99	16.93	23.63	46.79	40.64	29.30
占总成本比例	35.00	42.00	47.00	41.00	44.90	46.37	51.10
材料成本	4.75	3.7	5.86	13.72	20.14	10.94	6.78
占总成本比例	16.00	12.00	16.00	24.00	19.32	12.48	11.82
销售成本（苗木）	7.24	6.45	5.79	7.64	20.61	16.98	8.64
占总成本比例	24.00	21.00	16.00	13.00	19.77	19.37	15.07

续表

项目	2013年	2014年	2015年	2016年	2017年	2018年	2019年
其他成本	7.94	7.46	7.81	12.53	16.67	19.09	12.62
总成本	30.62	30.6	36.39	57.52	104.21	87.64	57.34

资料来源：公司年报。

表5-13　2013—2019年东方园林人力成本拆分　　　　单位：亿元,%

人力成本分项	2013年	2014年	2015年	2016年	2017年	2018年	2019年
工程建设劳务成本	9.82	12.27	16.01	23.01	45.80	38.95	28.40
占总成本比例	32.1	40.1	44	40	43.95	44.44	49.52
工程设计人力成本	0.87	0.72	0.92	0.62	0.99	1.69	0.91
占总成本比例	2.8	2.4	2.5	1.1	0.95	1.93	1.58

资料来源：公司年报。

对于劳务成本的效益，我们通过测算每亿元工程建设劳务支出所带来的工程建设收入来衡量。2013—2017年，工程建设劳务成本的效益在逐渐减少，从每亿元成本产出4.8亿元收入减少至2.8亿元，但减少幅度在收窄并趋于稳定，2018年为2.86亿元。由于工程建设的劳务成本主要为劳动力的开支，对比国内建筑业工人同时期的收入变化，我们发现每亿元工程建设劳务成本的效益与建筑业工人收入情况呈反向关系，且随着工人收入增长的收窄，成本效益的减小幅度也在收窄。

我们预计，未来几年建筑业工人的月收入会维持在4000~4500元，每亿元工程建设成本产生的收入也将维持在2.5亿~3.0亿元。在此背景下，公司未来的收入总量很大程度上将取决于项目体量的变化，即公司规模效益的体现。

表5-14　2013—2018年工程建设劳务成本效益与建筑业工人月均收入

项目	2013年	2014年	2015年	2016年	2017年	2018年
工程建设劳务成本（亿元）	9.82	12.27	16.01	23.01	45.80	38.95
工程建设收入（亿元）	46.96	42.47	49.31	69.10	128.36	111.49
每亿元工程建设劳务成本对应工程建设收入（亿元）	4.8	3.5	3.1	3	2.80	2.86
同比增加（%）	—	-27	-11	-3	-6.59	2.14
建筑业工人月平均收入（千元）	3	3.3	3.5	3.7	3.918	4.209
同比增加（%）	—	11	7	5	6	7

资料来源：公司公告。

图 5-11　工程建设劳务成本效益与建筑业工人平均收入同比增加

（资料来源：Wind 数据库）

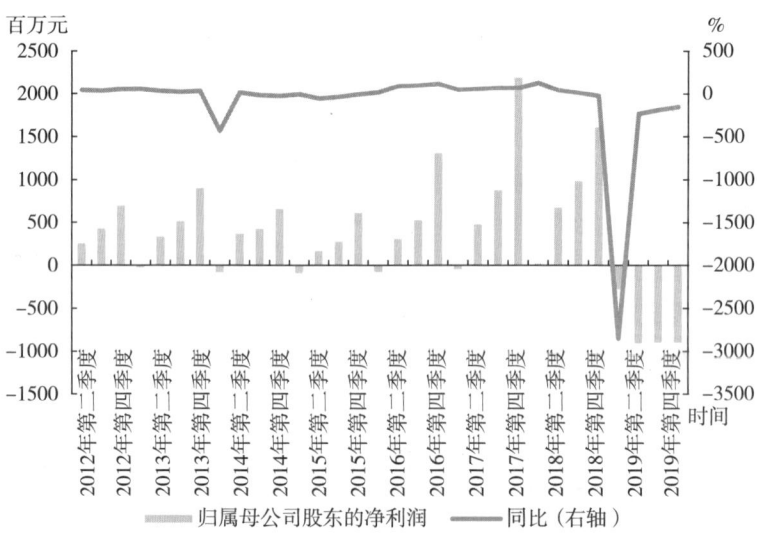

图 5-12　2012—2019 年单季度东方园林归母净利润走势

（资料来源：Wind 数据库）

中国建筑分包成本占比在 30% 以上，材料成本占比在 25% 以上，人工成本占比在 2.8% 以上，原材料涨价对公司影响可控。中国建筑工程项目成本占营业成本比例一般在 60%~70%，其中基建工程成本占比为 40%~50%，房屋建设成本占比约为 8%。通过进一步成本拆分，我们发现中国建筑最主要的成本来自分包成本（2019 年占营业成本的 30.4%）与原材料成本（2019年占营业成本的29%）。分包成本是指公司支付给分包单位的工程款，剩下的就是企业直接参与项目工程建设的原材料成本，人工成本比重较低，只有5%左右（2019年占工程成本的5.1%），这种成本结构可以代表主要的大型总包型企业成本构成。由于材料成本占比适中，且公司已实现通过自身集采平台进行分包招标和原材料集中采购，因此原材料涨价对公司的影响整体可控，近三年成本占比先降后升。

表5-15 2014—2019年中国建筑成本拆分   单位：亿元，%

成本构成	2014年	2015年	2016年	2017年	2018年	2019年
产品销售成本	91.7	98.3	106.5	134.06	170.11	198.55
占总成本比例	1.3	1.2	1.2	1.4	1.6	1.6
分包成本	2459.5	2861.6	3131.9	3111.62	3483.15	3838.49
占总成本比例	35.2	37.1	36.3	32.9	32.9	30.4
原材料	2081.1	1948.4	2163.7	2645.93	3138.13	3652.18
占总成本比例	29.8	25.3	25.1	28.1	29.7	29
人工成本	196.4	233.9	279.2	464.11	522.07	643.79
占总成本比例	2.8	3	3.2	5	5	5.1

资料来源：公司年报。

中国铁建材料成本占比为40%以上，人工费占比为30%左右。 相比于中国建筑，中国铁建的成本最大构成在材料成本（2019年占总成本比重为41.8%），若叠加机械使用费，二者合计占比超过50%。其次为人工费（2019年占总成本比重为29.5%），因此对原材料和劳务成本的上升更为敏感。

表5-16 2013—2019年中国铁建成本拆分   单位：亿元，%

成本构成	2013年	2014年	2015年	2016年	2017年	2018年	2019年
人工费	1247.7	1444.8	1547.5	1678.9	1996.7	2174.4	2339.1
占总成本比例	23.0	26.4	28.1	28.3	30.7	31.2	29.5
材料费	2726.0	2478.0	2372.7	2508.5	2676.8	2853.6	3308.9
占总成本比例	50.3	45.2	43.1	42.2	41.1	41.0	41.8
机械使用费	668.8	605.0	619.3	645.5	696.4	734.0	849.9
占总成本比例	12.3	11.0	11.2	10.9	10.7	10.5	10.7
其他费用	775.8	953.3	971.1	1108.0	1144.5	1206.1	1426.0
占总成本比例	14.3	17.4	17.6	18.7	17.6	17.3	18.0

资料来源：公司年报。

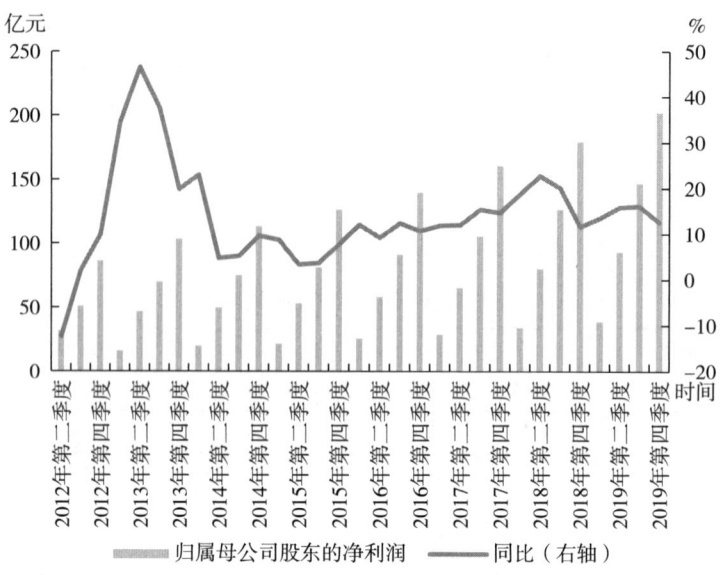

图 5-13 2012—2019 年单季度中国铁建归母净利润走势

(资料来源：Wind 数据库)

2.3 十倍股关键财务指标比较

我们曾发布四篇十倍牛股系列专题报告，对历史上涨幅度超过十倍的建筑个股（金螳螂、葛洲坝、东方园林、苏交科）的成长路径和财务数据进行了全面总结分析，可以发现一些有影响的关键财务数据，其中业绩增速是最为核心的指标，其影响因素主要包括成长能力和盈利能力。

（1）成长能力

利润增速与收入增速是关键指标，也是影响公司 PE 走势的重要因素。

金螳螂，在利润增速与收入增速剪刀差不断缩小的过程中，公司 PE 逐渐走低。公司 PE 的最高点出现在 2011 年初，而在 2011 年上半年，公司的业绩增速也达到了历史上的高点，随后进入下行通道，在业绩增速下降的过程中，公司归母净利润增速高于收入增速的空间逐渐缩小。我们认为，公司利润增速与收入增速的剪刀差可以理解为公司优秀的管理能力对公司业绩的边际增益，而市场将公司利润与收入增速剪刀差的缩小理解为随着公司业务规模和管理模式的逐渐成熟，优质管理给公司带来的超额收益在递减。

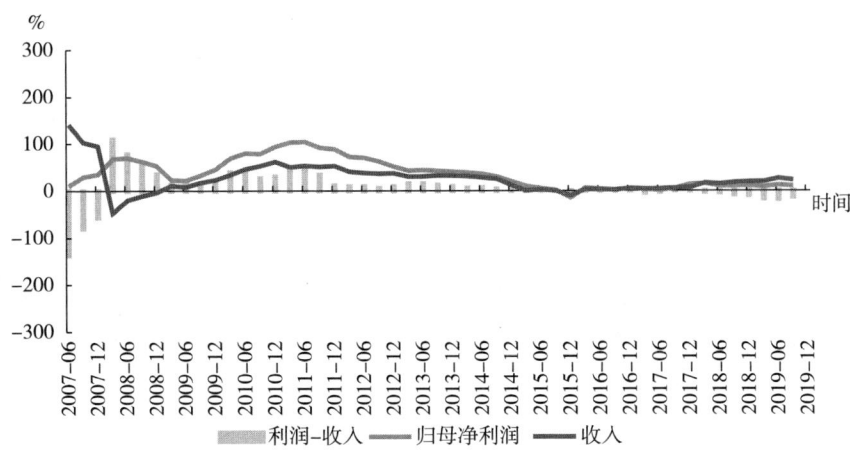

图 5-14　2007—2019 年单季度金螳螂营收与归母净利润同比增速

(资料来源：公司公告)

葛洲坝：公司股价的整体趋势与业绩表现及预期高度相关，在 2006 年改革以后，公司由于订单增加、管理能力增强和资产注入等实现了连续两年的业绩快速增长，此间净利润增速高于收入增速，2008 年归母净利润增速下滑至收入增速以下，股价也相应回调，2010—2013 年公司收入及业绩增速继续下滑，归母净利润增速连续几年在收入增速之下，而公司股价也迎来了股改以来最低迷的一段时间，随着 2014 年以后公司利润增速重新回到较高水平，公司股价又迎来了快速上涨。自 2016 年以来，随着 PPP 的持续火热及公司环保、投资等业务的不断开展，公司又迎来又一个业绩增速和盈利能力同时提升的阶段，但随着 PPP 风险暴露，公司在主动降负债降风险过程中主营业务增速回落。

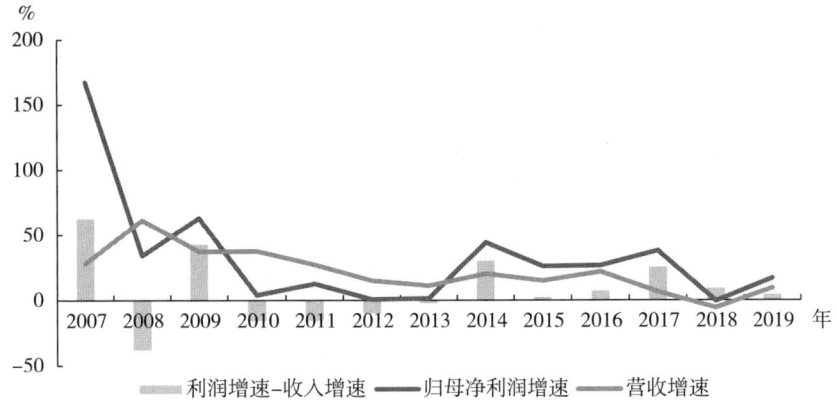

图 5-15　2007—2019 年葛洲坝营收与归母净利润同比增速

(资料来源：公司公告)

东方园林：2018 年公司实现营业收入 132.93 亿元，同比下降 12.69%；实现归属于上市公司股东的净利润 15.96 亿元，同比下降 26.72%，2019 年第四季度公司单季度归母净利润超过 9 亿元，基本面拐点初现曙光。自 2013 年公司提出"二次创业"积极转型生态修复/环保业务以来，公司于 2014 年经历收入和业绩低点后，2015—2017 年营业总收入连续三年快速增长，2018 年营收增速下滑为 -12.69%。2015 年归母净利润同比下降 7.07%，降幅较 2014 年的 27.17% 大幅收窄，2016 年归母净利润同比翻倍增长，2018 年归母净利润同比增速降至 -26.72%。2018 年，公司根据国家政策及行业政策的导向，主动及时调整生产经营计划，根据项目的融资进展合理的调整施工进度，控制投资节奏，致使公司业绩下滑。2019 年，公司仍处于疏通资金链的关键年份，但在朝阳国资入股后，公司资金面大大好转，第四季度实现盈利。

2016 年是公司成功实现业务转型后的第一年，公司紧紧围绕以水环境治理为主的生态修复业务和以危废处理为主的环保业务齐头并进的战略方向，大力加快河道水域治理和海绵城市 PPP 项目的拿单速度，加强环保企业的扩张力度。公司 2015 年和部分 2016 年中标的项目逐步释放利润，公司 2016 年业绩出现较大幅度增长。

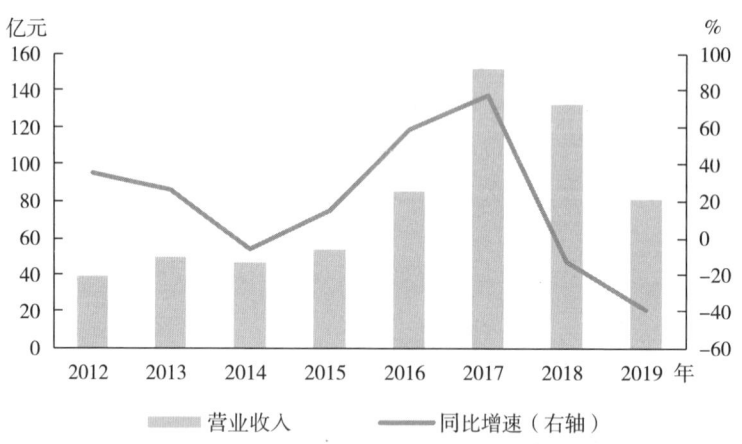

图 5-16 2012—2019 年东方园林营收及同比增速

（资料来源：Wind 数据库）

苏交科：上市至今公司共进行重大并购 12 次，并购对公司股价的提振作用明显。公司股价在由并购催化的快速上涨之后能够维持在"台阶"之上，公司累计收益不断提高，而业绩是支撑公司股价的关键因素之一。在

2013年11月和2014年9月的两次股价快速上涨之后,公司股价相对稳定在上涨后的"台阶"之上,未出现明显下跌趋势,我们判断与市场对收购标的给公司带来的业绩增厚效应信心充足有关,而事实上2014年公司业绩增速也确实达到了2012—2016年中的高点。从收购类型来看,对公司股价提振效应明显的几次并购均集中于扩张和巩固主业资质和业务区域,标的公司也均提供了未来业绩承诺,市场认可度较高。

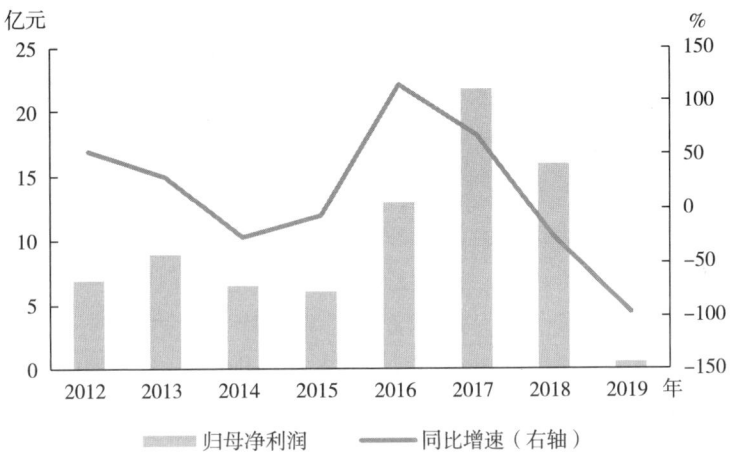

图 5-17　2012—2019年东方园林归母净利润及同比增速

(资料来源:Wind 数据库)

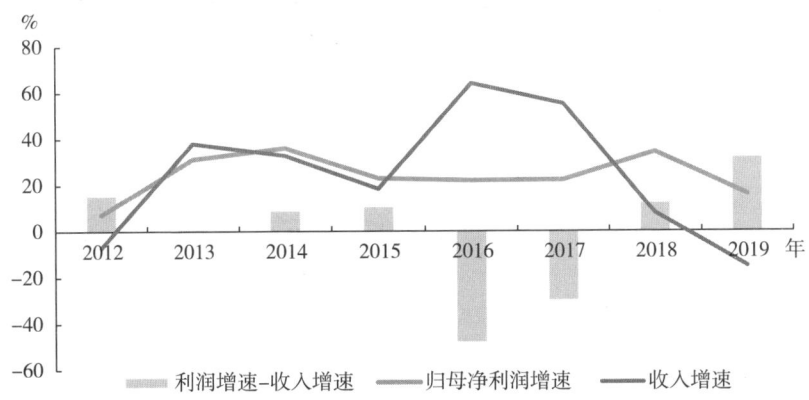

图 5-18　2012—2019年苏交科收入增速与归母净利润增速

(资料来源:Wind 数据库)

(2) 盈利能力

金螳螂:2014—2019 年金螳螂毛利率分别为 18.43%、17.81%、16.55%、16.80%、19.51%、18.39%。由于公司业务发展较为稳定,其毛利率与净利率基本保持在稳定水平，但由于地产业务占比变化及市场竞争程度对报价的影响，公司的毛利率也随之有一定幅度的变化。

葛洲坝：2015—2019年葛洲坝毛利率为14.01%、13.05%、13.07%、16.33%、16.38%，净利率分别为4.17%、4.47%、5.47%、5.92%、5.97%。从数据来看，公司自股改以来ROIC、ROE和净利润率均保持了相对稳定，2009年后略有上升。从历史的情况来看，公司盈利提升主要有两种方式：一种方式是高毛利率业务的营收规模和占比快速增长，主要体现为2017—2019年水泥和民爆业务在整合与改革推动下的快速增长；另一种方式是占比最大的施工业务的盈利能力提升，主要体现为自2016年以来PPP模式和海外业务对施工企业盈利能力的改善（2016年在"营改增"影响下公司施工毛利率不降反升）。在上述两个阶段，公司股价均取得了较高的相对收益，而在缺乏盈利能力提升因素的2010—2013年，公司股价较为低迷。

东方园林：东方园林盈利能力处于行业前茅，行业龙头地位显著。从净利率来看，园林行业受益于PPP机遇，销售净利率自2015年起呈现回暖迹象，绝大部分园林企业销售净利率都有不同程度的上升。相比较而言，2016年公司销售净利率为16.13%，仅低于美尚生态的19.80%。但公司净利率增幅近5个百分点，明显高于同行。我们认为主要原因是随着公司品牌效应的扩散和收入规模的扩大，期间费用率下降。2018年公司销售净利率为11.97%，仅低于美尚生态的16.82%，公司三费收入占比为18.96%，较2017年大幅上升7.97个百分点，其中管理费用率升幅最大，较2017年上升5.41个百分点。

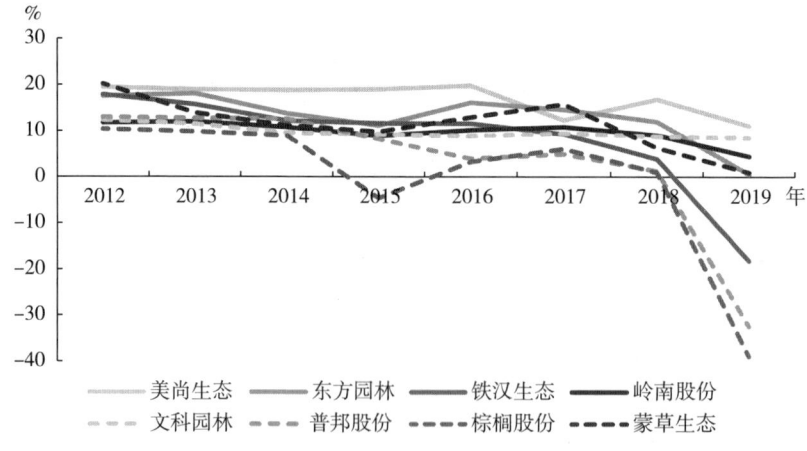

图5-19　2012—2019年园林上市公司销售净利率比较

（资料来源：Wind数据库）

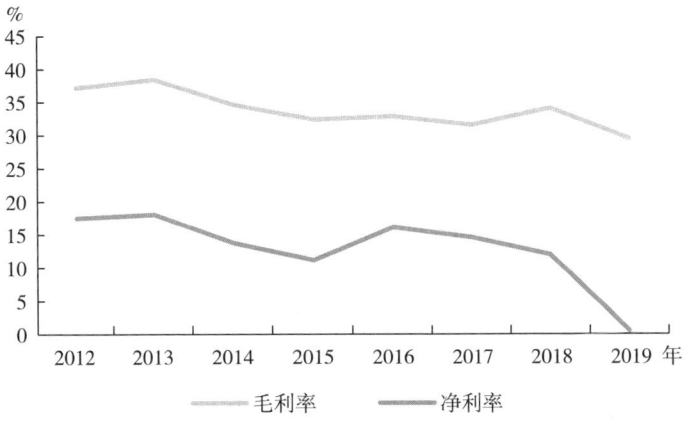

图 5-20 2012—2019 年东方园林毛利率情况

(资料来源：Wind 数据库)

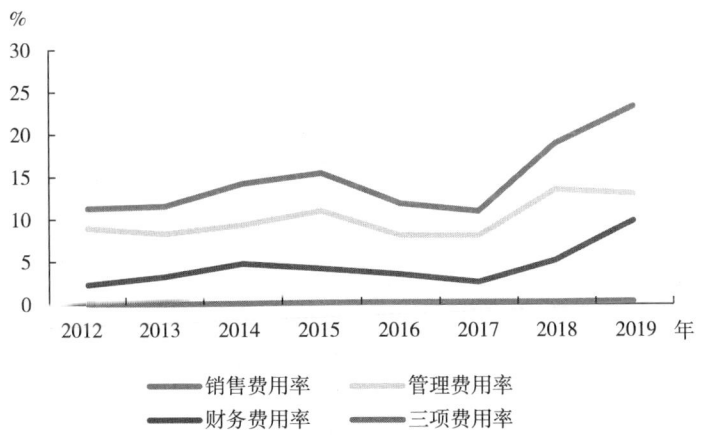

图 5-21 2012—2019 年东方园林期间费用率情况

(资料来源：Wind 数据库)

苏交科：2015—2019 年苏交科净利率分别为 13.25%、9.85%、7.78%、9.16%、12.34%，毛利率分别为 35.84%、30.17%、29.09%、31.23%、38.32%。公司各业务收入占比相对均衡，各条业务线基本均以技术作为核心竞争力，所面临的市场竞争不会增加，因此各业务毛利率将保持稳定。

3 多渠道化解应收风险,负债率稳中有降

3.1 应收账款:占比趋于稳定

前文我们总结了建筑业的核心关注指标,即收入和成本,建筑业的另一个核心指标是回款。应收账款是指企业因销售商品、提供劳务等经营活动,应向购货单位或接受劳务单位收取的款项,主要包括企业销售商品或提供劳务等应向有关债务人收取的价款及代购货单位垫付的包装费、运杂费等。

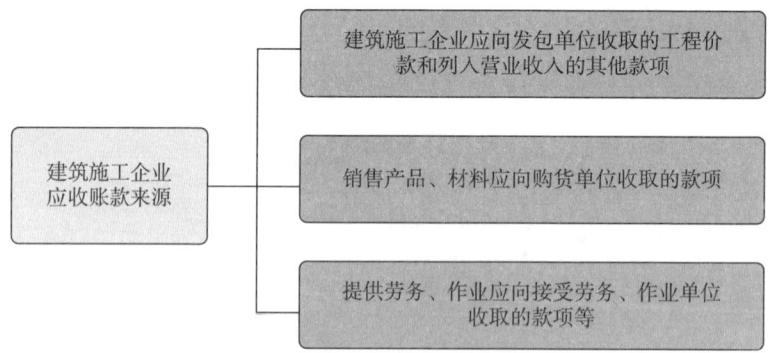

图 5-22 建筑施工企业应收账款来源

我国建筑施工行业由于壁垒不高,导致竞争程度较为激烈,行业集中度偏低,大部分施工合同均要通过市场招投标的方式签订。因此,建筑施工企业下游业主延期支付工程款现象较为严重,导致建筑企业应收账款规模高企,大量资金被占用。

应收账款的回款风险取决于应收账款的质量与建筑企业的管理能力。影响应收账款收回风险的原因主要有两个:一是应收账款的质量,这既与建筑企业的运营能力有关,也与业主的履约能力与履约意向密切相关;二是与企业自身的管理水平有关。应收账款的存在一方面为企业的发展提供了机遇,另一方面又加大了坏账的可能。这就需要建筑企业在业绩与风险之间作出选择。

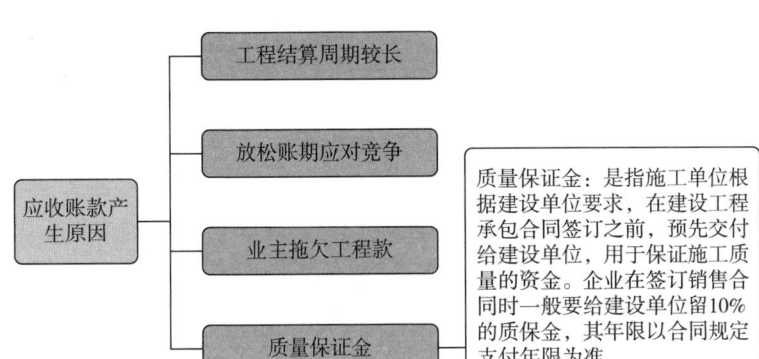

图 5-23　建筑施工企业应收账款产生的主要原因

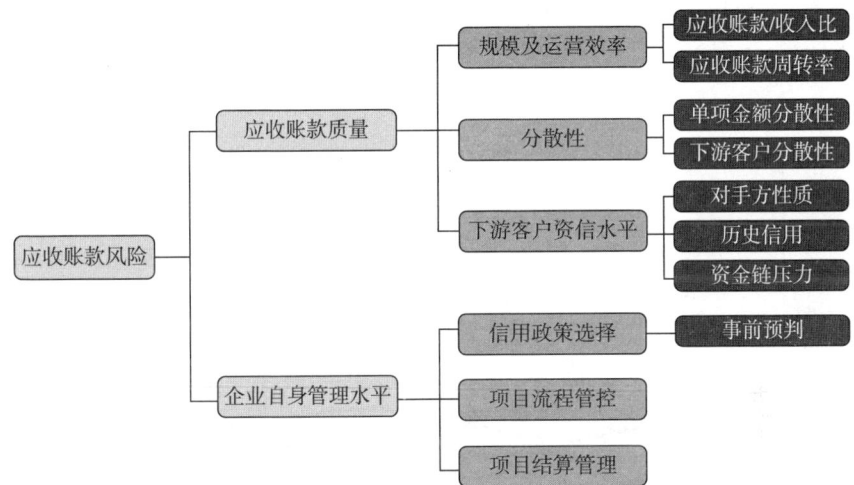

图 5-24　建筑施工企业应收账款风险分析要素

(资料来源：中债资信)

从应收账款的质量来看，应收账款的体量能在很大程度上影响公司的**资产负债率和现金流，PPP 对应收账款的改善效应正在逐渐体现**。由于应收账款的存在，导致负债总量大、资产负债率较高，但是公司实际的盈利状况和现金流可能都较好。通过对建筑行业与其子行业最近七年应收账款占营业收入比重的变化分析，我们发现建筑行业及其子行业应收账款占比呈先升后降的趋势，从 2012 年的 18% 提升至 2016 年的 23%，再降至 2019 年的 15%。其中特别是装饰装修行业，2012—2016 年应收账款占营业收入比重增长了将近 40%，而房建和基建行业相对稳定，其中基建行业甚至在近三年还出现了下降。园林行业应收占比仍在提升，但这也体现了业主对园林公司加快确认节奏，2019年营业收入占比为65%，较2018年提升15个百分点。

图5-25 2012—2019年建筑行业应收账款/营业收入情况

（资料来源：Wind数据库）

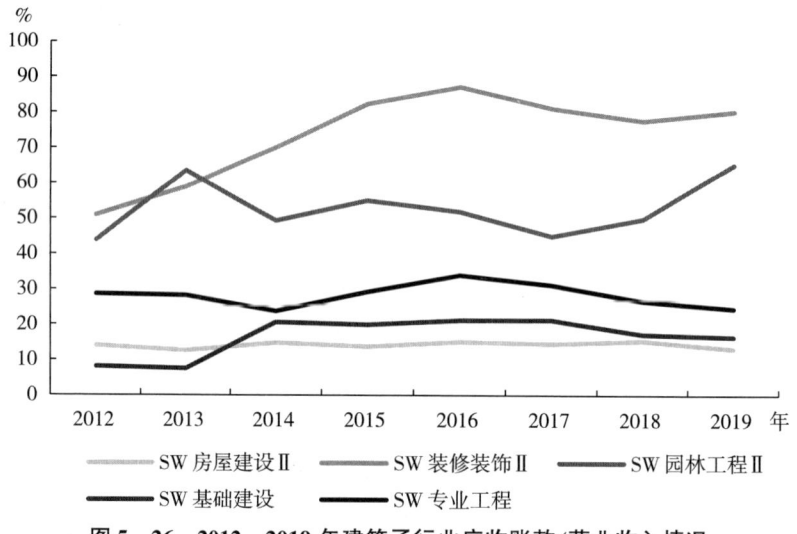

图5-26 2012—2019年建筑子行业应收账款/营业收入情况

（资料来源：Wind数据库）

我们对MSCI 11只建筑股及苏交科的应收账款占营业收入的比例进行计算，发现金螳螂、苏交科、东方园林、隧道股份这四家公司近七年的应收账款占营业收入比例均高于40%，其中苏交科在2013—2015年和2019年，以及金螳螂在2016年的应收账款占营业收入比例高达90%以上，但大部分均为1年期应收账款。中国建筑、中国电建、中国交建等央企近五年应收账款占营业收入的比例均低于20%，资金循环能力强，相应现金流及盈利表现好。

表5-17 2013—2019年建筑重点个股应收账款占营业收入变化情况   单位:%

证券代码	证券简称	2013年	2014年	2015年	2016年	2017年	2018年	2019年
600068.SH	葛洲坝	7	17	12	11	15	15	13
600170.SH	上海建工	11	11	13	14	13	15	18
601668.SH	中国建筑	12	15	13	14	13	14	11
601669.SH	中国电建	15	14	14	15	17	15	16
601800.SH	中国交建	18	16	16	19	14	17	17
601186.SH	中国铁建	15	19	21	21	22	14	14
601390.SH	中国中铁	22	24	21	22	23	14	12
601618.SH	中国中冶	26	26	29	32	30	23	19
600820.SH	隧道股份	47	52	49	49	45	40	35
002310.SZ	东方园林	63	72	70	60	49	68	119
300284.SZ	苏交科	93	100	98	88	76	82	119
002081.SZ	金螳螂	60	72	89	91	86	74	71

资料来源：Wind数据库。

从企业自身管理水平来看，应收账款坏账准备的计提程度较为重要，会影响企业的利润水平。 应收账款情况对企业盈利有着显著的影响：回款快慢会影响企业经营现金流，进而影响企业的再投资及风险抵抗能力，并且通过潜在的坏账损失侵蚀企业的利润，也即投资者常说的账面利润不代表真实利润。对于应收账款坏账的充分计提短期会拉低盈利水平，但长期能够提高建筑企业的利润质量。整体来看，由于应收账款的计提有充分的会计准则规定，因此坏账计提的可靠性也更高。

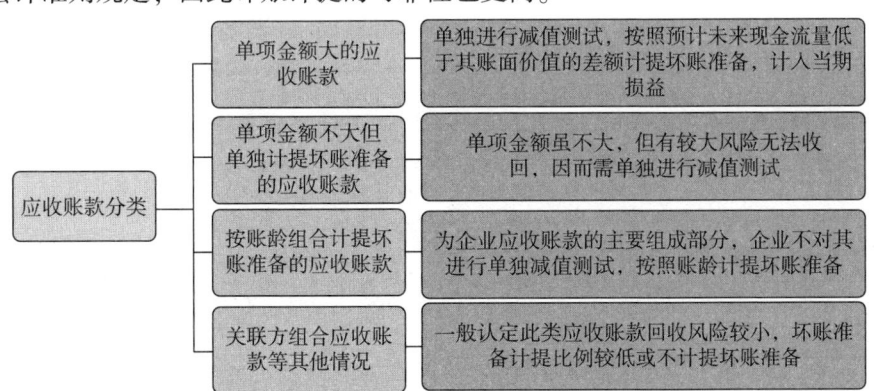

图5-27 建筑施工企业应收账款的计提准备

(资料来源：财政部)

建议结合存货—已完工未结算科目判断实际的应收账款情况。结合前文分析，我们发现建筑企业近几年存货—已完工未结算上升较快，这部分代表了企业未来的应收账款，但已经确认收入。我们认为可以"（应收账款+已完工未结算）/营业收入"判断建筑企业实际的收入确认状况，该指标越大，说明企业收入跨期越长，未来的收款规模更大；并以"已完工未结算/应收账款"作为企业已确认收入利润中的未来比例，该指标越大，说明企业收入确认比业主结算相对更慢，经营现金流也容易更紧张。若存货减值准备计提不充分，则往往容易导致收入被高估。我们以工程项目较多的大基建和园林PPP作为示例测算。

以主要的大基建国企和央企来看，由于业务综合性和复杂性较强，我们以上述指标计算"（应收账款+已完工未结算）/营业收入"时，往往由于多元业务使得分母项收入被动提升，计算结果偏小。在我们的计算中尚未顾及在建工程，因此在比较时建议综合考虑。就我们的计算结果来看，上市时间越长的企业，在跨期收入确认上也更为谨慎（X轴数值越小），大部分应收账款及工程施工合计占营收比重为50%~100%；大部分基建央企已完工未结算资产/应收账款的数额为1~1.5倍，整体风险可控。

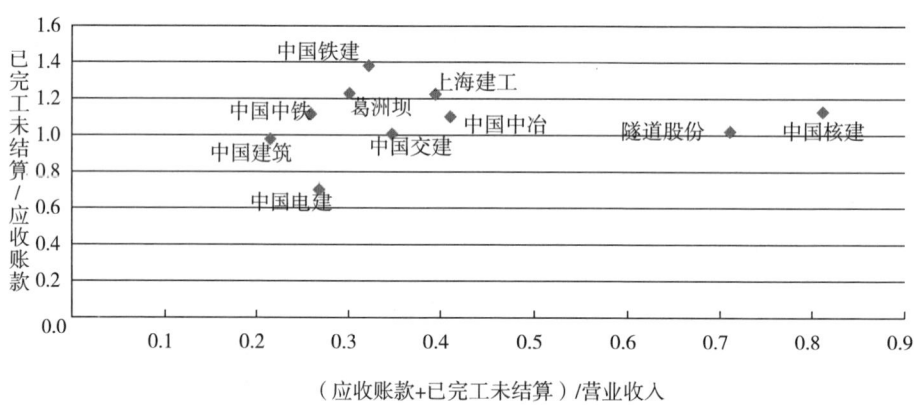

图5-28 2019年大基建企业应收账款与已完工未结算资产分布

（资料来源：Wind数据库）

在园林企业方面，由于PPP模式的大力推广，园林企业收入确认的周期被动拉长，导致应收账款和已完工未结算资产合计占收入的比重大多在100%以上，而部分园林企业已完工未结算资产已达到应收账款的3倍以上，需要关注相应的减值计提是否审慎。

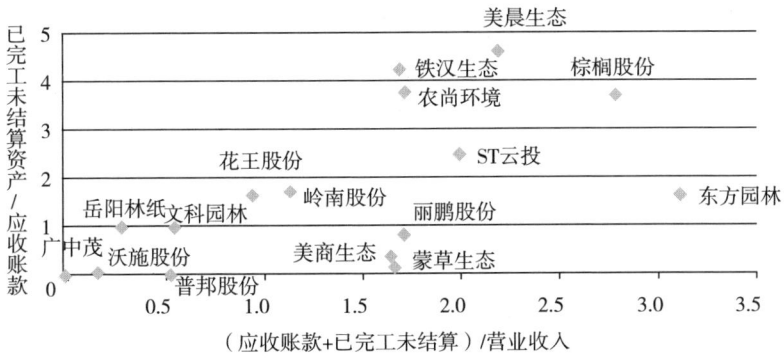

图 5-29 2019 年园林企业应收账款与已完工未结算资产分布

(资料来源：Wind 数据库)

3.2 收款质量：龙头收现付现均占优，风险敞口控制成关键

收现比：收现比等于销售商品及提供劳务收到的现金/营业收入，反映建筑企业对下游业主的信用政策和收款能力。由于建筑企业的收入和现金流有所错配，当有工程进度款存在时，收现比可以有效地衡量当期收入对应的现金流入量，从而判断建筑企业收入的实际质量。在理想状态下，若工程施工进度（收入确认进度）与结算进度相同，考虑到 11% 的增值税，收现比约为 111%。但是大多数建筑企业由于结算信用政策的选择不同，结算与收入确认常常存在 1~2 个月的时滞，这就影响了收现比的大小。收现比越高，说明当期收入对应的现金流入越大，账面利润也就对应了更多的现金，水分就越少。

表 5-18 分别计算了建筑各子板块和 MSCI 11 只建筑股及苏交科最近 7 年的收现比。从板块测算表中，我们可以发现，收现比最好的子板块为房屋建设、专业工程和基础建设，均达到 90% 以上。其次是装饰装修的 86% 左右和园林工程的 70% 左右；其中装饰装修与园林工程收现比上升趋势明显，说明 PPP 对行业的经营性现金流改善有一定帮助（但需结合投资性现金流判断总体现金流影响）。而从标的公司来看，中国铁建、中国中铁、中国中冶、上海建工、中国建筑、隧道股份六家公司近七年平均收现比均高于 99%，表明公司有良好的现金流入，盈利质量较好。

表5-18 2013—2019年建筑重点个股公司收现比   单位:%

证券代码	证券简称	2013年	2014年	2015年	2016年	2017年	2018年	2019年	7年平均收现比
601186.SH	中国铁建	95	99	97	101	100	101	100	99
601390.SH	中国中铁	99	96	99	104	106	113	110	104
601618.SH	中国中冶	95	102	103	99	97	102	102	100
600170.SH	上海建工	98	91	102	106	102	100	98	100
601668.SH	中国建筑	105	96	90	97	100	104	106	100
600820.SH	隧道股份	88	106	100	101	107	110	107	103
601800.SH	中国交建	91	95	92	92	94	92	91	92
601669.SH	中国电建	92	91	89	95	92	94	99	93
600068.SH	葛洲坝	93	85	80	85	89	104	103	91
300284.SZ	苏交科	98	83	75	81	86	87	86	85
002081.SZ	金螳螂	80	77	88	97	105	92	92	90
002310.SZ	东方园林	46	73	80	82	68	69	58	68

资料来源:Wind数据库。

对于收现比的拆分,我们根据项目属性,主要划分为PPP项目与传统项目,二者的收现比水平近似,但PPP项目的收入规模更大,收现比波动和调控空间相对也更大。以东方园林为例,PPP项目的年度收现比相对不稳定,在0~160%之间波动,平均为45%;传统项目的年收现比为20%~40%,平均为32%,相对PPP项目收现比比较稳定。PPP项目的收现比和其所占总项目额的比例能一定程度上影响公司回款状况和现金流情况。

表5-19 2018年东方园林主要PPP项目收现情况   单位:万元,%

PPP项目名称	施工合同金额	报告期内实现收入	报告期内实现收款	收现比
滁州明湖文化旅游项目	134548	46713	13100	28
淮安金湖生态保护项目	71150	30989	8567	28
南部县满福坝新区水环境综合治理工程	90887	30706	—	—
保山万亩东山生态恢复工程	153390	27187	21273	78
玉溪大河黑臭水体治理及海绵工程	77927	22917	8750	38
宿迁洋河新区环境治理项目	142243	20454	16728	82
齐河黄河水乡国家湿地公园	42000	17936	4700	26

第五部分　从财务指标解读建筑公司商业模式

续表

PPP 项目名称	施工合同金额	报告期内实现收入	报告期内实现收款	收现比
宜宾长江北路景观提升工程	122200	17915	8702	49
商丘民权县城区及水系治理	127922	17112	1790	10
韩城市三湖水系连通城市水系工程	59000	17015	4400	26
云南曲靖沾益段伏釜山公园	145383	15820	4750	30
乌兰察布市机场快速路绿化工程	36726	15440	6303	41
南充西河生态乡村旅游开发项目	39364	15377	155	1
巴彦淖尔市植物园项目	40951	15122	—	—
大悟县乡镇生活污水治理项目	18931	14973	3798	25
贵州毕节大方油杉河风景区一期工程	69506	14259	5094	36
北京房山琉璃河湿地公园	189800	14210	21575	152
昌宁右甸河二三期项目	48732	13709	21632	158
合计	1610657	367853	151317	41

资料来源：公司公告。

表 5-20　2018 年东方园林主要传统项目收现情况　　　单位：万元,%

传统项目名称	施工合同金额	报告期内实现收入	报告期内实现收款	收现比
太原晋阳湖周边环境治理二标	14235	20446	7426	36
溧水一级环线一期傅家边片区工程	33998	18353	4906	27
合计	48233	38799	12332	32

资料来源：公司公告。

付现比：付现比等于购买商品和接受劳务支付的现金/营业成本，体现了公司在上游交易中现金成本的控制，以及对供应商的议价能力。付现比等于或接近等于 1，说明公司本期购货现金与主营业务成本相当，购货成本基本上是付现成本，表明公司没有因购货形成新的债务；大于 1，表明公司不仅支付了本期全部货款，还偿还了前期的欠款，虽然现金流出增多，但也可能因此而树立了良好的信誉；小于 1，表明公司赊购较多，节约了现金，充分利用了财务杠杆效应，但增加了负债，增加了公司以后的偿债压力。

我们对 MSCI 11 只建筑股及苏交科的付现比进行计算，发现苏交科、东方园林这两家公司近七年付现比不足 70%。考虑到这两家公司均处于成长期，资产负债率逐年升高，表明两家公司充分利用财务杠杆，且对上游供应商议价能力较强。以苏交科为例,由于公司近年来不断进行并购扩张,需要大量的现金支持,而较低的付现比表明公司节约了较多现金,以满足公司的并购需求。而上海建工、中国中铁、中国建筑、中国铁建付现比近七年高于90%,表明公司购货成本基本上是付现成本,并没有因购货而增加公司负债。

表5-21 2013—2019年建筑重点个股付现比 单位:%

证券代码	证券简称	2013年	2014年	2015年	2016年	2017年	2018年	2019年	近7年平均付现比
601186.SH	中国铁建	96	98	90	91	95	100	94	95
601390.SH	中国中铁	96	89	89	89	96	107	104	96
601618.SH	中国中冶	84	90	92	86	90	96	96	91
600170.SH	上海建工	90	86	92	99	95	94	92	93
601668.SH	中国建筑	107	95	85	84	105	107	110	99
600820.SH	隧道股份	82	91	88	81	97	108	97	92
601800.SH	中国交建	86	89	85	84	84	89	87	86
601669.SH	中国电建	87	84	79	80	85	88	93	85
600068.SH	葛洲坝	84	82	85	90	94	102	99	91
300284.SZ	苏交科	55	38	35	48	46	52	43	45
002081.SZ	金螳螂	75	80	86	90	94	84	87	85
002310.SZ	东方园林	58	88	78	72	49	80	76	72

资料来源:Wind数据库。

将收现比和付现比相结合,可以更全面地反映建筑企业对上下游企业的信用政策情况。我们将信用敞口定义为"近七年平均收现比与近五年平均付现比的差额",可以发现,建筑企业虽处于产业链相对弱势地位,但各大企业均在对上下游企业的信用政策上作出了有利于自身的选择,大部分企业付现比均小于收现比,信用敞口为正。其中,苏交科虽然收现比处于较低水平,但其对于上游供应商的占款能力较强,信用敞口为41%,内在资金循环基本可以维系;而东方园林对下游客户回款情况把控能力较弱,收现比处于重点企业末位。其对上游企业的信用使用并不充分(或由于自身议价能力较弱或其他因素),付现比相对较高,出现了-2%的信用敞口,营运资金缺口较大。

经营现金流净额/货币资金:如果说收现比与付现比反映了公司运营现金进出两端的状态,体现了公司"实打实"的业绩,那么"经营现金流净额/货币资金"值则体现了公司未来持续经营情况和抵抗净流出风险能力。比如，公司当年的"经营现金流净额/货币资金"值为-20%，则说明如果公司在未来几年的经营现金流量净额上没有改观的话，手中资金最多维持公司健康运营 5 年；如果"经营现金流净额/货币资金"值为 20%，则说明公司维持运营能力较好，业绩的持续性也更好。我们测算了 MSCI 11 只建筑股及苏交科 12 家公司近七年"经营现金流量净额/货币资金"变化情况。

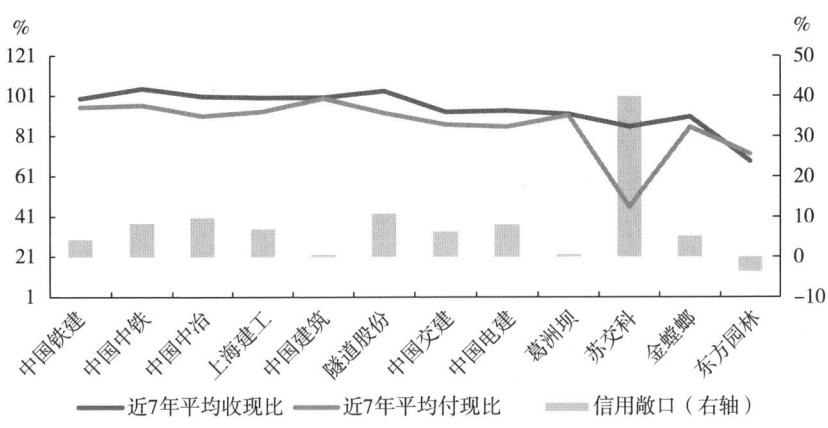

图 5-30　近七年建筑重点个股收现比与付现比及信用敞口

(资料来源：Wind 数据库)

其中，中国建筑、中国交建、中国中铁等行业龙头经营现金流净额与货币资金的比值在近七年均可保证为正值，表明龙头企业在未来持续经营与抵抗净流出风险方面具有良好的能力；而葛洲坝这一比率在 2015—2017 年均为负值，公司经营现金流处于持续流出的状态，主要是在公司积极转型环保业务后，增加了原材料采购及供应商付款，环保业务仍处于快速扩张期。2016 年通过发行永续债募集 160 亿元后，公司融资担忧大幅缓解，2019 年这一比率上升至 27%。

此外，通过"经营现金流净额/EBIT"也可以衡量企业在不进行外部融资的情况下，内生业务的持续性。

表 5-22　2013—2019 年建筑重点个股"经营现金流净额/货币资金"情况

单位:%

证券代码	证券简称	2013 年	2014 年	2015 年	2016 年	2017 年	2018 年	2019 年
601186.SH	中国铁建	-10	7	41	29	18	4	25
601390.SH	中国中铁	10	25	30	44	25	9	14

续表

证券代码	证券简称	2013年	2014年	2015年	2016年	2017年	2018年	2019年
601618.SH	中国中冶	60	45	46	41	42	32	40
600170.SH	上海建工	8	−3	23	6	11	4	7
601668.SH	中国建筑	2	16	25	33	−16	3	−12
600820.SH	隧道股份	12	49	13	31	12	12	32
601800.SH	中国交建	8	6	33	26	32	7	5
601669.SH	中国电建	18	18	18	35	9	22	13
600068.SH	葛洲坝	56	11	−27	−16	−4	7	27
300284.SZ	苏交科	31	29	1	7	24	2	25
002081.SZ	金螳螂	28	−17	7	59	66	54	29
002310.SZ	东方园林	−8	−9	14	56	86	3	−103

资料来源：Wind 数据库。

3.3 资本结构：受监管红线制约，细分行业资本结构改善

资产负债率是衡量一个企业资本结构的最重要指标。我们选取的 123 只建筑股票整体作为标的，其近 12 年资产负债率基本维持在 70%～80%，主要原因在于采用整体法计算板块整体资产负债率时，由于房屋建设、铁路城轨等重资产板块占到了较大权重，且大多为国企，受到国资委资产负债率 75% 的监管红线的限制，导致建筑整体资产负债率处在 75% 附近，但近些年，随着投资建设模式的普及，建设领域民企的资产负债率也逐步上升至 60% 以上。建筑板块总体体现出国企去杠杆、民企加杠杆的趋势。

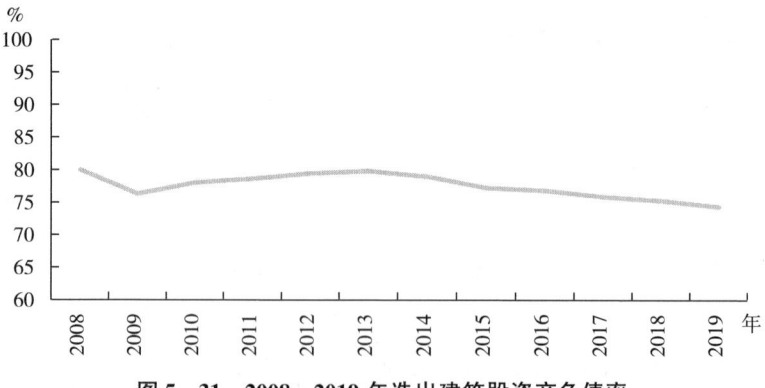

图 5−31 2008—2019 年选出建筑股资产负债率

（资料来源：Wind 数据库）

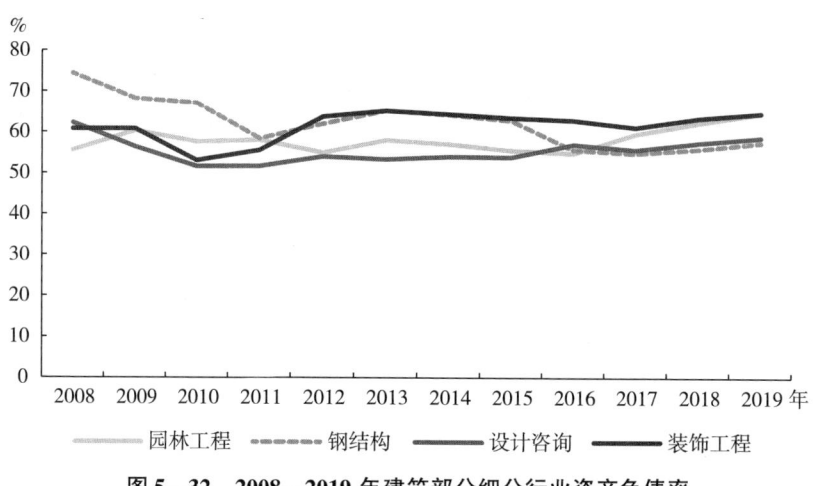

图 5-32　2008—2019 年建筑部分细分行业资产负债率

(资料来源：Wind 数据库)

建筑企业经营性负债占比大，是导致行业负债率较高的重要原因。 短期负债也叫流动负债，是指将在 1 年（含 1 年）或者超过 1 年的一个营业周期内偿还的债务，包括短期借款、应付票据、应付账款、预收账款、应付工资、应付福利费、应付股利、应交税金、其他暂收应付款项、预提费用和一年内到期的长期借款等。长期负债又称为非流动负债，是指期限超过 1 年的债务，包括长期借款、公司债券和长期应付款等。

表 5-23　长短期负债比较及主要特征

对比项目	短期负债	长期负债
资本成本	低	高
筹资风险	高（期限短，还本付息压力大）	低
资金使用的限制	限制相对宽松	限制条款多
筹资速度	快（容易取得）	慢

短期负债的财务风险往往比长期负债的财务风险高，原因有以下两点：(1) 短期负债到期日近，容易出现不能按时偿还本金的风险。(2) 短期负债在利息成本方面也有较大的不确定性。利用短期负债筹集资金，必须不断更新债务。金融市场上短期负债的利息率很不稳定，因此借款到期以后，下次借款的利息为多少是不确定的。

我们通过测算 MSCI 11 只建筑股及苏交科的短期负债与货币资金比值，来估算公司债务风险。其中，中国中冶、中国电建、中国交建、葛洲坝、东方园林近五年平均高于25%，短期负债占货币资金的比值较高，也反映了建筑行业扩张期企业的短期负债需求较大。

表5-24 2013—2019年建筑重点个股短期负债与货币资金比值　　单位:%

证券代码	证券简称	2013年	2014年	2015年	2016年	2017年	2018年	2019年
601186.SH	中国铁建	21	32	28	9	20	17	19
601390.SH	中国中铁	22	32	23	13	21	17	18
601618.SH	中国中冶	87	94	97	30	41	31	34
600170.SH	上海建工	3	13	10	10	9	9	12
601668.SH	中国建筑	20	26	14	13	18	19	23
600820.SH	隧道股份	33	5	6	2	4	9	9
601800.SH	中国交建	25	27	25	30	15	25	18
601669.SH	中国电建	54	55	33	31	37	29	35
600068.SH	葛洲坝	60	78	56	24	49	60	22
300284.SZ	苏交科	0	12	9	9	10	16	0
002081.SZ	金螳螂	0	22	0	29	0	8	0
002310.SZ	东方园林	14	19	63	43	111	241	40

资料来源：Wind数据库。

4 从现金流看建筑商业模式

4.1 从 CFO 和 FCFF 两维度看，建筑板块现金流波动较大

建筑行业现金流较差似乎是市场共识，在当前信用环境偏紧的情况下，市场普遍担心行业内公司由于自身造血能力差，轻则影响在建项目进度及收入确认，重则引发信用风险。从 CFO 净额与净利润比值以及 FCFF 角度看，建筑板块创造现金流能力确实位列全行业偏后位置，我们希望通过本部分内容对建筑行业现金流的流入流出进行系统梳理，找到建筑板块现金流量较差的报表原因和行业经营原因，挖掘未来行业现金流可能出现的变化趋势。

4.1.1 CFO 角度：建筑行业净流量总体覆盖利润，年份间波动较大

从五年和十年两个角度看，建筑板块 CFO 净额基本能够覆盖净利润，但在全行业中排名中后。衡量主营业务现金回流能力的一种方法是看净利润与经营性现金流量净额的匹配程度（CFO 净额覆盖比率），我们拉长时间周期，通过采用一段时期内行业 CFO 净额总和/净利润总和的方法表征在较长时间周期下各行业 CFO 净额对净利润的覆盖程度，以时期内每年统计指标的标准差表征行业 CFO 的波动程度。2015—2019 年，建筑行业 CFO 净额总和/净利润总和的值为 1.03，位列全部行业第 26 位，而 2010—2019 年十年，建筑行业该指标值为 0.80，排所有行业第 28 位。因此我们认为，长期来看建筑行业的净利润与经营现金流总体匹配，CFO 净额对净利润的覆盖程度处于全行业中后水平。

CFO 净额/净利润指标的五年排名和十年排名表现出的行业分布大体一致，排名靠前的行业中重资产行业居多。2010—2019 年，CFO 净额/净利润大于 1.5 的非金融类行业共 13 个，而从图 5-33 可以看出，这 13 个行业中，有 11 个行业在 2019 年末非流动资产占总资产比例在所有非金融行业中也排名前 13，我们认为重资产行业 CFO 净额/净利润指标表现较好的主要原

因之一，是其折旧类成本占比较大，而固定资产购置导致的现金支出对CFO并无影响。建筑行业2019年末非流动资产占总资产比重为34.83%，全行业中位于倒数第六。我们认为在进行现金流研究过程中可比行业的资产比例应具有一定程度的相似性（保证付现成本比例类似），而食品饮料、家电、军工等行业与建筑行业的资产比例较为接近。

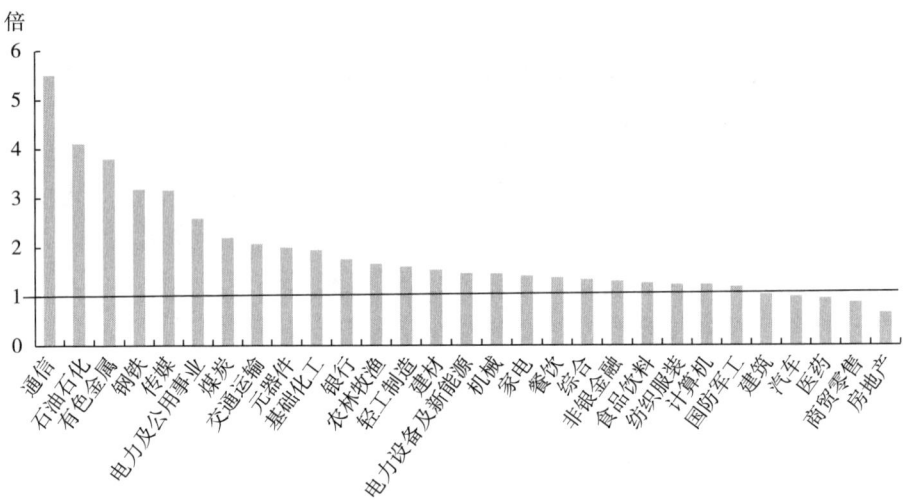

图5-33 2015—2019年中信各一级行业经营活动净现金流总和/净利润总和
（资料来源：Wind数据库）

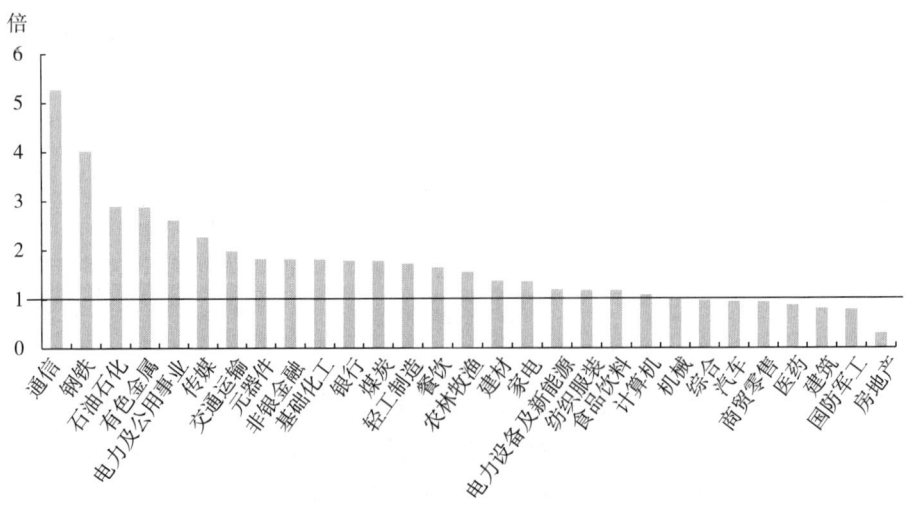

图5-34 2010—2019年中信各一级行业经营活动净现金流总和/净利润总和
（资料来源：Wind数据库）

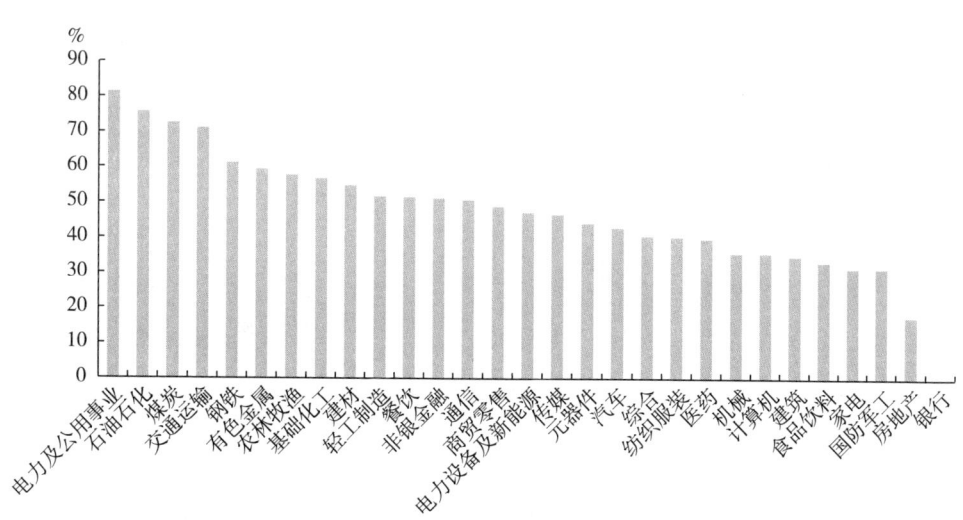

图 5-35　2019 年末中信各一级行业非流动资产占总资产比重

（资料来源：Wind 数据库）

从 CFO 净额/净利润指标的波动程度看，重资产行业波动整体高于轻资产行业，而建筑行业的波动率位居轻资产行业前列。在 2010—2019 年以标准差考量的 CFO 净额/净利润指标波动幅度排名前十的非金融行业中，仅综合和传媒行业非流动资产占比低于 50%，而建筑行业是所有轻资产行业中指标波动幅度最大的。在我们上文提及的与建筑行业资产比例接近的行业中，食品饮料、家电的指标波动率均远低于建筑。由此我们可以得出初步结论，建筑行业相比资产比例类似的消费类行业，其现金回流能力的差距主要体现在：（1）长周期下 CFO 净额/净利润的比值相对较低，但总体上二者基本匹配；（2）不同年份间现金回流与净利润匹配程度的波动较大。

表 5-25　2015—2019 年各年度各行业 CFO 净额/净利润指标值标准差

排序	行业	标准差	排序	行业	标准差
1	CS 煤炭	246.38	7	CS 基础化工	1.32
2	CS 有色金属	24.22	8	CS 通信	1.31
3	CS 钢铁	11.49	9	CS 石油石化	1.29
4	CS 综合	5.37	10	CS 银行	1.23
5	CS 传媒	2.02	11	CS 国防军工	1.03
6	CS 非银行金融	1.98	12	CS 电力设备及新能源	1.01

续表

排序	行业	标准差	排序	行业	标准差
13	CS 轻工制造	0.88	22	CS 纺织服装	0.53
14	CS 计算机	0.86	23	CS 家电	0.47
15	CS 农林牧渔	0.85	24	CS 汽车	0.44
16	CS 房地产	0.83	25	CS 商贸零售	0.39
17	CS 建筑	0.83	26	CS 电力及公用事业	0.32
18	CS 元器件	0.82	27	CS 交通运输	0.28
19	CS 机械	0.79	28	CS 食品饮料	0.27
20	CS 餐饮	0.60	29	CS 医药	0.24
21	CS 建材	0.54			

资料来源：Wind 数据库。

4.1.2 FCFF 角度：波动较大仍然是建筑业现金流的显著特征

相比于 CFO，FCFF 更加全面地考虑了企业在经营活动中实际的现金流入和支出。 上文我们在考察不同行业 CFO 净额时已经发现，CFO 净额/净利润指标在资产比例不同的行业之间存在比较明显的不同，重资产行业的资本开支作为企业经营的经常性支出，没有计入经营活动现金流。我们认为 FCFF 对企业经营活动中的现金流动刻画得更为准确。按照麦肯锡的计算方法，FCFF = 税后净利润 + 利息费用 + 非现金支出 − 营运资本增量 − 长期资本支出增量，前四项近似于通过净利润调整得出的 CFO 净额，资本支出增量方面计算有两种观点：

第一种观点，在计算时需包含形成或出售长期股权投资类资产时的现金流量，在这种观点下，资本支出增量可近似等于投资性现金流的净额，而这种观点也是将投资作为企业正常经营的必要过程；

第二种观点，资本增量仅等于购建固定资产、无形资产及其他长期资产的现金支出减去对应的现金流入。

观点一中 FCFF 近似等于经营性现金流量净额减去投资性现金流净流出（相当于加上 CFI 净额），此计算口径下建筑行业现金流仍呈现出流量/净利润位居行业中游，但波动幅度较大的特征。 在这种计算口径下，相比于单纯考察 CFO 金额，可以发现，在（CFO + CFI 净额）/净利润合计指标的排名中，非流动资产占比较小的行业有所提升，食品饮料行业 2010—2019 年合计 FCFF/净利润为全行业第二，家电行业提名也大幅提升，建筑行业排名第 25 名，相比以 CFO 计算的指标值排名有所提升。在这样的计算口径下，2010—2019 年十年仅 9 个行业可以做到 CFO + CFI 净额为正。

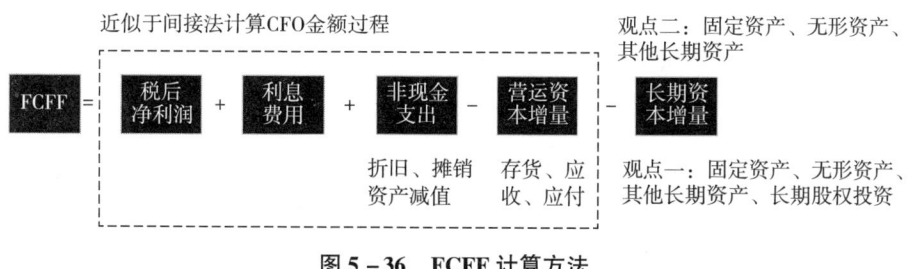

图 5-36　FCFF 计算方法

(资料来源：Valuation)

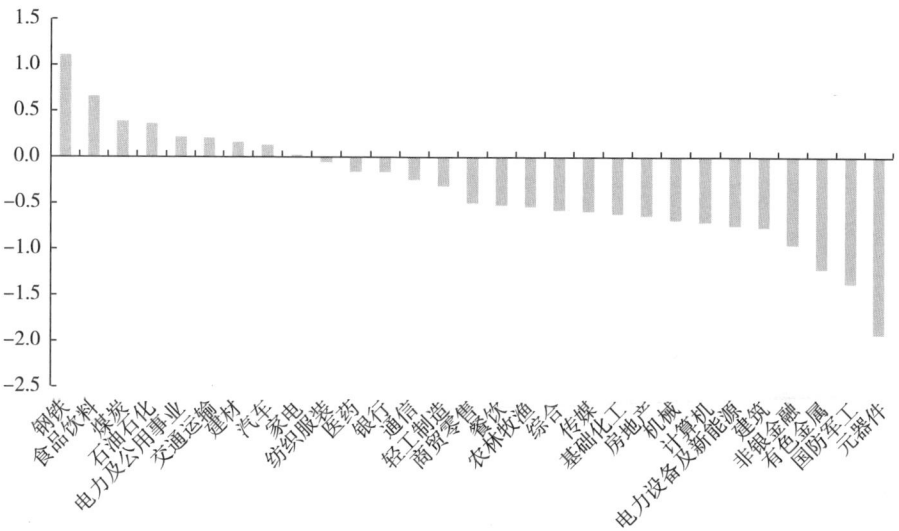

图 5-37　不同行业 2010—2019 年（CFO + CFI 净额合计）/净利润合计

(资料来源：Wind 数据库)

军工和建筑仍然是资产较轻的非金融行业中波动最大的。FCFF/净利润 2010—2019 年各年指标的标准差，重资产行业仍然整体上高于轻资产行业，直接面向 C 端消费者的行业在现金流的稳定程度上明显占优，2019 年末建筑和军工是除房地产行业外非流动资产比例最低的两个行业，也是 2010—2019 年中 FCFF/净利润指标标准差最大的两个轻资产行业。

表 5-26 2010—2019 年各年度各行业（CFO + CFI）/净利润指标值标准差

排序	行业	标准差	排序	行业	标准差
1	煤炭	73.61	16	纺织服装	0.83
2	有色金属	5.90	17	电力设备及新能源	0.82
3	钢铁	4.30	18	机械	0.80
4	综合	1.79	19	建材	0.73
5	国防军工	1.72	20	房地产	0.71
6	通信	1.56	21	计算机	0.68
7	非银行金融	1.39	22	家电	0.66
8	元器件	1.33	23	传媒	0.58
9	餐饮	1.31	24	商贸零售	0.48
10	基础化工	1.17	25	交通运输	0.46
11	轻工制造	1.08	26	农林牧渔	0.41
12	建筑	0.97	27	医药	0.31
13	电力及公用事业	0.93	28	食品饮料	0.31
14	石油石化	0.87	29	汽车	0.31
15	银行	0.85			

资料来源：Wind 数据库。

在观点二的计算方法下，"去产能"重资产行业及消费类行业在近五年获得较好的 FCFF。长期资产增加仅考虑购建/出售固定资产、无形资产和长期资产所产生的现金流量金额，而对于大部分行业而言，通过处置固定资产回笼的现金相比于购建支出的现金而言均较小，因此这种计算方法主要考察的是经营活动的造血能力能否覆盖固定资产支出。从 2015—2019 年五年的情况看，FCFF 对净利润的覆盖程度，三个经历了"去产能"的重资产行业以及三个消费类行业排名靠前。从基础数据的变动情况来看，钢铁、石油石化以及建材行业在这五年中购建固定资产的现金支出总体上呈下降趋势，而供给侧结构性改革为上市公司带来了较好的盈利改善。对于消费类行业，购建固定资产的现金支出总体较为稳定，利润增长也带来了 CFO 净额的增长。建筑板块现金流的特征在不同计算方法下类似。

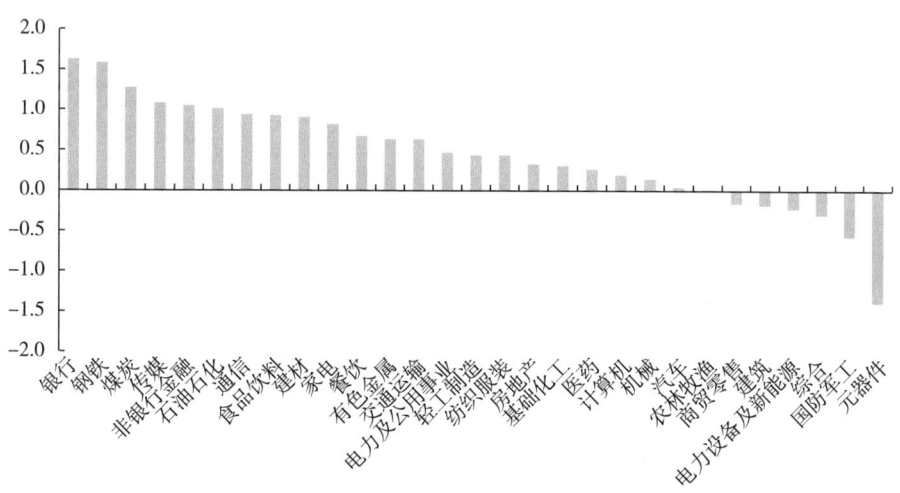

图 5-38　不同行业 2015—2019 年（FCFF 总额合计/净利润合计）

(资料来源：Wind 数据库)

4.1.3　子板块：现金回收能力差异大，投资现金流对整体现金流影响大

化工工程、大基建等板块现金流整体较好，子板块之间差异较大。我们以考察全行业现金流的方式对建筑主要子板块进行研究，可以看到在建筑子板块间，两项指标的差距仍比较明显。在十年 CFO 净额/净利润指标下，仅大基建和化工工程的经营现金流可以完全覆盖净利润，园林工程板块过去十年的经营净现金流总体为负。而大部分子板块（CFO+CFI）净额/净利润指标均为负，符合行业整体情况，仅化工工程子板块指标为正。

子板块指标标准差普遍较大符合行业总体情况，装饰、设计咨询、化工工程波动率相对较低。我们同样参照研究全行业的方法，计算 2010—2019 年各年子板块两项指标的标准差，可以发现，建筑子板块两项指标的波动率整体不低，大基建、园林、钢结构及国际工程板块的波动率相对较高，装饰、设计和化工波动率较低。通过将仅考虑经营现金流情况和综合考虑经营与投资现金流情况加以对比得知，后者不仅对应的指标波动率普遍较高，而且园林和中小企业波动率提升幅度较为显著。

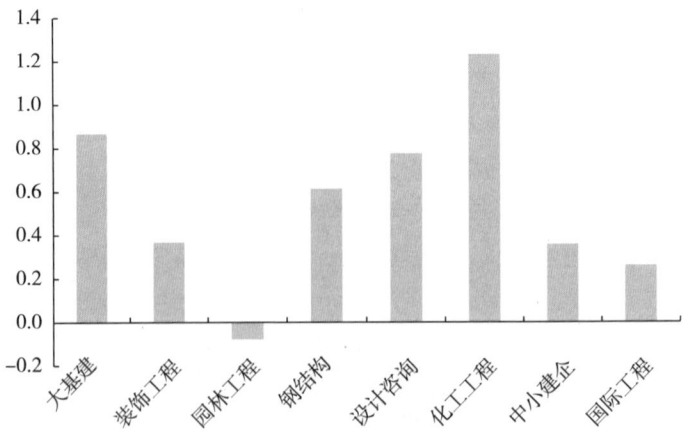

图 5-39　2010—2019 年建筑子行业 CFO 净额/净利润
（资料来源：Wind 数据库）

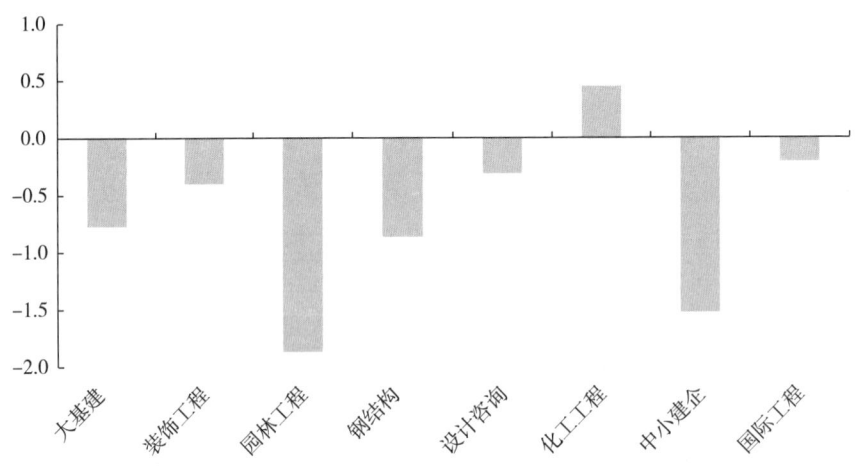

图 5-40　2010—2019 年建筑子行业（CFO + CFI）净额/净利润
（资料来源：Wind 数据库）

总体而言，建筑板块的现金流特征体现为：（1）长期来看，CFO 的净额基本能够覆盖净利润，收益质量有所保证，但获取利润外超额现金流的能力并不强；（2）任意角度下现金流的波动幅度均较大。下文我们将对建筑板块现金流的上述特征进行分析。

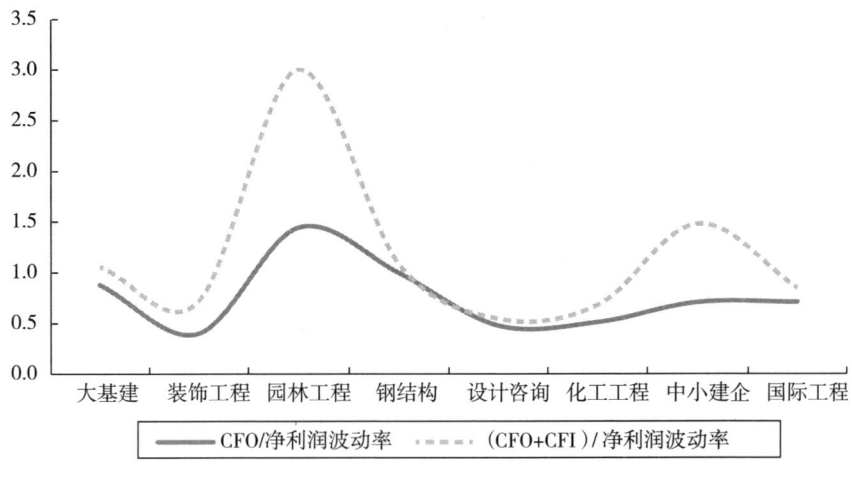

图 5-41 2010—2019 年建筑子行业 CFO 净额/净利润及
(CFO + CFI) 净额/净利润标准差

（资料来源：Wind 数据库）

4.2 现金流波动率根源一：货币/信用周期

从上文我们了解到，2010—2019 年 CFO 净额/净利润、（CFO + CFI）净额/净利润两项指标，建筑板块的波动率分别达到 83%、97%，位于全部非流动资产占全部资产比重低于 50% 行业前列，在增加对 CFI 的考察后，波动率有所扩大，下文中我们分别从这两个角度，探究建筑行业现金流/净利润指标波动的原因。

4.2.1 国内民用工程施工类子板块的 CFO 变化具有一致性

从行业整体情况看，2009—2011 年 CFO 净额增速低于净利润增速，2012—2015 年 CFO 净额增速高于利润增速，而在 2015 年之后，CFO 净额的增速再次下滑，2017 年再次负增长，但 2018 年、2019 年增速有所回升。建筑行业 CFO 净额的增速波动远高于净利润增速波动，这是行业 CFO 净额/净利润指标波动率高的最直接原因。2009—2017 年，我们可以观测到的建筑业 CFO 净额增速恶化主要体现在 2009—2011 年及 2015—2017 年两个时段，这两个时段行业 CFO 流出增速均超过流入增速。2012—2016 年，流入增速均高于流出增速。

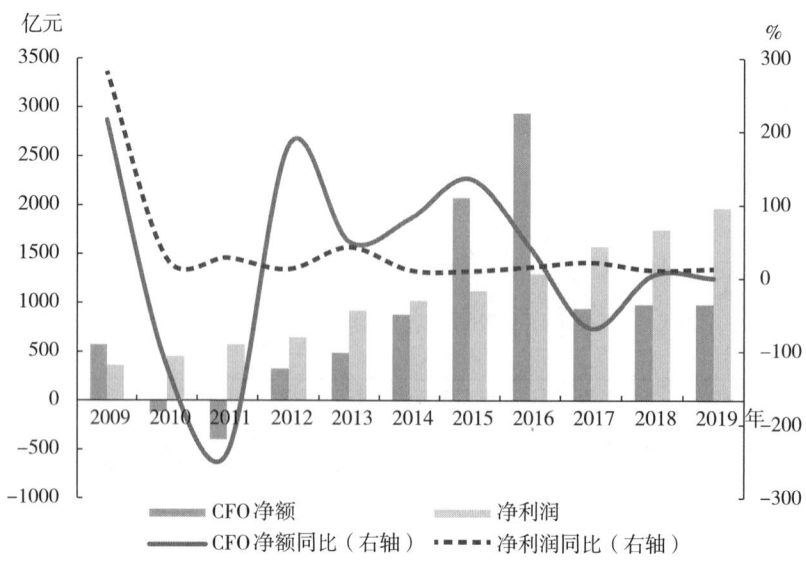

图 5-42 2009—2019 年建筑板块 CFO 净额与净利润

(资料来源：Wind 数据库)

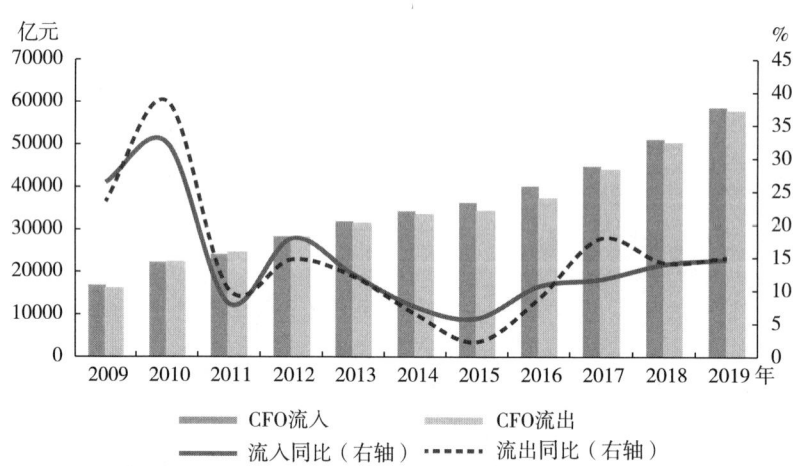

图 5-43 2009—2019 年建筑板块 CFO 流入流出量及同比增速

(资料来源：Wind 数据库)

从分板块的情况来看，国内施工板块 CFO 净额/净利润指标的变动趋势保持了较高的相关性。我们以指标变动的不同趋势性为分类标准对建筑子板块进行划分，可以较为明显地把八个建筑子板块分为两类：

(1) 第一类包括大基建、中小建企、钢结构、园林工程，这类子板块的 CFO 净额/净利润指标在 2009 年之后出现明显下滑,在 2011—2013 年指标变为负数触底后逐步上升。从趋势上看,大基建、中小建企和钢结构板块的指标变动相似度更高,三者在 2016 年之后又出现了指标的明显下滑,2018 年又逐步上升;而园林板块是指标维持在负值水平时间最长的子板块。

(2) 第二类的四个子板块装饰、设计、化工工程及国际工程的指标变动同步性并不强,但波动率明显低于第一类的四个子板块。设计板块在 2009 年后出现了指标的下滑,但 2011 年后有所改善,装饰板块在 2012—2015 年指标在 0 附近小范围波动,但 2016—2018 年呈现改善趋势,上述两个板块与第一类的四个子板块指标的变动趋势具有一定的类似性。国际工程板块 2014 年后指标明显下滑,而化学工程板块则是在 2012—2015 年指标连续下滑后,2016 年起逐步改善,这两个子板块所呈现出指标变动规律与其他板块同步性很弱。

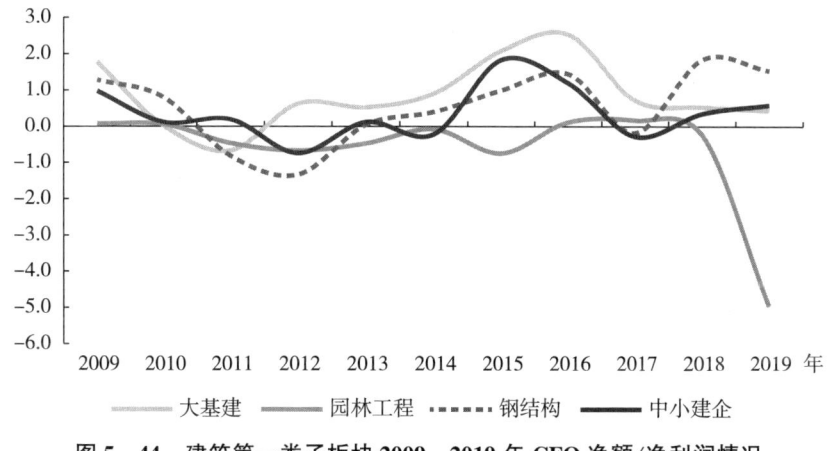

图 5-44　建筑第一类子板块 2009—2019 年 CFO 净额/净利润情况

(资料来源:Wind 数据库)

我们认为子板块指标呈现出上述分化态势反映了不同子板块间的业务模式差异。第一类子板块的业务集中于国内民用工程施工领域;而第二类子板块中,仅装饰板块业务集中于民用工程施工,设计板块包含民用工程和专业工程两部分业务,而化工工程板块业务集中于专业工程领域,EPC 占比相对较高,国际工程板块的业务模式也与国内工程有一定的不同。我们认为建筑企业本质上都是为业主提供建设技术、管理服务和一定的融资支持,不同子板块间的差异主要体现于合同付款条件,而付款条件则进一步反映于应收款和预收款中。

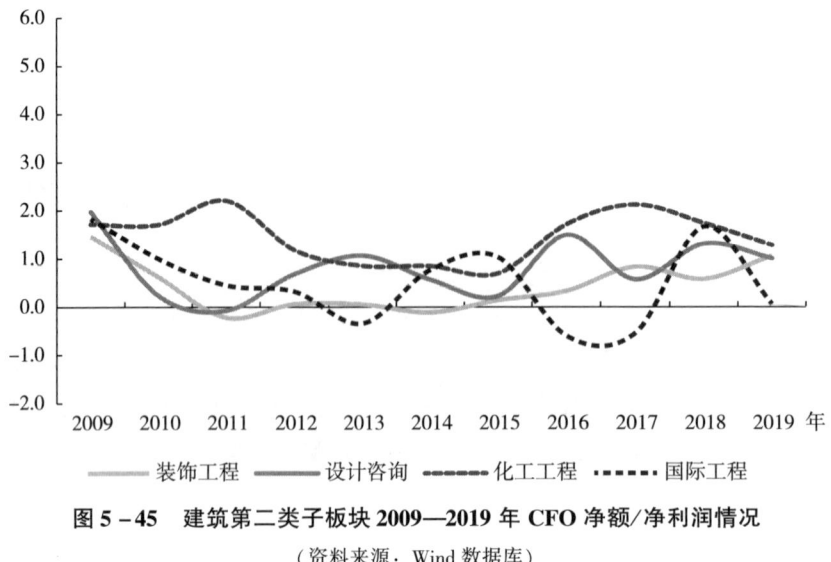

图 5-45　建筑第二类子板块 2009—2019 年 CFO 净额/净利润情况

（资料来源：Wind 数据库）

4.2.2　货币和信用周期对板块现金流具有影响

任何公司经营所处的环境都有宏观和微观两个层面，因此，研究公司现金流的影响因素可从宏观和微观两个层面去考虑。从宏观层面上来看，建筑企业主要客户分布于 B 端与 G 端，具体包含中央和地方政府、地产开发商、需要进行固定资产建设的制造业企业等，业主的支付意愿与支付能力是决定建筑企业现金流的关键，而业主的意愿与能力可能与其对未来前景的判断及自身融资难度的升降有关。因此，我们引入货币/信用周期来从宏观层面对建筑企业的现金流进行研究。

在微观层面上，不同的项目模式（EPC、PPP、BT 等）、不同的业主（to B，to G）、不同的产业链位置（设计、施工）可能对项目合同的付款条件和收款周期造成不同的影响，而这些因素对建筑公司现金的收付至关重要，因此，在微观层面上我们重点考察上述三个因素。

根据不同的信用环境和货币环境，我们将 2012 年 1 月至 2018 年 5 月划分为"宽货币宽信用""紧货币宽信用""紧货币紧信用""宽货币紧信用"四个不同的期限组合，分别研究建筑一级行业和子行业的现金流表现。

建筑行业经营性现金流受货币周期影响较大。直观上看，SW 建筑装饰板块 CFO 净额增速的变化趋势与无风险利率基本相反，即无风险利率上行货币政策收紧时，建筑业 CFO 净额同比增速及 CFO 净额覆盖比率（CFO 净额/净利润）出现恶化；无风险利率下行货币政策宽松时，全行业现金流回暖显著。我们用 CFO 净额覆盖比率与无风险利率进行回归，二者的相关系数达到 0.51（P 值 0.04），相关性结果显著。我们认为，无风险利率下行时下游业主对经济前景可能更加乐观，同时融资成本趋于下降，付款意愿和能力均随之上升。2015 年之后，无风险利率有所抬升货币宽松程度下降，建筑业 CFO 指标随之逐渐恶化。一方面，全行业 CFO 净额增速快速下降，2017 年出现 6.7% 的负增长；另一方面，CFO 净额覆盖比率从 2015 年的 1.76 下滑至 2017 年的 0.60，对利润的覆盖程度下降。2019 年后货币信用逐步趋于宽松，建筑收款也逐步进入另一个上行期，但此阶段内由于央企清欠加快，不同央企间的 CFO 净额表现并不一致。

表 5-27 2001—2019 年紧货币到宽货币信用组合变化当年的现金流变化

时间	信用组合	CFO 净额同比	CFO 净额覆盖比率
2004—2005 年	紧货币紧信用—宽货币宽信用	64%～142%	1.85～2.38
2007—2008 年	紧货币宽信用—宽货币紧信用	-0.62	0.68～1.30
2011—2012 年	紧货币紧信用—宽货币宽信用	-4.96	-0.99
2013—2014 年	紧货币紧信用—宽货币紧信用	40%～71%	0.49～0.76
2017—2019 年	紧货币紧信用—宽货币紧信用	2017 年为 -68%，2018 年、2019 年行业 CFO 净额仅比 2017 年略有增加	0.50～0.60

资料来源：Wind 数据库。

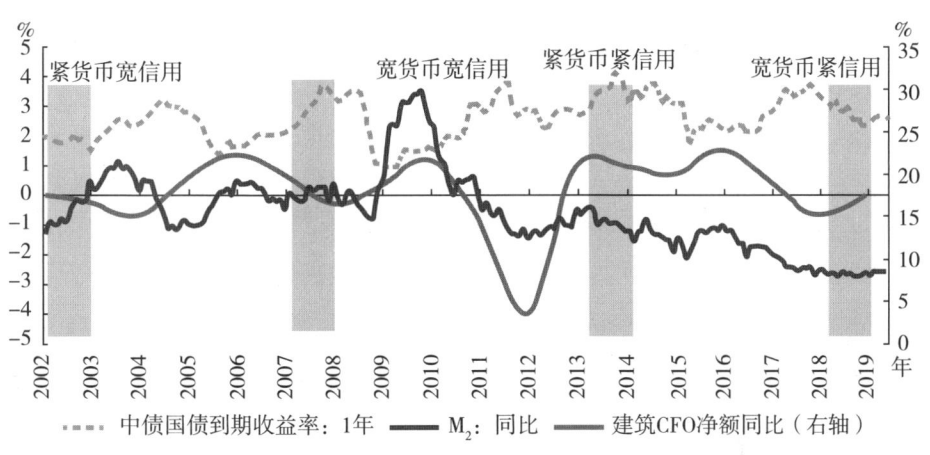

图 5-46 2002—2019 年无风险利率、M_2 同比、建筑业 CFO 净额同比增速

（资料来源：Wind 数据库）

货币、信用周期在现金流改善周期的影响弱于恶化周期。 2001年至今行业CFO净额覆盖率大的改善趋势曾出现三次，恶化趋势也出现了三次。2005—2007年恶化周期货币环境明显收紧，信用环境变化不大，2009—2011年恶化周期对应紧货币紧信用环境，2007年的现金流恶化也对应了紧货币紧信用环境，可见货币、信用环境的总体变差对建筑业CFO具有较大的影响。

建筑行业在2002—2005年、2007—2009年、2011—2016年出现了三次CFO净额覆盖比率的提升，其中2002—2005年的每一年间均存在宽货币或宽信用现象，2007—2009年整体处于宽货币宽信用阶段，上述两个周期与我们前面的研究结果总体一致。但在2011—2016年，M_2增速震荡向下，国债收益率呈现上升—下降—上升的趋势，虽然一年期的货币、信用宽松程度变化对CFO净额覆盖比率的边际改善速度有一定影响，但却没有改变经营现金流改善的大趋势，我们认为在这个阶段，行业现金流的趋势性转好的原因还需要通过商业模式进行进一步研究。

4.3 现金流波动率根源二：商业模式变迁及子板块间的差异

要从微观视角看建筑企业的现金流，现金流量表及资产负债表是主要的切入方向。

（1）从整个行业来说，建筑业处于产业链中游，对下游业主的议价能力及项目模式选择影响力较弱，对上游的劳务分包商具有一定占款能力，但对主要材料（水泥、钢材）分供商的占款能力相对较弱。对下游的收款能力及对上游的占款能力可通过收付现比综合反映。

（2）建筑业企业流动资产占总资产比重大，流动资产主要为经营类资产，因此，应收账款、存货（主要考虑已完工未结算部分）和长期应收款（BT）的存量以及周转效率对企业的经营现金流最为关键。经营类资产对现金流的影响主要体现在存货及应收项目等经营性资产存量较大或者周转较慢时将直接占用大量资金。

4.3.1 BT到PPP的模式转变是2011年后板块现金流变化的重要因素

（1）BT到PPP模式的报表科目变化

我们认为2012年之后基建企业在手BT项目进入净回购期是2012—2016年经营现金流改善的重要原因，而2017年货币及信用双趋紧、PPP

项目的大量开工、BT 模式回款额的减少一定程度上导致了板块整体现金流的恶化。

BT 模式于 2012 年开始受到严监管，建设规模出现大幅减少，财政部、国家发展改革委、人民银行、银监会等联合发布《关于制止地方政府违法违规融资行为的通知》（财预［2012］463 号），该文件明确表明，除法律和国务院另有规定外，地方政府及所属机关事业单位、社会团体不得以委托单位建设并承担逐年回购（BT）责任等方式举借政府性债务。2013 年 9 月，国务院发布《关于政府向社会力量购买服务的指导意见》（国办发［2013］96 号），标志着政府开始鼓励和推广 PPP 模式。

BT 到 PPP 的商业模式转换，对企业报表科目的影响主要体现在资产负债表和现金流量表上。对于施工企业而言，参与绝大部分 BT 和 PPP 项目的初衷都是获取建设期的施工利润，这也就导致了 BT 和 PPP 模式下利润表结构不会发生大的变化。在资产负债表方面，出表的 PPP 项目会产生长期股权投资是 PPP 与 BT 的最主要差异，而这种差异反映在现金流量表上就是 PPP 项目对投资现金流的影响远大于 BT 项目。

在资产负债表端，BT 项目主要影响经营性资产，而 PPP 项目可能影响股权类资产。在绝大多数 BT 项目中，施工企业在施工期确认收入的同时确认已完工未结算存货，竣工后将存货统一结转至 BT 长期应收款，并在回款过程中冲销应收款并确认投资收益，对资产负债表的影响基本集中于存货和长期应收款两项。对于出表的 PPP 项目，施工企业需要确认 PPP 项目公司长期股权投资，而项目对公司经营类资产的影响类似于一般的施工项目。对于并表的 PPP 项目，SPV 公司的各项报表科目均在施工企业报表中体现且二者形成关联交易，在建设工程中，SPV 付款前施工企业形成应收账款但 SPV 形成应付账款，二者相互抵消，理论上在施工企业报表中仅体现 SPV 形成的过程资产，而在项目完工后，按照项目模式的不同，施工企业报表中相应体现长期应收款（政府付费）或无形资产（使用者付费）。而从主要公司的报表科目来看，并表 PPP 项目主要对长期应收款、无形资产和其他非流动资产（东方园林）产生影响，对在建工程等过程资产项影响很小。

现金流量表的变化对应资产负债科目变化，BT 项目绝大部分现金流通过 CFO 体现，而 PPP 项目则相对复杂。在 BT 项目下，施工企业建设期的垫款通过 CFO 净流出体现，而在回购期则体现为 CFO 的净流入，科目变化相对简单。对于出表 PPP 项目，CFO 的变化与传统总承包项目类似，回款情况好坏看 SPV 资金到位情况，而在 CFI 中体现股权投资净流出。对于并表的 PPP 项目，SPV 成立初施工企业的资本金 CFO 支出与 SPV 的 CFF 流入相抵消，并不会大幅影响施工企业现金流量表，而在建设期，按照合并抵消原则，对于政府付费类的项目，在施工企业报表上直接反映为存货、长期应收款或无形资产的增加，而在现金流量表上则体现为 CFO 或 CFI 的流出，而 SPV 融资体现为 CFF 的流入。

出表 PPP 项目的合并报表现金流变化相对直观，并表项目的现金流和一般 BT 项目区别不大。 PPP 项目出表后，合并现金流量表中仅体现资本金出资形成的 CFI 流出和项目建设过程中工程款回收形成的 CFO 流入，项目前期资本金可作为 SPV 支付工程款的资金来源，但后期 CFO 能否持续流入需要看项目贷的落地情况。对于并表的 PPP 项目，合并报表将母子公司往来项进行合并，报表直观表现为公司 CFF 流入后通过 CFO 或 CFI 流出（主要看是形成存货、长期应收款还是无形资产），但并不能体现出 CFF 的流入是否为 SPV 的项目贷落地，若公司政府付费类项目占大多数，则其现金流量表在 BT 和 PPP 模式下直观差别不大。由于大基建板块和园林板块对 BT 模式和 PPP 模式两种模式参与度较深，且相关数据披露较为详细，我们选取大基建和园林两个子板块作为研究对象。

(2) 大基建：BT 投入/回收高峰与 CFO 波动基本一致

大基建板块的 CFO 净额覆盖比率在 2009—2011 年明显下滑，在 2011 年后直到 2016 年持续改善，2017 年又出现下滑，2018 年开始有所改善。 经营投资覆盖比率通过 CFO 净额/CFI 净额绝对值的方法计算。大基建企业的 CFO 净额覆盖比率和经营投资覆盖比率变化趋势具有相关性，CFO 净额覆盖比率和经营投资覆盖比率分别从 2009 年高点时的 2.27 和 0.94 逐渐下滑至 2011 年的负值（其中经营投资覆盖比率为负体现出 CFO 净额为负），而后经过 5 年的趋势性上涨，于 2016 年达到 2.43 和 1.24 的十年高点，2018 年又分别下滑至 0.62 和 0.27。2009—2011 年，大基建样本企业总体 CFO 净流入出现明显下降，CFI 净流出则缓慢减少，而在 2012—2016 年，样本企业 CFO 净流入呈现快速增加趋势，与此同时，CFI 净流出量也逐步增加，但增幅弱于 CFO 改善的速度，在经营回款加快的情况下加大投资力度符合一般企业经营规律。但在 2017 年，样本企业在 CFO 净流入量减少的情况下，CFI 净流出增速达到了过去 11 年的高点。

2017年后，现金覆盖比率和经营投资覆盖比率开始下滑，但从2018年开始有所改善，2019年分别为1.11和0.52。

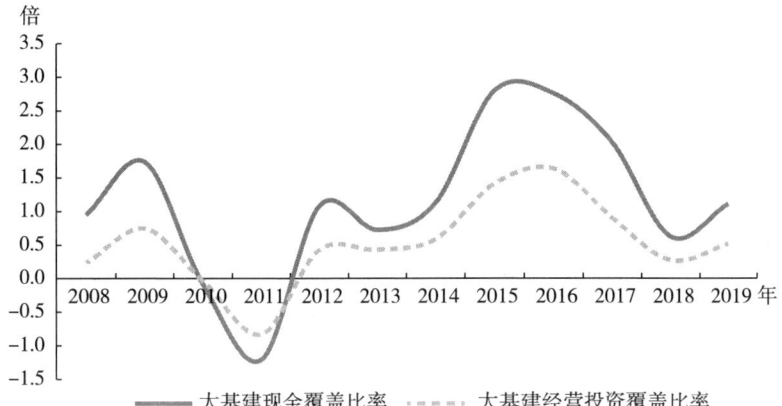

图5-47　2008—2019年大基建企业CFO净额覆盖比率、经营投资覆盖比率
（资料来源：Wind数据库）

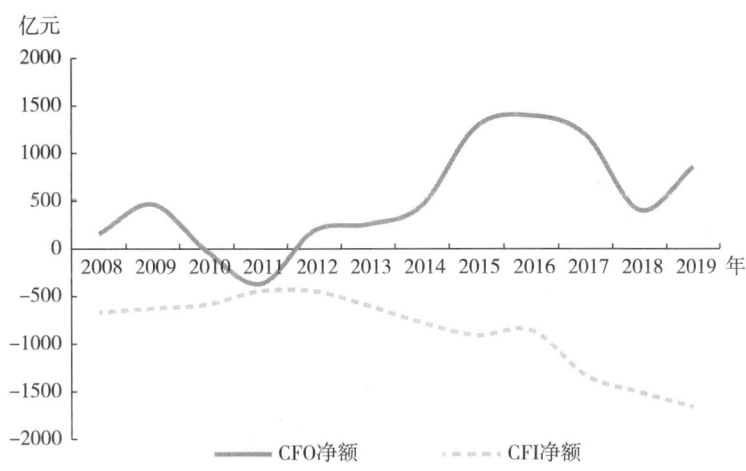

图5-48　2008—2019年大基建企业CFO与CFI净额
（资料来源：Wind数据库）

大基建央企在2012—2015年BT工程款回收快速增加，而BT应收款在2013年之后出现净减少。由于BT项目的回款期较长，在不考虑政府提前回购的前提下，当年可收回款项数额应和年初的一年内到期的BT长期应收款数额相当，大基建央企在2012年前每年到期的BT长期应收款维持在较低水平，但2012年起快速增加，表明在2012—2016年，基建央企的BT回购

款为公司带来的经营现金流贡献逐步增多。BT 项目在建设期可逐步确认长期应收款或确认已完工未结算存货,至完工转至长期应收款,四大基建央企的历年新增 BT 长期应收款数额在 2013 年达到顶峰,随后快速下降。如果粗略地以 BT 回收款扣除新增 BT 应收款作为 BT 净投入,则基建央企的 BT 投入在 2013 年达到顶峰,若考虑到长期应收款确认相对工程收入的滞后性,则 BT 的投入高峰可能在 2011—2013 年,与其 CFO 指标触底的时间基本一致。

表外 PPP 项目对基建央企的影响主要体现在长期股权投资和投资性现金流中。2013—2015 年基建央企的投资支付现金保持在稳定水平,但在 2016—2018 年显著增长。在资产负债表端,样本企业的长期股权投资在这两年也出现了快速增长,而从各个公司年报可以看出,这两年间长期股权投资增量主要由项目公司的资本金出资贡献。表外项目在资本金到位后,在工程耗尽资本金之前,即使项目贷款未能到位,理论上施工企业仍然可以通过自己对 SPV 的话语权,利用资本金使工程回款通过 CFO 流入体现。若项目贷款在资本金耗完前到位,我们预计在随后项目进展中施工企业的回款状况有望保持在较高水平,但若项目贷款未到位,施工企业则需要动用自身融资能力进行垫资。

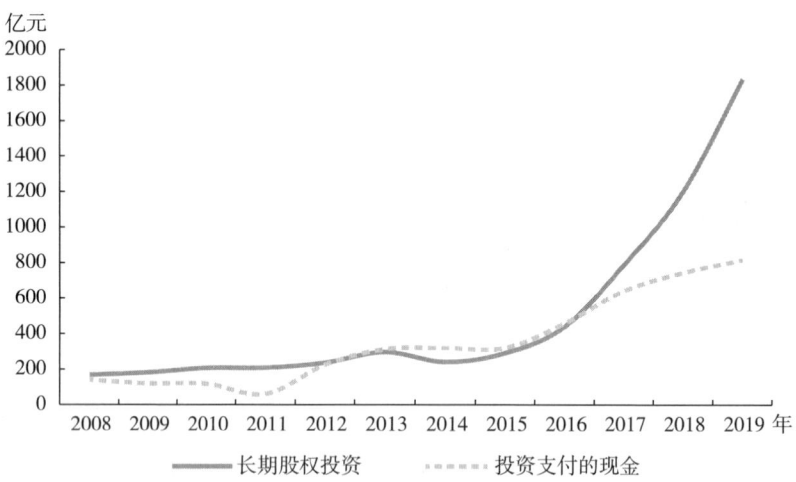

注:此处样本四大基建企业包括中国交建、中国铁建、中国中冶、中国中铁。

图 5-49 2008—2019 年样本四大基建企业投资支付现金及长期股权投资

(资料来源:Wind 数据库)

注：此处样本四大基建央企包括中国交建、中国铁建、中国中冶、中国中铁。

图 5-50　样本四大基建央企两种口径下的现金流

（资料来源：Wind 数据库）

基建央企的经营占款比例在 2012—2014 年总体上升，但并没有影响 CFO 指标的改善。建筑企业占用流动资金的资产项主要为已完工未结算存货和应收账款，其中部分 BT 项目在未完工前会形成存货，但总体与应收账款关系不大。四大基建央企在 2012—2014 年应收和已完工未结算存货增量占收入的比重逐步上升，但同期大基建的 CFO 净额覆盖比率也在上升，我们判断彼时 BT 项目的回款对现金流改善的贡献相对更大。具体来看，2012—2014 年应收款增量占收入比重明显上升，与当时所处的货币趋紧而信用未明显放松的宏观环境较为吻合，但 2013 年已完工未结算存货增量占收入的比重同比下降，与应收款所体现的趋势不同，我们判断，当时较大比例的存货转为 BT 应收款导致的存货减少可能是主要原因。2018 年应收和已完工未结算存货增量占收入比重显著下滑至 -4.40%，应收款增量占收入比重下滑至 -4.01%，主要系中国铁建将工程质量保证金由应收账款重分类至其他非流动资产所致；已完工未结算存货增量占收入的比重下滑至 -0.39%，与应收账款体现的趋势相同。

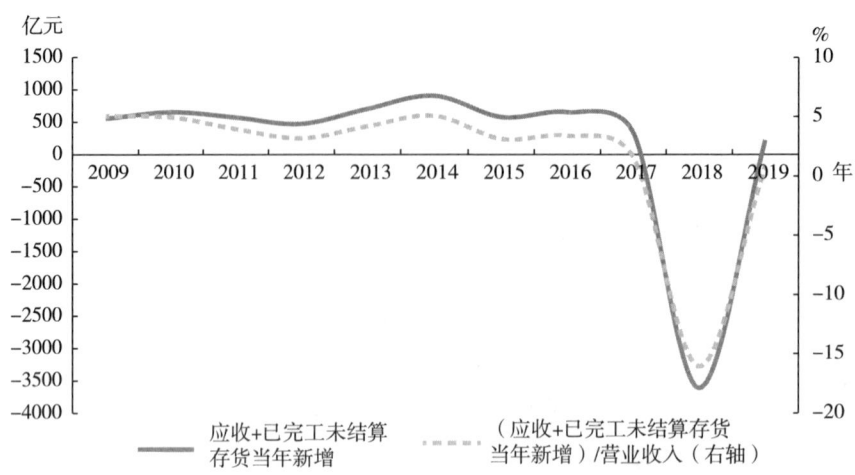

注：此处样本四大基建企业包括中国交建、中国铁建、中国中冶、中国中铁。

图 5-51　2009—2019 年样本四大基建企业应收和已完工未结算存货当年新增及营收占比

（资料来源：Wind 数据库）

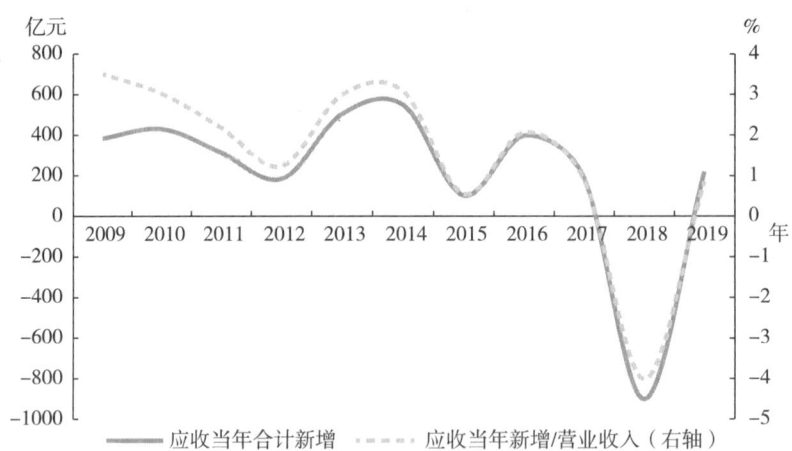

注：此处样本四大基建企业包括中国交建、中国铁建、中国中冶、中国中铁。

图 5-52　2009—2019 年样本四大基建企业应收当年新增及营收占比

（资料来源：Wind 数据库）

注：此处样本四大基建企业包括中国交建、中国铁建、中国中冶、中国中铁。

图 5-53　2009—2019 年样本四大基建企业已完工未结算存货当年新增及营收占比

（资料来源：Wind 数据库）

除 BT 回款带来的额外现金流外，2012—2016 年主要建材价格的趋势性下降也可能是大基建企业 CFO 净额覆盖率提升的原因之一。直观来看，基建央企收现比在 2012—2016 年保持了相对稳定，而付现比则在同一期间有比较明显的下降，收付敞口的扩大也是现金流改善的直接原因之一。2012—2016 年初，工程中使用量占比较大的钢材和水泥价格总体处于下行通道，而根据行业经验，建筑总承包方对劳务分包方的占款能力相对大于对材料分供方的占款能力。因此，材料价格的下行一方面可能使供需关系发生变化，导致总承包方对材料供应商的占款能力有所加强；另一方面可能使材料成本在工程总成本中的占比下降，降低其对公司总体占款能力的影响。2016 年后，基建央企收现比基本保持稳定，而付现比则呈现上升趋势，收付敞口逐渐缩小。现金流逐渐缩紧，主要原因一方面是 2016 年后，钢材和水泥价格总体处于上升通道，导致总承包方对材料供应商的占款能力减弱，材料成本在工程总成本中的占比上升，另一方面是央企面临的分包支付压力有所上升（《政府投资条例》对民营中小建企的收款权利保护程度上升）。

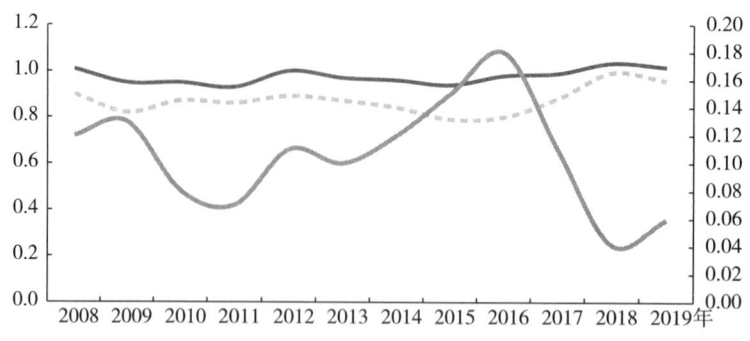

注：此处样本四大基建企业包括中国交建、中国铁建、中国中冶、中国中铁。

图 5-54 2008—2019 年样本四大基建收付现比及收付敞口
（资料来源：Wind 数据库）

（3）园林：PPP 出表与并表对现金流的影响差异显著

与大基建不同的是，园林板块的 **CFO 净额覆盖比率在 2011 年之后并没有马上进入上行趋势，而是在底部盘整数年**。四大基建企业曾在 2011 年 CFO 净额出现负值，随后快速转正，但园林板块的 CFO 净额在 2009—2015 年一直都是负值。与大基建相同的是，2009—2011 年园林板块 CFO 净额覆盖比率出现下滑，大基建板块随后至 2016 年指标持续回升，园林板块则在 2011—2014 年持续低位震荡，2015 年之后才进入回升阶段，且 2016 年 CFO 净额实现了自 2009 年以来的首次转正，2016—2018 年园林板块 CFO 净额覆盖比率又出现下滑。2019 年由于园林公司普遍降低了投资强度，因此经营投资覆盖比例有所回升。

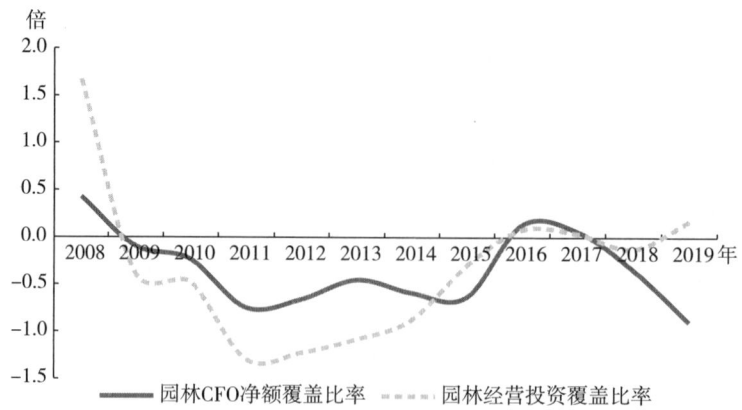

图 5-55 2008—2019 年园林企业 CFO 净额覆盖比率、经营投资覆盖比率
（资料来源：Wind 数据库）

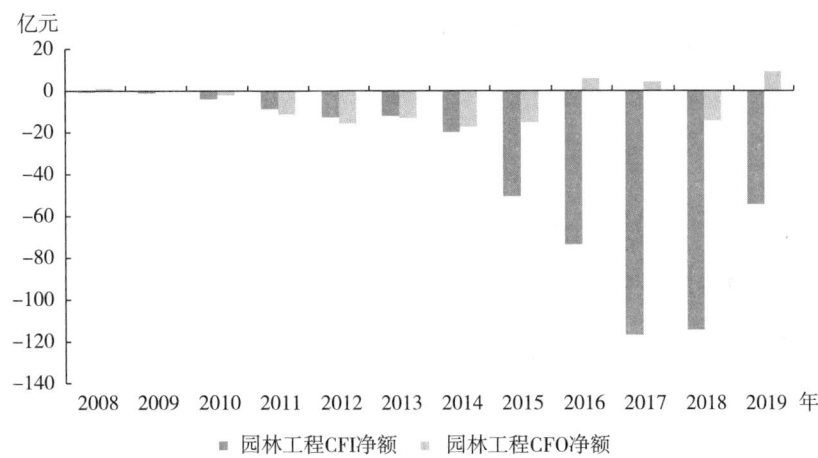

图 5-56　2008—2019 年园林企业 CFO、CFI 净额

（资料来源：Wind 数据库）

从对样本公司的研究结果看，园林公司的 BT 项目投资高峰可能一直持续到 2014—2015 年。我们参考对大基建企业的研究方式，对园林企业参与 BT 及 PPP 模式的历史进行研究，由于数据限制，我们选取数据比较详细的铁汉生态和棕榈股份进行研究。铁汉生态是较早涉足 BT 项目的上市园林公司之一，其在 2012—2015 年 BT 应收款的净增加额达到过去十年的高峰，考虑到已完工未结算存货转至长期应收款的滞后效应，2010—2014 年可能是铁汉生态 BT 项目投入的高峰。而从棕榈股份的报表来看，其 2014—2015 年也对应 BT 项目的投入高峰。我们认为代表公司的数据如果与行业大趋势相符，则可以解释 2011—2014 年园林板块 CFO 净额覆盖比率的低位盘整，即 BT 投入对园林公司经营性现金流的影响直到 2015 年才消除，随后回购款的回收才开始对现金流产生正影响（体现为新增 BT 应收—BT 回款转负）。

自 2016 年以来的 PPP 浪潮对园林公司现金流的影响并不一致，项目出表对经营活动现金流的改善效果较为明显。2015 年之前几大代表性园林公司的 CFO 净额均连续保持为负值，但在 2015—2017 年，东方园林、蒙草生态和棕榈股份的现金流总体改善，而岭南股份和铁汉生态的 CFO 继续恶化。2018 年以后，岭南股份和铁汉生态的 CFO 净额上升为正值，而东方园林、蒙草生态和棕榈股份的 CFO 净额逐渐下行，一定程度上体现出 PPP 出表公司项目融资能力的减弱。结合我们之前所说，出表 PPP 项目更容易看到 CFO 的改善，我们发现，CFO 在 2016 年、2017 年出现改善的公司，其 PPP

项目均有一定的出表情况，其中东方园林在其他非流动资产内体现，蒙草生态和棕榈股份在长期股权投资中体现；而现金流出现恶化的公司，则没有明显的 PPP 股权类资产增加（可能存在部分项目通过上市公司成立的基金进行投资而未能统计到数据的情况）。

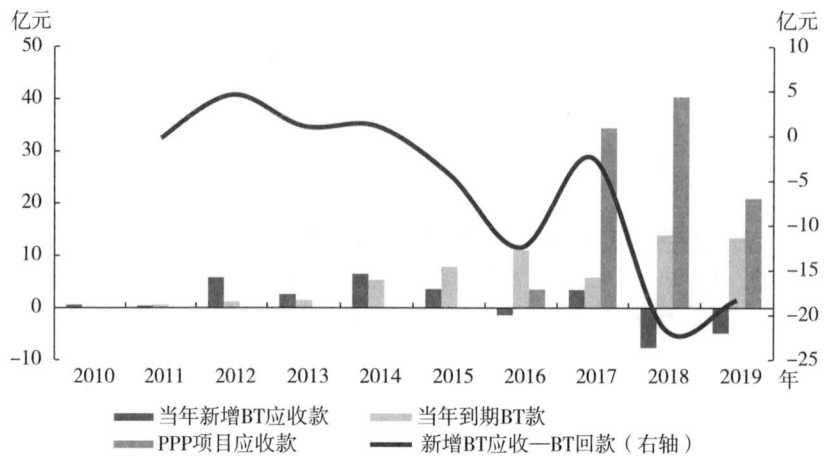

图 5-57　铁汉生态 BT 相关科目历史变动

（资料来源：Wind 数据库）

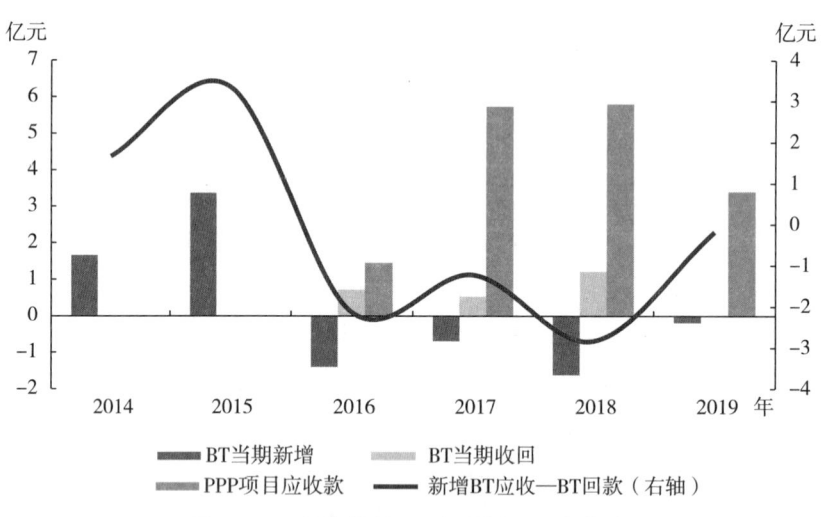

图 5-58　棕榈股份 BT 相关科目历史变动

（资料来源：Wind 数据库）

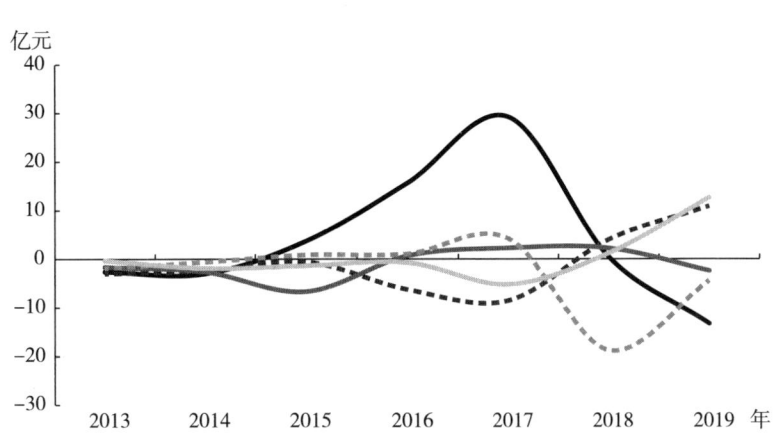

图 5-59　主要园林公司历史 CFO 净额情况

（资料来源：Wind 数据库）

东方园林相比于铁汉生态，其应收款的占款比例更高，而存货占款比例较低。从 PPP 股权投资款占收入比重可以看出，东方园林 PPP 项目的出表比例应远高于铁汉生态，而反映在不同经营性资产对 CFO 的占款方面，东方园林 2018 年新增应收账款占剔除 PPP 资本金投入后的收入的比重明显高于铁汉生态，而铁汉生态的已完工未结算存货占款比例则高于东方园林。我们认为出表的 PPP 项目在施工企业会计报表中的体现与总承包项目类似，业主确认收入也会比较及时，但 SPV 的项目贷款到位程度可能影响付款进度，因此东方园林的应收款占款比例较高。

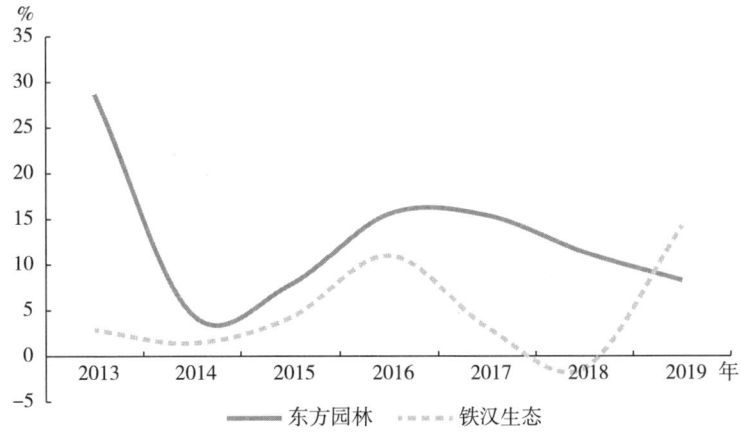

图 5-60　东方园林与铁汉生态当年新增应收款/营业收入

（资料来源：Wind 数据库）

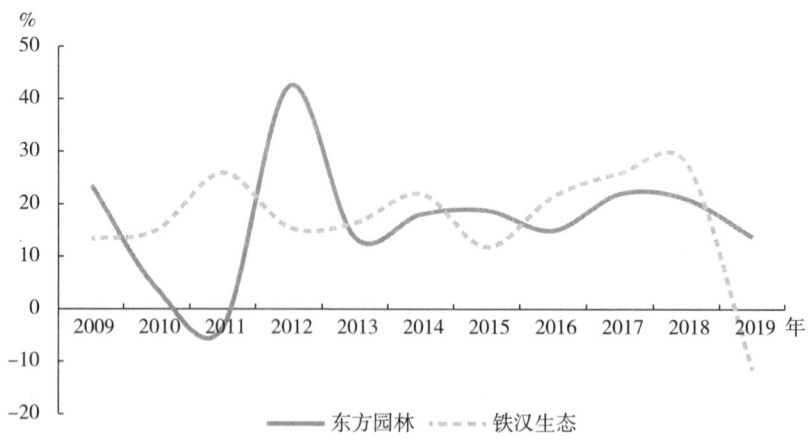

图 5-61　东方园林与铁汉生态当年新增已完工未结算存货/营业收入

（资料来源：Wind 数据库）

（4）PPP 模式下园林板块未来现金流的展望

投资推动型业务的快速增长依托于较高的资金周转效率，在 PPP 模式下项目贷款的落地速度较为关键。出表项目若发生 SPV 延迟确认收入或付款，其将直接体现为已完工未结算存货和应收款增量占当年收入比重的增加，东方园林在 2017 年新增应收款及存货占收入比重均出现较明显的提升，可能意味着需要对 PPP 项目进行"垫资"。对于并表 PPP 项目，我们无法直观地从上市公司报表中看出其建设资金是 SPV 自身项目贷款还是施工企业垫付。在施工企业需要垫付 PPP 工程款情况下，其在单个项目上的资金投入实际超过投入资本金的比例，资金杠杆下降，在手现金能够撬动的项目体量下降。而垫资可能使施工企业融资需求上升，进一步推高资产负债率。

我们认为代表性园林公司 2018 年及 2019 年短期有息负债保持高位可能预示着园林公司 PPP 项目仍需要施工企业垫付较多的工程款，自身资金周转仍较为紧张，但随着行业风险的出清，园林公司资金状况有望好转。上市公司需要统筹规划其长短期负债比例，对于园林公司而言，投入项目的资本金偏长期，而项目产生的短期"垫资"周转在大部分时间内偏短期。东方园林和铁汉生态在 2018 年和 2019 年的短期有息负债上升明显，可能与项目短期周转资金的需求上升有关，侧面预示着 PPP 项目贷款到位情况可能较差。在长期有息负债方面，铁汉生态 2018 年新增 6 亿元长期负债，而东方园林长期负债在 2018 年净减少（一年内到期的长期有息负债也同比减少），我们认为可能二者短期资金周转需求高于长期投入。铁汉生态、东方园林 2018 年内周转的短期有息负债分别接近当年收入的 50%、25%，在不考虑长期负债的情况下，也已明显高于资本金正常投入比例。

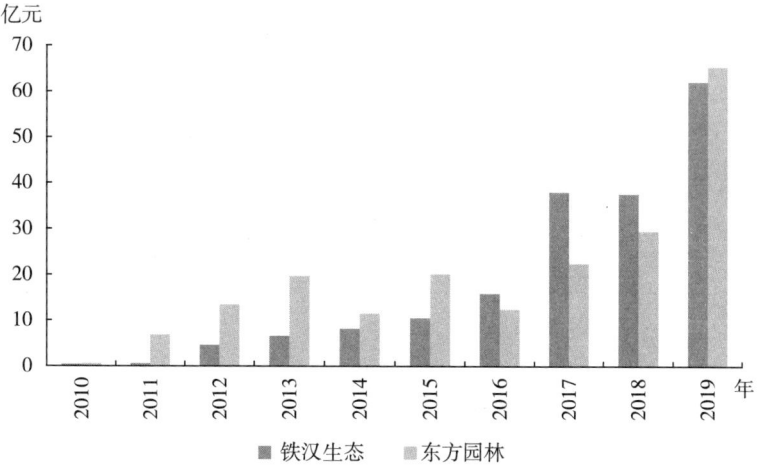

图 5-62　东方园林与铁汉生态年末短期有息负债金额

（资料来源：Wind 数据库）

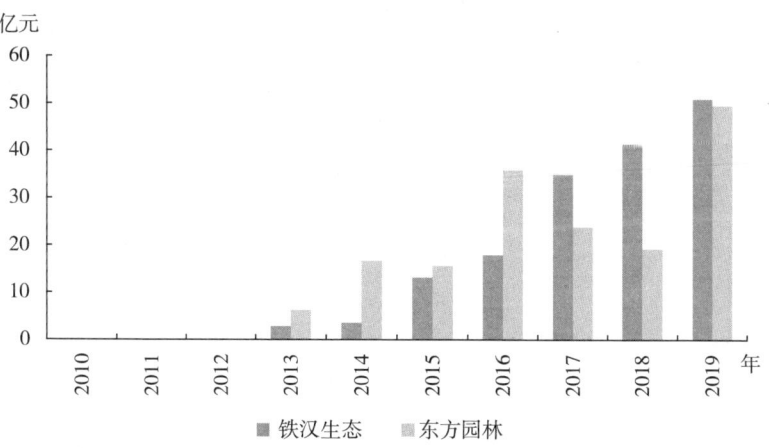

图 5-63　东方园林与铁汉生态年末长期有息负债金额

（资料来源：Wind 数据库）

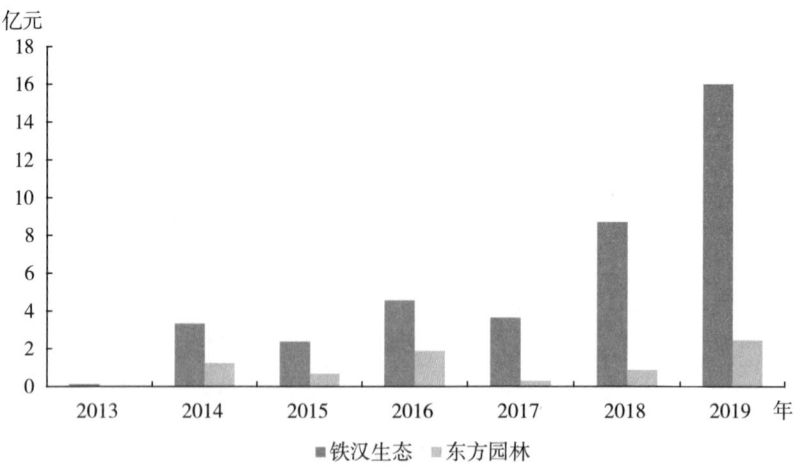

图 5-64 东方园林与铁汉生态年末一年内到期有息负债金额

（资料来源：Wind 数据库）

负债率的快速上升和相对较紧的信用和货币环境可能会对园林公司的融资造成影响，进一步影响其收入增速。2017 年在 PPP 项目大量落地开工情况下，主要园林公司负债率均明显上升，2017 年资产负债率均提升至 65%～70%，2018 年、2019 年行业风险暴露阶段主要园林公司的负债率继续上升。而负债率的上升又反过来导致民营园林龙头企业融资环境恶化，最终使得资金推动的业绩快速扩张难以持续。

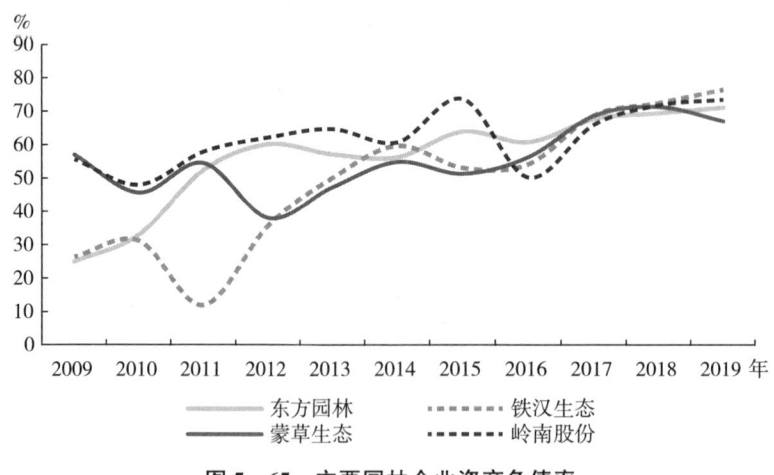

图 5-65 主要园林企业资产负债率

（资料来源：Wind 数据库）

表 5-28　2015 年上半年至 2019 年上半年主要园林公司业绩增速　　单位：%

	2015 财年	2016 财年	2017 财年	2018 财年	2019 财年
东方园林	-7.07	115.23	68.13	-26.72	-96.75
岭南股份	43.53	55.29	95.27	52.90	-57.92
铁汉生态	25.22	70.59	45.02	-59.81	-399.75
蒙草生态	-4.53	113.13	148.73	-75.85	-70.09

资料来源：Wind 数据库。

4.3.2　基建央企与园林公司现金流差异分析

横向对比来看，虽然园林企业和基建央企经历了相似的商业模式转换，但园林企业在现金流质量上却与基建央企有较大的差距。我们认为主要有两方面原因。

第一，**基建央企较高的收现比体现出更好的对下游议价能力及项目质量，更大的收付现比敞口则体现了更好的信用认可度**。2018—2019 年大基建板块收付现比始终维持在较高的水平，收现比始终明显大于付现比且收付现比的波动幅度小于园林板块。2018—2019 年大基建板块平均收付信用敞口（收现比-付现比）为 4%，园林板块为-4%，差额为 8 个百分点。我们认为较高的收现比体现了大基建板块承接项目质量更高，对下游业主的议价能力更强，而更大的收付现敞口则体现出上游分包分供商对大基建企业的信用认可度更高。事实上，尽管大基建板块的收付现敞口更大，但其付现比还是远高于园林公司，对上游分包分供商而言，承接大基建企业的分包项目能在当年拿回更大比例的工程款。

第二，**园林企业投资类项目参与度更大**。我们上面分析到，投资类项目（BT、BOT、PPP）在项目建设期需要施工企业垫付的工程款较多，而一般总承包项目在正常情况下资金周转速度较快。我们统计了典型园林企业铁汉生态和典型大基建企业中国交建每年新签合同中投资类项目的占比，铁汉生态 2016 年、2017 年、2018 年新签合同中投资类合同（主要是 PPP）占比达到 62.37%、80.89%、78.43%，而同期中国交建投资类合同占比仅为 23.83%、21.04%、17.10%，园林企业所形成收入中投资类项目占比更大，我们预计随着 PPP 投入的波动，其 CFO 净额也可能出现大幅波动。

建筑周期估值及竞争格局变迁

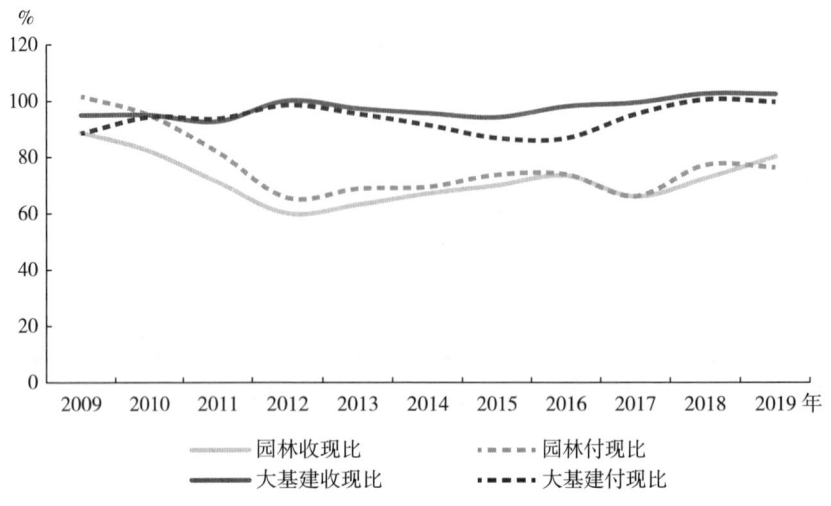

图 5-66　2009—2019 年园林、大基建收现比及付现比

(资料来源：Wind 数据库)

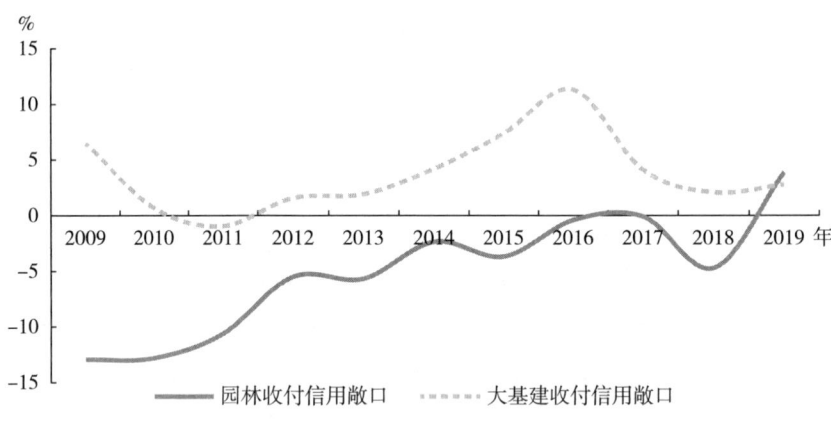

图 5-67　2009—2019 年园林、大基建收付信用敞口

(资料来源：Wind 数据库)

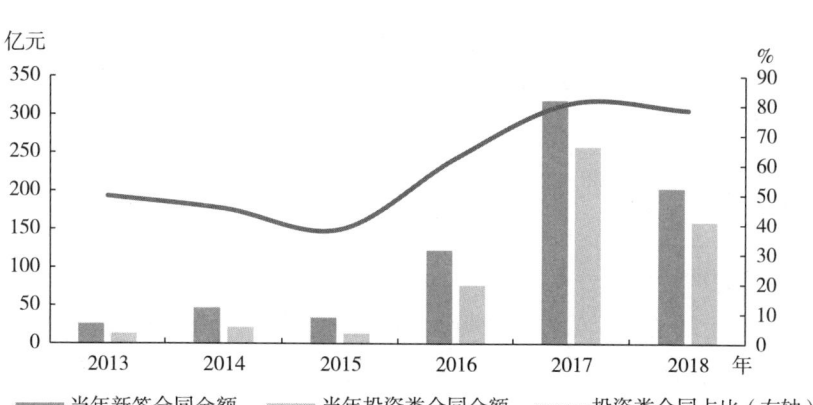

注：2015年及之前未公布具体新签投资类项目数额，根据当年新签重大合同数额估计，可能会低估投资类合同的占比。

图 5-68 铁汉生态当年新签合同、新签投资类合同金额及占比

(资料来源：Wind 数据库)

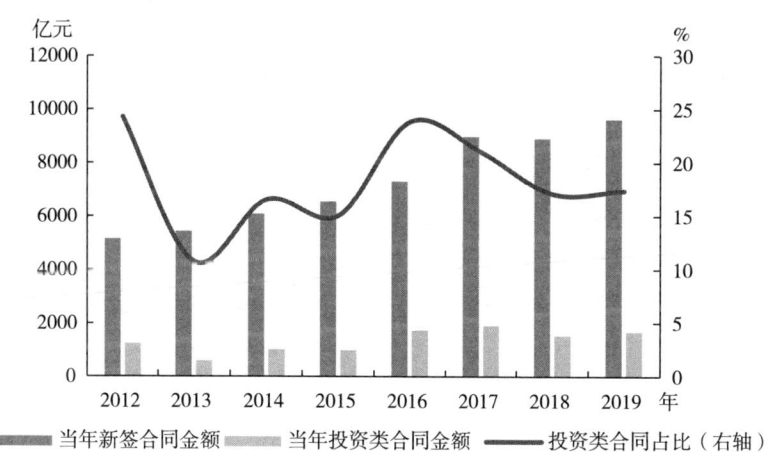

图 5-69 中国交建当年新签合同、新签投资合同金额及占比

(资料来源：Wind 数据库)

设计相比于施工，现金流覆盖比率更高且更稳定。 建筑企业的实施阶段可以分为设计阶段和施工阶段。A股上市的中小型工程类公司按照主营业务的收入占比，可分为设计类和施工类（在中国证监会的行业分类下，设计类公司属于专业技术服务类），两类公司现金流指标的表现呈现出较大的不同。我们将中小建筑企业按照施工和设计业务占比划分为偏设计类和偏施工类，并比较两种业务模式公司现金流的差异。

表 5-29 施工类和设计类样本中小建企

施工类	设计类
龙建股份、粤水电、宁波建工、成都路桥、宏润建设、腾达建设、浦东建设、北新路桥、方大集团、山东路桥、ST围海、安徽建工、龙元建设、四川路桥、重庆建工	苏交科、中设股份、合诚股份、中设集团、设计总院、中公高科、勘设股份、设研院

资料来源：Wind 数据库。

中小建企的 CFO 波动特征与大基建企业类似，设计类公司则比较平稳。 中小建企 CFO 净额覆盖比率和经营投资覆盖比率的变动大体上也可以分为四个阶段，即 2008—2012 年的持续下降阶段、2012—2015 年趋势性上升阶段、2016—2017 年的大幅下滑阶段以及 2018 年的上升阶段（实际上与大基建企业的现金流波动规律较为相似）。而设计类公司数据可得时间较短，从可得的 6 年数据看，现金覆盖比率保持平稳态势，波动较小，经营投资覆盖比率在 2016 年后略有下滑。

中小建企 CFO 净额覆盖比率普遍较差，但设计类公司 CFO 净额覆盖比率相对较好且更稳定。 整体来看，中小建企的 CFO 净额及净利润普遍较低，拉长时间来看，平均 CFO 净额覆盖比率不足 100%，表明施工类中小建企经营现金流在较长时间内均处于较紧张的水平。对比来看，设计类公司现金流质量相对较高，年份间稳定性较好，CFO 净额覆盖比率常年维持在 50%~80%。施工类中小建企 CFO 净额覆盖比率年份间波动很大，集中回款年份如 2015 年可以达到 234%，但投入较大的年份如 2012 年仅为 -69%。

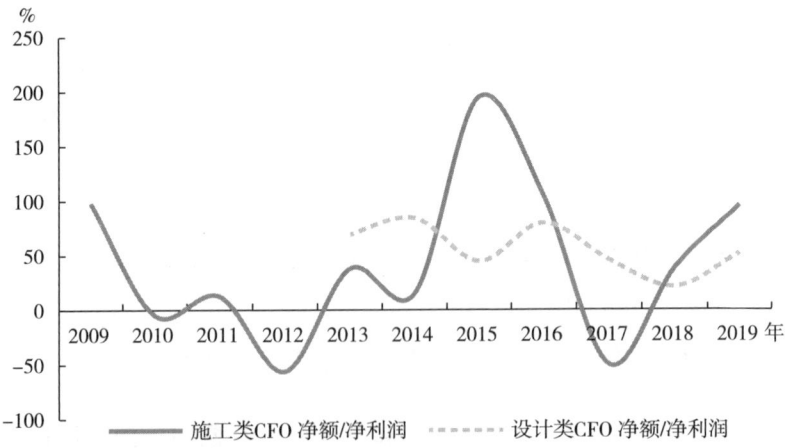

图 5-70 2009—2019 年施工类中小建企、设计类公司 CFO 净额覆盖比率

（资料来源：Wind 数据库）

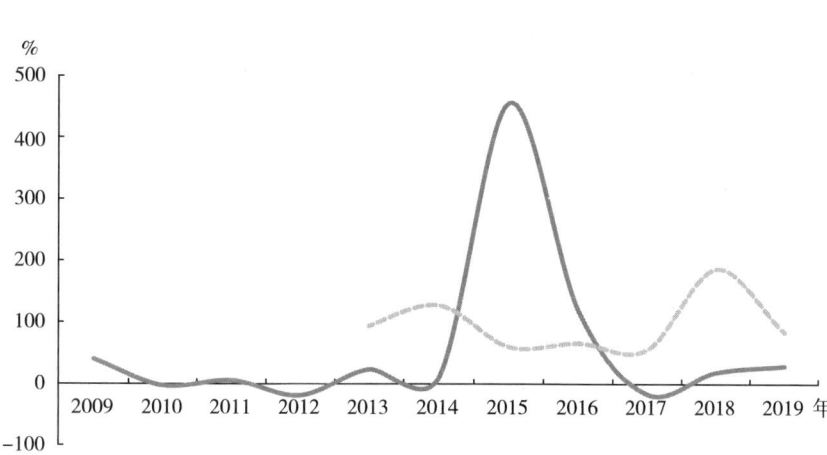

图 5-71　2009—2019 年施工类、设计类经营投资覆盖比率

（资料来源：Wind 数据库）

中小建企与园林、大基建相似，对投资类项目的参与程度也较高，我们估计其现金流的变化同样和企业参与的 BT 和 PPP 项目有关。同样基于数据可得原则，我们分别选取成都路桥、四川路桥作为中小建企样本，研究中小型施工企业的现金流变化。

投资类项目的投资和回收高峰同样对施工类中小建企现金流变化有重大影响，**BT 项目回款是 2015 年板块经营现金流大幅改善的主要原因之一**。中小建企的长期应收款变化趋势与 CFO 净额覆盖比率和经营投资覆盖率负相关性很高，在长期应收款的快速上升期如 2012 年，当年样本企业新增长期应收款 74.59 亿元，相应地，样本企业 CFO 净额覆盖比率和经营投资覆盖比率分别从 2011 年的 0.13、0.05 快速下滑至 2012 年的 -0.61、-0.20，经营性现金流明显恶化。2018 年，成都路桥、四川路桥的新签约重大项目中已没有 BT 项目，同时 BT 回款进入高峰期，企业的经营现金流和投资性现金流均出现明显改善。

PPP 的大规模投入或是 2017 年中小建企经营现金流再次恶化的原因。2017 年中小施工企业再次出现经营现金流恶化，从样本公司的年报可以看到，成都路桥、四川路桥 2015 年基本结束新签 BT，2016 年逐渐开始新签 PPP 合同。2017 年成都路桥当年新签订单 43.7 亿元，其中新签 PPP 项目 24 亿元，占比为 56%；四川路桥当年完成投资（主要为 PPP 和 BOT）102 亿元，占当年收入近三成。因此，我们认为投资类项目的投入高峰同样是中小建企现金流恶化的主要原因之一。

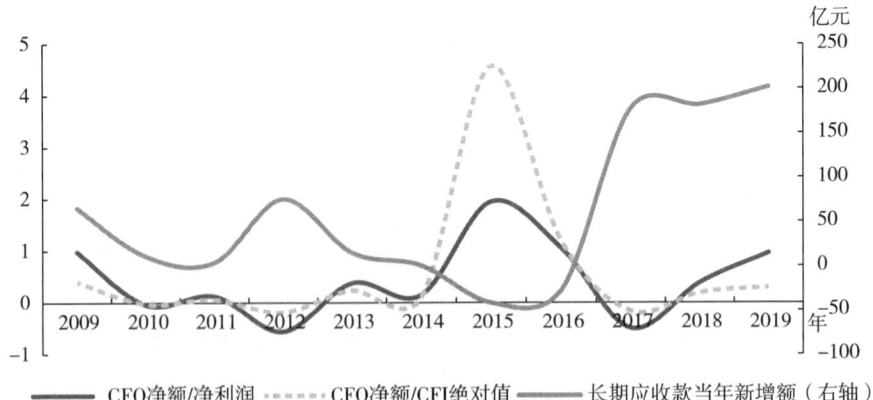

图 5-72 2009—2019 年样本施工类企业长期应收款当年
新增额与 CFO/净利润、CFO/CFI 绝对值

（资料来源：Wind 数据库）

设计公司毛利率比施工企业高，经营性现金流量净额波动较小。相比于设计公司，施工类中小建企的现金流量波动更大，且相较于现金流入，流出规模较大，CFO 净额占流入量的比重较小，整个行业呈现出"现金搬运工"的状态，而设计类公司 CFO 净额占流入量的比例相对较高。我们认为盈利能力是两类公司净流入量占比差异的原因，在我们选取的研究对象中，设计类公司的盈利能力明显高于施工类公司，而在同等收付现能力下，盈利能力更高的公司 CFO 净额占流入的比重将更大。

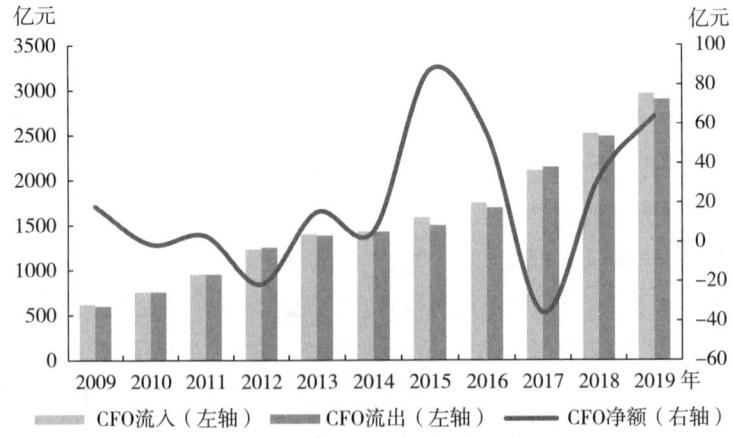

图 5-73 2009—2019 年施工类中小建企经营活动现金流入、流出和净额

（资料来源：Wind 数据库）

第五部分　从财务指标解读建筑公司商业模式

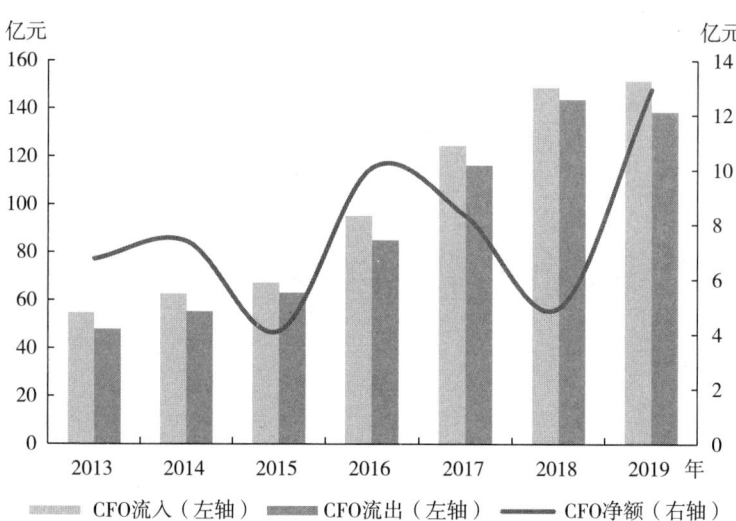

图 5-74　2013—2019 年设计类公司经营活动现金流入、流出和净额

（资料来源：Wind 数据库）

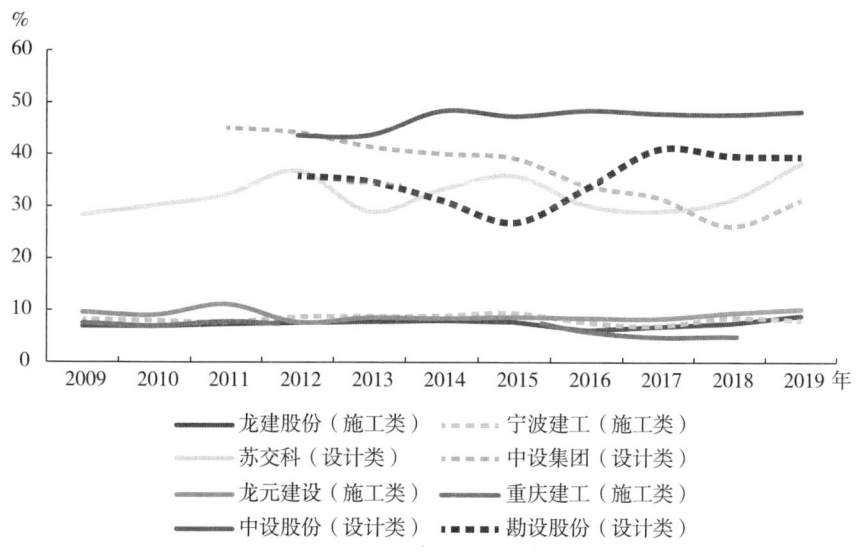

图 5-75　2009—2019 年典型施工类、设计类企业毛利率

（资料来源：Wind 数据库）

从收付现质量和占款能力来看，设计类企业优势明显。单从收现比来看，中小建企和设计公司差异并不大，中小建企的收现比在很多年份甚至大于设计类公司。二者差距主要在付现比上，2019 年设计类企业的付现比

261

只有0.50,而同期的施工类企业付现比达到0.91,相应地,2019年设计类企业收付信用敞口达到0.30,比同期施工类企业0.02的收付信用敞口高出0.28。

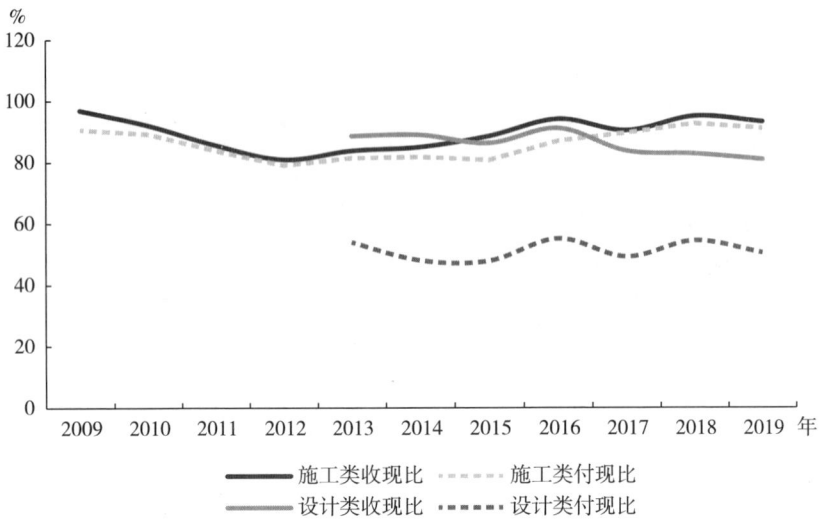

图 5-76 2009—2019 年设计类及施工类中小建企收现比、付现比

(资料来源:Wind 数据库)

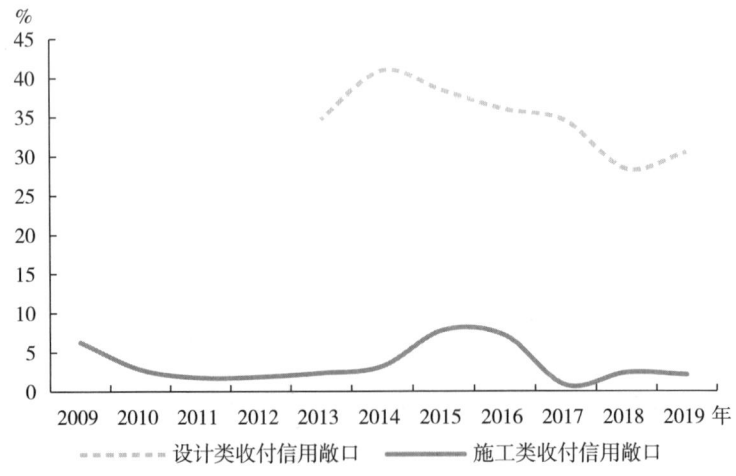

图 5-77 2009—2019 年设计类及施工类中小建企收付信用敞口

(资料来源:Wind 数据库)

我们认为收付信用敞口差异的背后是两种商业模式带来的成本结构的

差异，设计公司较高的人力成本占比或是其付现比较低的原因之一。我们分别选取中设股份（设计类）、成都路桥（施工类）进行对比。两家公司年报成本结构数据显示，设计类公司和施工类企业的成本结构差异很大。2018财年成都路桥的材料成本占比可以达到54%，人工成本只占25%；而2017财年中设股份（有披露数据的最新年份）的人工成本占比48%，若将服务采购算作人工成本，则人力成本占比更高。因此，相较于施工企业，设计企业的人工成本是最大的成本开支，而工资开支体现在"支付给职工及为职工支付的现金"科目中，在传统付现比计算中得不到体现。我们将人工成本考虑在内，计算经调整后的付现比，施工类和设计类经人工成本调整后的付现比分别为0.91和0.73，相应的收付现信用敞口差缩小为0.11，但可比口径下设计类企业优势同样明显。根据行业经验可知，建筑企业（包括设计类和施工类）对材料商的经营占款能力均小于对分包方（或自身员工）的占款能力，因此设计公司较高的人工成本占比一定程度上为其提供了更大的经营占款空间。

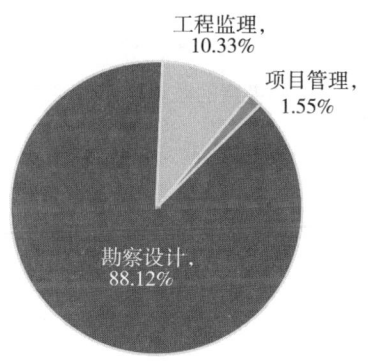

图5-78 2019年中设股份成本结构拆分

（资料来源：Wind数据库）

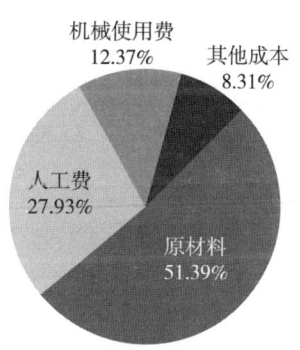

图5-79 2019年成都路桥成本结构拆分

（资料来源：Wind数据库）

设计公司相对简单的商业模式和较小的项目投资占比可能是其收现比和CFO净额覆盖比率更加稳定的原因。我国的工程设计公司业务大部分集中于施工前的勘察设计阶段，其所承担的工作内容仅占项目总投资的2%～5%，且其工作成果是施工的前提。因此，建设方通常不会延迟支付数额较小的设计费，我们认为这是货币信用周期对设计类公司收款影响相对不显著的原因之一。不同的项目模式（BT、BOT、PPP等）均代表着施工类企业为建设方提供融资服务的不同方式，而投资的周期波动对施工类企业的现金流具有较强的影响。而无论在何种项目模式下，勘察设计业务的商业模式均较为固定,即在交付图纸、项目竣工和审计完成三个阶段分别回收一定比例的设计费,因此建筑业商业模式的变迁也没有对设计类公司的现金流产生大的影响。

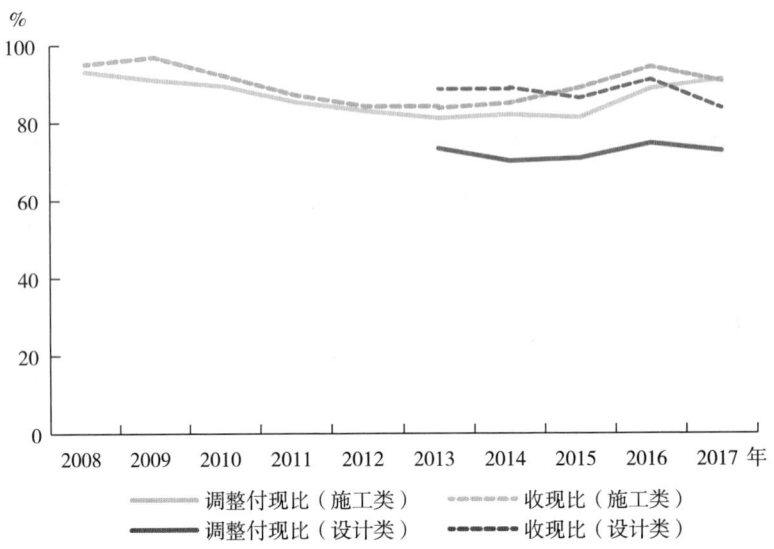

图 5-80　2008—2017 年施工类、设计类人工成本调整后的收现比、付现比

(资料来源:Wind 数据库)

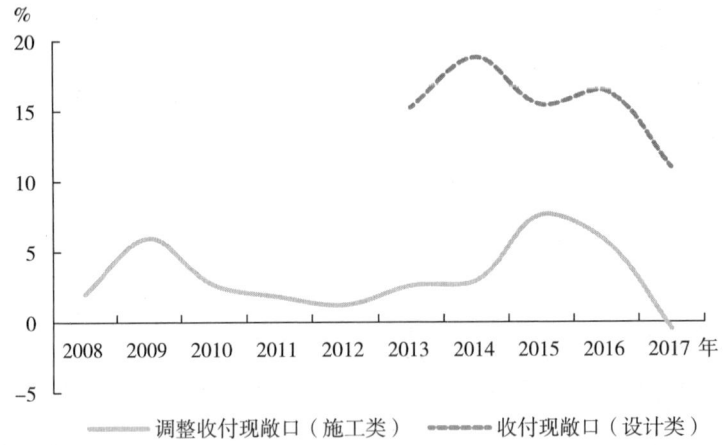

图 5-81　2008—2017 年施工类、设计类人工成本调整后收付现敞口

(资料来源:Wind 数据库)

4.4 2B和2G，B端受房地产销售周期影响更大

上文我们所做研究集中于为政府提供建设服务的公司和子板块中，而建筑企业根据客户对象的不同主要可以分为两类，对企业（2B，主要是房地产公司）和对政府（2G），企业和政府的支付能力不同，因而B端业务和G端业务占比不同的公司其现金流可能呈现出差异性。我们通过将中小建企根据公司报表可得数据按照B端和G端的占比分为2B和2G类公司，通过对比两类公司的现金流表现，来研究不同客户结构（2B、2G）对公司现金流的影响（划分依据是公司报表中的前五大客户结构，若前五大客户B端业务占比多，则认定为以2B为主；G端业务占比多，则认定为以2G为主。考虑到数据的可得性，最终结果可能存在一定偏误）。

表 5-30　2B 和 2G 样本中小企业

2G	2B
龙建股份、粤水电、成都路桥、腾达建设、浦东建设、北新路桥、四川路桥	宁波建工、宏润建设、中化岩土

资料来源：Wind 数据库。

G端业务毛利率更高。在上述分类下，G端业务占比高的公司总体表现出较高的毛利率，G端业务公司2008—2019年平均毛利率为11.92%，比B端业务公司总体高出1.71个百分点。2019年G端业务公司平均毛利率为11.34%，比B端业务公司10.46%的毛利率高出0.87个百分点。G端业务毛利率较高可能与G端工程承包商承担了更多的融资任务有关。

B端业务的收现比总体上更好，但其与地产销售周期的关联度较高。G端业务毛利率较高但收现能力较低。2008—2019年，除2016年外，2B中小建企的总体收现比均高于2G中小建企，但2B公司的付现比在大多时期也高于2G公司。收付现比敞口方面，2B类公司在大多数年份高于2G类公司，在2014年以前，2B类公司的收付现敞口比2G类公司波动性更小。体现在2009—2011年的紧货币紧信用周期中，其收付现敞口缩窄的比例小于2G类公司，而在2012年后，其收付现敞口也未随2G类公司一起快速扩大。2B类公司的收付现敞口与房地产的销售增速相关性更高，2010—2012年商品房销售额增速持续下滑，地产商回笼资金难度加大，2B企业的收现比和收付现敞口随之收窄，2014年商品房销售额负增长，同年2B企业的收付现敞口变为负值，而随着后期商品房销售额增速的快速回暖，2B企业的回款

也随之改善。

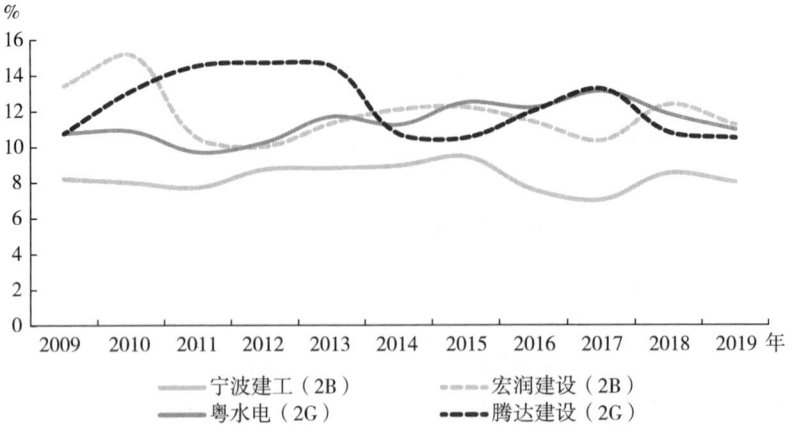

图 5-82 2009—2019 年典型 2B、2G 中小建企毛利率
(资料来源：Wind 数据库)

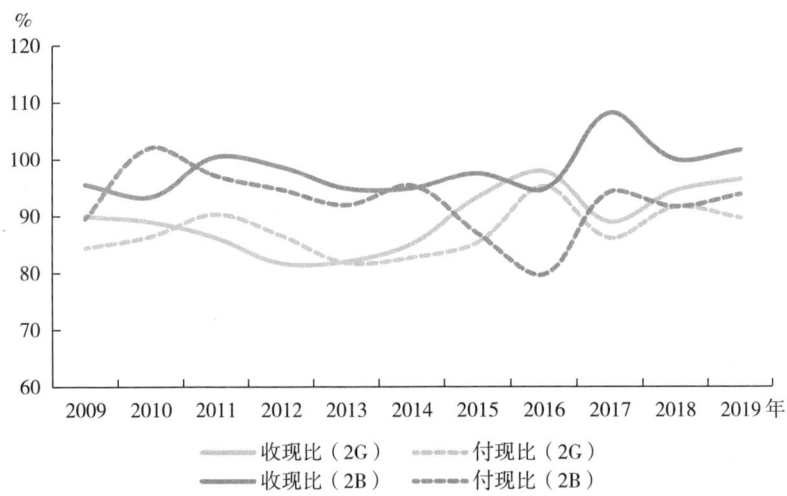

图 5-83 2009—2019 年 2B、2G 中小建企收现比、付现比
(资料来源：Wind 数据库)

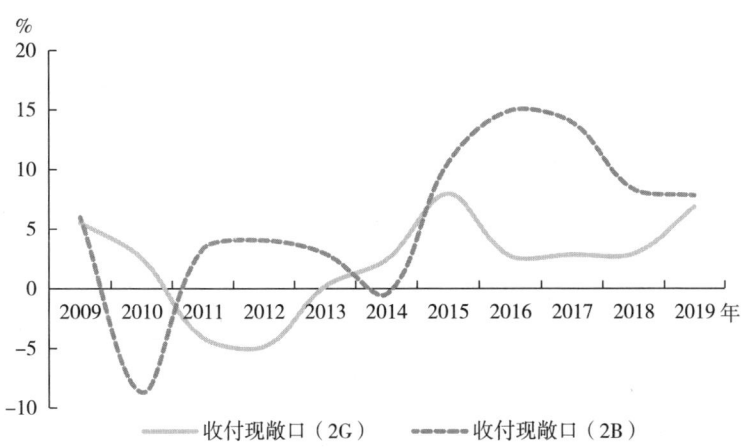

图 5-84　2009—2019 年 2B、2G 中小建企收付现敞口

(资料来源：Wind 数据库)

代表公司中，2B 公司应收账款和已完工未结算存货增量占当年收入的比重小于 2G 公司，存货周转率更高，但 2G 公司的应收账款周转率明显更高。我们在中小建企中分别选取 2B 为主的宁波建工和 2G 为主的四川路桥作为研究对象。四川路桥已完工未结算存货与应收款当年新增额占收入的比重总体高于宁波建工。从周转率看，四川路桥的存货周转率长期低于宁波建工，但应收账款周转率长期高于宁波建工。我们认为二者的差异反映了商业模式的不同，更多采用 BT、PPP 等模式的政府项目竣工前很多情况下形成较多的存货，而竣工后直接转入长期应收款，项目进行过程中不形成应收账款。而地产工程业务的房地产商按照合同按月会对施工企业的施工进度进行收入确认，但收入确认与支付工程款有一定时滞，若时滞跨年则会在账面上形成较多的应收账款。

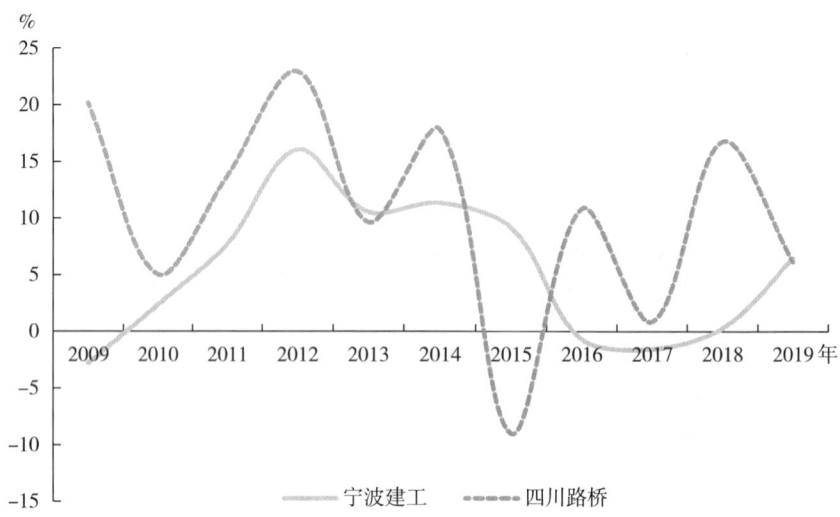

图 5-85 2009—2019 年两公司"已完未结 + 应收"当年新增占营收比重

（资料来源：Wind 数据库）

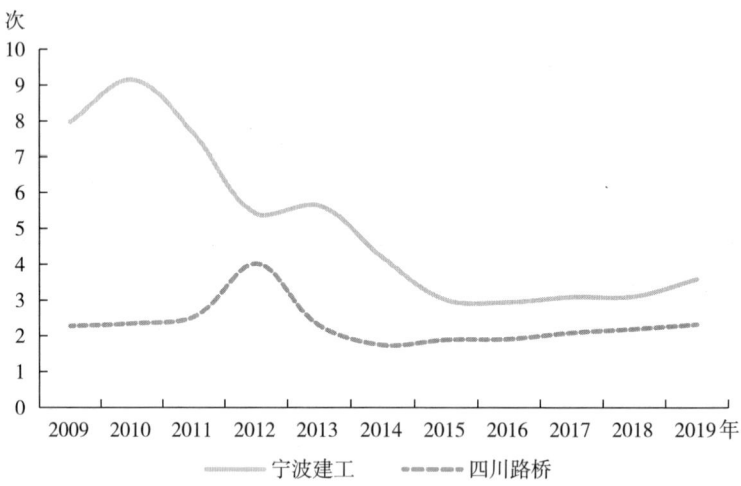

图 5-86 2009—2019 年两公司存货周转率

（资料来源：Wind 数据库）

4.5 结论：货币信用周期与商业模式的变化共促现金流波动

不同维度下建筑板块 CFO 净额对净利润的覆盖程度均处于全行业中下游，但波动较大才是更突出的特征。2010—2019 年，CFO 净额对净利润的覆盖程度位于全部 29 个一级行业中的第 26 名，在资产比例类似且同样面向 B 端、G 端的下游行业中排名并不靠后，十年周期下 CFO 净额基本能够覆盖净利润。波动率排名在全行业中位于前列是建筑板块 CFO 净额以及 CFO 净额覆盖比率的突出特征。

建筑子板块的现金回收能力差异较大，但各国内民用施工子板块的 CFO 净额覆盖比率变动规律基本一致。2010—2019 年，现金回收能力最强的子板块是大基建和化工工程，次强的子板块包括设计咨询和国际工程，而园林板块最差，十年合计 CFO 净额为负值。设计咨询、化工工程以及装饰工程板块的现金流指标波动率较低。国内民用工程施工板块，包括大基建、中小建企、钢结构和园林过往的 CFO 净额覆盖率指标变动规律相关性高。

货币信用周期对板块现金流的影响在恶化周期中强于改善周期，但实际上其并不改变建筑板块现金流大的周期波动。从数据分析的角度看，货币周期与行业 CFO 覆盖比率的负相关性高于信用周期。我们在把每年划分为不同的货币信用组合后，会发现货币政策的松紧对 CFO 金额覆盖指标的边际变化影响较为显著。货币信用周期在板块 CFO 净额覆盖率处于下行通道时对现金流的影响更大，但在 CFO 净额覆盖比率上行通道中对指标的影响较小。在建筑板块 CFO 的三个改善周期中，最长的一个也是离现在最近的一个出现在 2011—2016 年，而这个阶段货币环境经历了波动变化，M_2 增速整体下行，虽然分年看货币信用环境的变化仍对当年 CFO 指标的边际变化有一定影响，但却没有改变 CFO 净额覆盖比率的大趋势。

BT 的投资支出回收周期及 PPP 模式的广泛采用可能是 2011 年以后建筑施工板块 CFO 净额覆盖率变化的主导因素。大基建在 2012 年以前，以及园林板块在 2014 年以前 CFO 净额覆盖率指标的下降与 BT 相关的长期应收款科目变动相关性较高，表明 BT 项目投入或是这个阶段两板块现金流恶化的主要原因。而随后 CFO 净额覆盖比率的大幅回升也对应了 BT 投入的减少和收到回购款的增加。2017 年后两个板块 CFO 的再次恶化对应了 PPP 投入的增加，具体可反映在长期股权投资和长期应收款等科目上。

PPP 在出表情况下更容易从报表层面得出项目现金流的边际变化。表外 PPP 项目在施工企业报表上体现为 CFI 流出的资本金和 CFO 流入的工程款，在资本金耗尽后若项目贷未到位，则直接体现为 CFO 净流入无法弥补 CFI 的净流出。并表 PPP 项目在现金流量表母子公司合并抵消之下，无法通过报表层面得出项目公司融资落地的情况。2018 年及 2019 年主要园林龙头公司负债率均上升至 70% 左右，且短期借款大幅增加，可能意味着工程垫资的增加和清欠压力的加大，但融资环境的改善、国资的入股或逐步改善板块及公司的信用状况及现金流。

第六部分 建筑行业国际对标研究

1 中国、美国、日本基建投资现状及历史比较

1.1 核心结论：与美国和日本相比，中长期我国基建不悲观

中国的基础设施建设投资规模大于日本和美国，且基建投资规模占GDP的比重明显超过日美，长三角地区人均基建投资强度低于日本。 从基础设施建设投资规模来看，1980年之后美国的基建投资增速趋缓，2013年之后中国基建投资增速也逐步趋缓，但中美两国的基建投资规模仍处于增长趋势。1993年之后，日本的基础设施建设投资额逐步下降。从基础设施建设投资占GDP的比重来看，1998年之前，日本工民建建筑投资占现价GDP的比重均维持在6%以上，但1998年以后快速下滑，2005年之后该比值在3.5%~4.2%的区间窄幅波动。自1947年以来美国基建投资占GDP的比重在2%~4%波动且呈现出较明显的下降趋势，日本和美国基建投资占GDP的比重均较低，而中国基建投资占GDP的比重从2003年的10%增加至2018年的20%，对GDP增长的贡献作用明显。2018年美国每平方公里的基建投资强度为40.72万元，人均基建投资强度为1.14亿元/万人，而中国2018年每平方公里的基建投资强度为184万元，人均基建投资强度为1.26亿元/万人。中国每平方公里投资强度大于美国，而人均强度与美国较为接近。2017年长三角地区单位面积的投资强度（443万元/平方公里）高于日本2018年的水平（349万元/平方公里），但人均投资强度（0.71亿元/万人）低于日本（1.05亿元/万人），长三角地区人均投资强度仍有发展空间。

中国公路建设距离美国和日本仍有一定差距。 从通车里程角度来看，2018年中国公路通车里程为485万公里，中美两国国土面积较为接近，中国距离美国的673万公里仍有一定发展空间，公路里程密度和人均公路里程距美国仍有较大差距，但中国公路里程密度增加速度快于美国。中国高速公路建设领先于美国，高速公路总里程和占公路总里程的比重均高于美国。长三角地区与日本相比，高速公路路网已较为发达，但除连接核心城市的高速公路外，其余道路的车流量有进一步提升的空间。长三角地区国道与

省道干线的密度与日本相比还有很大的提升空间,而从实际情况来看,我们判断长三角地区除国、省道营运里程远不及日本外,国、省道的通车条件(车道数、平整度等)可能也与日本存在较大的差距。

中国铁路建设较发达,高铁里程虽已经领先但分布不均匀,长三角地区铁路总体密度仍有较大的提升空间。美国铁路通车总里程虽然仍领先于中国,但2000年之后,美国铁路营业里程基本保持在21万公里左右不变,而中国铁路营业里程在2008年之后以0.52万公里/年的速度逐年递增,我们测算,中国铁路的营运里程有望在15年左右的时间里超过美国。铁路在日本和美国的客运和货运体系中并不占主导,但我国国土面积较大,从周转量角度看,我国陆路运输中铁路的重要性是高于日本和美国的。目前我国高铁通车里程已居世界第一,但分布不均匀。2018年末上海、江苏、浙江、安徽高铁通车里程分别为110、846、1485、1403公里,合计已超过日本新干线在2003年时的水平,但长三角地区高铁分布很不均匀,江苏高铁尚不足1000公里,2019年初江苏发布沿江城市群城际铁路建设规划(2019—2025年),涉及新建980公里城际铁路(其中718公里为高铁),长三角地区铁路建设的空间仍然较大。而长三角作为我国交通建设领域较为发达的区域,铁路区域建设不均且仍存一定发展空间,我们认为全国范围内的铁路建设仍有较大增量空间。

未来我国的基建需求有望仍保持在高位,但从财政角度看,短期的基建投资仍然面临一定的压力。从计划性角度看,经济社会发展及各领域建设投资的五年规划是预判我国基建投资需求的重要指标,目前我国与美国在公路、铁路通车里程以及公路利用效率方面仍存在一定差距,长三角地区和日本的基建建设水平也存在比较明显的差距。而长三角已经是我国基础设施最发达的地区之一,因此我们认为在"十四五""十五五"阶段基建投资需求仍然可能保持在较高的水平,有望较"十三五"时期继续实现一定增长。不同于美国较为灵活的基建投融资模式,目前中国基础设施建设的资金仍直接或间接来源于财政或与政府相关的融资,但自2018年以来的地方政府去杠杆对包括地方融资平台在内的地方政府基建融资形成了一定压力,在经济降速、减税大背景下,2019年前三季度地方本级财政收入仅同比增长3.1%,因此我们认为短期内地方政府财政收入端的压力可能对基建投资增速的向上弹性构成一定制约,但中长期基建需求向好,信心根基在于对中国经济保持稳定增长的信心。

1.2 日本 VS 长三角：长三角交通基建仍有较大提升空间

1.2.1 概况对比：日本 1993 年后工民建投资下滑显著，公共投资具有一定逆周期性

日本的"基建投资数据"在分类和口径上与我国有所不同。相比而言，我们认为日本的数据能更准确地反映建筑公司对应的下游景气度。日本国土交通省的建筑投资数据较详细地披露了房屋（Building）和工民建工程（Civil Engineering）对应的历史建筑投资数据，而工民建工程对应科目与我国基础设施投资存在一定的交叠，但不完全一致，因此，在对比中日数据的过程中，我们需要将二者口径相对一致的部分进行对比。如日本的公共基础设施投资包含水利、道路、环境等，而能源供应则主要包含于私人投资当中。此外，根据国土交通省的数据说明，建筑投资的统计不含土地补偿（cost of land）、前期调研测绘（surveys）以及工器具购置（machines），因此我们认为其口径上不能直接与我国固定资产投资中的基础设施投资相对应，其更接近我国固定资产投资数据中的建安工程费口径。日本与我国基建投资数据的另一显著差异在于，我国基建投资数据中的私人投资并不多，且没有明确的行业分布，但日本基建领域公私分工较为明确，政府主要负责大部分农林水利、不收费道路、港口机场、环境设施等难以通过运营收益实现财务盈亏平衡的项目，对于铁路、通信、能源等强运营项目，则主要由私人出资建设运营。

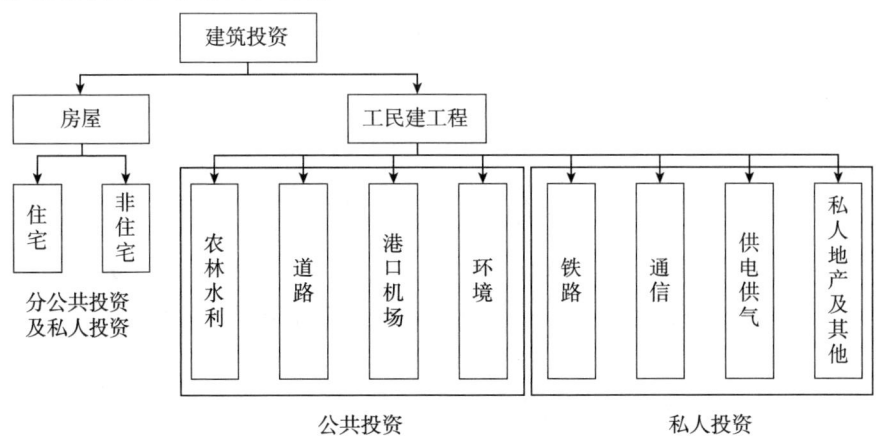

图 6–1　日本不同子行业建筑投资分类示意图

（资料来源：日本国土交通省）

2018 年 4 月至 2019 年 3 月这一财年中，日本共完成工民建投资 21.67 万亿日元，按 2019 年 3 月末汇率折合人民币 1.32 万亿元，我们认为日本工民建投资 1995 年以后的表现可能是市场对我国基建市场悲观的重要原因。 日本财年由上一年 4 月 1 日开始，至当年 3 月 31 日结束，如 2019 财年为 2018 年 4 月至 2019 年 3 月。日本统计局关于日本建筑投资的数据可追溯至 1960 年，1960—1995 年，日本工民建投资总体处于上升趋势，35 年间年复合增长率为 11%，但在 1995—2012 年，日本工民建投资出现大幅下降，2012 年投资额仅为 1995 年峰值的 46%，2012 年之后，在 2013 年和 2019 年工民建投资取得较快增长，其余年份增速基本在 0 上下波动。从投资额的角度看，邻国日本的过往表现可能是投资者对于我国中长期基建投资较为悲观的原因之一。

自 1960 年以来，日本工民建投资增速在不同年份间波动较大，几个趋势比较明显的上行期分别出现于 1964—1972 年、1983—1992 年以及 2003—2013 年，但在最后一次增速上行周期的大部分时间内仅是降幅收窄，投资额仍然在明显收缩。日本工民建投资增速比较明显的下行周期出现在 1977—1983 年、1995—2002 年。从投资增速的阶梯式变化来看，1978 年以前工民建投资的增速基本保持在 10% 以上，而 1995 年之后大部分的年份投资增速都是在 0 附近波动或负增长。

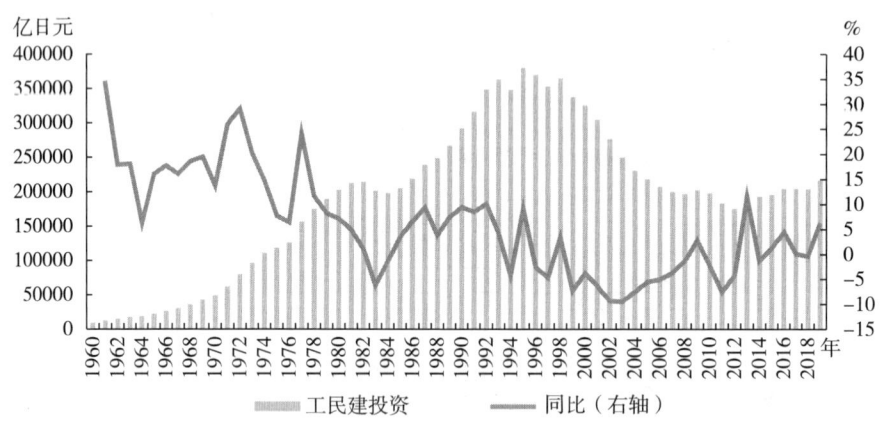

图 6-2 日本工民建建筑投资占现价 GDP 比重的同比增速

(资料来源：日本统计局)

1998 年之后工民建建筑投资占 GDP 的比重大幅下降，但 2005 年之后似乎进入了"新常态"。 1998 年之前，日本工民建建筑投资占现价 GDP 的比重均维持在 6% 以上，但 1998 年以后快速下滑，2005 年之后该比值在 3.5% ~

4.2%的区间窄幅波动。1998年之前,在1971—1982年日本工民建建筑投资占GDP的比重明显高于其他年份,其最低值为7.58%,最高值为8.65%,而1960—1998年的其他年份中该比例基本在6%~7%波动。由于在大部分年份中工民建投资占GDP比重的波动并不大,因此日本工民建投资增速和现价GDP增速的相关性总体较高,1960—2018年数据的相关系数达到0.8。但我们认为日本的工民建投资增速波动大于GDP增速,在部分GDP下行周期中,工民建投资增速出现较为明显的反弹,因此,日本的工民建投资在部分时期内也有逆周期调节的属性。

图6-3 日本工民建建筑投资占现价GDP的比重

(资料来源:日本统计局)

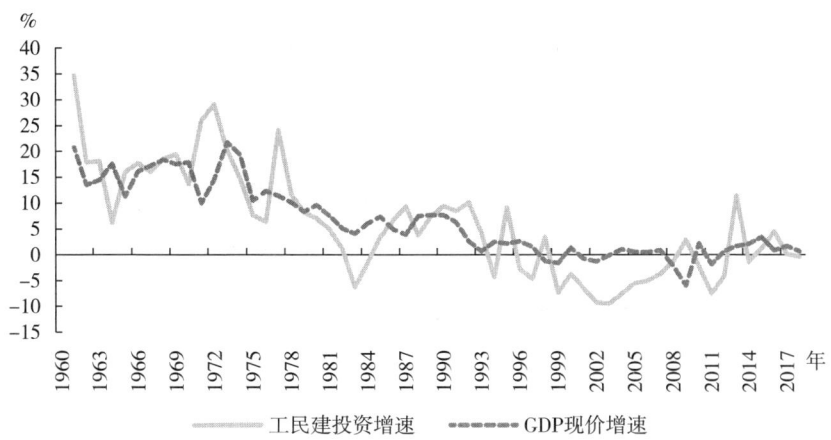

图6-4 日本工民建建筑投资占现价GDP同比增速

(资料来源:日本统计局)

自1960年以来日本工民建建筑投资中政府投资和私人投资的比例相对比较稳定，私人投资体现一定的顺周期性，而公共投资体现一定的逆周期性。1960年日本工民建建筑投资中公共及私人投资的占比分别为69%和31%，2019年分别为73%和27%，59年中以出资来源划分的投资结构相对比较稳定。政府及私人投资占比出现趋势性变化的阶段为1990—2003年、2010—2019年，前一个时段政府投资的比例由72.4%上升至81.1%，而在后一个时段政府投资的比例由79.5%下降至72.9%。在前一个时段内，日本现价GDP增速出现了比较大的下行压力，私人投资体现出一定顺周期属性，投资增速同样出现较大的下滑，公共投资虽然表现也欠佳，但增速总体好于私人投资；而在后一个时间段内，日本经济筑底震荡，现价GDP增速未继续下行，此时私人投资的增速也随之企稳回升，体现出的向上弹性明显好于公共投资。此外，1974—1988年，公共投资的比重也震荡提升（69.4%~77.8%），而在此期间日本GDP现价增速也出现了明显的下降过程。

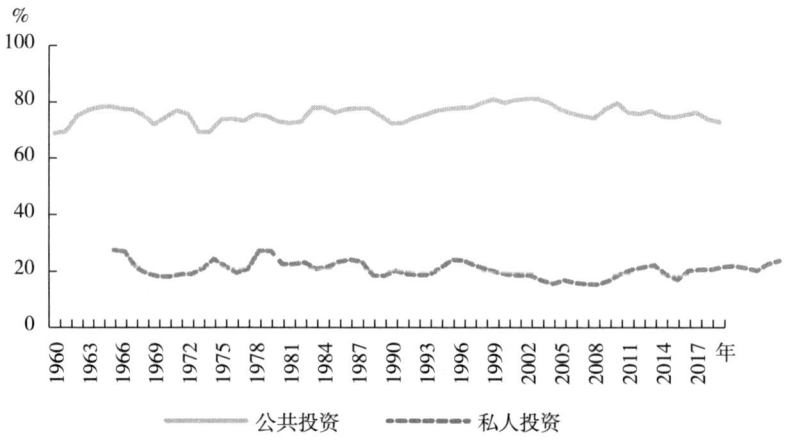

图6-5　日本工民建建筑投资占现价GDP的比重

（资料来源：日本统计局）

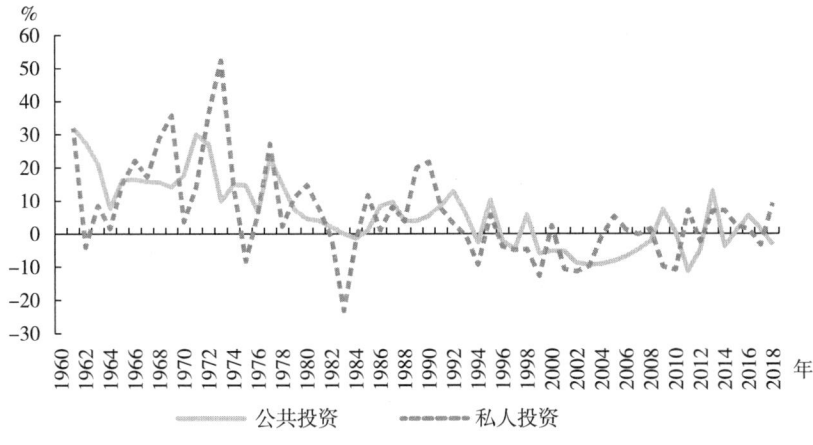

图6-6 日本工民建建筑投资占现价GDP同比增速

（资料来源：日本统计局）

从中日两个国家的基建投资初步比较来看，当前我国按面积计算的基建投资强度远低于日本，以人口计算的基建投资强度与日本接近，但**建筑安装投资占GDP的比重明显高于日本**。日本2019年每平方公里的基建投资强度为349万元人民币，人均基建投资强度为1.05亿元人民币/万人，而中国2017年每平方公里的基建投资强度为139万元，人均基建投资强度为0.96亿元人民币/万人。从占GDP的比重看，日本2018年工民建建筑投资占现价GDP的比重为3.72%，而中国2017年三大行业建安工程投资占现价GDP的比重为16.2%，中国基建建安工程费占GDP的比例明显高于日本，也高于日本自1960年以来的最高值。我们认为，数据一方面体现出我国国土开发强度远小于日本（有自然地理和经济原因），另一方面也表明我国经济构成与日本存在显著差别，而从这两个维度看无法立刻得出我国基建投资是否过量的结论。

表6-1 中日基建投资及宏观经济基本指标对比

项目	日本	中国
国土面积（万平方公里）	37.8	960
人口（亿人）	1.26（2019年9月）	13.9（2017年12月）
人口密度（人/平方公里）	333	145
GDP（万亿元人民币）	34.10（2018年）	82.05（2017年）
人均GDP（元人民币）	270651	59029

续表

项目	日本	中国
基建建安工程投资（万亿元人民币）	1.32（2019年）	13.31（2017年）
建安投资占GDP比重（%）	3.72	16.20
面积投资强度（万元/平方公里）	349	139
人均投资强度（亿元/万人）	1.05	0.96

资料来源：Wind数据库，日本统计局。

我们认为我国长三角区域与日本的可比性相对更强。长三角区域辖区面积共35.9万平方公里，略小于日本的国土面积，2017年长三角区域常住人口为2.24亿人，实现GDP19.53万亿元人民币，我们认为其较高的经济总量和人口密度与日本具备一定可比性，同时，长三角区域是我国基础设施最发达的地区之一，其与日本的比较意义更大。但由于我国地区经济数据并不公布分行业固定资产投资中的建安工程投资数据，我们通过城镇固定资产投资中的建安工程投资总额乘以基础设施投资占固定资产投资的比重进行估算。可以发现，单纯从投资强度的角度看，日本与长三角地区的比较结果与中日比较结果正好相反，2017年长三角地区单位面积的投资强度高于日本2018年的水平，但人均投资强度低于日本；2017年长三角地区基建建安工程投资占GDP的比重8.14%，与日本20世纪70年代的水平较为类似，而日本在20世纪80年代及90年代上半段仍然保持了工民建建安投资的正增长。

表6-2 日本与长三角基建投资及宏观经济基本指标对比

项目	日本	长三角
国土面积（万平方公里）	37.8	35.9
人口（亿人）	1.26（2019年9月）	2.24（2017年）
人口密度（人/平方公里）	333	624
GDP（万亿元人民币）	34.10（2018年）	19.53（2017年）
人均GDP（元人民币）	270651	87188
基建建安工程投资（万亿元人民币）	1.32（2019年）	1.59（2017年）
建安投资占GDP比重（%）	3.72	8.14
面积投资强度（万元/平方公里）	349	443
人均投资强度（亿元/万人）	1.05	0.71

资料来源：Wind数据库，日本统计局。

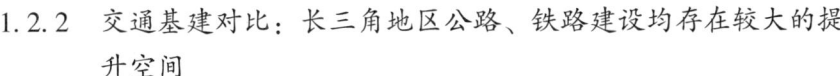

1.2.2 交通基建对比：长三角地区公路、铁路建设均存在较大的提升空间

从通车里程角度看，长三角地区与日本相比，高速公路更加发达但高等级公路较为欠缺。 交通类基础设施的发展水平以及使用情况更容易通过数据衡量，且从历史情况来看，道路投资占日本公共基础设施投资的比重相对比较稳定，因此我们认为通过交通基础设施建设和使用情况的对比可一定程度上反映我国基建投资是否过剩。截至2016年末，日本共建成道路122.2万公里，其中高速公路0.9万公里，国道5.6万公里，县市町道115.8万公里，至2009年末国道和县道（相当于中国的省道）合计建成18.4万公里。而截至2018年末，长三角地区共建成公路50.14万公里，其中高速公路1.48万公里，一二级公路7.64万公里。根据《江苏省高速公路网规划（2017—2035年)》《安徽省高速公路网规划（2016—2030年)》《上海市综合交通"十三五"规划》等有关规划布局，我们预计2018年底整个长三角地区的国道与省道干线长度至多不超过3万公里，即使按照一二级公路口径，也远低于日本2009年末的水平。因此，从静态比较的角度看，虽然长三角地区高速公路主动脉的发达程度已经超过日本，但国省干线等支动脉仍有比较大的发展空间。

从发展历程角度看，我国道路统计数据始于2000年，当时长三角地区建成的高速公路仅0.21万公里，不足日本当时水平的三分之一，而在2008年时完成了对日本的赶超。2000年长三角地区一二级公路的里程同样远小于日本国道里程，随后一二级公路经历了快速的增长，但2000年后日本的国道里程变化并不大，高速公路则有较稳定的增长。

从使用情况角度看，长三角地区的高速公路过剩情况可能并不显著，核心路线未来改造拓宽需求较高。日本高速公路车流量的数据仅有至2004年的，2004年日本东名、名神、中央道三条跨区域高速公路日均通车量达到7.69万辆、7.13万辆、3.93万辆，而根据《江苏省高速公路网规划（2017—2035年)》，2017年江苏境内高速公路的平均日通行量为4.4万辆小客车，而长三角境内的主要高速公路中，沪宁高速2018年日均通车辆达到9.52万辆，2019年1月至8月达到10.69万辆，沪杭、杭甬高速2019年1月至8月通车辆每天达6.2万辆和6.3万辆，2018年也达到了每天6.5万辆、5.9万辆。2018年长三角地区现价GDP为21.1万亿元人民币，根据历年 CPI 折算至 2004 年底为 14.8 亿元人民币，而日本 2004 年的现价 GDP 为 26.65 亿元人民币（以 2004 年底汇率折算）。从日本的发展情况来看，1980—2004 年，日本三大跨区域高速公路日均通车量之和的同比增速与 GDP 的增速的绝对值和变化趋势吻合度均较好，我们认为，若中长期长三角地区的 GDP 继续保持增长趋势，其高速公路的建设需求（包括新建和扩建）大幅下行的可能性非常低。

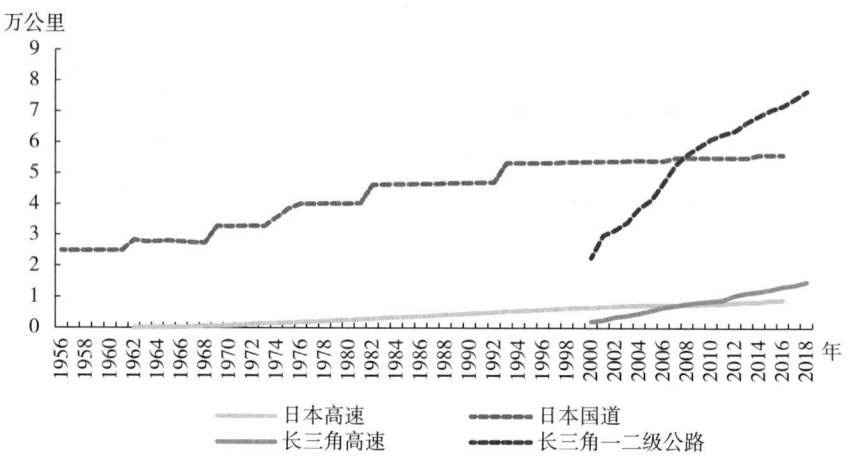

图 6-7 日本与长三角道路建成里程对比

（资料来源：Wind 数据库，日本统计局）

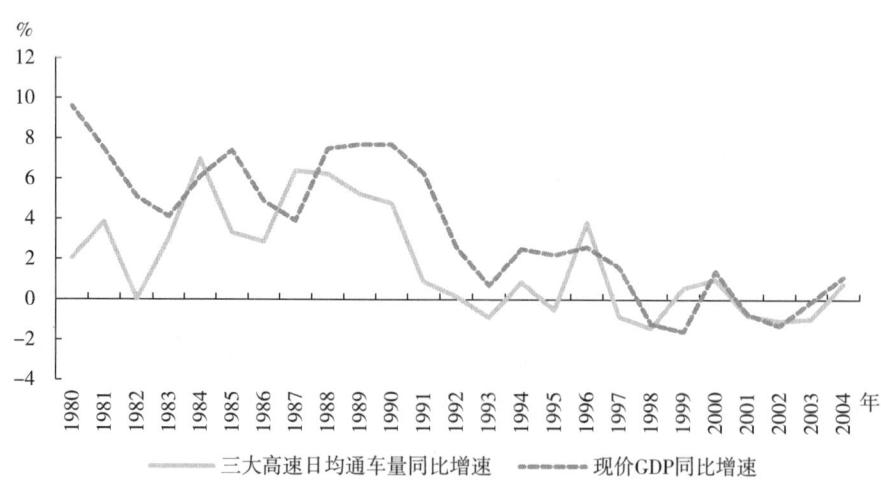

图 6-8 日本三大高速公路日均通车量及现价 GDP 同比增速

（资料来源：日本统计局）

日本公路建设投资和新通车里程之间并没有直接的关系，日本年新增通车里程的高峰出现在19世纪六七十年代，但建设投资高峰出现在20世纪90年代。理论上，若道路建设投资全部形成新增里程，则新增里程越大，前期投资的金额应越高，日本1971年之前历年道路新通车里程总体呈上升趋势，当时建设投资增速也保持在较高的水平。1971年以后，日本单年公路新通车里程总体下行，此间日本道路建设投资的增速虽然也明显下台阶，但投资额总体保持了上行趋势，如1971年当年新通车里程为1.41万公里，1988年新通车里程为0.54万公里，降幅达62%，但1971年公路建设投资为1.78万亿日元，1988年投资7.31万亿日元，升幅达311%，此间日本CPI升幅为174%，其中1971—1980年CPI升幅为136%，1981—1988年升幅为16.3%，而日本1980—1988年非住宅类房屋建筑工程的建造成本涨幅平均为7.1%，假设其与CPI同比例变化，则1971—1980年涨幅可推算为59%，1971—1988年合计涨幅为70%，远低于投资额的上升幅度。

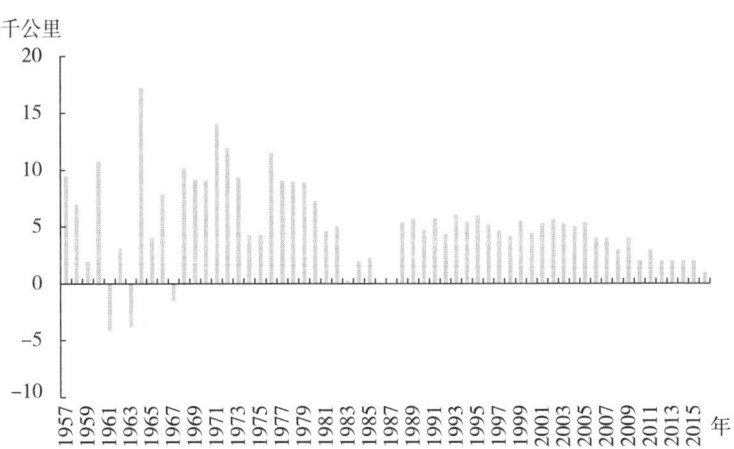

图6-9 日本历年公路新增里程情况

（资料来源：日本统计局）

▶ 建筑周期估值及竞争格局变迁

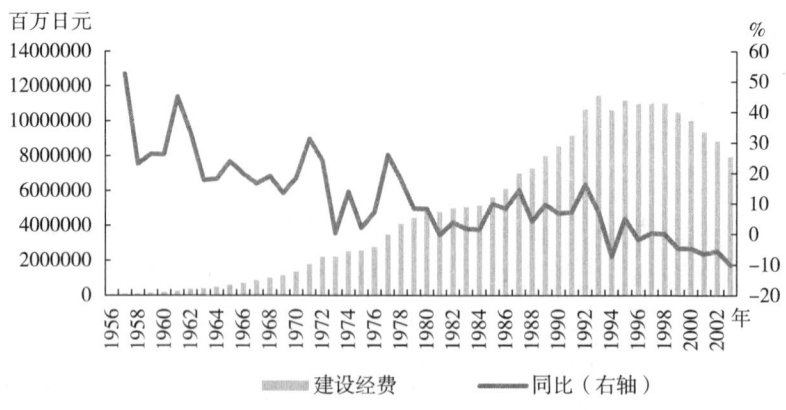

图 6-10 日本历年公路建设投资及同比增速
（资料来源：日本统计局）

  日本公路投资的增速与公路运输量的增速有一定相关性，我们认为在新增里程稳定的情况下，公路投资持续增长可能与道路翻新、拓宽有关。从公路的使用情况来看，日本 1961—2003 年，公路旅客周转量同比增速、公路货物周转量同比增速、现价 GDP 增速以及公路建设投资增速四个指标间的相关系数均超过 50%，我们认为日本公路投资的兴起和回落与公路运输需求有一定关系，而运输需求的整体变化趋势与经济增长速度有较高的相关性。进入 21 世纪之后，日本 GDP 增速总体低迷，2004 年的年公路旅客周转量基本与 1997 年持平，货物周转量的同比增速也基本在 0±2% 的范围内波动，而在 1998 年之后，日本的公路建设投资出现了连续多年的较为明显的下降。我们认为公路运输量的持续攀升可能刺激了日本既有道路拓宽改造以及通车条件提升的需求，同时道路改造又为公路投资贡献了可观增量。

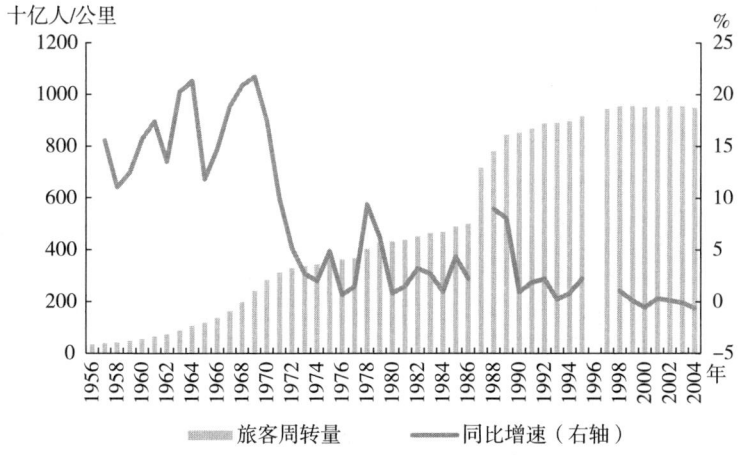

注：1987年数据口径发生变化，1987年后包括轻质客车，因此前后数据不具备可比性。

图 6-11 日本公路旅客周转量及增速历史数据

（资料来源：日本统计局）

图 6-12 日本公路货物周转量及增速历史数据

（资料来源：日本统计局）

表 6-3 1961—2003 年日本四项增速指标间的相关关系

项目	旅客周转量增速	货物周转量增速	现价 GDP 增速	公路建设投资增速
旅客周转量增速	1	—	—	—
货物周转量增速	0.81	1	—	—
现价 GDP 增速	0.71	0.52	1	—
公路建设投资增速	0.65	0.58	0.67	1

资料来源：日本统计局。

综合来看，我们认为与日本相比，我国长三角地区目前公路基础设施的现状是：高速公路路网已较为发达，但除连接核心城市的高速公路外，其余道路的车流量有进一步提升的空间；国、省干线的密度相比日本还有很大的提升空间，而从实际情况来看，我们判断长三角地区除国、省道营运里程远不及日本外，国、省道的通车条件（车道数、平整度等）可能也与日本存在较大的差距。随着经济增长和通车需求的提升，我国长三角地区的公路投资仍可能保持逐步上升的态势，投资拐点可能出现在经济增长停滞时期，但我国长三角地区GDP总量与日本仍有很大的差距，短时间内停止增长的可能性并不大。

铁路在日本的客运和货运体系中并不占主导，但我国国土面积较大，从周转率角度看，我国陆路运输中铁路的重要性是高于日本的。中国和日本在客运和货运量的统计口径上可能存在差异，因此我们认为直接比较中日两国的客运和货运量可能意义不大，但同一国家铁路和公路运输情况的比较可能相对准确。2017年日本汽车货运量为43.8亿吨，铁路货运量为0.45亿吨，铁运仅为陆运总量的1.03%（但铁运周转量达到陆运周转量的8.53%，可能说明铁运在长距离运输中使用比例较高）；在客运方面，2009年（2009年后数据口径变化，不具备可比性）日本汽车客运量为666亿人次，铁路客运量为227亿人次，铁运为陆路运输的24.1%（铁运周转量为陆运的30.5%）。由于日本铁路发展历程远长于公路，1960年之前铁路运输占陆路运输的比例基本在80%以上，而随着日本20世纪60年代和70年代公路里程的大幅增加，铁路在陆路运输中所占的比例持续下降，但进入20世纪90年代后，比例基本保持稳定，铁运客运及货运周转量在2000年之后所占比例略有提升。

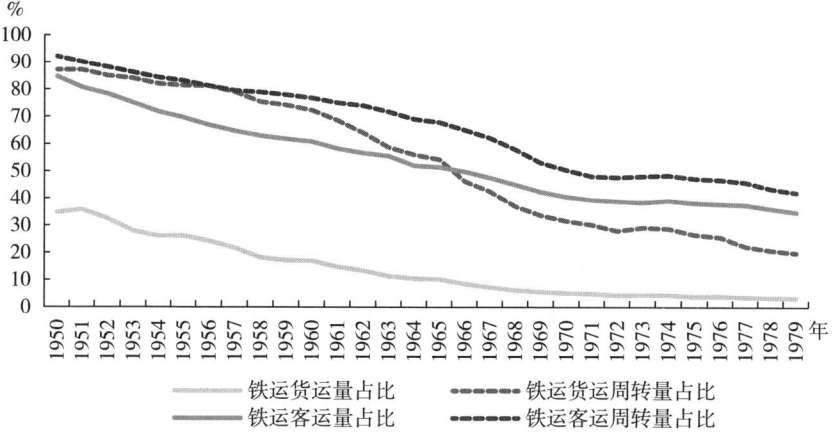

图 6-13 1980 年之前日本铁路运输占陆路运输的比重
（资料来源：日本统计局）

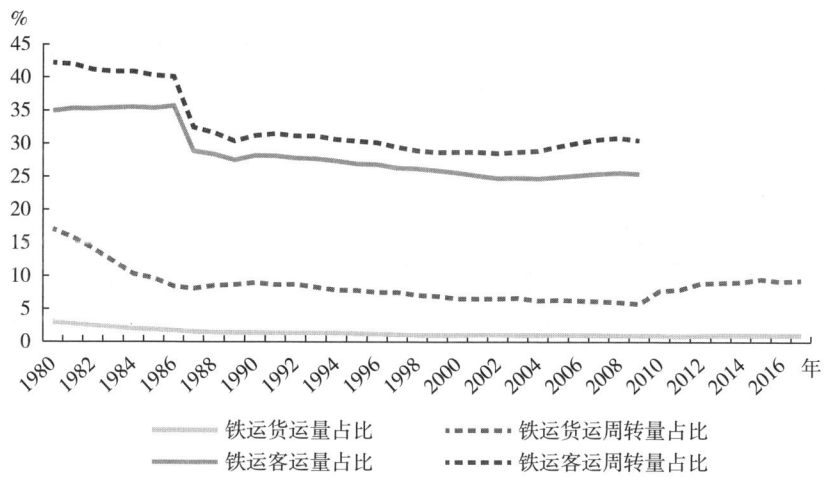

图 6-14 1980 年之后日本铁路运输占陆路运输的比重
（资料来源：日本统计局）

自 2012 年以来，长三角地区铁路客运占比呈上升趋势，货运占比稳中略降，长三角地区与日本的陆路运输结构存在相似之处。2018 年长三角地区公路和铁路客运量分别为 22.3 亿人和 6.8 亿人，铁运占陆路运输的 23%，与日本 2009 年时的情况类似，但由于我国国土面积更大，长距离客运中铁路的主导作用更加明显，铁运周转量为汽运周转量的 1.51 倍，2018

年铁路客运周转量占陆路运输的比例为60%。2018年长三角地区公路、铁路货运量为62.9亿吨、1.9亿吨,铁运为陆运的3%,而铁路货运周转量为陆运的10.9%,铁路货运周转量的占比与日本2017年的数据也比较接近。由于日本的地理位置,其与海外市场的联系可能更多依赖水运和空运,但长三角地区与我国其他区域陆上相接,铁路也是其与外界的重要连接途径。2018年10月,国务院办公厅印发《推进运输结构调整三年行动计划(2018—2020年)》,要求以推进大宗货物运输"公转铁,公转水"为主攻方向,实现全国铁路货运量较2017年增加11亿吨、水路货运量较2017年增加5亿吨、沿海港口大宗货物公路运输量减少4.4亿吨的目标,并要求加快铁路专用线建设,到2020年大宗货物年货运量在150万吨以上的工矿企业和新建物流园区接入比例达到80%以上。

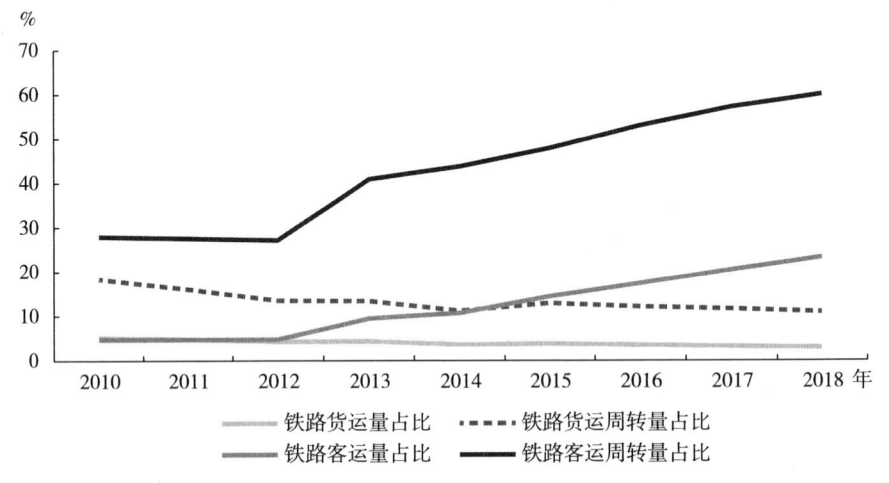

图6-15 长三角地区铁路运输占陆路运输的比例

(资料来源:Wind数据库)

与日本相比,长三角地区铁路总体密度仍有很大的提升空间,高铁里程虽已经领先日本但分布不均匀。日本自明治维新起就比较重视铁路建设与运输发展,1900年末铁路运营里程已经达到7783公里,但1945年之后铁路运营里程未发生大的变化,2003年末日本运营的铁路(含城市轨道交通)合计为2.77万公里,其中包含2387公里新干线铁路。长三角地区与日本国土面积接近,2018年年末铁路(不含城市轨道交通)营运里程为1.07万公里,城市轨交运营里程为1570公里,合计为1.22万公里,不足日本2003年末通车里程的50%,但2018年年末上海、江苏、浙江、安徽高铁通车里程为 110、846、1485、1403 公里，合计为 3844 公里，已经远超日本新干线在 2003 年时的水平，但长三角地区高铁分布很不均匀，江苏高铁尚不足 1000 公里，2019 年初江苏省发布《江苏省沿江城市群城际铁路建设规划（2019—2025 年）》，涉及新建 980 公里城际铁路（其中 718 公里高铁）。日本的铁路里程发展自 1872 年开始至 1945 年，总时长约 73 年，而长三角地区在 1978 年时的铁路通车里程为 2900 公里，如果以此作为长三角现代铁路发展的开端，假设其用与日本同样长的时间达到和日本同样的铁路长度，则长三角地区需要在未来的 32 年时间内铁路里程增长 127%，年均增长须达到 0.05 万公里/年，而我们测算"十三五"期间（2016—2020 年）长三角地区铁路里程每年增速为 0.02 万公里/年，从这个角度看，我们认为长三角地区铁路建设的空间仍然较大，而长三角地区作为我国交通基础设施建设领先的区域，其铁路仍有一定增量，反观全国中部、西部铁路建设较为落后的区域，我国的铁路建设仍有较大空间。

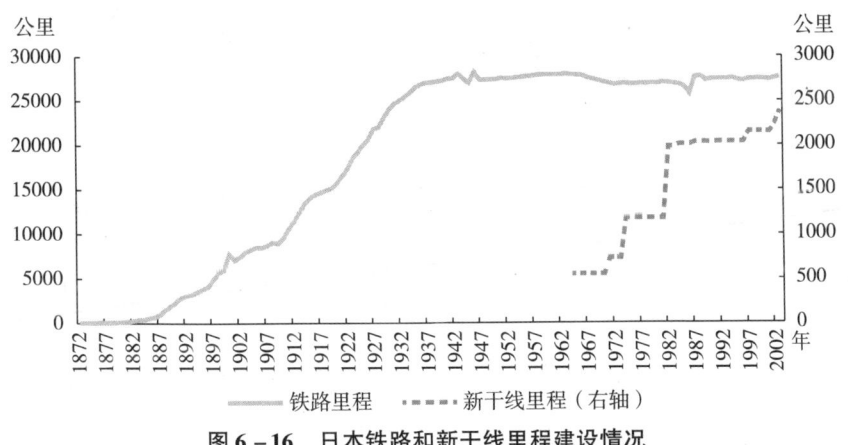

图 6-16 日本铁路和新干线里程建设情况

（资料来源：Wind 数据库）

1.2.3 体制、资金对比：日本 1995 年后地方财政压力增大对基建或有显著影响

基础设施投资的五年规划并非我国专利，日本在 1954—2002 年陆续出台了 12 个公路改进五年计划。日本基建投资具有较为鲜明的政府推动特征，除了在政府推动下的铁路通车里程快速增长外，还体现在政府出台的各类基建投资规划上。以公路为例，日本在 1920 年即出台了第一个公路改进计划，其计划在 30 年中花费 2.82 亿日元对日本公路系统进行全面改进。第二

次世界大战之后，日本在 1954 年正式出台了第一个五年公路改进计划，计划总投资 2.6 万亿日元。1959 年出台的第二个五年公路改进计划，计划总投资 1 万亿日元，而在 1959—1963 年实际完成道路投资 1.76 万亿日元。与我国的五年计划不同的是，日本的五年计划并不严格按照五年时间间隔进行编制，当市场环境发生变化时，其会提前启动下一个五年计划的编制并代替正在执行的五年计划。

在政府的引导下，日本在不同阶段的公路投资侧重点并不相同，也体现出比较强的计划性。根据孙冀所著的《基础设施发展：日本的经验》一书，日本的公路改进计划在不同时期的侧重点不相同：前四个五年计划的重点是重建和修补国家级公路，重点是建设国家和城市高速公路；第五到第七个五年计划基本上集中于高速公路的建设方面；第八和第九个五年计划主要针对高速公路建设过程中出现的规划、设计质量较低的问题进行改进，而在第十个五年计划中形成了全国干线公路网络开发建设基本政策思路，并将高速公路里程规划从 7600 公里上调至 1.4 万公里。我们认为从日本的开发思路看，一开始其建设重点也是高速公路，但后期干线公路的改进也得到了高度重视。

表 6-4 日本 1954—2002 年的 12 个五年公路改进计划

单位：万亿日元

年份	计划名称	计划投资	实际完成投资
1954	第一个五年公路改进计划	2.6	—
1959	第二个五年公路改进计划	1	1.77
1961	第三个五年公路改进计划	2.1	2.7
1965	第四个五年公路改进计划	—	—
1968	第五个五年公路改进计划	6.6	8.71
1971	第六个五年公路改进计划	—	—
1973	第七个五年公路改进计划	19.5	16.2
1978	第八个五年公路改进计划	—	—
1983	第九个五年公路改进计划	38.2	35.6
1987	第十个五年公路改进计划	—	—
1993	第十一个五年公路改进计划	76	68.6
1998	第十二个五年公路改进计划	798（高等级及普通道路新建改建投资 34.4 万亿日元）	建设经费 49.8 万亿日元

地方政府是日本工民建投资的主力，中央政府投资的占比 20 世纪 60 年代后总体处于下滑趋势，地方政府工民建投资对其财政收入的敏感性更强。日

本工民建投资的三个重要资金来源分别为中央政府、地方政府和私人部门，1965年时三者投资在工民建投资中的占比分别为37%、42%、21%，在随后的年份中，中央政府投资占比总体下滑，地方政府投资占比逐步提升，而私人投资占比窄幅波动，2008年时三者投资占比分别为9%、65%、26%。我们认为这种投资比例的迁移可能与投资政策以及投资方向的变化有关。从数据来看，日本工民建投资在1995年之后出现连续下行，主要与地方政府投资和私人投资的负增长有关。1980年之后，日本地方政府的工民建投资增速与地方政府财政收入的增速保持了较高的相关性，而私人投资增速的变化与GDP增速的变化方向大体一致，但弹性更大。我们认为1995年之后日本地方财政收入增长的压力对后续的基建投资产生了较大的影响。

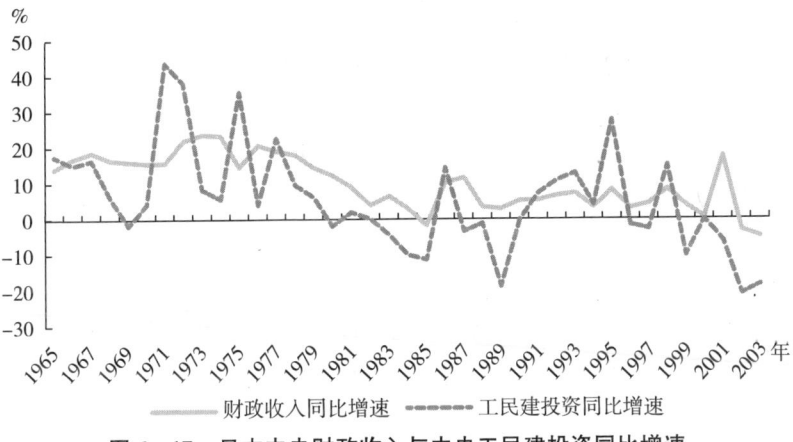

图6-17　日本中央财政收入与中央工民建投资同比增速
（资料来源：日本统计局）

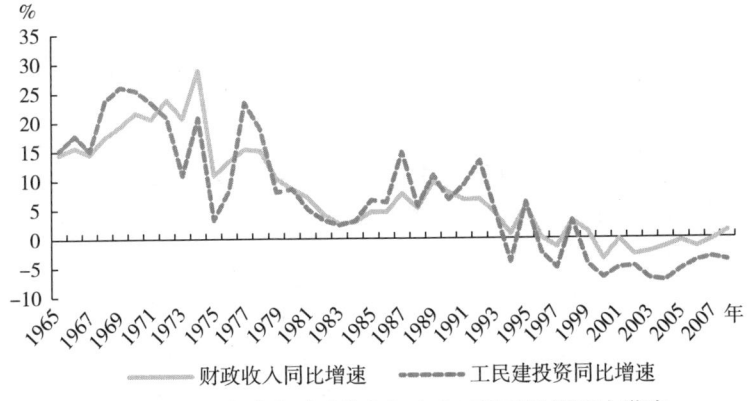

图6-18　日本地方财政收入与中央工民建投资同比增速
（资料来源：日本统计局）

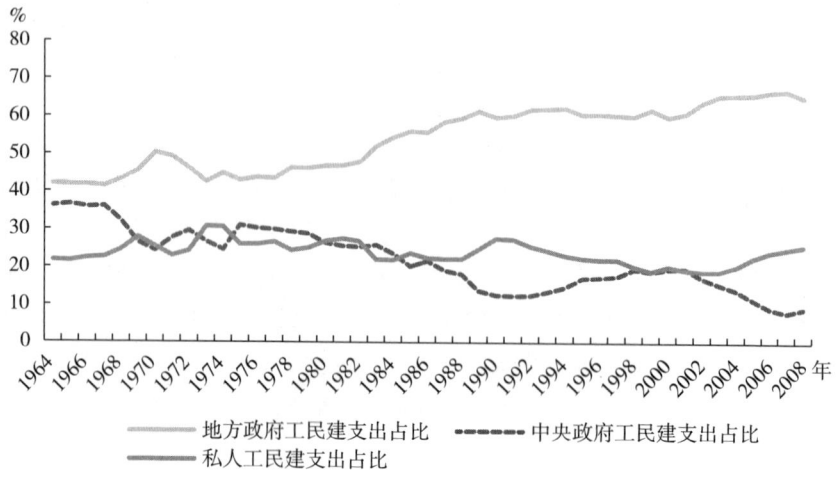

图6-19　日本工民建投资三大资金来源占比

（资料来源：日本统计局）

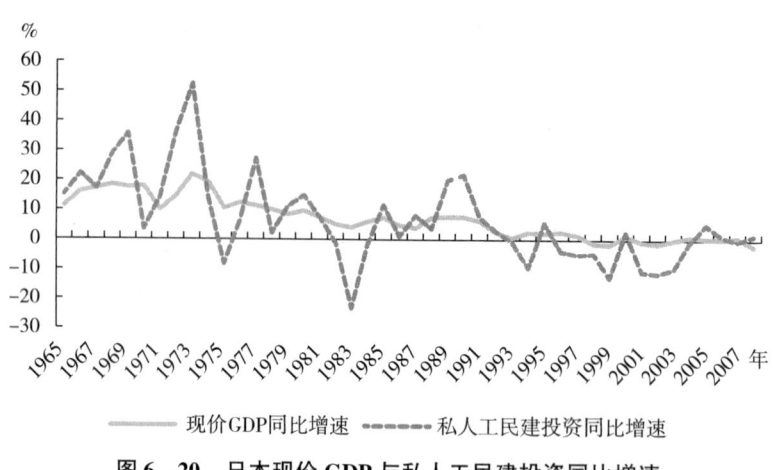

图6-20　日本现价GDP与私人工民建投资同比增速

（资料来源：日本统计局）

我们认为从计划性角度看，未来我国的基建需求有望仍保持在高位，但从财政角度看，短期的基建投资仍然面临一定的压力。 经济社会发展及各领域建设投资的五年规划同样是预判我国基建投资需求的重要指标，从上文的对比可以看出，长三角地区和日本的基建建设水平仍然存在比较明显的差距，而长三角地区已经是我国基础设施最发达的地区之一，因此我们认为，在"十四五"和"十五五"阶段，我国基建投资需求仍然可能保持在较高的水平，有望较"十三五"时期继续实现一定增长。但自2018年以来的地方政府去杠杆对包括地方融资平台在内的地方政府基建融资形成了一定压力，在经济降速、减税大背景下，2019年前三季度地方本级财政收入仅同比增长3.1%，而从行业常识来看，地方政府投资同样对我国基础设施投资具有显著影响，因此我们认为短期内地方政府财政收入端的压力可能对基建投资增速的向上弹性构成一定制约，但中长期基建需求向好的信心根基在于对中国经济保持稳定增长的信心。

图6-21　2008—2019年我国地方政府本级财政收入同比增速

（资料来源：Wind数据库）

2 美国基建投资绝对值持续增加，但占 GDP 比重明显低于中国

2.1 结构对比：美国基建投资占 GDP 的比重低且呈下降趋势，私有化程度较高

中国用于衡量基建投资规模的指标一般是指基础设施建设固定投资完成额，具体来说是指交通运输、仓储和邮政业，电力、热力、燃气及水的生产和供应业，水利、环境和公共设施管理业这三个行业投资额的总和。计算公式为：基础设施建设投资额 = ∑（交通运输、仓储和邮政业 + 电力、热力、燃气及水的生产和供应业 + 水利、环境和公共设施管理业）。目前，我国的基础设施建设投资主要集中于铁路、道路、水利、生态环保和公共设施管理业，其中公共设施管理业（39%）和道路运输业（26%）占比最高，二者合计占比超过60%。

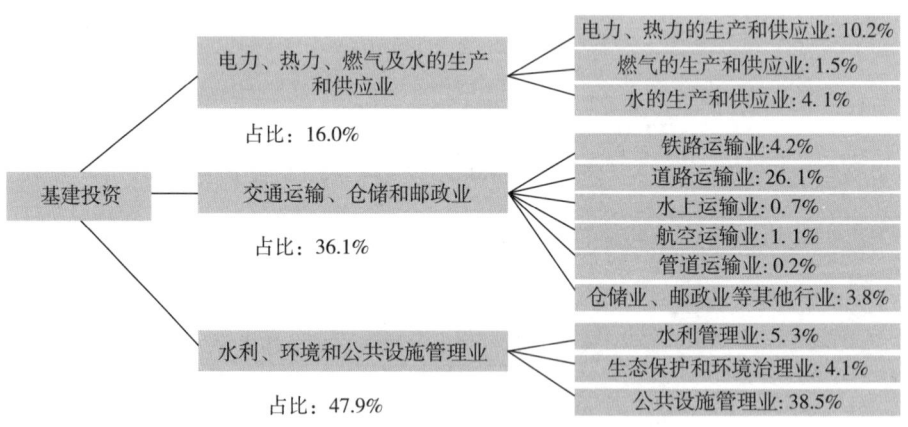

注：基建投资分行业占比数据按照 2019 年 12 月各项投资额计算得出。

图 6-22 我国基建投资涉及的相关行业分类

与中国直接按照行业分类不同，美国商务部经济分析局（BEA）将固定资产投资按投资主体分为政府部门投资（Government Fixed Assets）和私

人部门投资（Private Fixed Assets），其中政府部门投资按照投资主体又可细分为联邦政府投资（Federal Fixed Assets）和州立政府投资（State and Local Fixed Assets）；按照行业则可分为设备制造（Equipment）、建筑工程（Structures）和软件（Software）等知识产权产品（Intellctual Property Product）三大类别。对于私人部门投资，BEA按照行业将其分为农林渔（Agriculture, Forestry, Fishing and Hunting）、采矿（Mining）、公用事业（Utilities）、建筑（Construction）、制造（Manufacturing）、批发贸易（Wholesale Trade）、运输仓储（Transportation and Warehousing）等19个细分行业。

表6-5 美国固定资产投资中的政府部门投资构成

设备制造	住宅
	工业
建筑工程	办公
	商业
	医疗
	教育
	公共安全
	娱乐休闲
	交通运输
	电力
	高速公路和道路
	军事设施
	保护与发展
	其他建筑工程
知识产权产品	软件
	研究与开发

资料来源：美国商务部经济分析局。

为尽量与中国的统计口径保持一致，我们选取以下细分行业投资额做加总计算得到美国基建投资规模。其中，政府部门投资的细分行业包括医疗、教育、公共安全、交通运输、电力、高速公路和道路及其他（住宿、宗教、通信、污水和废物处理、供水结构和制造）投资。私人部门投资包括以下细分行业：公用事业，包括电力、天然气、采热、供水和排水；交通运输和仓储。

表6-6 美国基础设施建设投资计算口径示意表

政府部门投资	联邦政府投资	州立政府投资	私人部门投资
设备制造	非国防	设备制造	农林渔
建筑工程	设备制造	建筑工程	农场
住宅	建筑工程	住宅	林业、渔业和相关活动
工业	办公	办公	采矿
办公	商业	商业	油气开采
商业	医疗	医疗	采矿，石油和天然气除外
医疗	教育	教育	采矿支护活动
教育	公共安全	公共安全	公用事业
公共安全	娱乐休闲	娱乐休闲	交通运输和仓储
娱乐休闲	交通运输	交通运输	航空运输
交通运输	电力	电力	铁路运输
电力	高速公路和道路	高速公路和道路	水路运输
高速公路和道路	保护与发展	废物处理	卡车运输
军事设施	其他建筑工程	供水结构	交通和地面客运
保护与发展	知识产权产品	保护与发展	管道运输
其他建筑工程	软件	其他建筑工程	其他运输支持活动
知识产权产品	研究与开发	知识产权产品	仓储和储存
软件	纺织厂和纺织产品厂	软件	建筑
研究与开发	服装、皮革及相关产品	研究与开发	制造

注：私人和政府部门的深灰底纹部分加总得到美国基建投资数据，浅灰底纹为政府和私人部门基建投资的细分项，不重复计算。

资料来源：美国商务部经济分析局。

美国基建投资规模逐年上升，但增速趋缓。从绝对值规模来看，2018年美国基建投资规模为5484亿美元，较1947年的71亿美元的年复合增速为6.2%，2018年中国基建投资规模为17.62万亿元人民币，约为美国基建投资规模的4.7倍（按照2018年汇率均值简单换算）。从增速来看，美国基建投资的增速整体波动较大，近年来增长速度趋缓。1947—1980年，美国基建投资年复合增速为8.3%，1980—2018年，年复合增速为4.5%，其中2002—2005年和2008—2012年，基建投资的绝对规模甚至有所下降。而中国的基建投资增速整体较快，2003—2018年，仅2011年和2018年基建投资增速低于10%，其余年份的基建投资均处于快速增长阶段，但2013年之后中国基建投资增速也逐步趋缓。

从基建投资占GDP的比重来看，美国基建投资占GDP中的比重较低且呈下降趋势。自1947年以来，美国基建投资占GDP的比重为2%~4%且呈现出明显的下降趋势，2018年美国基建投资占GDP的比重仅为2.62%，远低于中国基建投资（广义）占GDP（现价）的比重（19.6%）。自2003年以来，中国基建投资占GDP的比重从10%增加至2017年的21%，2018年基建占GDP的比重虽略有下滑，但仍保持在高位。

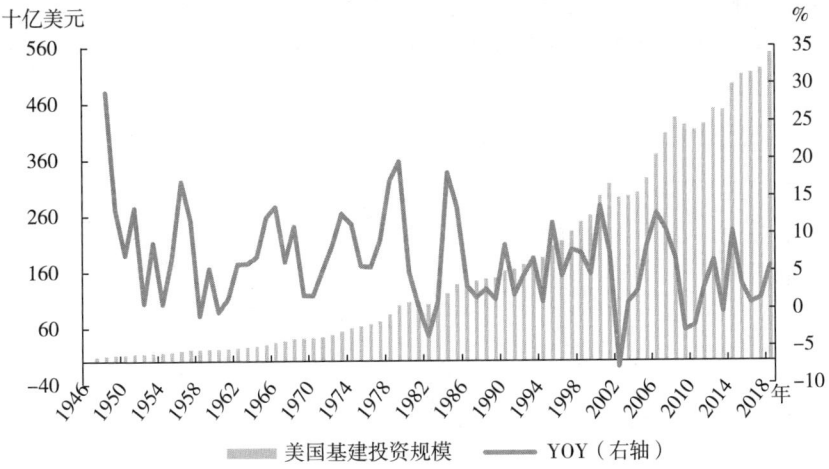

图6-23 1946—2018年美国基建投资规模及增长率

(资料来源：Wind数据库)

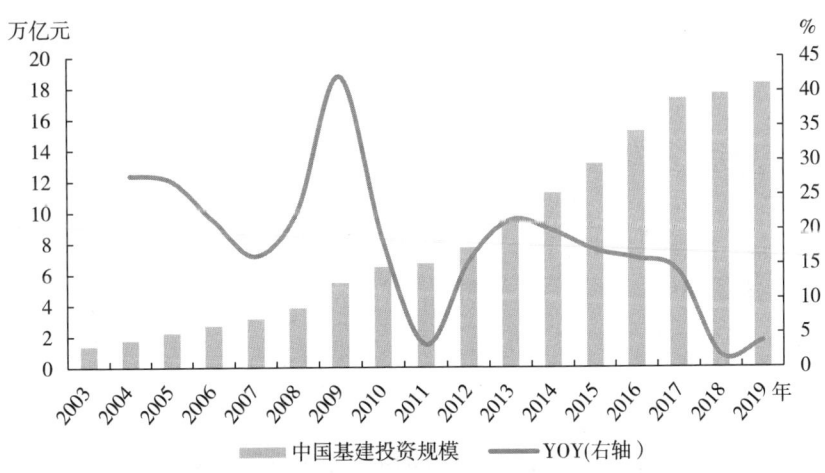

图6-24 2003—2019年中国基建投资规模及增长率

(资料来源：Wind数据库)

美国每平方公里投资强度小于中国，而人均强度与中国接近。根据美国统计局和中国国家统计局数据，美国国土面积为916万平方公里，2018年人口初算数为3.27亿人，按此计算人口密度约为36人/平方公里，中国国土面积为960万平方公里，2018年末统计人口为14亿人，人口密度为146人/平方公里，按照上述数据，2018年美国每平方公里的基建投资强度为40.72万元人民币，人均基建投资强度为1.14亿元人民币/万人，而中国

2018年每平方公里的基建投资强度为184万元，人均基建投资强度为1.26亿元/万人。中国每平方公里投资强度大于美国，而人均强度与美国较为接近。

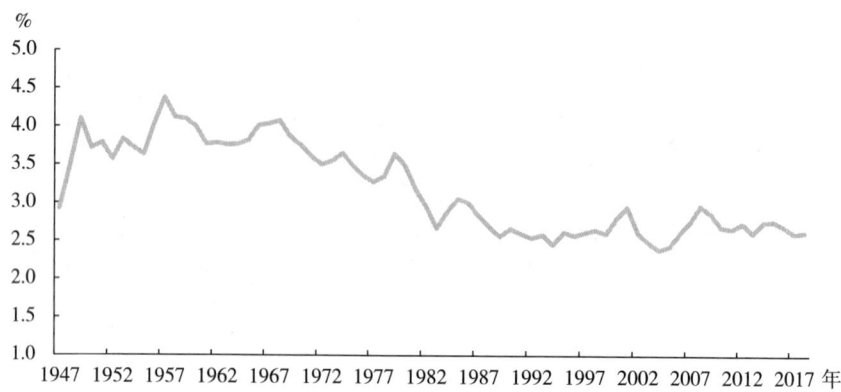

图6-25　1947—2018年美国基建投资占GDP的比重

（资料来源：Wind数据库）

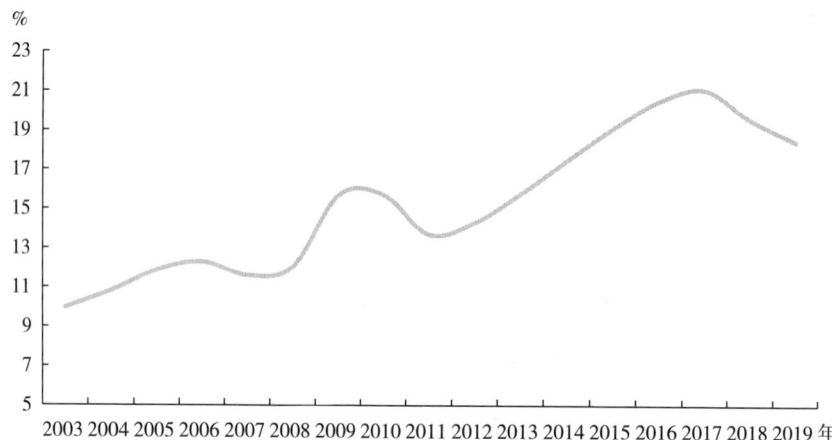

图6-26　2003—2019年中国基建投资占GDP的比重

（资料来源：Wind数据库）

表6-7　2018年中美基建投资及宏观经济基本指标对比

项目	美国	中国
国土面积（万平方公里）	916	960
人口（亿人）	3.27	14
人口密度（人/平方公里）	36	146
GDP（万亿元人民币）	139.94	90.03

续表

项目	美国	中国
人均 GDP（元人民币）	427963	64307
基建投资规模（万亿元人民币）	3.73	17.62
建安投资占 GDP 比重（%）	2.67	19.57
单位面积投资强度（万元人民币/平方公里）	40.72	183.54
人均投资强度（亿元人民币/万人）	1.14	1.26

资料来源：Wind 数据库，美国统计局。

从历史情况来看，美国基建投资结构变化不大，投资占比较大的主要是私人部门投资的公用事业、交通运输和仓储以及政府部门投资的公路和道路建设领域。2018 年私人部门的公用事业投资占比为 27%、交通运输和仓储投资占比为 24%、政府部门的公路和道路建设投资占比为 17%，和中国基建投资占比较多的交通运输、公共设施管理等领域相似。

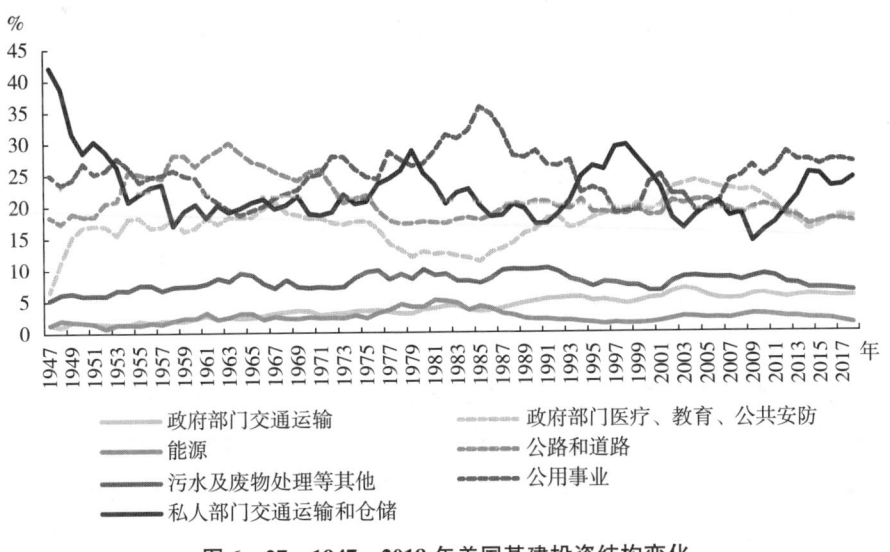

图 6-27　1947—2018 年美国基建投资结构变化

（资料来源：美国商务部经济分析局）

美国基建投资私人部门出资比例较高，政府投资占比的提高主要与美国的公路建设有关。不同于我国基建投资以政府为主，美国的政治体制决定了私人部门一直以来均可参与基建投资。20 世纪 30 年代之前，美国基础设施领域主要以私人投资为主，但经济大萧条出现后，政府在经济中的作用不断加强，对基础设施投资等领域的控制不断加强。从20世纪30年代到1964年，私人基建投资占比不断下降，从1947年的68.9%下降到1964年的38.1%，政府部门的出资比例从31.1%增加至历史顶峰61.9%，这主要与州际公路系统（HIS）的建设有关，1964年之后，美国基建投资私有化属性加强，2018年美国私人部门基建投资占比达到51.1%。与之对应，政府部门在基建投资中的占比呈下降趋势，且主要是州政府进行基建投资活动，2018年州政府基建投资占比为48%，联邦政府基建投资占比仅为0.89%，但在2003—2010年期间，州政府投资比例出现阶段性提高，我们认为这主要与美国开始全美公路系统（NHS）的建设有关。

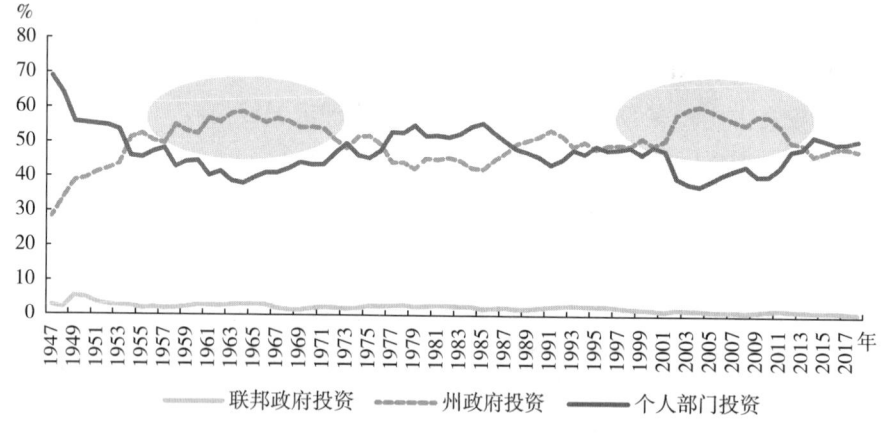

图6-28　1947—2018年美国基建投资各部门出资比例

（资料来源：美国商务部经济分析局）

政府部门投资占比的变化伴随着美国历史上三次较大规模政府主导的基础设施建设。1964年之前，罗斯福时期大力发展公共工程计划、艾森豪威尔时期建立覆盖全美的州际公路系统，较大规模的基础设施建设有效地对冲经济萧条，促进经济发展。而奥巴马时期的基建措施受到两党分歧的影响推行受阻，虽然2012年奥巴马连任之后基建取得短期发展，但是基建项目整体建设进展不及预期。

表6-8 美国历史上三次政府主导的基础设施建设

时间	背景	主要基建措施	推行效果
罗斯福时期	"大萧条"、经济衰退、通缩、失业严重	通过《全国产业复兴法案》,大力发展公共工程计划,实施"以工代赈"	大规模基建投资创造大量就业机会,拉动经济增长,有效地对冲经济萧条
艾森豪威尔时期	"朝鲜战争"、税收加重	通过《联邦公路资助法案》,建设覆盖全美的州际公路系统	基建投入规模大,取得较大成功,美国经济基本实现了充分就业并持续增长
奥巴马时期	2008年国际金融危机	通过《美国复苏和再投资法案》,计划10年基建投资达到1053亿美元	两党分歧导致政策推行受阻,基建项目进展不及预期

资料来源:应凯. 美国基础设施建设经验及其对我国的借鉴 [J]. 养护与管理, 2017 (7).

在罗斯福时期,大规模基建投资对冲经济萧条,但政府财政赤字率高企。根据《纽约时报》数据,在美国经济面临"大萧条"背景下,罗斯福通过公共工程管理局和工程振兴管理局动用公众及私人资金,先后建成7.8万座桥梁、65万英里道路、700英里飞机跑道、1.3万座游乐场、12.5万座军用和民用建筑,并修建超过4000所学校。在拉动经济增长的同时,大量创造就业岗位,使美国失业率从1933年的25.2%下降至1940年的14.6%。但与此同时,政府负债快速增加,1942—1945年财政赤字率连续处于20%以上。而根据国际经验,一般该值在3%即被认为达到赤字占GDP比重的警戒线。

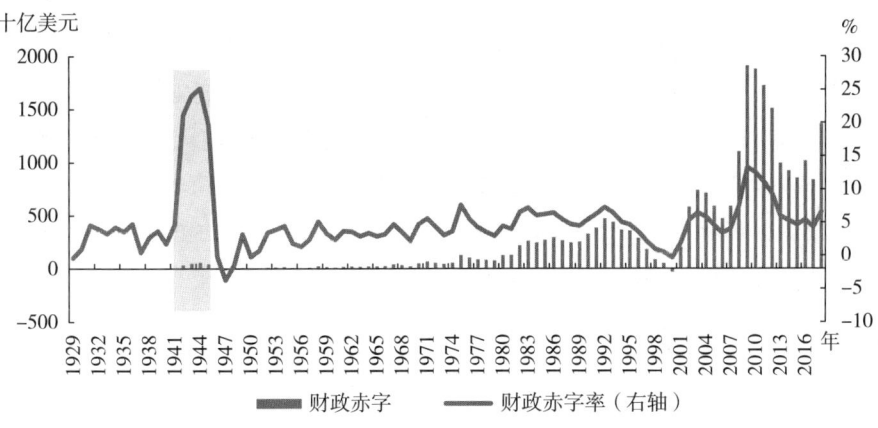

图6-29 1942—1945年美国财政赤字率连续处于20%以上

(资料来源:美国商务部经济分析局)

在艾森豪威尔时期，由于州际公路系统的发展，基础设施建设支出增长明显，基建投资在 GDP 中的比重达到 1957 年的 4.38%，而后基建支出占 GDP 的比重震荡下行至 2004 年的 2.4% 左右。2009—2010 年，由于美国颁布《复苏和再投资法案》，以及经济陷入衰退，基建公共支出占比略微上升，2015 年奥巴马的《修复美国地面运输法案》通过，但从数据看，2016 年和 2017 年的基建支出并没有明显增加，2017 年基建投资占 GDP 的比重仅有 2.61%，基础设施建设效果不及预期。总体来看，美国政府主导的大规模基础设施建设主要集中在 1970 年之前，目前大部分基础设施都有 50 年以上的历史。

表 6-9 艾森豪威尔时期州际公路项目情况

建设时间	1956 年始建，原本计划在 12 年内完工，但最后工期长达 35 年，于 1992 年基本建成通车
规格	计划建设 6.56 万公里
经费	工程预算为 250 亿美元，但最后决算则是 1140 亿美元
经费来源	颁布《联邦公路资助法案》，建立联邦高速公路信托基金，资金由联邦政府和州政府按照 9∶1 的比例分摊。其中联邦政府提供的资金由"公路信托基金"提供，该基金 87.6% 的资金来自低税率的机动车燃油税；其余部分主要来自对道路磨损较大的大型车辆征收的销售税和使用税

为减轻财政负担，提升基础设施领域的生产效率，以及挪出财政资金用于福利性支出，美国加强基础设施的私有化程度。根据国际货币基金组织数据，20 世纪 60 年代中期以前，美国政府部门负债率始终在 60% 以上，为了降低政府部门债务率，提升基础设施建设领域的生产效率，并将腾挪出的资金用于公益性更强的领域，美国政府提高了对基础设施建设的私有化程度，从 20 世纪 60 年代中期开始至 80 年代末，美国政府逐步放松对私人部门基础设施投资的限制，如 1978 年对交通运输业进行一系列的改革，鼓励私人资本进入；1978—1982 年撤销了民航局，通信市场和有线电视的准入门槛也被取消；1989 年完全取消了天然气管制，目前美国电信、航空、能源、交通运输等基础设施服务的供给全部向私人放开。

2.2 交通设施对比：我国公路和铁路存量设施仍有较大提升空间

美国基础设施大多建于 20 世纪中期，部分设施陈旧，但整体竞争力仍然强于中国。根据世界经济论坛发布的《2019 年全球竞争力指数报告》，美国基础设施建设总体排名为第 13 名，低于美国的总体竞争力排名（第 2 名）。而分项中，铁路密度、供水可靠性、电力损耗分别排名为第 48、第 30、第 23 位，拖累了美国整体的基础设施建设排名，我们认为这主要与美国大规模的基础设施建设集中于 1960 年之前有关，部分基础设施陈旧。而中国基础设施建设由于发展年限较短，整体竞争力（排名第 36 名）距离美国也存在较为明显的差距。由于基础设施包含多个维度，我们选取其中具有代表性的交通运输行业（主要为公路和铁路），将美国与中国按照总量、密度（与国土面积的比值）、人均水平等方面进行对比。

表 6-10　2019 年中国与美国基础设施竞争力排名

项目	美国	中国
总体基础设施建设	13	36
交通基础设施建设	12	24
道路连接性	1	10
道路质量	17	45
铁路密度	48	61
铁路服务效率	12	24
机场连接性	1	2
航空运输服务效率	10	66
班轮运输连接性	8	1
港口服务效率	10	52
公用事业基础设施建设	23	65
电气化率	2	2
电力损耗	23	18
不安全饮用水暴露性	14	74
供水可靠性	30	68

美国公路建设模式是联邦政府提供资金援助，各州政府作为公路交通的第一责任人，负责公路系统的建造、维护和运营，政府部门主导公路的建设。以 1952 年开始至 1992 年结束的州际公路建设为分界线，美国公路发展可划分为"前州际公路时代""州际公路时代""后州际公路时代"。1992 年州际公路系统的建成标志着美国从此进入后州际公路时代。1995 年，美国开始在州际公路的基础上，建立一个总长达 24.94 万公里的国家公路系统，标志着美国公路网主骨架的基本完成，此后美国的公路基础设施建设开始趋缓。

表 6-11 自 1930 年以来美国主要的公路建设规划

时期	公路建设规划	效果
1938 年罗斯福执政期间	修建三纵三横六条州际高速公路；搭建全国公路网	因资金短缺及第二次世界大战爆发而未能实现
第二次世界大战时期	阿拉斯加公路	基于军事需要，9 个月高效完工
1943 年	搭建 6.44 万公里全国高速公路网计划	因资金问题搁浅
1956 年艾森豪威尔执政期间	用 30 年时间建成 6.56 万公里的州际高速公路	1992 年州际高速公路建设完成
20 世纪 90 年代	在州际公路基础上建立一个总长达 24.94 万公里的国家高速公路系统	标志着美国公路网主体骨架的完成，此后美国的公路基础设施建设开始趋缓

资料来源：龚鹏飞. 美国公路和公路交通立法的发展历程 [J]. 中外公路，2015（5）.

根据美国商务部经济分析局披露的公路和道路建设投资数据，2018 年美国公路和道路固定资产投资 953 亿美元（按照 2018 年平均汇率换算约为 6306 亿元人民币），而中国公路固定资产投资 2.13 万亿元人民币，约为美国规模的 3.4 倍。我们认为，中美两国公路固定资产投资的差距的原因主要是：一方面，这与中国正处于公路快速建设阶段而美国公路建设已成熟有关，目前美国公路主要是养护和修缮工作；另一方面，中国公路建设的政策是优先建设高速公路，通常单位高速公路的造价要高于普通公路。

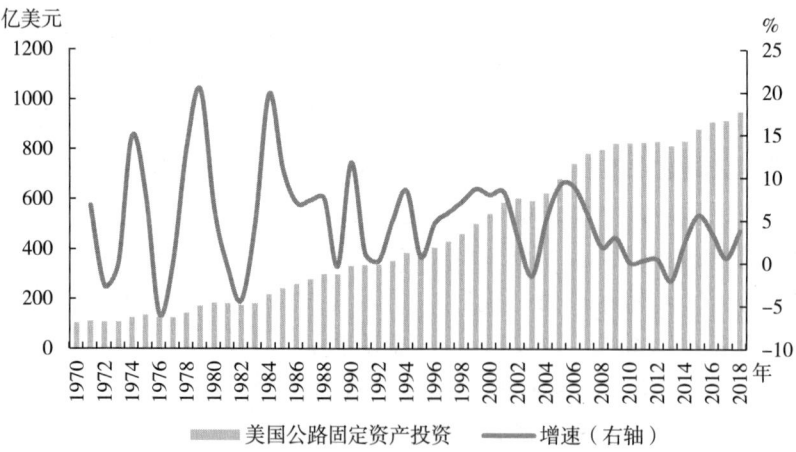

图 6-30 1970—2018 年美国公路固定资产投资及增速

（资料来源：美国商务部经济分析局）

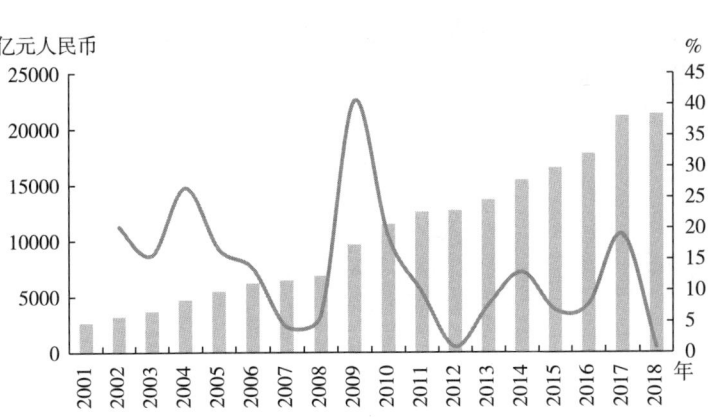

图 6-31 2001—2018 年中国公路固定资产投资及增速

（资料来源：交通运输部）

中国公路总里程较美国仍有一定差距，1951—1979 年美国公路建设处于快速发展阶段，目前公路通车里程新增不多，而中国公路建设正处于自 2006 年以来快速发展阶段。2018 年中国公路通车里程为 484.65 万公里，与美国 1920 年左右的公路通车里程相近，与 2018 年美国公路通车里程（673.28 万公里）仍差 210 万公里左右。1956 年全美州际公路系统开始进入建设阶段，美国公路通车里程也呈现出快速增长的态势。1951—1979 年的 28 年间共新增公路里程 95.09 万公里，年均新增里程达到 3.40 万公里，是 1951 年前 15 年间年均新增里程的 5.3 倍，1980 年后 27 年的 2.4 倍。中国公路建设从 1990 年开始加速，2005 年之后国家统计局将村道里程加入公路里程统计，故无法和历史数据的年均新增数进行比较，2005—2018 年的 13 年间中国共新增公路里程 150.13 万公里，年均新增里程达到 11.58 万公里，中国公路里程正快速增加。

中国高速公路通车里程多于美国，且高速公路占所有公路的比重高于美国。美国的高速公路快速发展于全美州际公路建设时期，1960—1980 年，美国高速公路通车里程从 1.62 万公里增加至 7.59 万公里，占所有公路的比重也由 0.28% 上升至 1.22%，1992 年全美州际公路系统建设完成之后，美国高速公路的增长变缓，2017 年高速公路通车里程为 10.84 万公里，占总公路比重为 1.61%。我国 1990 年开始加快公路建设速度，高速公路建设也从 1996 年开始进入快车道，2000—2018 年，中国高速公路通车里程从 1.63 万公里增加至 14.26 万公里，占总公路的比重也从 0.97% 增加至 2.94%。

2013年前后,中国高速公路通车里程超过美国,2017年中国高速公路占所有公路的比重比美国高1.25个百分点。

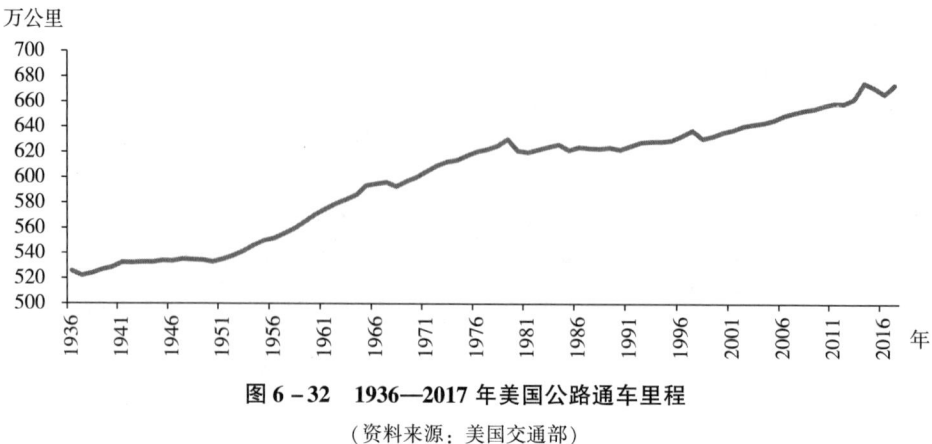

图6-32 1936—2017年美国公路通车里程

(资料来源:美国交通部)

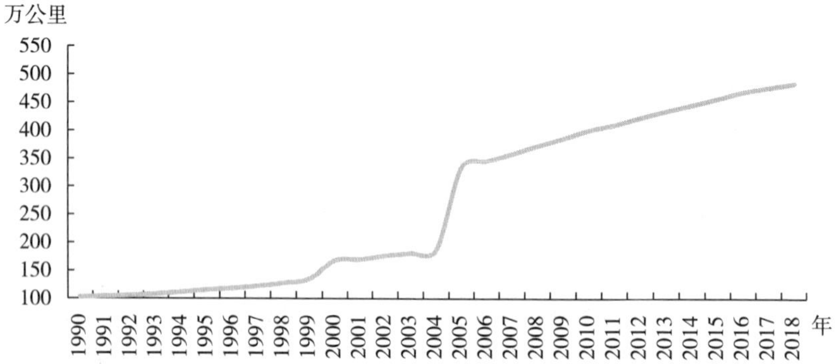

图6-33 1990—2018年中国公路通车里程

(资料来源:国家统计局)

美国公路里程密度高于中国,但中国公路里程密度增长速度快于美国。由于中美两国国土面积较为接近,"公路通车里程/国土面积"较好地衡量了两国的公路里程密度情况。根据美国交通部披露的数据计算,1947—2017年,美国公路里程密度从0.58公里/平方公里增加至0.74公里/平方公里,增加较为缓慢,2005年调整公路里程统计口径之后,中国公路里程密度从2005年的0.35公里/平方公里提高至2018年的0.50公里/平方公里,且具有加速增长的趋势,中美公路里程密度差距进一步缩小。

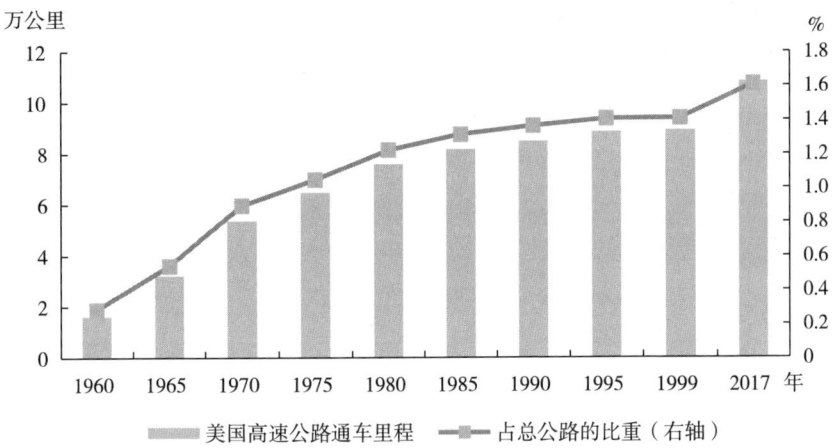

图 6-34 1960—2017 年美国高速公路通车里程及同比
（资料来源：美国交通部）

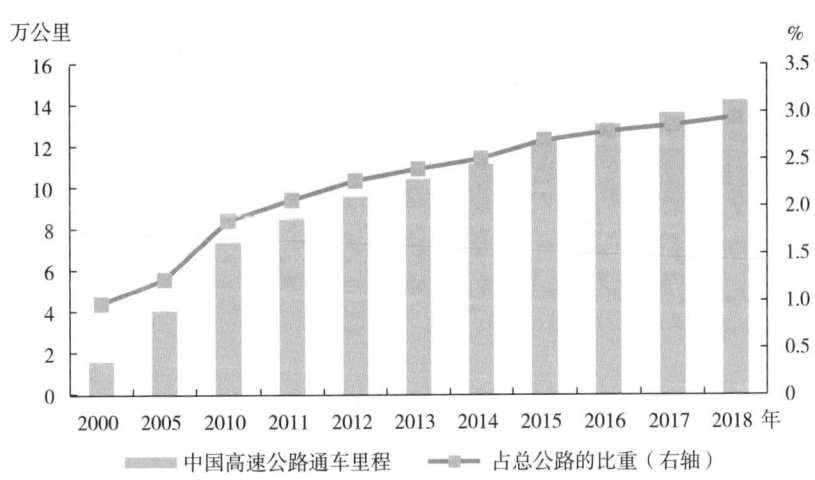

图 6-35 2000—2018 年中国高速公路通车里程及同比
（资料来源：国家统计局）

美国人均公路里程远高于中国，但两国人均公路里程的变化趋势相反。 2017 年美国人均公路里程为 20.69 米/人，而中国人均公路里程仅为 3.43 米/人，二者差距较为明显，虽然美国人均公路里程呈现下降趋势，与中国人均增长的趋势相反，但由于两国人口差异较大，中国人均公路水平仍有较大增长空间。

▶ 建筑周期估值及竞争格局变迁

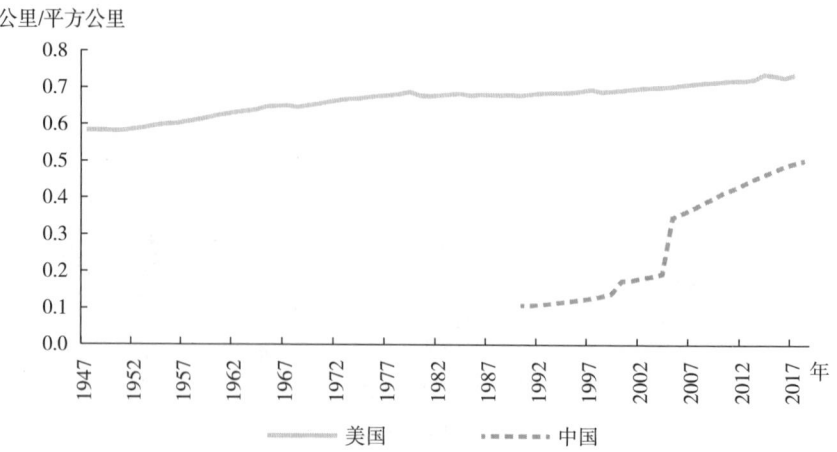

图 6-36　1947—2018 年中美公路里程密度对比
（资料来源：美国交通部，中国国家统计局）

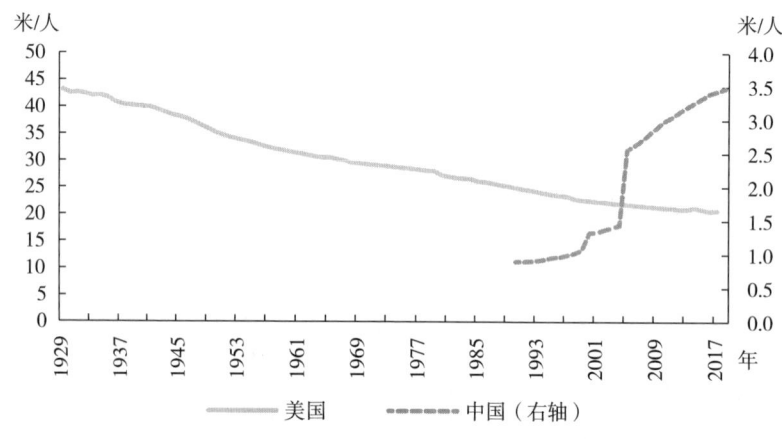

图 6-37　1929—2018 年中美人均公路里程对比
（资料来源：美国交通部，中国国家统计局）

出于国防和军事的需要，美国的高速公路系统几乎完全由联邦政府统一规划并出资建设，而美国的铁路建设主要集中于私人部门，资金主要通过资本市场来募集，历史上经历了"垄断—衰退—复兴"三个阶段。在美国铁路运输中，货运占主导，客运占比小且一直处于亏损状态。1970 年后美国放松管制并开启铁路改革，通过市场定价、重组并购、投融资改革等提升铁路运营效率，将客运和货运分离，由货运公司管理路网，客运向货运租借路网，使得美国铁路行业集中度提升。

| 政府支持，市场垄断阶段 | 严格管理，市场衰退阶段 | 放松管制，产业复兴阶段 |
| （1830—1916年） | （1917—1970年） | （1970年至今） |

- 1830年第一条铁路建成
- 政府赠送土地，减免税赋，鼓励铁路发展
- 颁布《州际商业法》成立ICC协会
- 美国铁路快速发展，运营里程超过40万公里，铁路公司超过1300家

- 政府加强价格管制和市场准入制度
- 公路和航空竞争激烈，铁路公司经营效率降低
- 大量公司濒临破产

- 颁布《斯塔格斯铁路法》等放松管制措施，启动铁路改革
- 通过市场定价、重组并购、投融资改革提升铁路运营效率
- 行业效益提升，集中度提高

图6-38 美国铁路改革历程

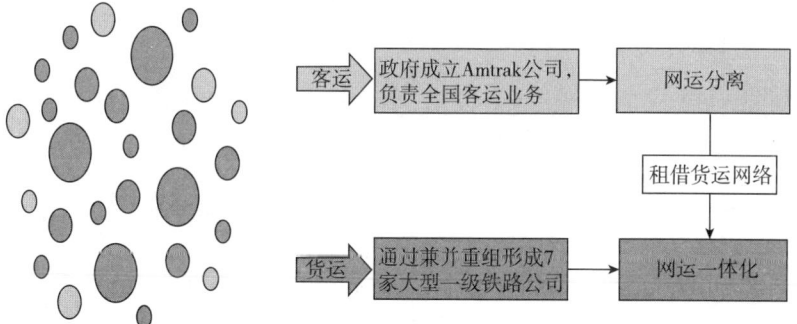

图6-39 美国铁路改制前后市场变化

中国铁路营业里程与美国的差距正在逐步缩小。根据国家统计局和交通运输部数据，2018年中国铁路营业里程为13.17万公里，仅次于美国铁路营业里程（2017年为20.27万公里），居于世界第二位。不同之处在于，美国铁路行业改革之后，1980—2000年美国的铁路营业里程减少了9.07万公里，2000年之后，美国铁路营业里程基本保持在21万公里左右。而中国铁路营业里程在2008年高速铁路快速发展之后呈现快速增长趋势，2008—2018年以0.52万公里/年的速度逐年递增，中美铁路营业里程的差距正在逐步缩小，我们测算若中国铁路保持0.5万公里/年左右的速度增加，未来15年左右的时间，中国铁路营业里程有望超过美国。

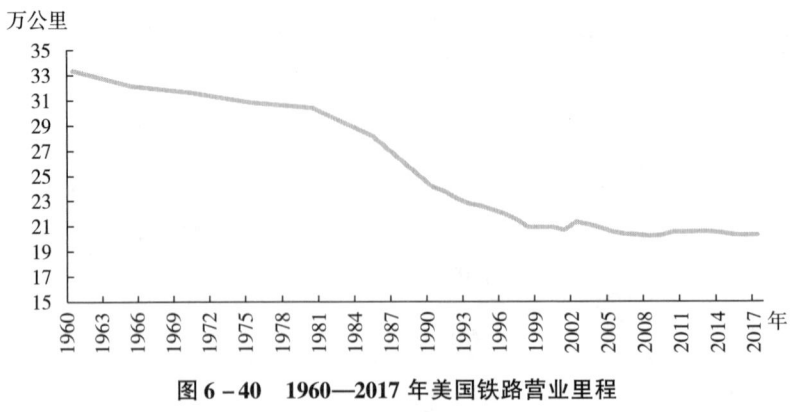

图 6-40　1960—2017 年美国铁路营业里程
（资料来源：美国交通部）

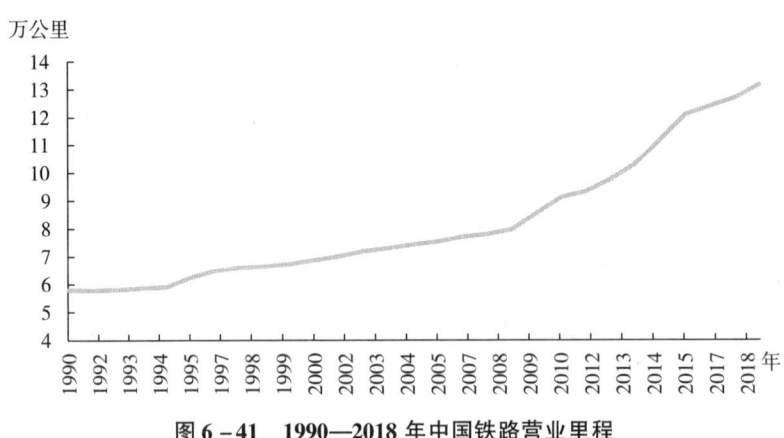

图 6-41　1990—2018 年中国铁路营业里程
（资料来源：国家统计局）

中国高速铁路处于世界领先地位，而美国高速铁路则较为落后。根据中国交通运输部数据，2018 年末中国的高铁运营里程为 2.9 万公里，占全球高铁运营里程的 60%，超过其他国家总和；而从国际比较来看，2017 年美国的高铁占比仅为 0.5% 左右，明显落后于中国、韩国和日本等国家。我们认为，铁路建设由私营部门投资的传统是美国高铁建设面临的主要阻碍，资金缺口及环保评估、土地征用、居民搬迁等方面的问题使得美国高铁发展缓慢。

美国铁路里程密度高于中国，但中国铁路里程密度加速增加。我们运用"铁路营业里程/国土面积"衡量两国的铁路里程密度情况。根据国家统计局的数据，1990—2018 年，中国铁路里程密度从 6.01 米/平方公里增加至 13.67 米/平方公里，2008—2018 年年均新增速度为 0.56 米/平方公里，而 1997—2007 年年均新增速度仅为 0.12 米/平方公里，中国铁路里程密度呈加速增加趋势。而美国铁路里程密度 1996 年之后变化较小，基本在 22～24 米/平方公里范围内波动，虽然美国铁路里程密度仍高于中国，但中美铁路里程密度差距逐步缩小。

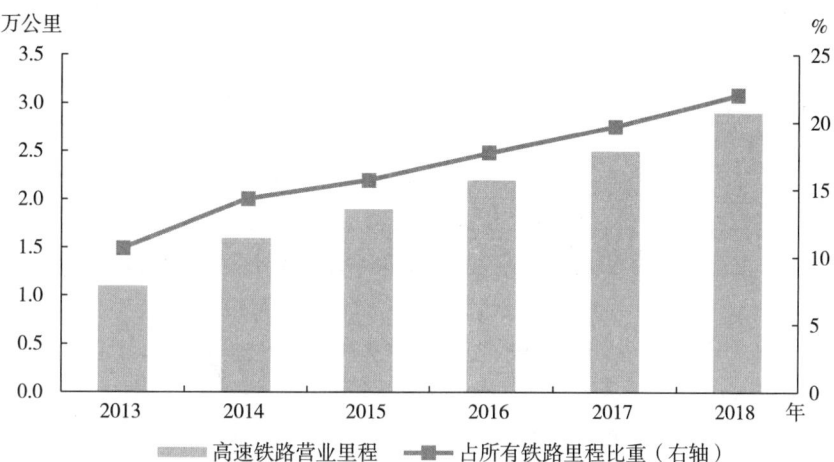

图 6-42　2013—2018 年中国高速铁路营业总里程占比

(资料来源：交通运输部)

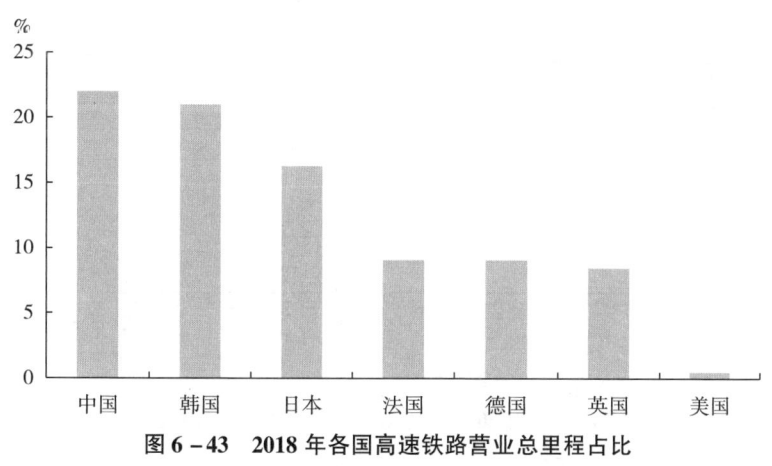

图 6-43　2018 年各国高速铁路营业总里程占比

(资料来源：世界银行)

美国人均铁路里程远高于中国，但人均水平趋势性下降，中国人均铁路里程保持平稳向上。2017 年美国人均铁路里程为 622.96 公里/百万人，而中国人均铁路里程仅为 91.36 公里/百万人，二者差距较为明显，虽然美

311

国人均铁路里程呈现下降趋势，中国人均铁路里程正缓慢增长，但由于两国人口差异较大，中国人均铁路水平仍有较大增长空间。

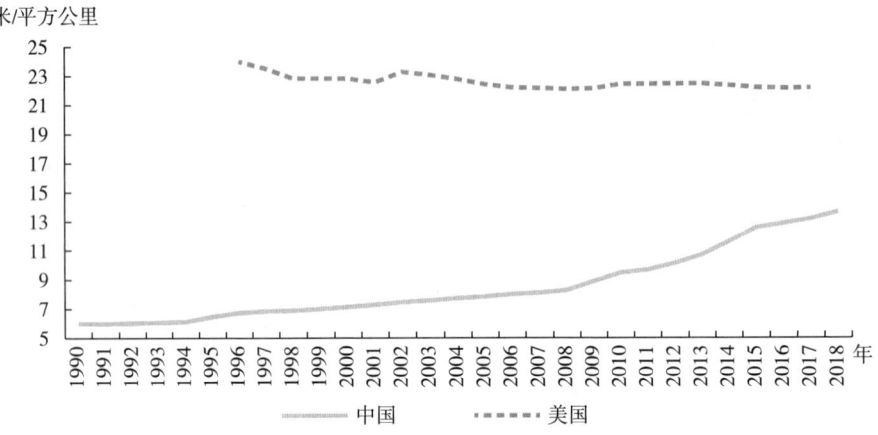

图 6-44　1990—2018 年中美铁路里程密度对比

（资料来源：美国交通部，中国国家统计局）

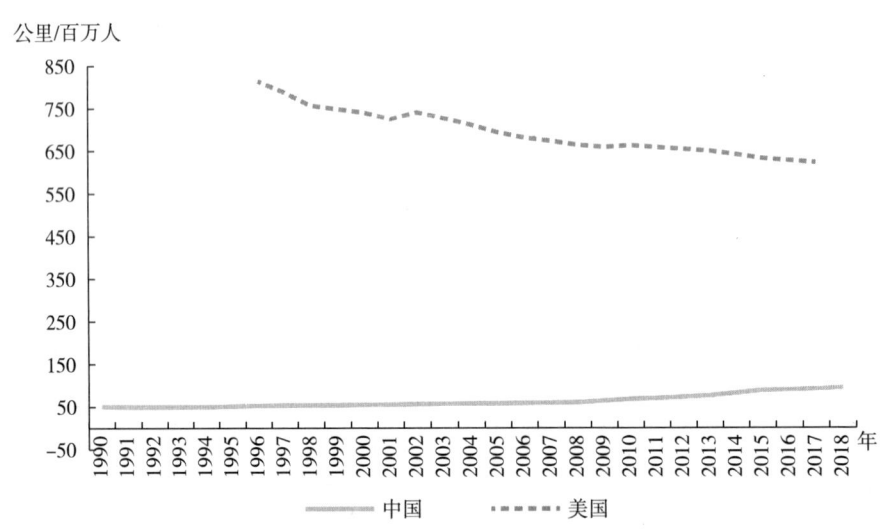

图 6-45　1990—2018 年中美人均铁路里程对比

（资料来源：美国交通部，中国国家统计局）

中国高铁客运量从 2008 年的 734 万人次增加到 2018 年的 20.5 亿人次，年均增速达 76%；高铁客运量占铁路客运量比重从 2008 年的 0.5% 增长到 2018 年的 60.9%。高铁规划也从最初的"四纵四横"演进到目前的"八纵八横"，按照我国的《中长期铁路网规划》，2025 年和 2030 年的规划里程分别为 3.8 万公里和 4.5 万公里，我们判断高铁的客运量及铁路客运量占比有望进一步提升。

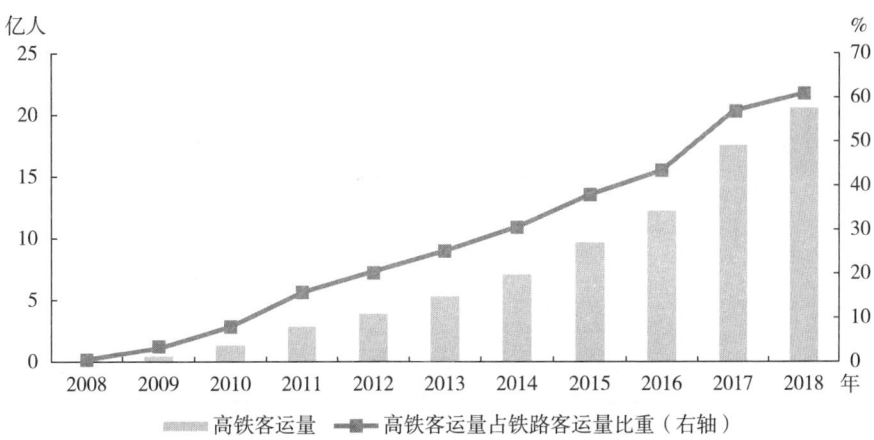

图 6-46　2008—2018 年中国高铁客运量及占铁路客运量比重

（资料来源：国家统计局）

2.3　投融资方式对比：美国基建融资方式灵活多样，且更具有创新性

按照投资主体的不同，美国的基础设施建设投资的方式可分为国有资本投资和私营资本投资。国有资本投资主要是联邦政府、州政府和地方政府通过下属政府机构和相关企业对基础设施项目进行投资，投资资金主要来源于税收收入和市政债券。美国联邦政府通过下属政府机构和相关企业（如洛杉矶运输局、长岛公用电力局、新泽西港务局等）进行基础设施建设，州政府和地方政府是美国基础设施国有资本投资的主要投资主体。而国有资本基础设施建设投资资金主要来源于市政债券发行筹集的资金和税收收入等。市政债券通常分为一般责任债券与收益债券。一般责任债券一般为无收益项目注资、政府担保偿还债券，主要投向交通运输、公共事业、公共设施等，平均期限在 15 年以上。

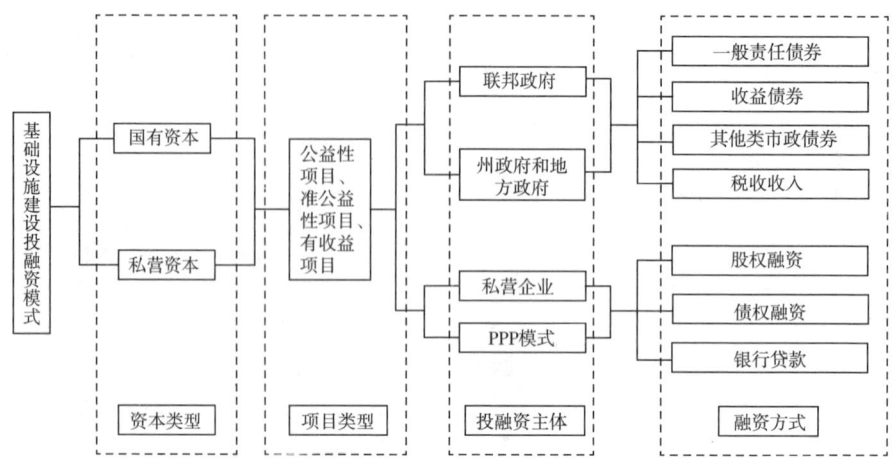

图 6-47　美国基础设施建设投融资模式

以公路建设为例，在"使用者付费"原则下，燃油税是其主要的资金来源。美国公路建设的资金来源具体包括以下四种。一是燃油税和车辆税。燃油税包括联邦燃油税和州政府燃油税；车辆税包括车辆购置税及汽车用品消费税等。二是公路通行费收入。三是其他税收，主要包括财产税及特别评估费、一般基金拨款及其他税收。四是其他收入来源，主要包括投资收入、发行债券所得、政府间收入等。根据美国联邦公路管理局的数据，1980—2011 年，美国公路基础设施融资收入逐年增长，从 1980 年的 417.69 亿美元增长到 2011 年的 2061.41 亿美元，年均复合增长率达 5.3%，同时公路基础设施的融资结构也发生变化，截至 2011 年，虽然"燃油税与车辆税"仍然是公路基础设施建设资金来源的最大占比，但是占比从 1980 年的 50.26% 下降至 2011 年的 41.25%，与之对应的是其他来源的占比从 17.02% 上升至 21.48%。

利用债券为公路建设筹集资金，一直是美国公路融资机制的传统做法之一。在美国以燃油税为主的公路融资机制中，债券融资所占比例约为 10%，近年来，越来越多的州开始对债券融资模式进行创新，与之对应，美国公路基础设施建设的其他资金来源占比明显提升。

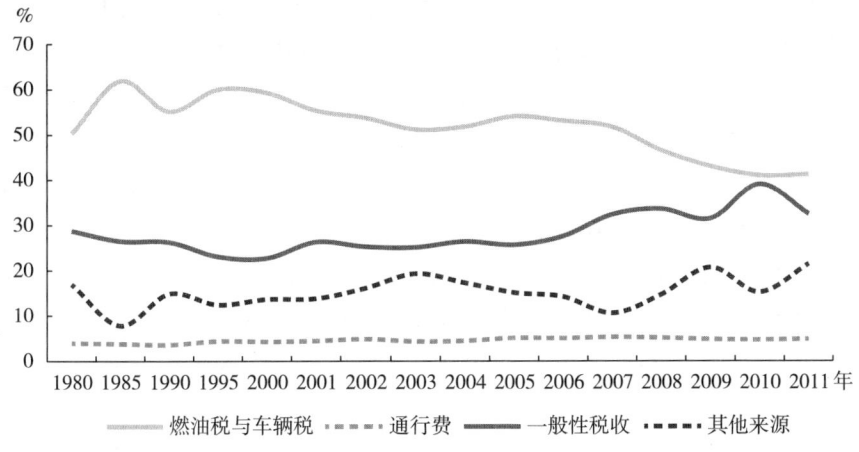

注：数据可得年份仅为1980—2011年。

图6-48 1980—2011年美国公路基础设施的融资结构

（资料来源：美国联邦公路管理局）

表6-12 美国用于公路建设的债券融资和信贷模式不断创新

名称	解释	评价
债券即预期税收拨款债券（GARVEE）	一种免税的债务证券融资工具，它以联邦政府的预期拨款作为抵押发行地方政府债券融集资金	增加了联邦政府的资助，实际上是由两个政府主体（联邦政府和州政府）提供偿还保证，也就是当联邦的资助拨款不能到位的时候，由地方政府政府负责赎回债券，因而信用程度更高
私人活动债券（PABs）	以项目融资为目的，由公共基础设施项目私人承建者以自身名义或以地方政府名义发行的一种免税限额债券	私人发行，债券风险较大
联邦信贷援助	1998年，美国通过《交通基础设施融资和创新法案》，在此基础上几经修订，建立了联邦信贷援助计划，为符合一定条件的交通建设项目（如PPP项目或采用先进技术的项目）提供资金援助	现阶段，美国交通部可提供三种形式的信贷援助，即抵押贷款、贷款担保和备用信用额度
州级基础设施银行（SIBs）	以项目收益权作为抵押，广泛吸收存款，并以此为交通基础设施项目提供较低利率的贷款	为基础设施建设过程中利用联邦和州政府贷款提供了一个途径，同时也为非联邦政府和私人提供了投资渠道

私营资本基建投资主体主要为私营企业，融资方式主要为股权融资、债券融资、银行贷款和养老金，私营企业基建投资通过政府购买服务、自身现金流和政府补贴实现项目资金平衡和盈利。根据美国公共管理家萨瓦斯（Savas，2002）对美国私人投融资模式的研究，美国对不同类型的项目采用不同的资金平衡方式：对于公益性项目，采用合同承包制和凭单制，合同承包制中一般采用政府购买服务的方式平衡资金，对于凭单制，是政府将补助发放给使用者，使用者付费给私营企业达到私营企业的资金平衡；对于准经营性项目，政府一般授予私营企业特许经营权，通过项目自身现金流和财政补贴达到资金平衡；对于经营性项目，私人企业一般通过自身现金流覆盖其成本。

相比较于基建融资方式多样且成熟的美国，我国的基建建设投融资手段较为有限。目前我国基础设施建设的资金来源大体上还是政府融资平台与银行信贷，导致地方债务过多，基础设施建设的资金缺口变大。虽然对于新模式如 BT、BOT、PPP 等合作模式有诸多尝试，但是仍受限于国家融资体制不够成熟，民间资本在基础设施建设项目中的作用并不明显。

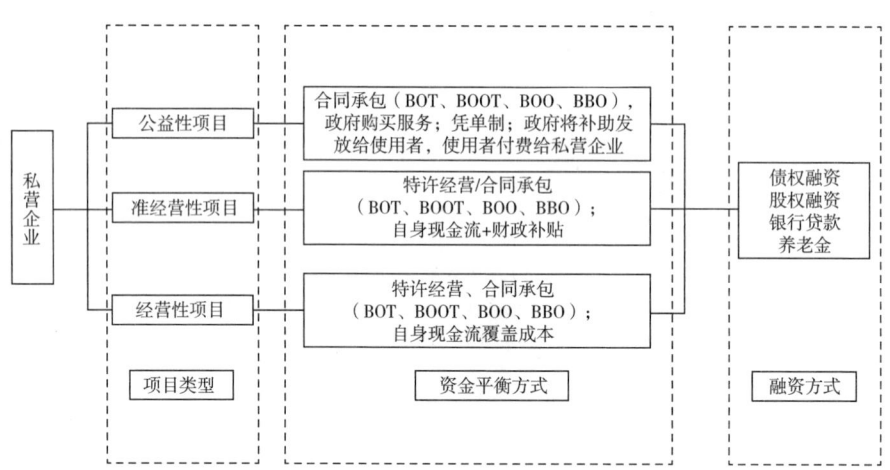

图 6-49　美国私人基础设施投融资模式

3 美国钢结构市场空间研究

3.1 美国市场的构成和当前大致市场空间

美国钢结构行业总体分为制造和安装两个子行业，分工专业化程度很高。在北美产业分类体系（NAISC）中，与钢结构相关的子行业分布于建筑和制造业两个一级行业中。其中建筑业主要包含专业工程中的钢结构和预制混凝土承包，而制造业则主要是建筑及结构钢加工二级子行业。具体来看，建筑及结构钢加工包括预制金属建筑及零部件制造、预制结构金属制造、板材加工制造、金属门窗、钣金加工（金属薄板加工）、装饰品六个子板块，其中预制建筑板块主要含轻钢结构，而预制结构制造则主要包括房屋建筑和基建等重钢结构，板材加工则主要包括核能、化工石化、交运等钢制设备的加工制造，与建筑业关联度较低。

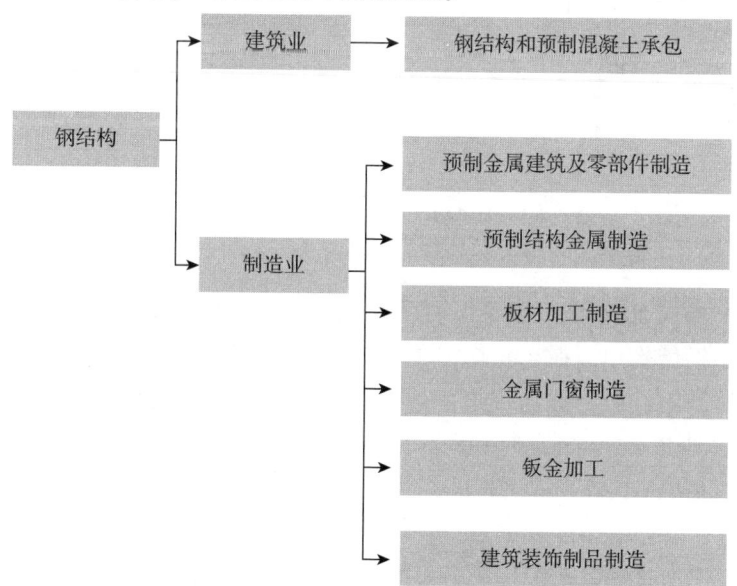

图 6-50 美国钢结构所涉及具体行业分类

（资料来源：NAICS）

2017 年与我国建筑钢结构市场对应程度较高的美国细分市场的空间约为 545 亿美元。根据美国统计局公布的美国商业统计数据，2017 年与钢结构相关子行业的企业总营收（estimated receipts）为 1048 亿美元（该统计只在 2 和 7 结尾的年份发布行业营收情况，因此 2017 年为当前最新数据）。但我们认为我国建筑行业钢结构公司主要提供与建筑或构筑物主体结构相关构件的加工和安装服务，因此主要与 PC 及钢结构承包、预制金属建筑及零部件制造和预制结构金属制造三个子行业相关，而 2017 年美国上述三个子行业的合计市场空间约为 545.73 亿美元，其中制造类市场空间占比为 71%，具体来看，预制结构金属制造业在钢结构制造业中的占比为 81%，轻钢建筑制造的市场份额较小。

表 6-13 2017 年美国钢结构相关行业市场空间情况

单位：亿美元

相关行业	市场空间
1　预制混凝土及钢结构承包	156.84
2　建筑及结构金属制造	891.23
2.1　板材加工及结构件产品制造	458.94
2.1.1　预制金属建筑及零部件制造	75.61
2.1.2　预制结构金属制造	313.28
2.1.3　板材加工制造	70.06
2.2　装饰和建筑金属制品制造	432.29
2.2.1　金属门窗制造	124.95
2.2.2　钣金加工	228.8
2.2.3　建筑装饰制品制造	78.54

资料来源：SUSB。

我们推算 2017 年美国建筑钢用量可能在 800 万吨左右，平均单体钢结构建筑的钢结构用量在 800 吨左右。根据美国建筑钢结构协会 2018 年 8 月发布的建筑钢结构行业白皮书的数据，美国建筑结构用钢主要包括空心结构型材（Hollow Structural Sections，HSS）、钢板（Steel Plate）和热轧结构型材（Hot-rolled Structural Shapes）三大类。其中 2017 年 HSS 的国内市场为 160 万吨，协会预计每年用于工程项目的钢板约为 70 万吨。2017 年美国国内热轧型钢产量约为 610 万吨，其中 8% 用于出口，而国内用量的 21% 来自进口，按此测算美国 2017 年国内热轧型钢的用量约为 710 万吨（610×0.92÷0.79），而协会预计热轧型钢和 HSS 中 85% 用于建筑结构，即 603.5 万吨和

136万吨，将三个大类相加，可推算出2017年美国建筑结构钢用量约为809.5万吨。协会预计2017年美国国内完成的钢结构建筑工程在10000个左右，即平均每个项目的钢结构用量在800吨左右。

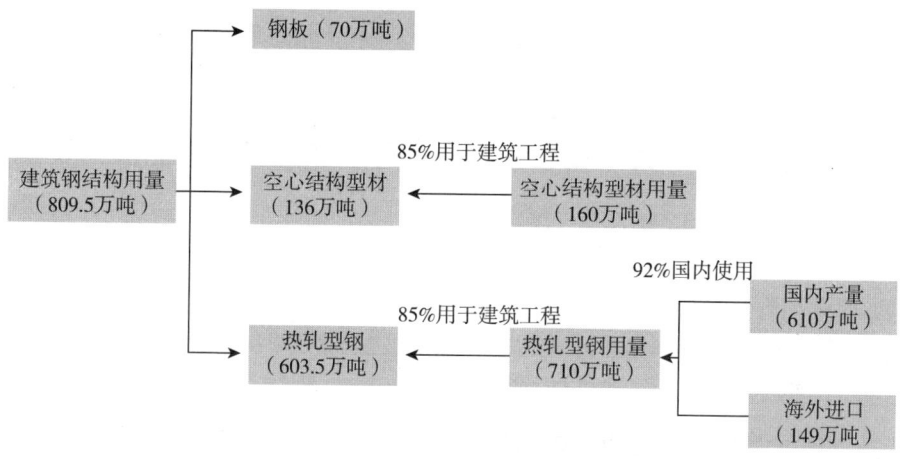

图6-51 2017年美国钢结构用钢量分布

(资料来源：AISC)

3.2 美国钢结构市场的主要驱动力和历史份额变化

3.2.1 市场份额和下游分布

钢结构在美国非住宅及多层住宅类建筑中的应用比例较高。 根据AISC的数据，2017年美国非住宅及多层住宅房屋建筑中钢结构的占比达到46%（建筑面积维度），是所有建筑结构形式中占比最高的，高出位居第二名的混凝土12个百分点，排名第3~5名的木结构、砌体结构和预拼建筑占比分别为10%、6%和4%，而预拼建筑中大部分冷弯型钢作为轻钢结构房屋的结构材料，其结构形式相对简单，构件标准化程度较高，与传统钢结构的应用下游有一定区别。从趋势上看，2009年钢结构在非住宅和多层住宅房建领域的应用占比更高，达到56%，但在2010—2013年占比下降较为明显，与此相反的是，混凝土结构和木结构的应用占比在2009—2017年总体呈现上行趋势。根据AISC的解释，2010年之后，非住宅和多层住宅房建市场中住宅占比的提升，导致钢结构市场份额的下降。

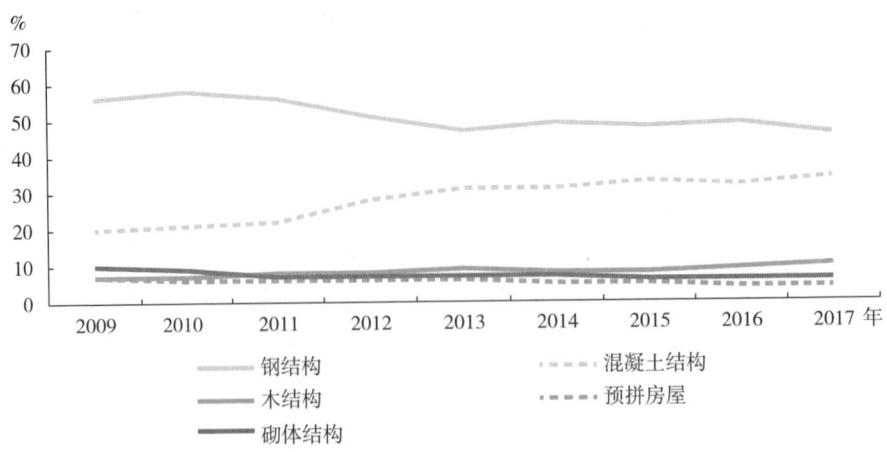

图 6-52 2009—2017 年美国非住宅及多层住宅房建领域各类结构形式的占比

(资料来源：AISC)

非住宅建筑和构筑物是美国钢结构下游占比最大的子行业，多层住宅是美国钢结构下游中渗透率较快的行业。根据 AISC 的数据，按建筑面积划分，在 2017 年钢结构对应的下游中，37% 为非住宅房建，8% 为多层住宅，40% 为非住宅构筑物，包括体育场、化工厂、电厂及石油精炼设施等，其中桥梁占比为 6%。而剩余的 15% 市场份额包括托架系统、海洋设施、拖车和移动住宅等非建筑物和构筑物领域。AISC 在 2018 年发布的钢结构白皮书中指出，2013—2017 年多层住宅（包括酒店和宿舍）领域钢结构市场份额实现快速提升，2017 年已达到 37%。

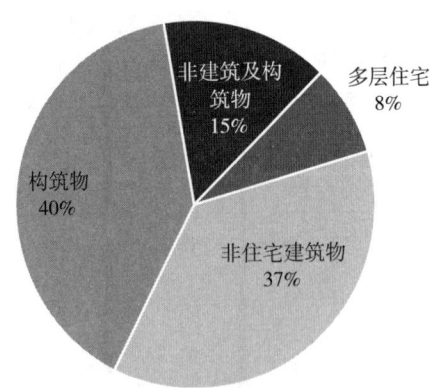

图 6-53 2017 年美国钢结构下游占比

(资料来源：AISC)

美国钢结构下游主要由 NAISC 分类中的预制金属建筑及零部件制造（332311）和预制结构金属制造（332312）两个子行业构成，前者倾向于标准化和预先设计类产品，后者非标属性更强。

预制金属建筑及零部件制造所对应的钢结构产品大部分采用了工厂预先设计（Pre-engineered）的生产方式，设计施工一体化，产品以轻钢结构为主，客户个性化需求是在相对较高的标准化基础上的有限定制及标准化构件的组合，现场安装流程相对简单。如著名的轻钢结构公司巴特勒，其根据不同建筑的需求，开发出 Classic II、Landmark 2000 等 4 种结构系统，其中包含屋面至基础连接的组成构件（如墙体、屋面等二次结构构件），客户可在其中选择一种，选择了同一种结构系统的客户的最终建筑产品差异主要体现在建筑尺寸和部分定制化构件中，但建筑整体相似度较高。此建造方式对承重要求较低、造型及结构简单的建筑而言，有利于降低其设计、制造和安装的成本。

预制结构金属制造则主要针对非标准钢结构建筑，建筑师和结构工程师会根据建筑的外观、承重要求为钢结构制造商提供图纸，制造商按图加工制造，现场安装工艺也更加复杂。对承重能力要求较高，或造型难以通过标准化构件组合而成的建筑，往往不能通过标准化构件拼装完成，而需要针对客户的需求进行单独的设计、加工和安装。由于大部分建筑的独特性较强，因此 2017 年美国预制结构金属制造行业市场空间超过预制金属建筑及零部件制造行业的 4 倍。

1997—2017 年两个子行业占行业的比例相对稳定，预制金属建筑及零部件制造业（332311）的占比略有下降。 1997 年，332311 和 332312 两个行业的发货价值分别为 46.9 亿美元和 161.2 亿美元，332311 行业发货价值占二者之和的比重为 22.5%；2017 年，二者的发货价值为 75.6 亿美元和 313.3 亿美元，332311 行业的占比为 19.4%，在此 20 年中 332311 行业的产值占比有所下降。两个子行业发货价值的同比增速变动趋势相关度较高，但我们预计非标准钢结构行业中的住宅及构筑物领域增速较高，带动 332312 行业的产值占比有所上行。

NAISC 的预制金属建筑及部品行业中，工业和商业下游应用占比较高，其中小型便携式钢结构占据较高的比例。 美国统计局每五年对 NAISC 分类下的行业进行数据普查，我们找到的最新的预制金属建筑及部品行业（332311）细分下游拆分数据为 2007 年的，但考虑到美国建筑市场已经较为成熟，我们认为2007年的数据对当前仍具有参考价值。预制金属建筑及部品主要划分为钢结构系统和小型便携式（Portable）钢结构建筑两个子类，其中便携式钢结构系统是332311子行业与预制结构金属制造业（332312）显著差别，也体现了332311行业产品标准化、轻量化的特点，2017年占行业产值比重为28.3%。332311行业2017年实现产值68.83亿美元，较1997年增长了61%。

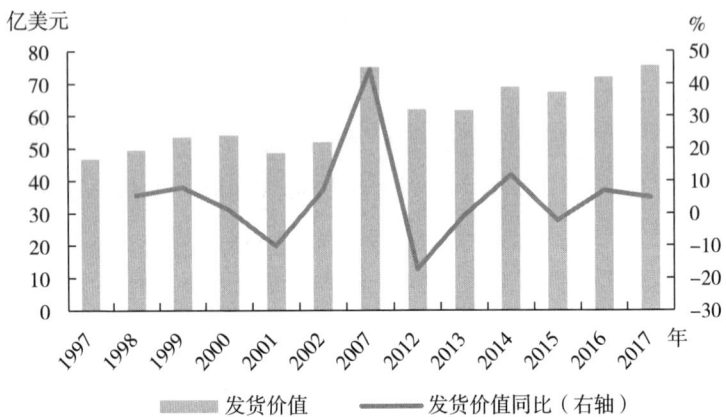

注：2007年增速为相对于2002年的增速，2012年增速为相对于2007年的增速。

图6-54 332311行业历年发货价值及增速情况

（资料来源：美国统计局）

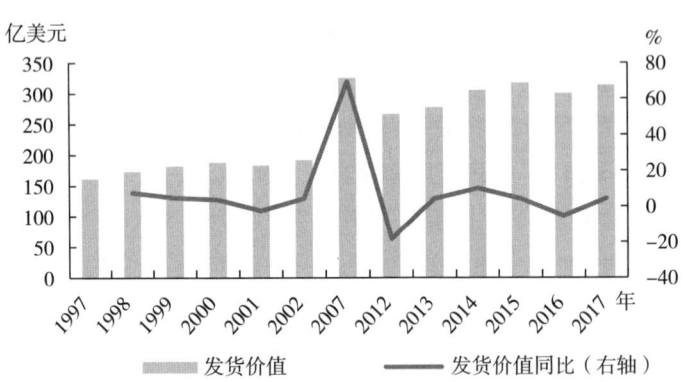

注：2007年增速为相对于2002年的增速，2012年增速为相对于2007年的增速。

图6-55 332312行业历年发货价值及增速情况

（资料来源：美国统计局）

钢结构系统产品2017年占到全行业产值的62%，1997—2007年产值占比下降了7.7个百分点，具体来看，机构、医疗和宗教建筑占比为5.2%，公共和教育建筑占比为5.7%，工业和商业建筑占比为48.6%。钢结构系统产品产值2007年达到42.6亿美元，相比于1997年增长了43.5%，其中工业和商业钢结构系统增长达到45%，但其余两类钢结构系统增长较慢。

便携式钢结构及构件2007年实现产值19.46亿美元，较1997年增长了87%，其中便携式农业建筑产品增长68%，不以完整单元出售的构件类产品增长较快，达到172%，2017年产值达到7亿美元。包括度假屋在内的便携式小型钢铝住宅2007年实现产值0.73亿美元，市场空间较1997年增长了512%，但市场空间总体较小。

表6-14 美国预制金属建筑及部品行业（332311）发货量价值下游分布 单位:%

年份	1997年	2002年	2007年
预制金属建筑及元件业	100.0	100.0	100.0
1. 钢结构建筑及元件系统（不含农业，住宅）	69.6	61.0	61.9
1.1 钢结构系统	15.2	8.6	10.9
机构、医疗和宗教钢结构	8.2	3.6	5.3
公共和教育钢结构系统	7.0	5.1	5.7
1.2 工业和商业钢结构系统	53.9	47.4	48.6
1.3 钢结构及部品系统	0.4	5.0	2.4
2. 其他预制及便携式钢结构、构件	24.5	26.7	28.3
2.1 预制和便携式农业建筑，温室，谷仓	6.8	6.9	7.1
预制和便携式温室	3.0	2.5	1.8
预制和便携式谷仓	2.3	1.9	3.2
其他预制和便携式农业建筑	1.6	2.4	2.0
2.2 其他预制和便携式建筑	17.4	16.7	20.9
小型钢公共设施建筑（工具房，小屋，仓储）	3.1	2.9	2.6
其他钢建筑	4.6	2.8	4.1
钢铝住宅（含度假屋）	0.3	1.2	1.1
小型铝公共建筑（工具房，小屋，仓储）	2.2	1.7	1.8
其他铝建筑	1.1	0.2	1.2
板件，预制房分部，不以完整单元出售的	6.1	7.8	10.2
2.3 未分类的其他建筑或部品	0.3	3.2	0.3
3. 其他无法分类的产品	5.9	11.7	9.8

资料来源：美国统计局。

与332311行业相比，332312行业中基建等构筑物和住宅的占比相对较高。美国预制结构金属制造业（332312）的发货量下游数据仅公布至2002年，从2002年的数据来看，建筑物钢结构占全行业的比例达到55.6%，其中工业、商业、住宅、公共建筑的占比为18.7%、20.7%、5.4%、7.4%。

332311 行业的产品绝大部分均为建筑物,但 2002 年 332312 行业产品中 26.8% 为构筑物,其中桥梁、铁塔、油气平台占比为 6%、2.7%、4.3%。考虑到 AISC 公布的 2017 年的美国钢结构应用下游中建筑物和构筑物的占比分别为 45% 和 55%,我们判断在 2002—2017 年 332312 行业的下游结构发生了一定的变化,建筑物占比下降比较显著,但我们预计这可能与 2002—2017 年美国房建类建筑支出增速远低于基建类建筑支出增速有关。

表 6-15 美国预制结构金属制造业（332312）发货价值下游分布   单位:%

年份	1997	2002
预制结构金属制造	100.0	100.0
1. 建筑金属结构	61.9	55.6
1.1 工业钢结构	21.8	18.7
1.2 商业、住宅、机构及公共建筑钢结构	39.3	35.6
商业钢结构	25.6	20.7
住宅钢结构	6.5	5.4
机构、医疗和宗教钢结构	2.3	2.8
公共及教育钢结构	3.6	4.6
公共设施钢结构	0.8	1.6
铝结构	0.5	0.5
1.3 其他建筑金属结构	0.9	1.3
2. 桥梁金属结构	4.1	6.0
3. 其他金属结构	23.3	20.8
3.1 其他金属结构	19.7	—
传输塔、变电站、天线塔及支撑钢结构	3.2	2.7
海上油气平台钢结构	4.5	4.3
隧道及地铁钢结构	0.2	—
空间及国防钢结构	0.1	0.1
其他钢结构	9.6	6.1
铝结构（船舶、传输塔及其他）	0.5	0.4
除钢铝外的其他结构	0.5	0.7
3.2 船舶钢结构	3.1	—
3.3 其他金属结构	0.4	2.6
4. 其他未分类金属结构	10.8	17.6

资料来源:美国统计局。

3.2.2　应用比例和市场份额变化原因

总体来看,2009—2013 年美国钢结构渗透率的下降伴随着非住宅工程建造支出占比的下降,2013 年之后非住宅建造支出占比企稳后钢结构渗透率也随之企稳。美国建造支出可分为住宅和非住宅两类,其中住宅可分为 1 单元(Single-unit,可通俗理解为没有上下楼邻居,有独立墙体;一栋住宅如果有 3 层,如果都属于同一户,那也是 1 单元)和多单元(Multi-unit,上下楼有邻居,墙体共享),非住宅按建筑用途划分为住宿、办公、商业、医疗、教育、工业等类型。2008 年国际金融危机之前,住宅和非住宅占建造支出的比例比较接近,但 2007—2009 年住宅占比大幅下降,非住宅占比快速提升,与此同时非住宅类建筑中住宿、办公、商业的占比有所下降,而医疗、教育、公共安全、运输、能源、道路和制造业的占比有所提升。

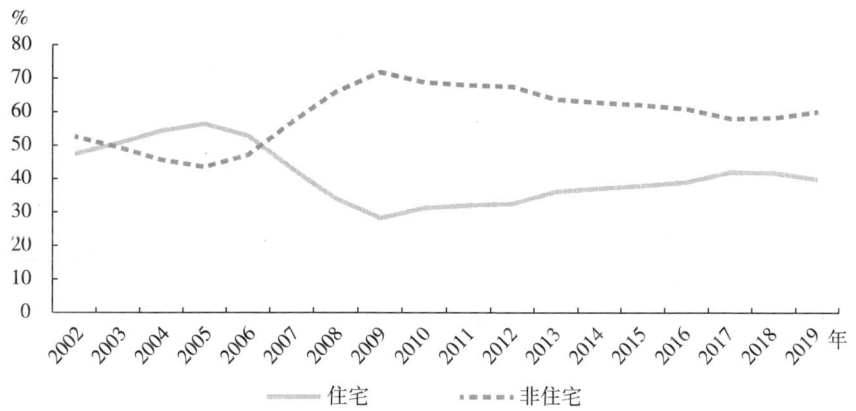

图 6-56　美国住宅与非住宅建造支出的占比

(资料来源:Wind 数据库)

从投资额角度看,与 2007 年相比,2009 年住宅类建造支出下降了 48%,而医疗、教育、公共安全、运输、能源、道路和制造业的投资额均保持了正增长。我们判断在经济危机时期政府对建筑投资的支持主要体现在公共事业和基建领域,而在经济危机过后,随着住宅市场的回暖及政府对非住宅领域支持的减弱,住宅占建造支出的占比开始逐步恢复正常,相比于 2009 年,2019 年美国住宅建造支出增长了 104%,但非住宅建造支出仅增长了 21%,医疗、教育、宗教、公共安全等领域甚至出现负增长,但住宿、办公、商业、休闲、运输等领域增速较快。2013—2019 年,虽然住宅建造支出的增速还是比非住宅快,但非住宅中的住宿、办公、商业、休闲娱乐增速较快,而在此期间,钢结构渗透率也结束了快速下降趋势,进入稳定期。

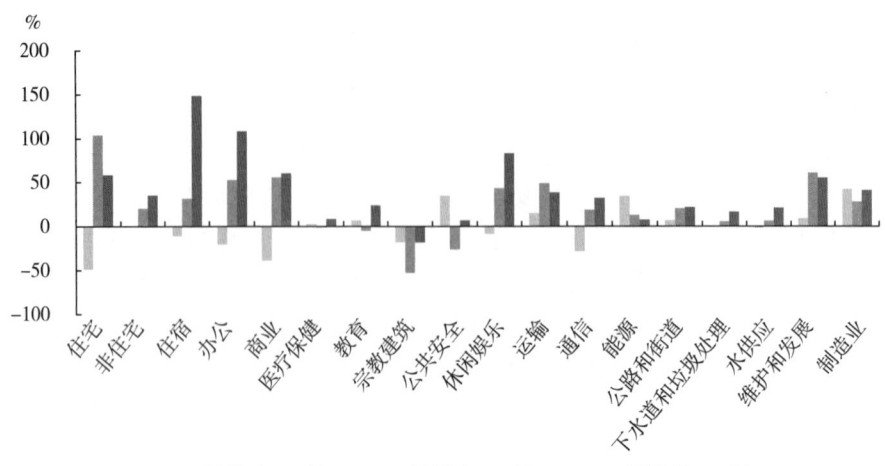

图6-57 2009年相对2007年,2019年相对2009年,2019年相对2013年美国各类建造支出的增速

(资料来源:Wind数据库)

美国住宅中1单元建筑占据主导,多单元住宅占比近25年来总体呈现上行趋势。 美国住宅市场总体可分为三类:1单元、多单元及预制房屋(Manufactured Home)。在历年美国住宅新开工套数中,1单元的住宅占比都明显高于其他类型,峰值时期1单元住宅占新开工套数的占比接近80%,2019年时为64%。2~4单元住宅占新开工的比重总体较小,且近年来仍在继续缩小。5单元及以上的住宅占新开工套数的比例在1993年之后开始上升,在2006—2008年、2010—2016年其占比均快速上升,我们认为多单元住宅占比提升总体出现于美国住宅新开工增长景气较高的时期。从占新开工套数的角度看,预制房屋最鼎盛时期出现于20世纪70年代,当时其可占到全部新开工和预制房屋放货量的23%,但随着住宅新开工景气度的逐步回落,预制房屋占住宅新开工的比重趋向于震荡下行。我们认为预制房屋的特点是价格低、安装快,在住房需求旺盛且人均收入较低时客户接受度高,反之则相反。

从美国对新建住宅的调查数据来看,钢结构在美国住宅中的应用比例整体不算特别高,近年来钢结构的应用比例还有一定下降。 在美国统计局等部门联合发布的美国新建住宅统计数据(不含预制房屋)中,住宅分为SF(Single-family)、MFB(Multi-family Buildings)和MFU(Multi-family Units）三种，其中 SF 和 MFU 在过去多年中均占据主导位置，2018 年美国完工住宅中，SF、MFB、MFU 的数量分别为 840 千套、12 千套、345 千套，而 MFB 和 MFU 的主要区别在于 MFB 整栋建筑归属于同一业主，而 MFU 整栋建筑中不同套间可以归属于不同业主。

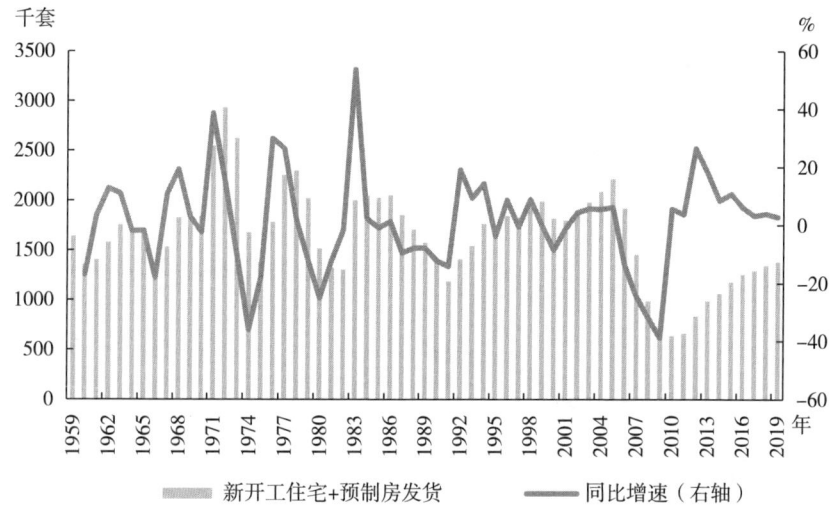

图 6-58　美国住宅新开工和预制房发货套数及同比增速

（资料来源：美国统计局）

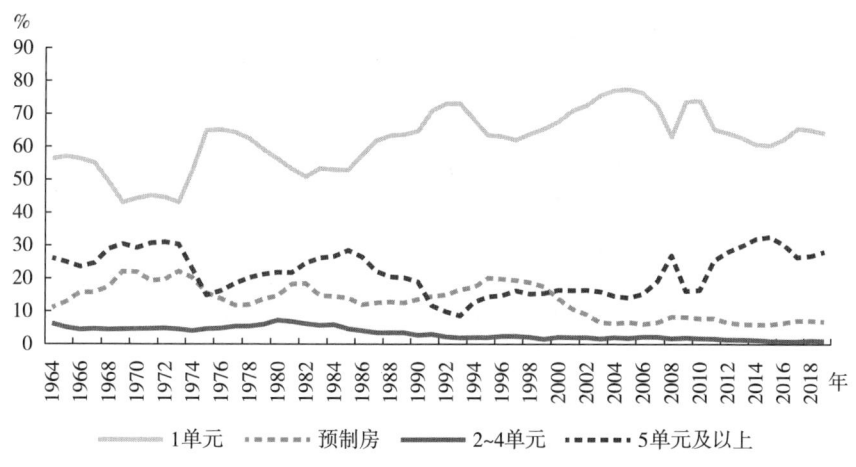

图 6-59　美国各类型住宅在新建住宅中的比例

（资料来源：美国统计局）

在上述统计中，对房屋主体结构形式的统计可以追溯至 2009 年。在 SF 住宅中，木结构的比例处于主导位置，2009 年至今在完成套数中的占比均高于 90%，但 2010 年之后木结构的比例震荡下行；混凝土结构在 SF 住宅中的占比排名第二，近 10 年来占比震荡提升，从 2009 年的 4.6% 上升至 2018 年的 7%；钢结构的占比一直都比较低，2009—2018 年均未超过 0.6%。在 MFU 住宅中，木结构的主导性相对于 SF 住宅较弱，在 2009—2018 年历年的完工套数中占比均未超过 80%，2015 年后占比还出现趋势性下降；钢结构占比明显高于 SF 住宅，2010 年达到 22%，但随后占比出现趋势性下降，2018 年为 9%；其他结构形式主要为混凝土结构，2010 年后其他结构形式的占比趋势性上升，2018 年已达到 23%，2014 年后其他结构形式的占比超过钢结构。

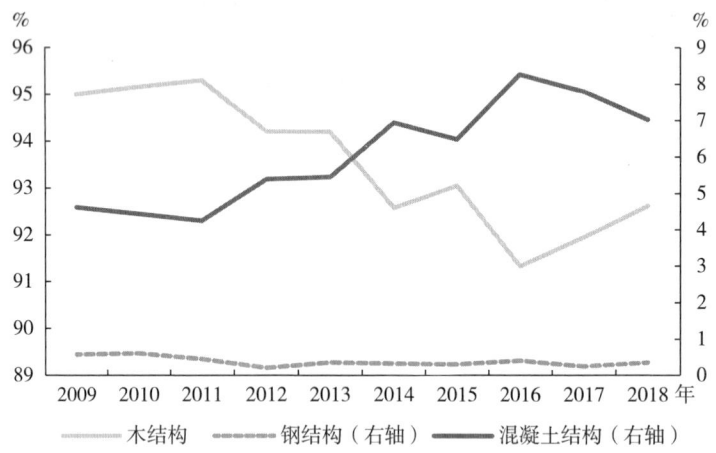

图 6-60　美国完工 SF 住宅中各种结构形式的比例
（资料来源：美国统计局）

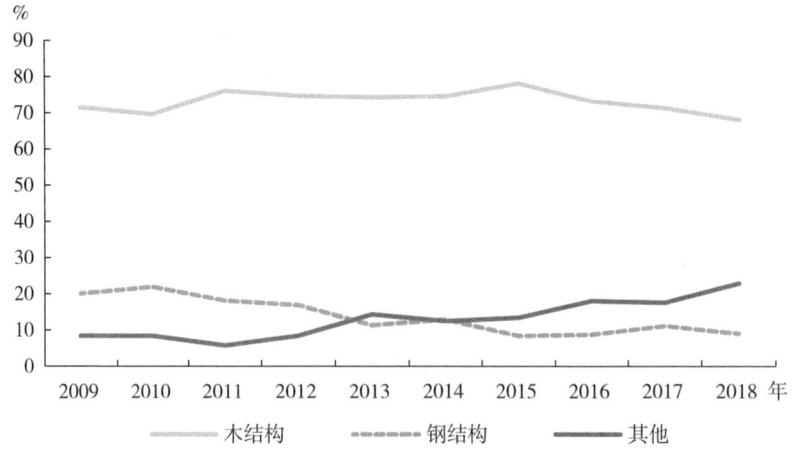

图 6-61　美国完工 MFU 住宅中各种结构形式的比例
（资料来源：美国住房和城市发展部）

美国MFU住宅以公寓和租赁用房为主，人口密集区域钢结构占比明显较高。2018年美国MFU住宅中，单体建筑拥有50户的比例为61%，其中东北部、中西部、南部、西部占比分别为70%、52%、64%、57%，人口较为稠密、市区面积大的东北部占比明显更高。而从楼层分布来看，2018年MFU住宅63%为4层以上建筑，东北部、中西部、南部、西部占比分别为83%、49%、61%、60%，与户数分布体现了相同的规律。从房屋权属来看，2018年美国345千套MFU住宅中有318千套用作租赁，租赁（Built for Rent）占比达92%，而在租赁MFU中，高层和多户数建筑占比也略高于自住MFU。从设计形式看，美国MFU建筑中超过99%都是公寓。

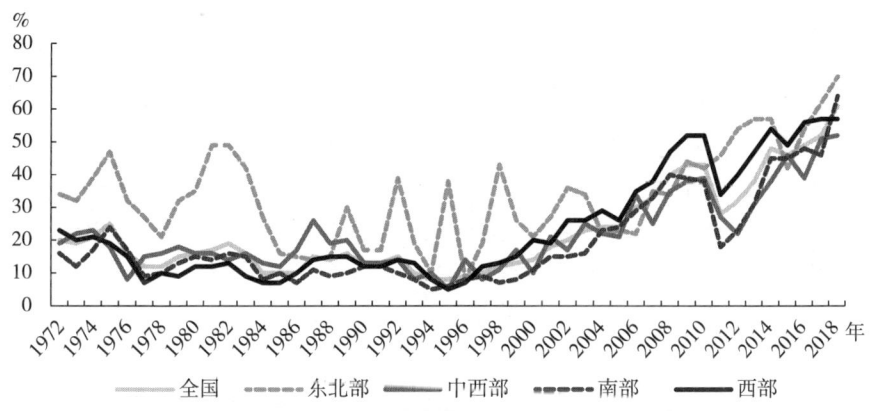

图 6-62　美国全国及各个区域单个建筑含 50 户及以上 MFU 住宅的占比

（资料来源：美国统计局）

我们认为成本并不是近 10 年钢结构 MFU 住宅比例变化的原因，需求放缓背景下消费者品质偏好对住宅结构形式变化有较大影响。美国钢结构协会表示美国多层住宅及非住宅住宿类建筑中钢结构占比在 2013—2017 年有所上升，2017 年达到 37%，但在美国统计局数据中，MFU 住宅钢结构占比在 2013 年和 2017 年都是 11%，我们预计非住宅领域公寓、酒店、宿舍对美国钢结构协会统计口径的占比提升贡献较大，我们可以大体判断在住宿类非住宅建筑（Lodging）中，钢结构占比非常高。在临时（酒店、宿舍）及永久性（住宅）居住设施中钢结构占比的显著差异，可能在一定程度上体现了消费者面对多种住宅结构形式的选择偏好，而这种选择偏好，不同的时期、不同的收入水平的消费者可能表现得并不相同。

20世纪70年代美国的住宅新开工套数基本为70年代以来的峰值，而预制房占整体住宅新开工的比例也处于高位，但在2009年之后住宅需求恢复性上升过程中，预制房占比并没有相应提升。同样，2012—2014年MFU住宅新开工量出现大幅度反弹，2014—2018年也均保持了正增长，但MFU中钢结构的占比在2012—2018年趋于下降。根据美国钢结构协会表述，快速交付和成本低廉是美国钢结构建筑的特点。1980年美国住宅单套销售均价为7.64万美元，而预制房单套平均售价仅为2万美元，2018年美国住宅单套销售均价为38.5万美元，预制房单套平均售价为10.65万美元，两个年份预制房售价均为普通住宅的26%~28%，但2018年预制房占比相对于1980年却明显下行。

我们认为在刚需强劲的年代，消费者住房需求中对结构形式等品质要求的权重较低，预制房能够以相对较低的价格短时间内满足大量住房刚需，虽然其整体品质与普通住宅有一定差距，但仍受到市场欢迎，钢结构也可能具备同样的特点。而在新建住宅市场总体需求下行和改善型需求占比提升的过程中，可能伴随着消费者对住宅品质要求的提升，此时预制房和钢结构类房屋居住性能相对于混凝土等结构的差距使得其占比下降。

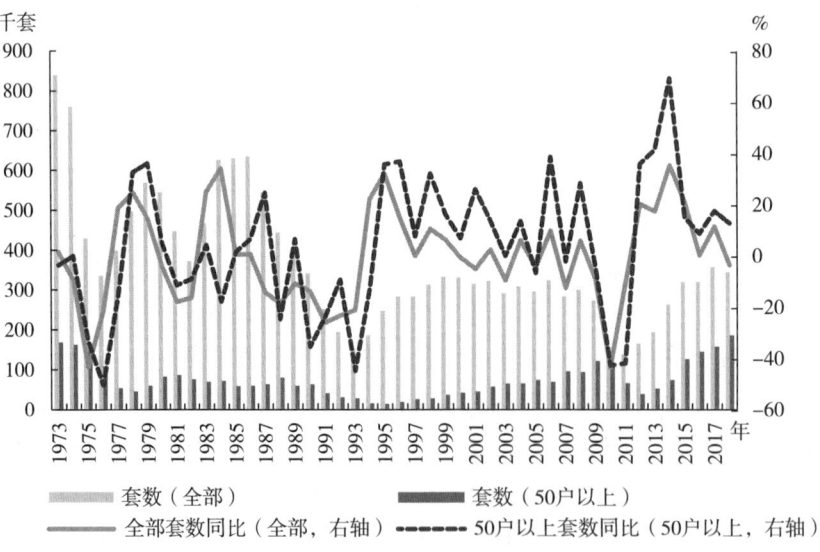

图6-63 美国住宅新开工套数及同比增速

(资料来源：美国统计局)

第六部分 建筑行业国际对标研究

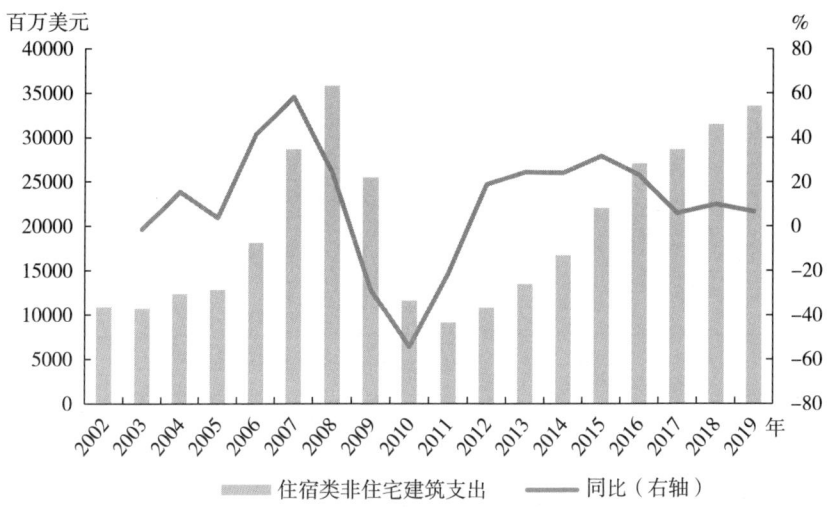

图 6-64 美国住宿类非住宅建筑支出及同比增速

（资料来源：Wind 数据库）

首付比例的降低和贷款利率的大幅下行在一定程度上"提高"了购房者的购买力。在不考虑贷款的情况下，1980 年美国中等收入家庭平均年收入与新建住房平均售价的比值从 1980 年的 23.2% 下降至 2018 年的 16.51%。

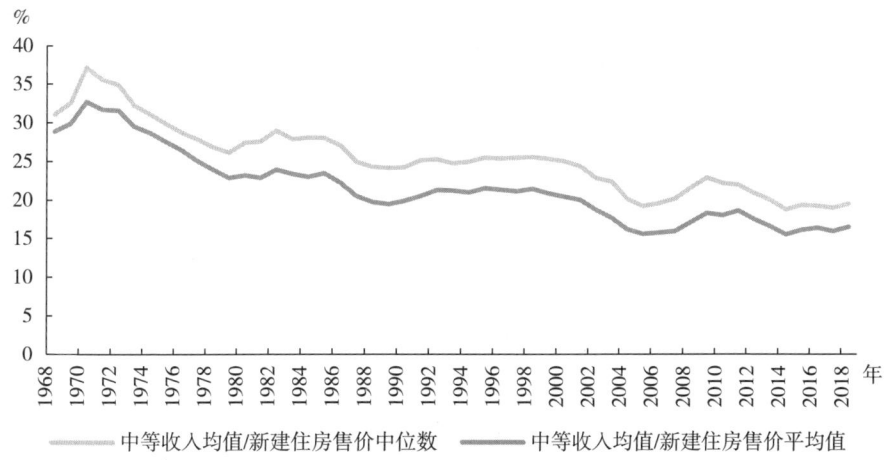

图 6-65 美国中等收入平均值与新建住房售价的比较

（资料来源：Wind 数据库）

331

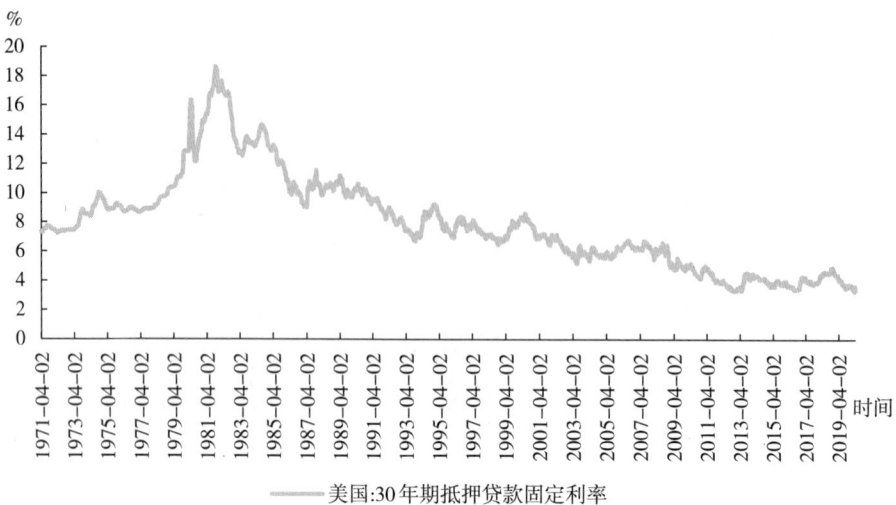

图 6-66　美国房贷利率的历史变化

(资料来源：Wind 数据库)

4 建筑 A 股估值国际比较

4.1 建筑 A 股估值内部差异大，行业估值中美接近

4.1.1 经济发展阶段差异导致国内建筑业市值占比较大

2006—2017 年，我国建筑业市值和美国建筑业市值均呈持续上升状态，我国建筑公司的市值占比远高于美国，主要是城镇化阶段差异导致，但 2017 年以后，去杠杆导致的基建投资增速大幅放缓，使得我国建筑业公司总市值和占比均呈现下降趋势。2017 年之后，美股建筑公司的总市值占比虽有所波动，但 2020 年 3 月市值占比与 2017 年相差不大。截至 2020 年 3 月 1 日，我国 129 家建筑业 A 股上市企业总市值达 1.41 万亿元，占 A 股总市值的 2.19%。美国 57 家建筑上市企业（按 SIC 分类标准）总市值约 1600 亿美元，但仅占美股总市值的 0.37%，占比远低于我国建筑业。

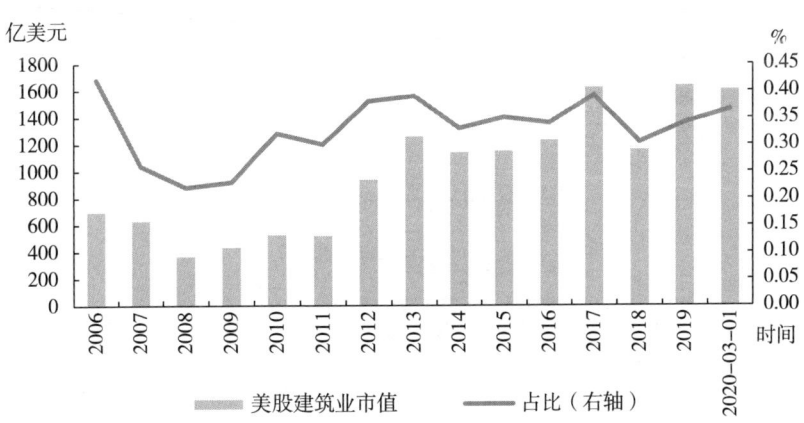

图 6-67 2006 年至 2020 年 3 月 1 日美股建筑业市值及占比一览

（资料来源：Bloomberg）

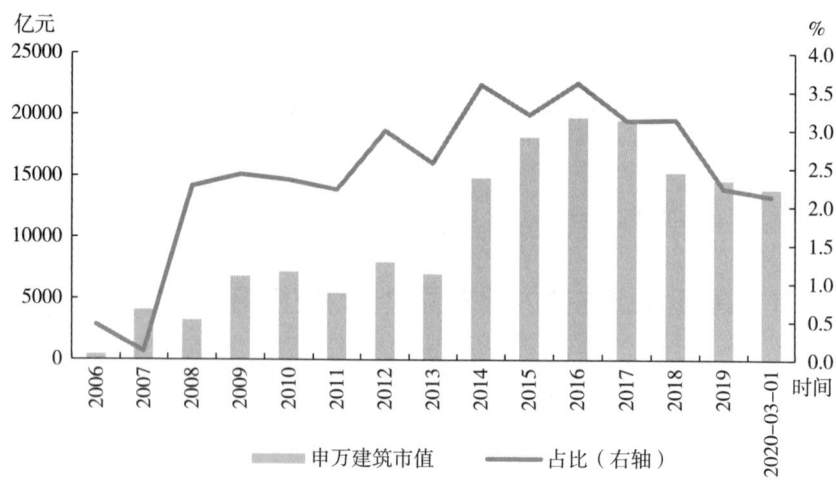

图 6-68 2006 年至 2020 年 3 月 1 日申万建筑市值及占比一览

(资料来源：Wind 数据库)

美国建筑业上市公司以房屋建筑承包商和专业工程施工服务商为主，纯粹的基建施工企业很少，而国内建筑业上市企业以基建和房建为主，专业工程较少。截至 2020 年 3 月 1 日，市值排名行业前十的个股中，A 股建筑业公司几乎全是基建和专业工程类央企，非央企公司仅包括民企金螳螂和地方国企上海建工；而美国主要是民营的房屋建筑承包和专业工程综合服务商。

表 6-16 2020 年 3 月 1 日中美建筑板块上市企业市值前十名

单位：亿元，亿美元

证券代码	证券简称	市值	上市日期	证券代码	证券简称	市值	上市日期
601668.SH	中国建筑	2254.0913	2009-07-29	DHI.N	霍顿房屋（HORTON D R）	195.162	1992-06-05
601800.SH	中国交建	1412.0544	2012-03-09	LEN.N	莱纳房产（LENNAR）	190.589	1972-07-27
601390.SH	中国中铁	1319.4589	2007-12-03	LEN_B.N	莱纳房产（LENNAR）-B	151.012	2003-04-09
601186.SH	中国铁建	1290.0564	2008-03-10	NVR.N	NVR	134.867	—
601669.SH	中国电建	650.209	2011-10-18	J.N	雅各布斯工程（JACOBS）	122.8585	1980-07-28
601618.SH	中国中冶	563.6824	2009-09-21	PHM.N	普尔特房屋（PULTE）	108.53	1980-07-28
601117.SH	中国化学	342.8435	2010-01-07	FBHS.N	FORTUNE BRANDS	86.4325	—

续表

证券代码	证券简称	市值	上市日期	证券代码	证券简称	市值	上市日期
600068.SH	葛洲坝	306.2177	1997-05-26	PWR.N	广达服务	54.3386	1998-02-12
600170.SH	上海建工	298.2973	1998-06-23	TOL.N	托尔兄弟	51.3591	—

资料来源：Wind 数据库。

从中美两国已上市建筑行业的 ROE 走势来看，美国公司的 ROE 呈现出一定的周期性波动特征，而我国建筑公司的 ROE 在过去十年中整体呈现下降趋势（可能与行业降速及企业降杠杆有关）。我国建筑业 ROE 从 2006 年的 17.35% 下降至 2018 年的 8.26%，同期美国从 13.95% 降至 12.5%。从中长期来看，随着我国建筑企业经营环境的逐步改善（《政府投资条例》的发布），以及央企去杠杆逐步接近阶段性尾声，我们判断"十四五"时期我国建筑业 ROE 有望逐步回升，其核心是盈利能力和周转能力的提升。

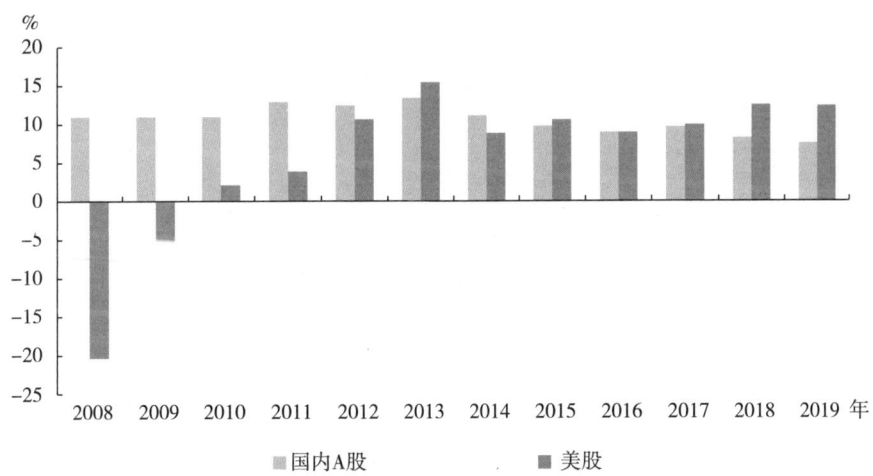

图 6-69 2008—2019 年中美建筑业上市公司板块 ROE 比较

（资料来源：Wind 数据库，Bloomberg）

4.1.2 建筑 A 股估值总体低于美股

当前我国建筑公司整体 PB 水平与美国公司存在较大的差距。从横向来看，截至 2020 年 3 月 1 日，我国 A 股建筑业的整体 PB（LF）为 0.79 倍，与美国建筑业的 PB（1.53 倍）差距较大。分板块来看：（1）我国 A 股房建板块分化明显，装修装饰的 PB 为 1.43 倍，为二级子板块最高，而房屋建设的 PB 仅为 0.9 倍，远低于美国住宅承包商的 1.67 倍，与中国香港楼宇建造的0.92倍较为接近。(2) 我国基础建设的PB为0.66倍,也明显低于美国施工服务(1.78倍)和大型基建承包商(1.92倍)。我国基建板块内部估值差异相对较小,基础建设子板块的PB在0.6~1.0倍,城轨建设的0.9倍为二级子行业最高值,但低于美国对应的三级子行业。A股基建行业估值高于中国香港重型基建(0.37倍),港股基础建设板块有较明显的低估。

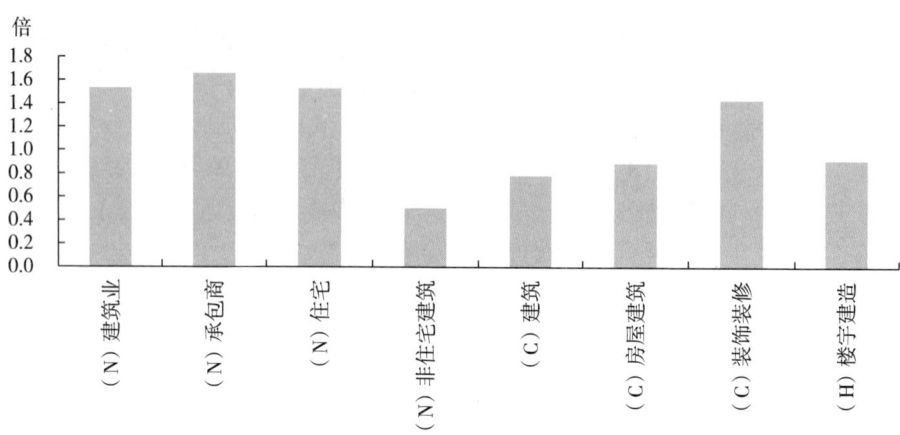

注:N代表美股,C代表国内A股,H代表港股,下同。

图6-70 2020年3月中美房建板块PB比较

(资料来源:Wind数据库,Bloomberg)

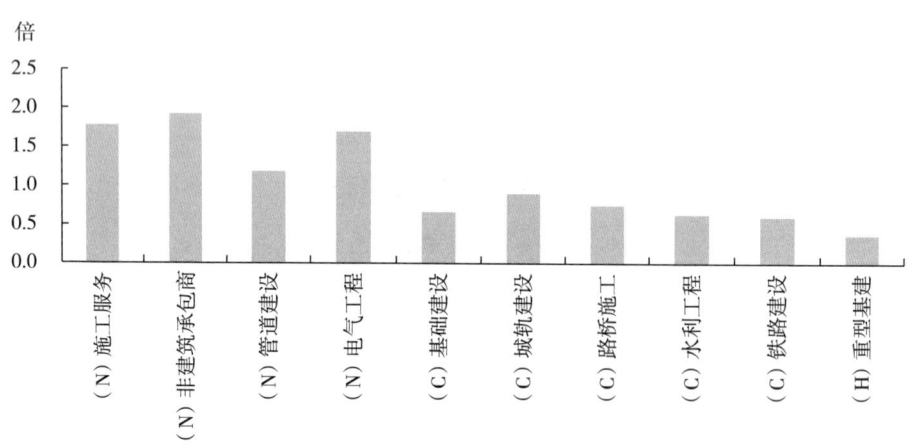

图6-71 2020年3月中美基建板块PB比较

(资料来源:Wind数据库,Bloomberg)

从PE角度看,截至2020年3月1日,我国A股建筑业的PE(TTM)

为8.91倍，美股建筑业PE为12.57倍。A股装修装饰的PE为21.33倍，为二级子行业最高值，而房屋建设的PE仅为6.69倍，主要是中国建筑PE拉低整体估值水平，导致子行业PE估值远低于美国住宅承包商（10.62倍）和香港楼宇建设（9.23倍）。我国基础建设的PE为7.77倍，低于美国施工服务（11.9倍），也低于美股大型基建承包商（13.6倍）。我国A股基建板块内估值差异大，基建子板块的PE为6.6~9.5倍，城轨建设的9.4倍为最高值，中国香港重型基建板块PE仅为5倍，较A股进一步低估。

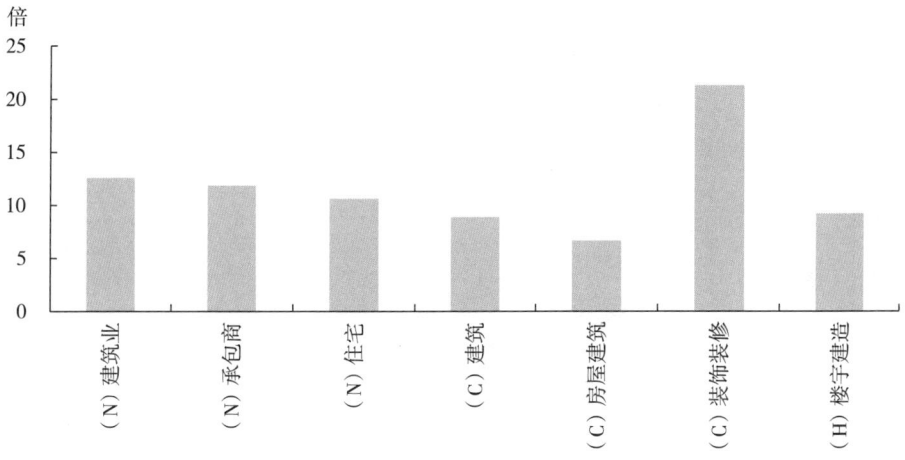

图6-72　2020年3月中美房建板块PE比较

（资料来源：Wind数据库，Bloomberg）

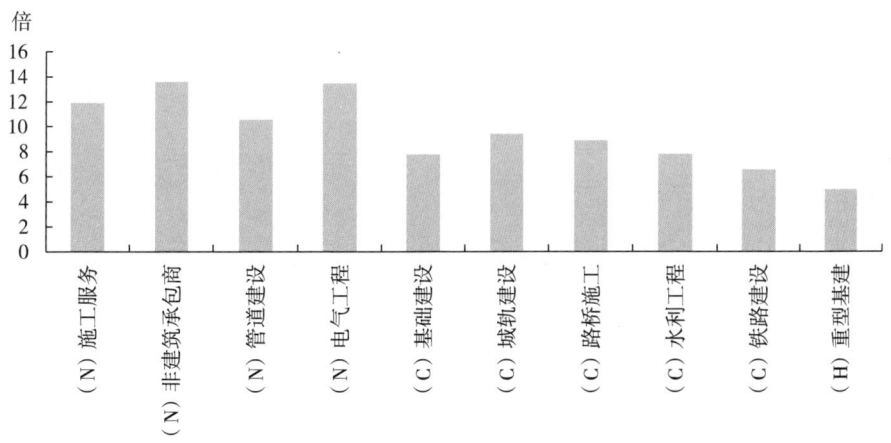

图6-73　2020年3月中美基建板块PE比较

（资料来源：Wind数据库，Bloomberg）

若从市销率PS（TTM）来看，A股建筑估值也比美股要低。截至2020

年3月1日，A股建筑整体PS为0.25倍，美股为0.64倍，但A股装饰类公司市销率总体上与美股的建筑板块相当。美股给予住宅承包商估值基本在0.83倍PS，而国内房屋建设企业仅有0.19倍PS，A股装饰板块市销率为0.84倍，我们认为美国住宅承包商商业模式实际上和国内装饰公司有很多类似之处，因此二者PS接近。比较A股和美股基建板块的PS，A股基建板块整体PS水平为0.22倍，而美股非建筑承包商板块的PS为0.65倍，从细分行业来看，美股给予基建和专业工程板块的PS估值相对于住宅施工承包要低很多，其差异程度也要高于国内。

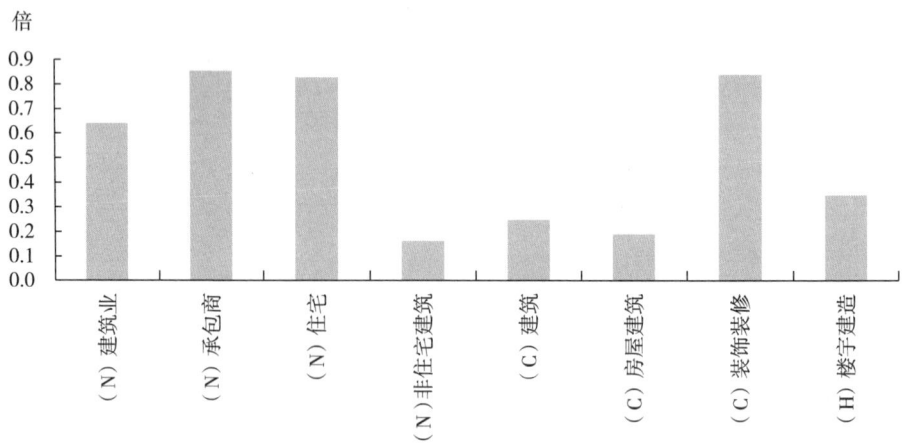

图6-74　2020年3月中美房建板块PS比较

（资料来源：Wind数据库，Bloomberg）

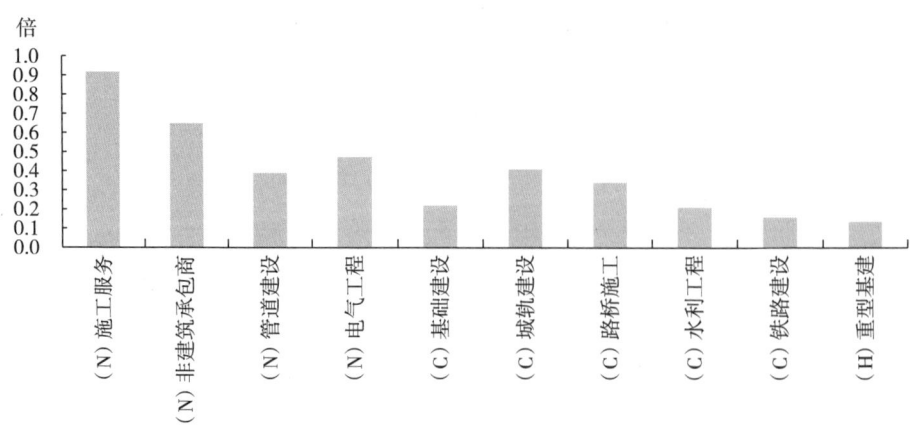

图6-75　2020年3月中美基建板块PS比较

（资料来源：Wind数据库，Bloomberg）

4.2 美股建筑业估值处于较高水平，A 股处在历史低位

中美建筑板块估值差异与利率走势紧密相关，2009—2013 年美股建筑板块估值提升来自利率与业绩双回升。 从中美建筑板块 PB 的历史数值比较来看，2006 年至今，我国建筑业与美股建筑业 PB 总体呈现连续的剪刀差走势，美股建筑板块 PB 中长期略有提升，但 A 股建筑板块 PB 大趋势向下。2017 年 10 月之前 A 股建筑板块大部分时间内的 PB 高于美股，但 2017 年 10 月之后，美股建筑板块 PB 超过 A 股且差距总体上呈现扩大趋势。

我们认为 2009—2014 年，A 股建筑板块和美股建筑板块估值的差异主要来自利率，同期美国 1 年期国债收益率由 0.75% 降至 0.25%，而同期中国 1 年期国债收益率由 1.02% 升至 3.26%。此外，同期美股建筑 ROE 由 2009 年的 -4.46% 升至 2013 年阶段高点 14.93%，经济基本面复苏也对估值的提升有较大帮助；而同期 A 股建筑业的 ROE 仅下滑 0.59 个百分点，估值下杀主要来自利率的上升和大建筑 IPO 溢价消除。A 股建筑波动性也更大，当 2007 年与 2014 年牛市来临时，我国建筑业 PB 值有明显上升，增长幅度分别达 400% 和 300%，历史波动幅度均远高于美股建筑企业。

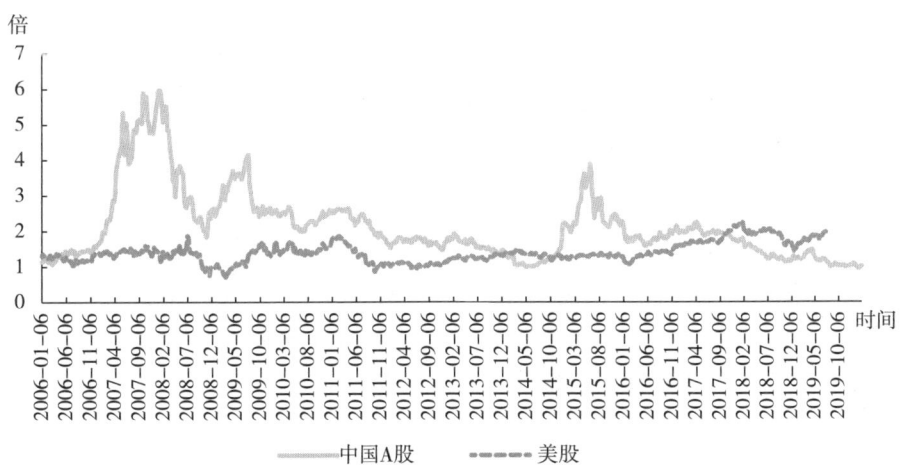

图 6-76 自 2006 年以来中美建筑业 PB 走势

(资料来源：Wind 数据库，Bloomberg)

2017 年 10 月后，A 股建筑板块 PB 持续下行，我们认为 2017 年之后地方政府去杠杆导致基建需求增速回落，同时国企去杠杆也使得其用于业绩扩张的资金趋减。行业和公司基本面变化使得 A 股建筑板块出现了长期估值下行。而在特朗普担任美国总统后，美国基建市场总体呈现回暖，预期回升，

同时美股整体表现较好，美股建筑股 PB 也出现了较为持续的上升。

2007—2009 年，美股建筑业出现行业性亏损，因此 PE 比较意义不大。2010 年美股建筑业盈利才逐步恢复，2010—2013 年经历了快速的盈利恢复性增长。2012 年之后，美股建筑业 PE 估值从远高于 A 股逐步下降至与 A 股较为接近，2016 年后的大部分时间里，虽然美股建筑 PE 低于 A 股的情况较少，但其波动较 A 股更大，2019 年 4 月，美国建筑业整体 PE（TTM）在 11 倍左右，而 A 股在 9 倍左右。

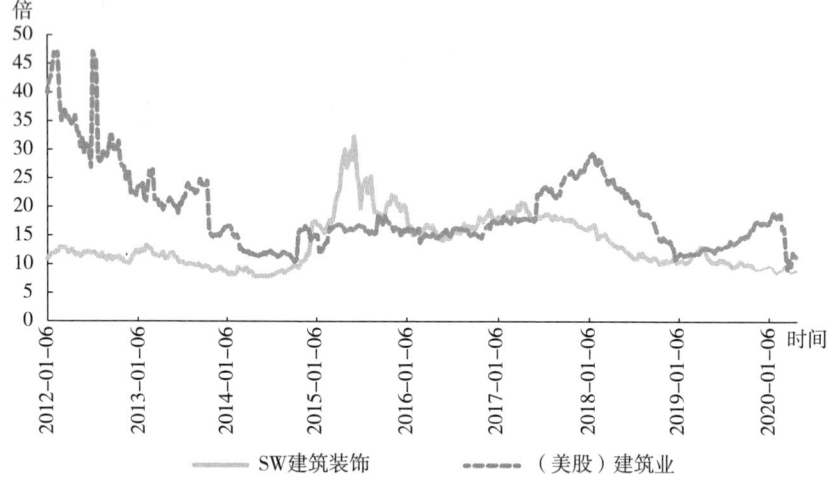

图 6-77　自 2012 年以来中美建筑业 PE（TTM）走势

（资料来源：Wind 数据库，Bloomberg）

历史上美股建筑业 PS 的稳定性明显好于 A 股。从中美建筑业 PS 历史值比较来看，2006—2011 年，我国建筑业 PS 高于美股建筑业，但我国建筑业 PS 逐步回落至与美股接近的水平；2012—2014 年，我国建筑业 PS 与美国建筑业拉开差距；2016 年 PPP 浪潮期间我国建筑业 PS 曾出现上行，但 2017 年之后随着 A 股建筑行情持续走低，中美建筑业 PS 的差距逐步拉大。

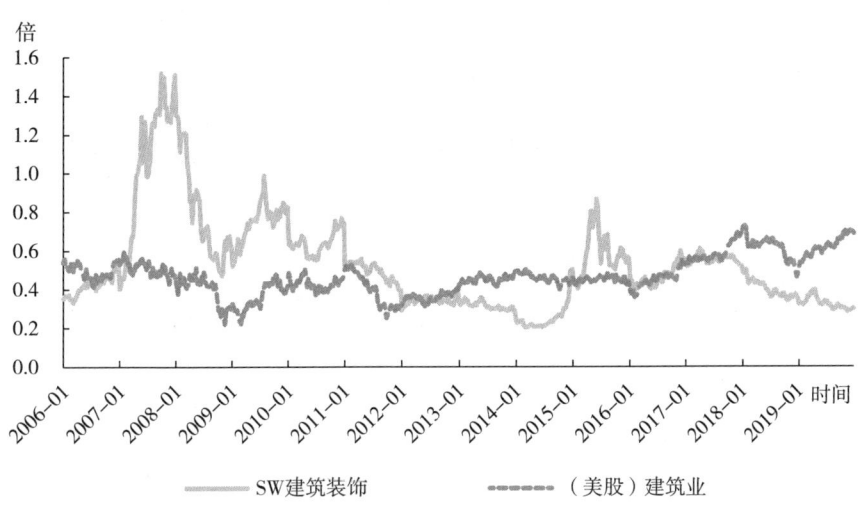

图 6-78　自 2006 年以来中美建筑业 PS 走势

(资料来源：Wind 数据库，Bloomberg)

5 中外建筑龙头商业模式及财务表现对标研究

5.1 并购扩大收入规模,专业运营保障长期盈利

5.1.1 持续推进并购扩张,特许经营与专业工程提升盈利

(1)欧洲:法国万喜特许经营出色、西班牙ACS工业服务好

从收入及同比增速来看,万喜、ACS及豪赫蒂夫在前期均保持高速发展,从2012年起有所下滑,1995—2016年年均复合增长率分别为6.48%、12.81%及7.05%。具体来看,ACS与豪赫蒂夫在收入规模扩大的过程中波动较大,主要是由于在其发展过程中不断进行兼并收购,公司并表导致收入大幅波动;而万喜收入则波动较小,近年来基本保持稳定。

从1995—2016年的业绩及增速来看,万喜、ACS、豪赫蒂夫净利润年复合增长率分别为21.74%、8.92%、5.29%。与收入情况相反,万喜收入增速不高,但业绩增长最稳定且持续,ACS与豪赫蒂夫则波动较大,有些年份甚至出现了亏损,主要是业务重组及产业政策影响所致。

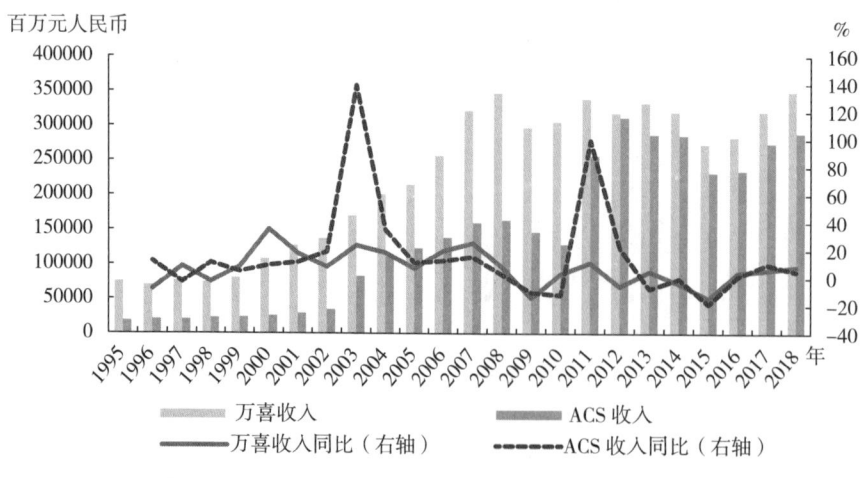

图6-79 1995—2018年万喜、ACS营业收入及同比

(资料来源:Bloomberg)

万喜建筑业务对收入贡献最多,特许经营业务利润占比最大。万喜四大业务板块中,建筑业务产生的收入最大,近15年占总营业额比重都在40%左右,但从2014年开始建筑业营业额所占比重逐年下滑;路桥和能源业务收入及净利润占比小,但这两项业务都在不断地发展,对于进一步增强万喜特许经营和建筑业务市场地位起到推动作用。万喜特许经营业务营业额虽然只占总收入的15%左右,却是集团主要的盈利业务,净利润占比从2003年的30%上升到2016年的65%左右。

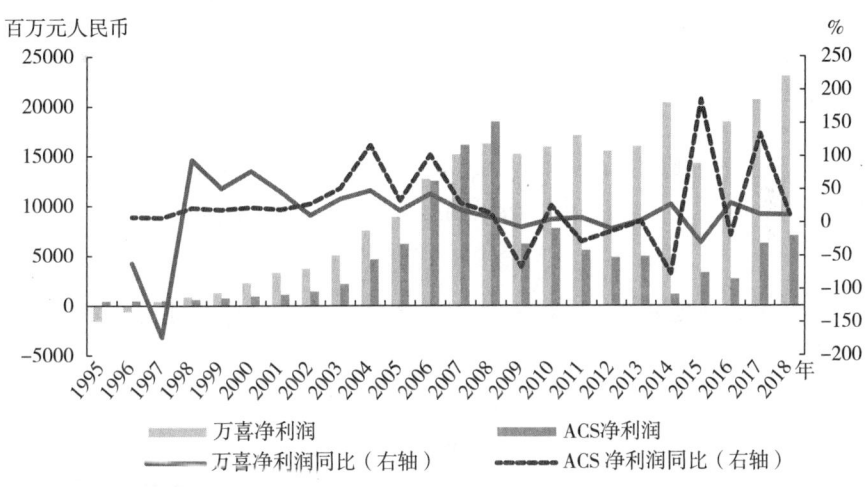

图6-80　1995—2018年万喜、ACS净利润及同比

(资料来源:Bloomberg)

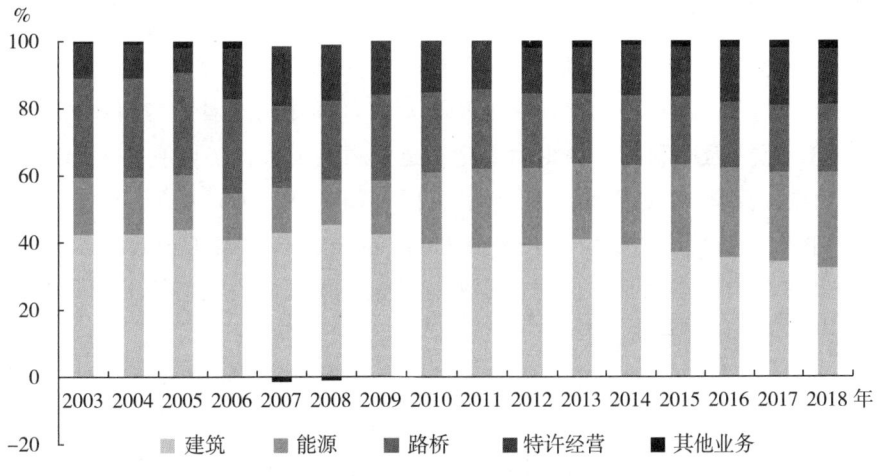

图6-81　2003—2018年万喜营业收入结构

(资料来源:Bloomberg)

▶ 建筑周期估值及竞争格局变迁

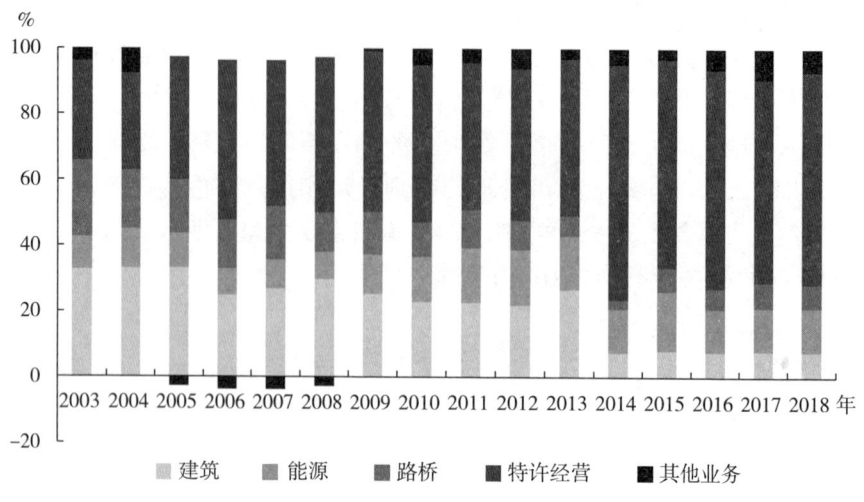

图6-82 2003—2018年万喜净利润结构

(资料来源：Bloomberg)

不断推进外延并购，改善公司周期属性。 万喜的核心业务主要包括特许经营与工程承包两大部分，特许经营是主要的利润来源。20世纪末期，万喜前身SGE通过业务重组将自身业务聚焦在四大领域，而进入2000年，Vivendi（原兴业水务集团）退出了在SGE中的股份，SGE对GTM集团完成友好要约收购，二者合并为新的万喜。2006年，公司再次并购法国最大的高速公路特许运营商ASF，2007年继续收购了Soletanche Bachy与Entrepose Contracting。通过不断的专业化外延并购，公司特许经营利润维持在较高水平，并减弱了自身的周期属性，2016年万喜集团的特许经营业务收入占到了集团总收入的17%，而特许经营业务的净利润却高达总利润的66%。2016年公司收入同比下降1.68%，而归母净利润却同比增长22.43%。

ACS收入及净利润结构相对稳定，建筑占比最大，工业服务盈利最好。 从营业收入及净利润结构来看，公司特许经营业务在2005—2011年均保持不足1%的收入占比，主要由子公司Iridium Concesiones de Infrastructuras开展，除去2008年贡献将近50%的净利润外，其余年份利润占比均处于较低水平，甚至有些年份出现亏损。因此，从2012年起，公司彻底剥离了这一业务。

为公司贡献40%以上净利润的主要是工业服务，主要分为两大类，一是电力、油气和工业工程的EPC项目；二是管网工程、特殊安装工程和控制系统工程，涉及能源、通信和控制系统部门工业，安装和维护工业基础设施等，这一部分业务收入占比仅为20%左右，但净利润占比却长期高于40%。

344

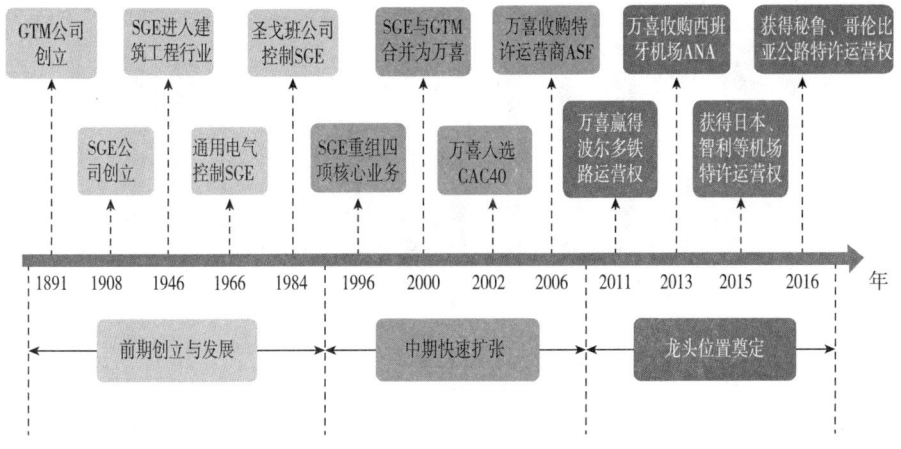

图 6-83　万喜成长路径及外延并购示意

（资料来源：公司官网）

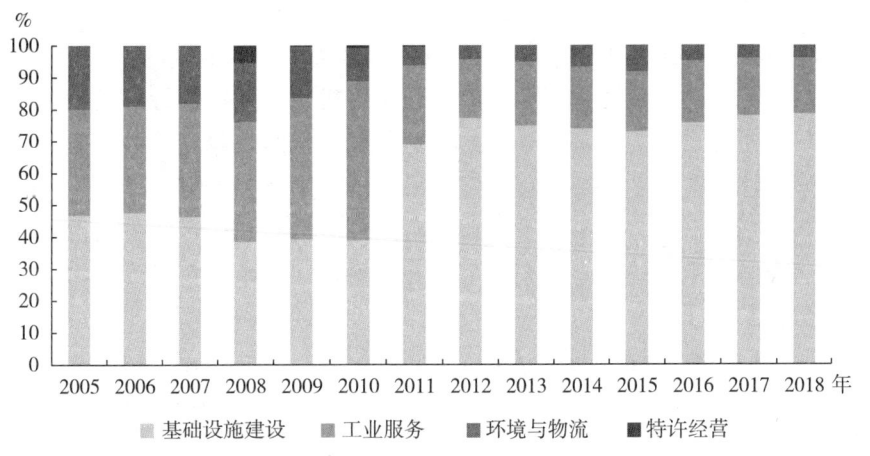

图 6-84　2005—2018 年 ACS 营业收入结构

（资料来源：Bloomberg）

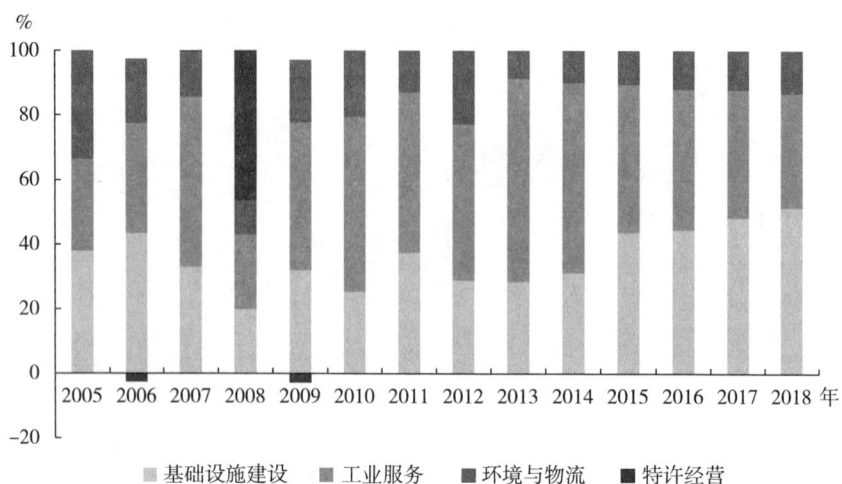

图 6-85 2005—2018 年 ACS 净利润结构

(资料来源：Bloomberg)

传统国际工程巨头豪赫蒂夫（Hochtief）业务重组后，导致结构单一化。 2011 年之前，公司主要业务分为建筑、机场、地产、特许经营等。可以看出，建筑业务一直是公司收入的主要来源，但是盈利能力一般，而其余业务盈利水平相对较高：2005 年、2006 年，收入占比均不足 1% 的机场业务分别贡献了 31%、10% 的净利润；2007—2009 年，合计收入占比不足 5% 的房地产及特许经营业务贡献了 67%、43%、22% 的净利润。

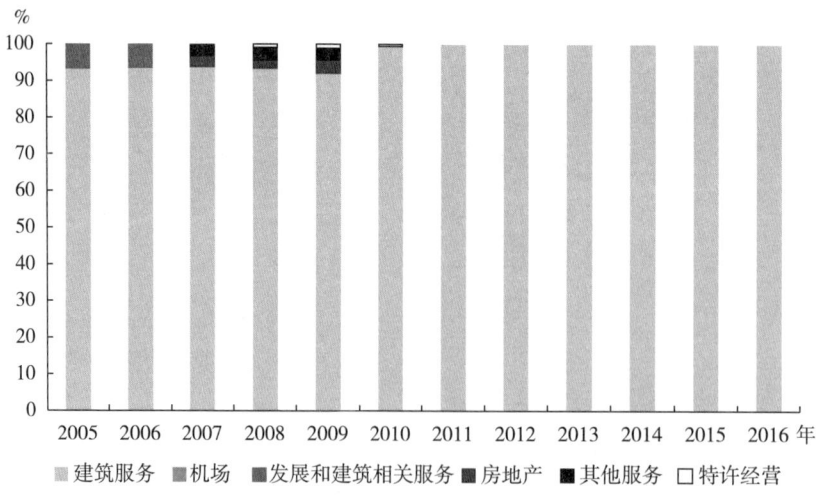

图 6-86 2005—2016 年豪赫蒂夫营业收入结构

(资料来源：Bloomberg)

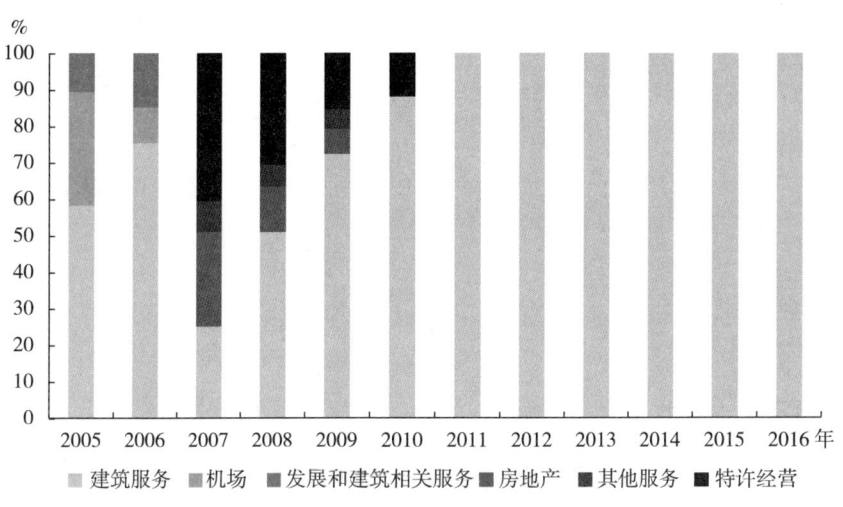

图 6-87　2005—2016 年豪赫蒂夫净利润结构
（资料来源：Bloomberg）

公司在被 ACS 控股前一直是国际工程巨头，2006 年开始，由于西班牙 ACS 营业收入触碰瓶颈稳定在 150 亿欧元左右，为扩张境外业务提升收入规模，ACS 于 2006 年完成收购豪赫蒂夫 25.1% 的股份，2011 年增持豪赫蒂夫股权至 42.6%，成为公司最大股东。之后公司逐渐剥离其余各项业务，目前仅剩建筑业务。

（2）美国：AECOM 持续并购，福陆推进多元化战略

AECOM 受并购影响收入及业绩波动较大，福陆基本保持稳定。从收入及同比增速来看，AECOM 由于成立时间较短，正处于规模扩张期，且并购是公司扩张规模的主要手段，导致同期公司收入持续增长，2015 年同比增幅高达 115%，主要是 2014 年收购国际知名设计咨询公司 URS、西班牙咨询公司 ACE 及知名体育场馆建设公司 Hunt 所致。福陆公司收入增长基本保持稳定，但从 2012 年起受经济周期影响而有所下滑。

从业绩及同比增速来看，AECOM 业绩同样受到并购影响，净利润水平并不稳定，如 2015 年公司净利润出现较大亏损，主要是与 URS 公司的收购及整合费用较高有关。而福陆公司发展则较为成熟，业绩状况虽然受到经济周期波动的影响，但基本保持稳定。

AECOM 设计咨询服务收入及利润占比大，建筑服务盈利能力较差。从公司业务收入结构来看，2005—2013 年主要以专业技术服务与管理支持服务为主，占比分别为 80%、20%，对应营业利润结构也基本保持这一比

例。2014年，AECOM收购知名体育场馆建设公司Hunt进军建筑服务领域，建筑服务收入占比迅速提升到了37%，但这一领域盈利能力却处于相对较差水平，2015年、2016年分别贡献10%、1%的营业利润占比。

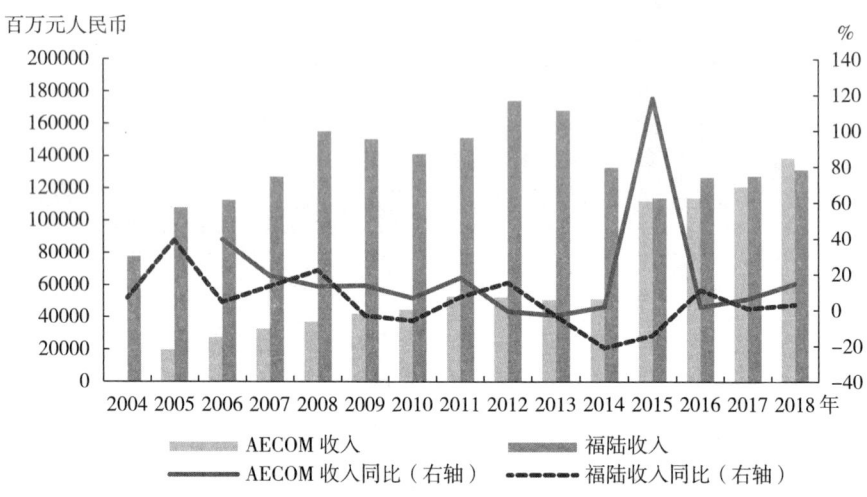

图6-88 2004—2018年AECOM、福陆营业收入及同比

（资料来源：Bloomberg）

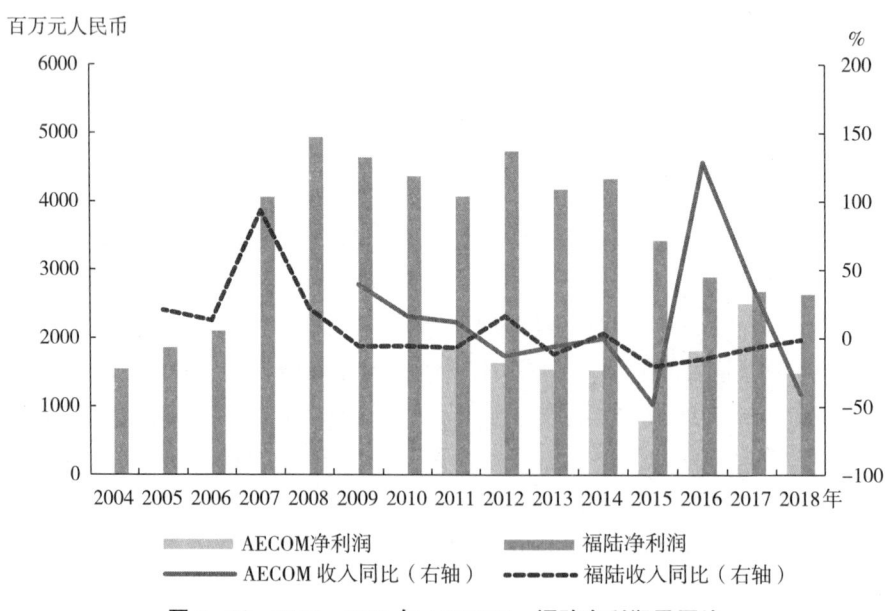

图6-89 2004—2018年AECOM、福陆净利润及同比

（资料来源：Bloomberg）

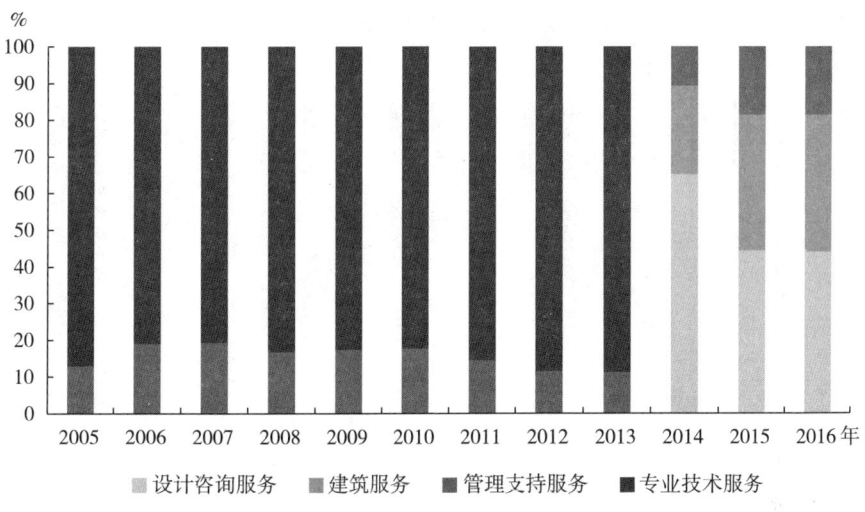

图 6-90　2005—2018 年 AECOM 营业收入结构

（资料来源：Bloomberg）

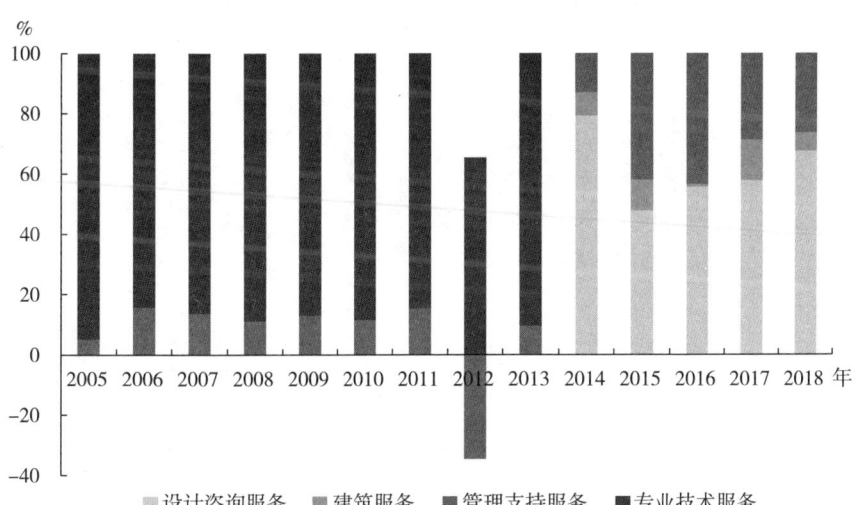

图 6-91　2005—2018 年 AECOM 营业利润结构

（资料来源：Bloomberg）

福陆业务多元化发展，以石油与天然气咨询和工程业务为主。福陆的主要业务分为石油与天然气、工业与基础设施、政府工程、全球服务和能源动力五大领域。其中，石油与天然气业务是公司最主要的业务板块，年均收入占比约为 40%，营业利润同样占比稳定。相比之下，收入占比第二大的工业与基建业务却不够稳定，在 2010 年及 2015 年甚至出现了亏损。全球服务及能源业务在近年来占比逐渐缩小，2015年已完成业务剥离。

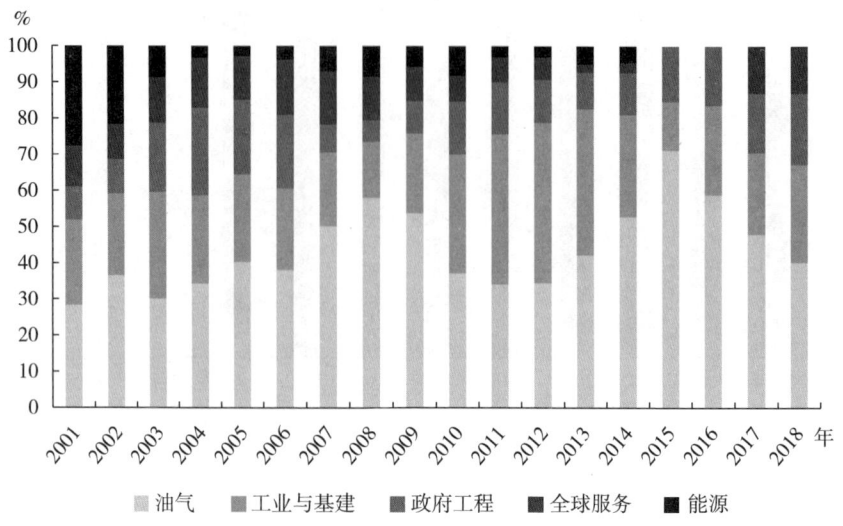

图6-92　2001—2018年福陆营业收入结构

（资料来源：Bloomberg）

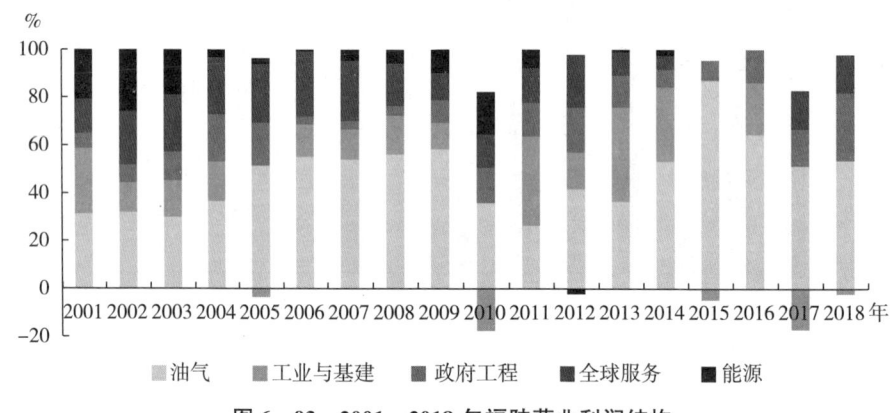

图6-93　2001—2018年福陆营业利润结构

（资料来源：Bloomberg）

（3）日本与韩国：韩国现代工程建设收入增长稳定，日本建企盈利快速提升

韩国现代工程建设收入稳定增长，业绩稳定；日本大林组及鹿岛建设收入下滑，业绩波动较大，近年来提升迅猛。受亚洲金融危机影响，20世纪90年代末至21世纪初三家公司收入均持续下滑。现代建设自2004年起收入持续呈现稳定增长，而大林组与鹿岛建设收入情况则停滞不前。2016年，现代建

设收入 1078.50 亿元人民币，同比下滑 1.97%，近五年复合增速为 9.48%；日本大林组 2016 年收入 942.90 亿元，同比增长 5.34%，近五年复合增速为 8.49%；鹿岛建设 2016 年收入 924.27 亿元，同比增长 4.54%，近五年复合增速为 4.56%，现代建设的收入增速整体好于日本两家建筑企业。

而从业绩来看，现代建设净利润波动较小，近年来基本稳定；大林组与鹿岛建设盈利能力在近三来明显提升。2016 年现代建设实现净利润 32.78 亿元人民币，同比增长 33.40%，结束了连续四年同比下滑的趋势，近五年业绩复合增速下滑 5.03%。2016 年大林组与鹿岛建设业绩分别同比增长 48.97%、44.99%，且是在 2015 年同比增长 121.07% 和 377.73% 的基础上实现的，近五年业绩复合增速分别为 79.00% 和 93.83%，本书未作分析的日本清水建设近五年业绩复合增速也高达 133.35%，大成建设复合增速 138.20%，说明日本建筑企业近几年盈利提升十分迅速。我们认为日本 2013 年之前建筑企业盈利较好与日本公共投资及私人住宅投资的回升有关，而 2013 年之后主要是私人住宅投资的企稳返升，这将是我们下一个继续深入研究的方向。

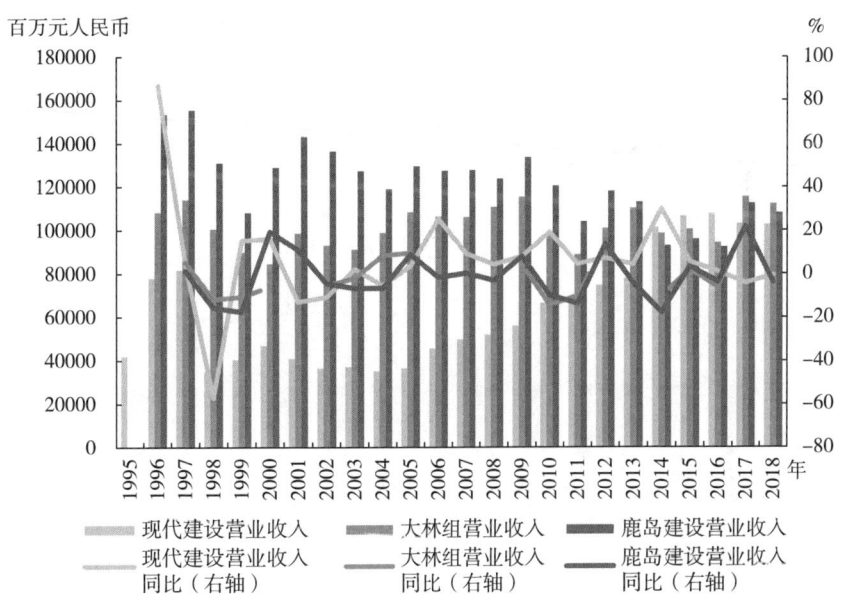

图 6-94　1995—2018 年现代建设、大林组、鹿岛建设营业收入及同比

（资料来源：Bloomberg）

▶ 建筑周期估值及竞争格局变迁

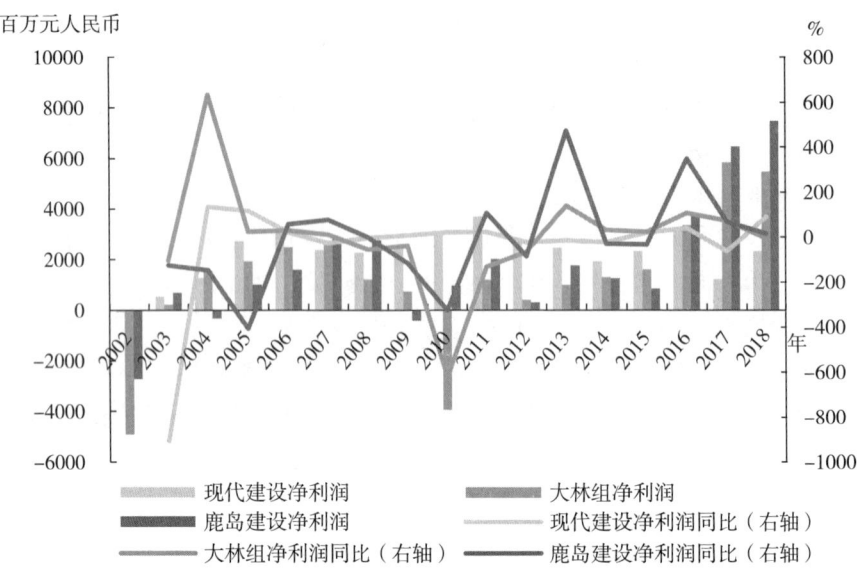

图 6-95 2002—2018 年现代建设、大林组、鹿岛建设净利润及同比

(资料来源:Bloomberg)

现代工程建设以房建与电厂建设业务为主,电厂建设盈利能力较好。 韩国现代工程主要业务分为电厂建设、房屋建设、基建建设与物业租赁四大板块,2014—2018 年占比分别为 40%、35%、18%、7% 左右,收入结构较为稳定。其中,电厂建设业务在收入占比小幅下滑的同时,毛利润占比却逐步提升,表明这一业务成本控制良好,盈利能力较强。而基建建设业务毛利润占比近年来逐步下滑,盈利能力有待提升。

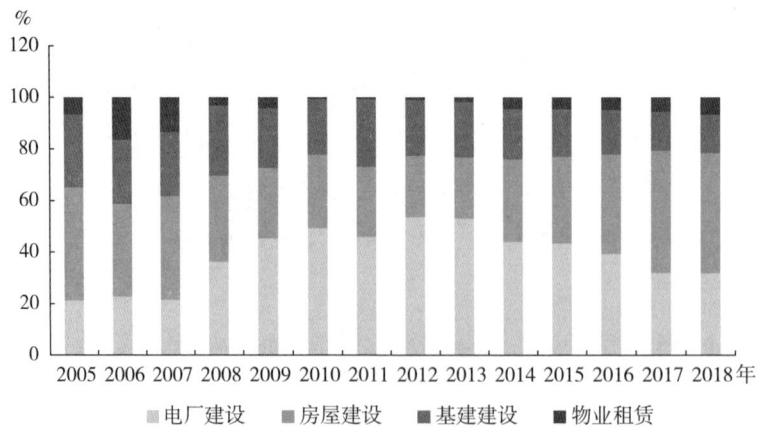

图 6-96 2005—2018 年现代工程营业收入结构

(资料来源:Bloomberg)

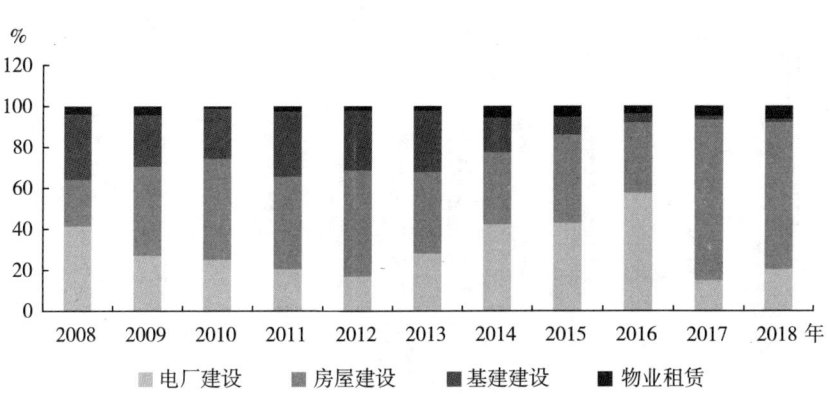

图 6-97　2008—2018 年现代工程建设毛利结构

（资料来源：Bloomberg）

大林组收入结构稳定，地产、土木工程盈利能力较强。 2011 年之前，大林组主营业务分别为建筑、房地产及其他业务，其中建筑业务占比高达 95% 以上。2011 年之后，建筑业务拆分为建筑与土木工程，占比分别为 72%、23% 左右，收入结构较为稳定，而营业利润结构则波动较大。可以看出房地产及土木工程盈利能力较强，而建筑业务的盈利能力不稳定。

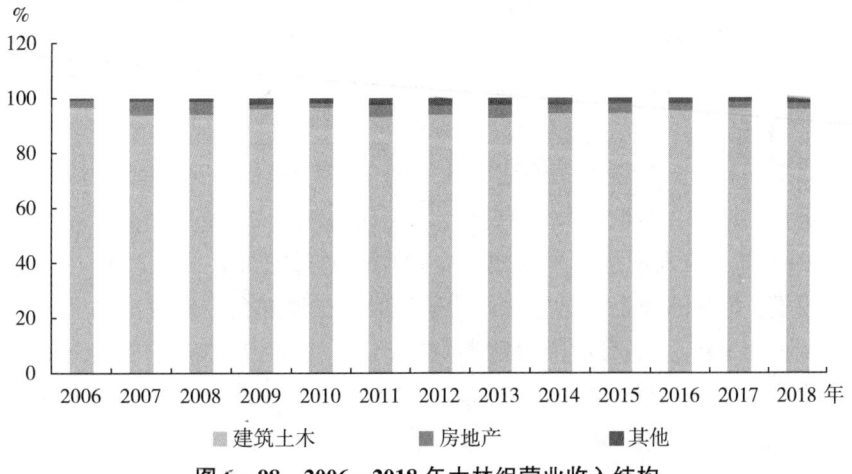

图 6-98　2006—2018 年大林组营业收入结构

（资料来源：Bloomberg）

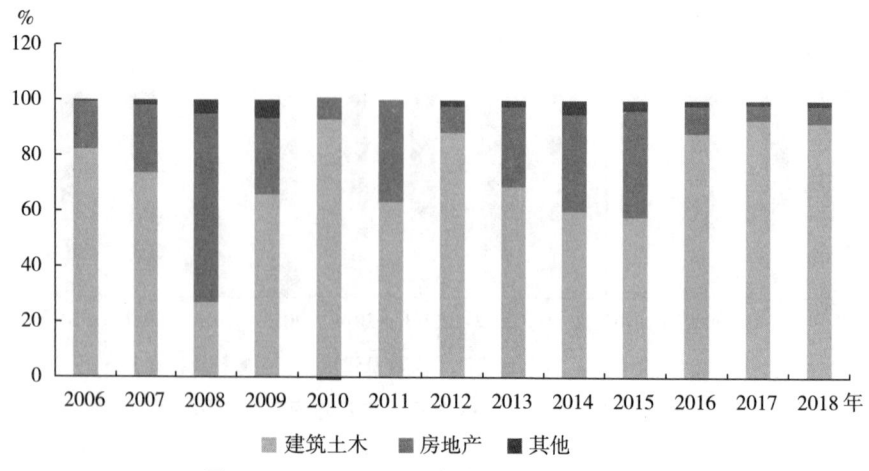

图 6-99 2006—2018 年大林组营业利润结构

（资料来源：Bloomberg）

鹿岛建设收入结构调整较大，占比稳定，营业利润波动较大。2011 年之前，鹿岛建设的收入主要分为工程、金融服务、地产、商业及机构建筑建设、城市发展，三大领域收入占比平均为 5.6%、86.4%、8%。2011 年，公司进行了业务重组，分为建筑建设、海外公司、土木工程、国内公司、地产与其他五大业务，2011—2016 年收入占比平均为 47.5%、17%、18%、13.5%、4%，占比相对稳定。营业利润存在较大波动，近三年建筑业务利润提升较快。

总结来看，日韩企业海外建筑工程行业早于我国进入成熟阶段，尽管受益于投资增加，但收入增长有限，其中仅大林组 2011—2014 年连续四年保持 10% 以上收入增速。海外建筑企业主要通过海外扩张及外延并购做大收入规模，我国部分企业已率先开展这种尝试，比如金螳螂收购国际顶级酒店设计公司 HBA，江河集团收购澳洲连锁眼科医院 Vision Eye Institute，苏交科收购西班牙工程咨询公司 Eptisa，中国交建收购澳大利亚第三大建筑企业 John Holland。我们预计未来随着国内投资需求增速的下降，类似收购还将继续增多。

而在业绩增长方面，专业化运营与专业工程承包仍是最主要的两个来源。万喜在特许经营方面的经营业绩出色，是专业化运营稳定盈利的经典案例；而 ACS 通过工业服务扩张 EPC 等业务模式，承接大量能源、交通等专业工程，实现业绩的稳定增长。

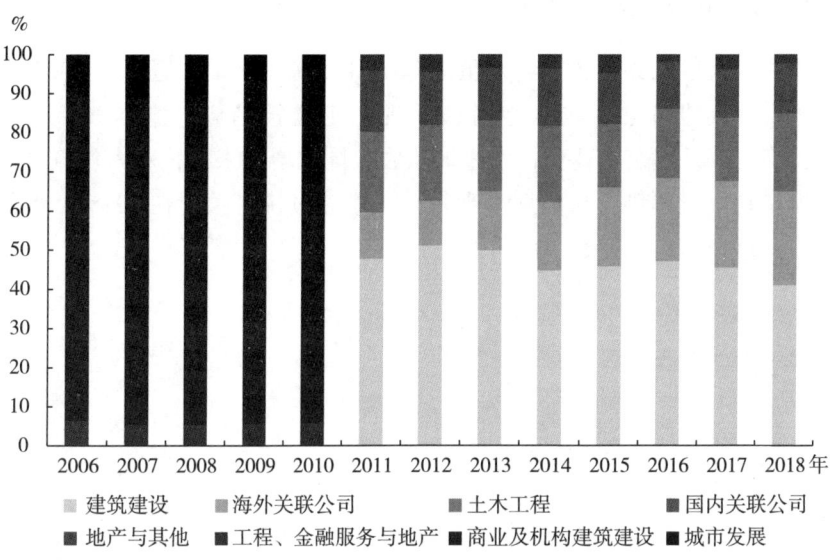

图6-100 2006—2018年鹿岛建设营业收入结构

(资料来源：Bloomberg)

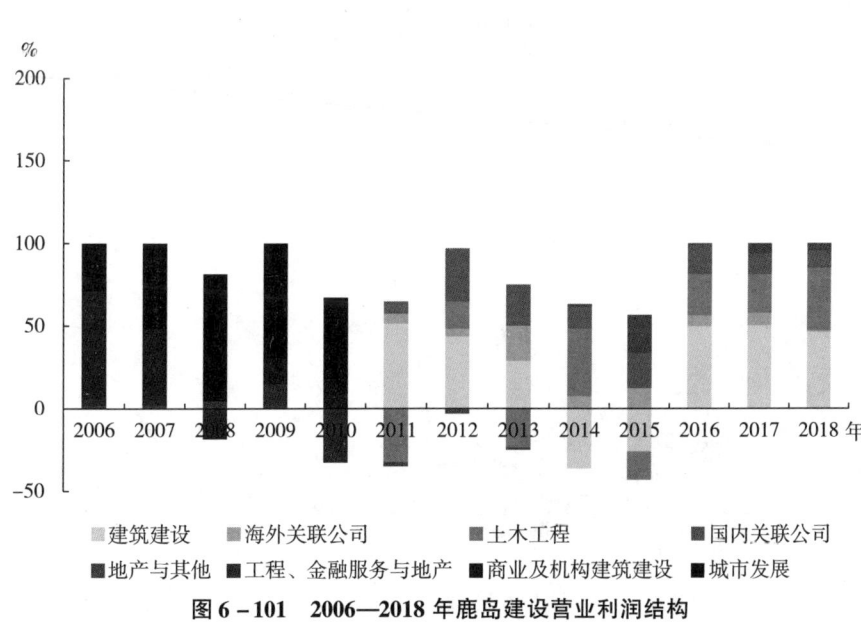

图6-101 2006—2018年鹿岛建设营业利润结构

(资料来源：Bloomberg)

5.1.2 国内建筑企业收入增速放缓,但仍保持较高水平

国内八大建筑央企收入绝对值逐年提升,增速逐年放缓。 自 2007 年以来,国内八大建筑央企收入绝对值呈现稳定增长趋势,整体 CAGR 约为 15%,高于海外建筑企业整体水平。从收入同比增速来看,八大建筑央企收入增速呈现下滑趋势,与前期基数较小、增速过快有关,在 2015 年行业低点后收入增速基本维持在 10%。

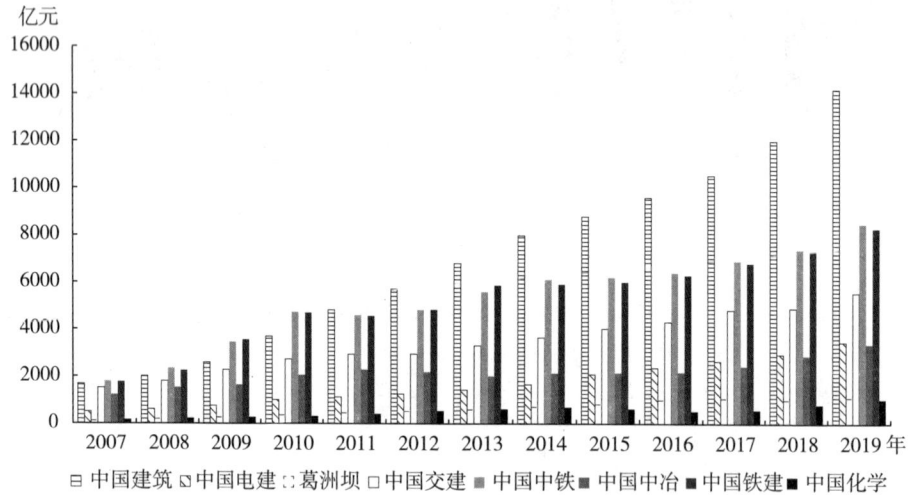

图 6-102 2007—2019 年国内八大建筑央企营业收入

(资料来源:Wind 数据库)

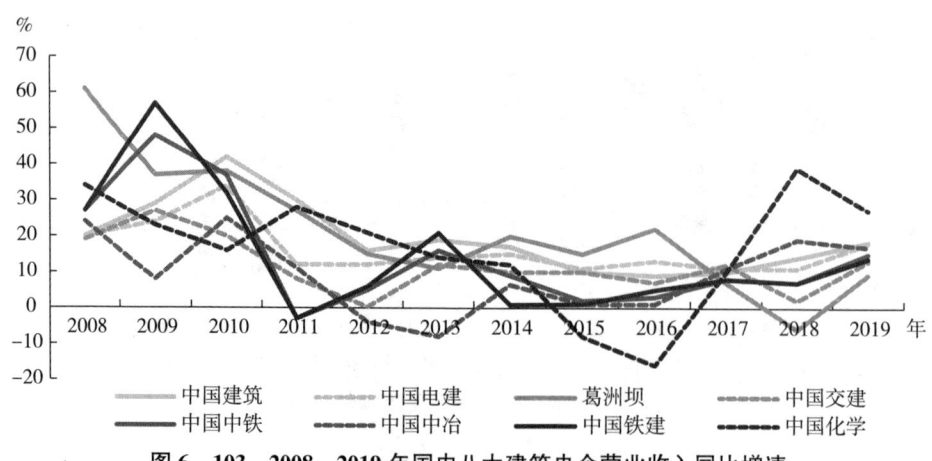

图 6-103 2008—2019 年国内八大建筑央企营业收入同比增速

(资料来源:Wind 数据库)

国内八大建筑央企利润绝对值稳定增长,增速高于海外企业,近年来增速下滑但仍保持较高水平。自 2007 年以来,国内八大建筑央企净利润绝对值稳定增长,整体 CAGR 约为 13%,同样优于海外建筑企业。从利润同比增速来看,八大建筑央企增速呈现下滑趋势,但部分企业仍然保持着较高的增速。如葛洲坝、中国电建在 2016 年归母净利润分别同比增长 26.55%、29.32%,中国化学则在 2015—2017 年出现下滑。

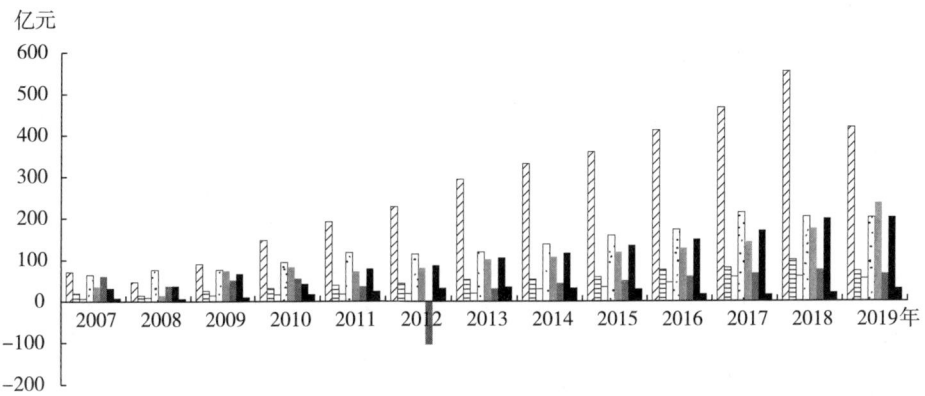

图 6 – 104　2007—2019 年国内八大建筑央企净利润

(资料来源:Wind 数据库)

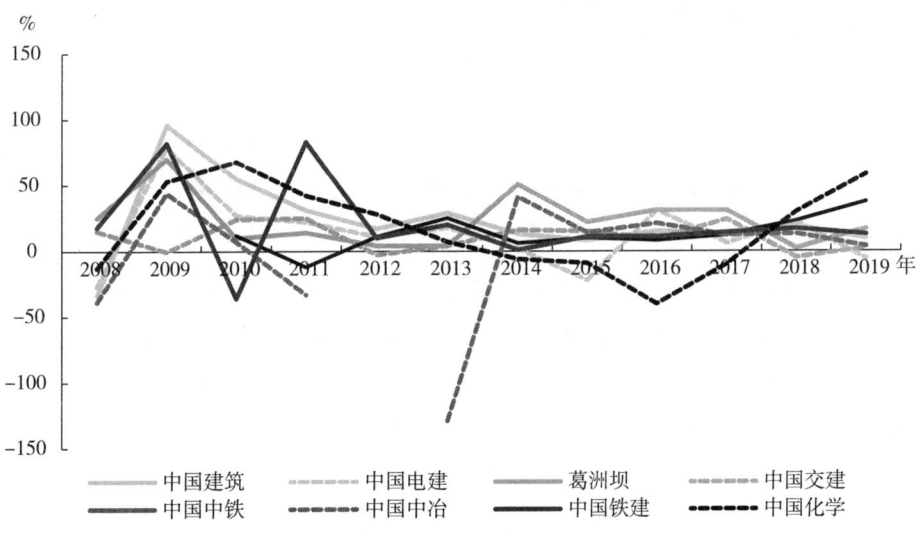

图 6 – 105　2007—2019 年国内八大建筑央企净利润同比增速

(资料来源:Wind 数据库)

5.1.3 欧美海外收入占比大，盈利能力高于国内

欧美国家海外业务占比远高于日韩，各国海外业务占比基本呈现上升趋势。近年来，海外收入占总收入比重在80%以上的国际建筑企业仅有欧洲的豪赫蒂夫与ACS两家。而海外收入占总收入比重低于30%的仅有日本的大林组与鹿岛建设两家企业，但近年来海外收入占比正在逐年上升。整体来看，除了美国的AECOM及福陆公司海外收入占比在逐年下滑外，其余企业的海外收入占比呈现逐年上升趋势。2008年国际金融危机后投资需求短期回升，近两年国内投资需求又有所下滑，海外市场成为全球工程企业的重要竞争地。

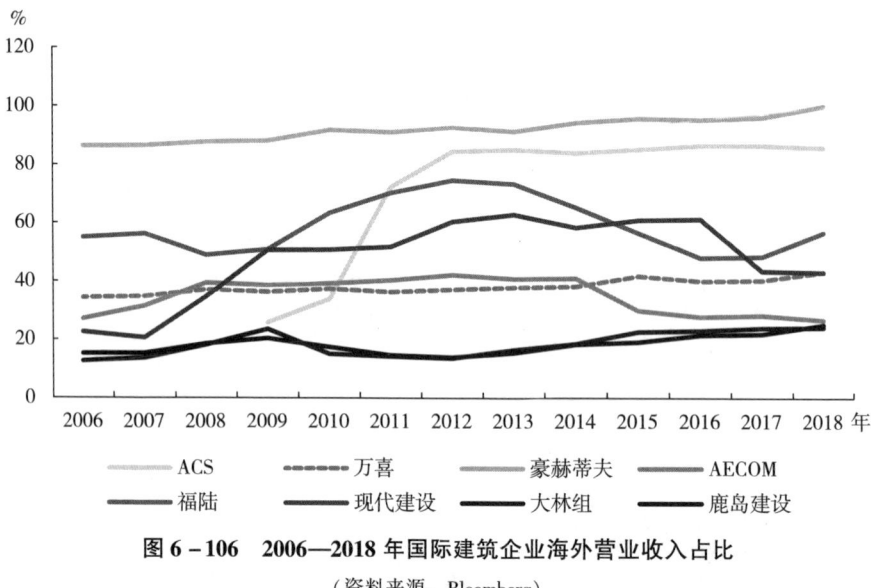

图6-106 2006—2018年国际建筑企业海外营业收入占比

（资料来源：Bloomberg）

八大建筑央企整体国际化水平较低，海外业务有待进一步开拓升级。国内八大建筑央企海外收入占总收入的比重绝大多数处于30%以下，这与日本的大林组及鹿岛建设极为相似，国际化程度较低，远不如欧美国家的大型国际承包商。整体来看，除了中国电建海外收入长期处于较高水平外，中国化学、中国交建、葛洲坝三家企业海外收入占比呈现逐年提升趋势。而中国建筑、中国中冶、中国中铁与中国铁建四家公司近年也缓慢提升其海外业务占比，随着"一带一路"倡议的深入推进，我国建筑企业的国际化程度有望加速提升。

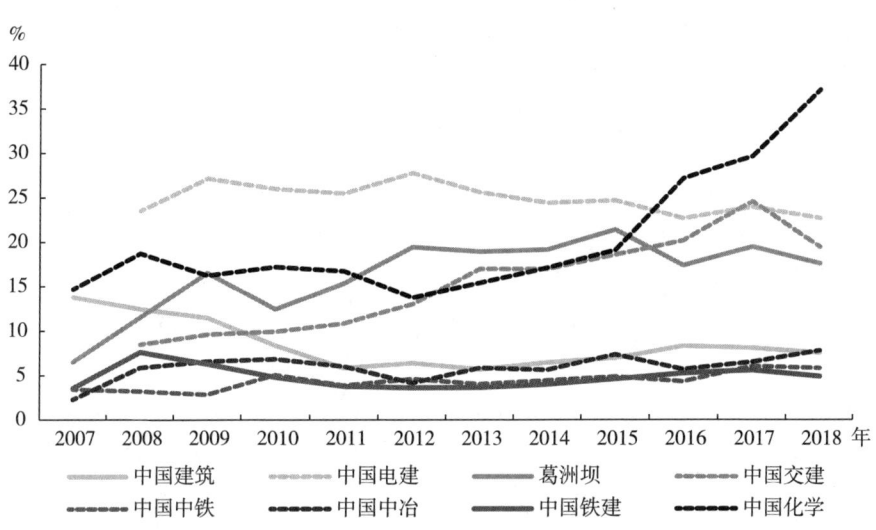

图6-107 2007—2018年国内八大建筑央企海外营业收入占比

(资料来源:Wind数据库)

在盈利能力方面,万喜净利率持续向好,日本两家企业净利率近年来逐年提升。从美国及日韩等五家企业的毛利率水平来看:现代建设、大林组及鹿岛建设近年来呈现上升趋势,为10%~15%的水平;而美国的AECOM与福陆则有所下滑。从净利率水平来看,万喜公司表现最好,其净利率22年来保持稳定上涨趋势,2016年净利率达到6%,特许经营业务为万喜带来稳定且高盈利的利润;现代建设与ACS虽然在2003—2010年盈利能力提升较快,但近五年却呈现下滑趋势;大林组与鹿岛建设净利率水平在近五年提升幅度较大,盈利能力显著提升。

国内八大建筑央企毛利率整体与海外企业相近,净利率水平低于海外同行企业。八大建筑央企毛利率及净利率在近十年间基本保持稳定,其中毛利率基本保持在10%~15%,盈利能力与海外企业相当,但稳定性好于海外企业;净利率同样较为稳定,保持在2%~5%,整体略低于海外企业水平,净利率水平有待进一步提升。苏交科作为设计咨询行业龙头,由于行业特性和成本控制优异,故其毛利率保持在30%~40%,净利率高达10%~15%,盈利能力较强。

▶ 建筑周期估值及竞争格局变迁

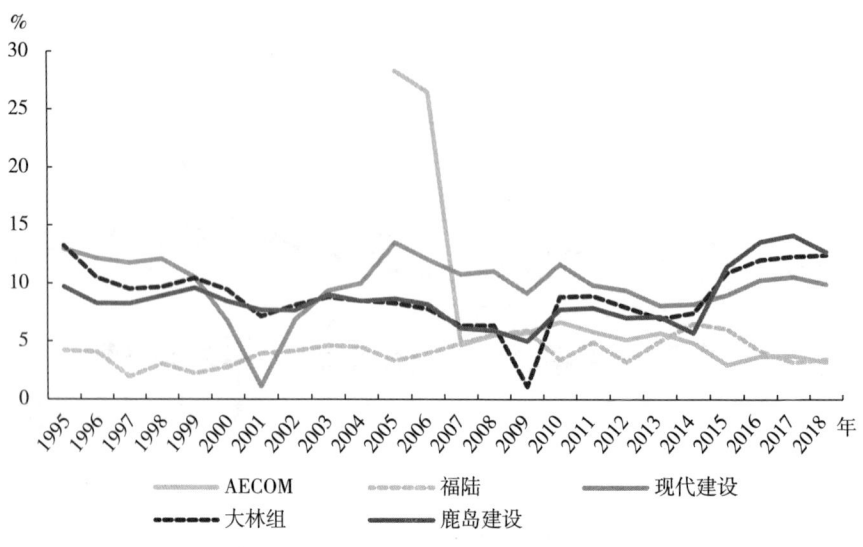

图 6-108　1995—2018 年国际建筑企业销售毛利率

（资料来源：Bloomberg）

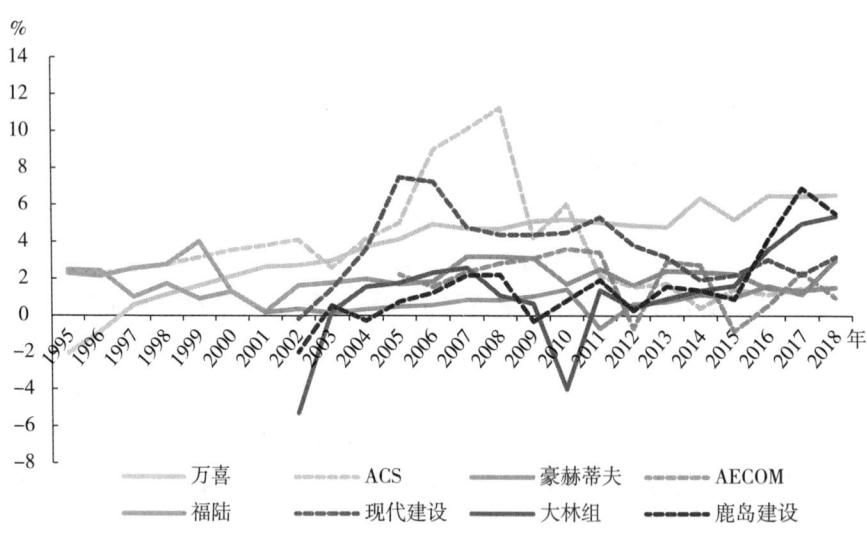

图 6-109　1995—2018 年国际建筑企业销售净利率

（资料来源：Bloomberg）

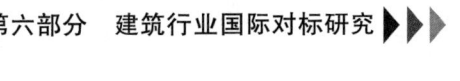

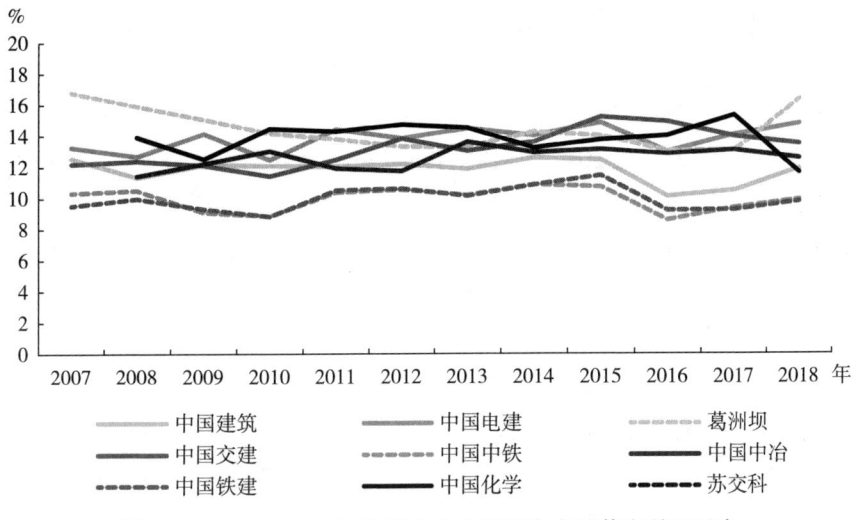

图 6-110 2007—2018 年国内八大建筑央企及苏交科毛利率

(资料来源:Wind 数据库)

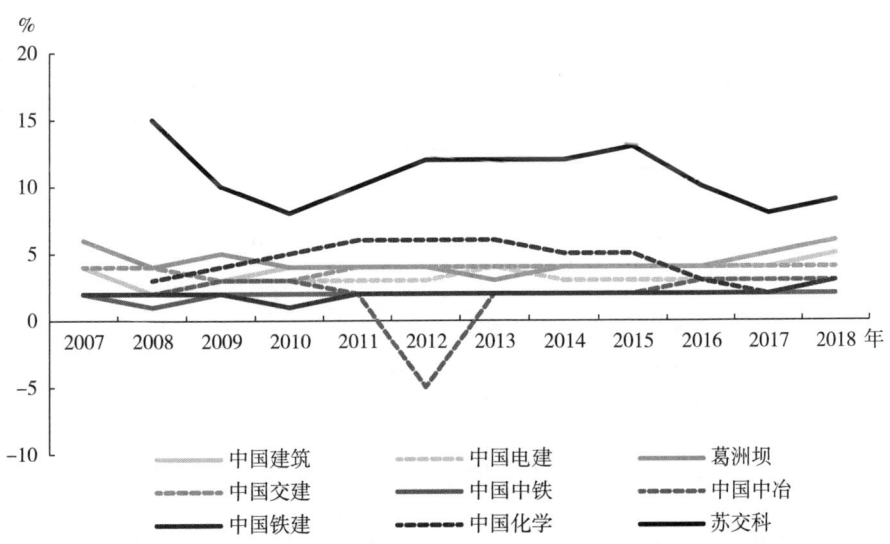

图 6-111 2007—2018 年国内八大建筑央企及苏交科净利率

(资料来源:Wind 数据库)

5.2 并购是欧美工程咨询龙头快速做大的重要手段

根据 ENR 排名靠前的国际工程咨询公司公告,可以看出目前国际工程咨询龙头的业务基本均实现了多领域覆盖，但仍然各有侧重，我们重点对基建、房建和专业工程领域的代表公司 AECOM、WSP 和 Worleyparsons（以下简称 WP）的历史业绩和发展历程进行了研究。

从收入、利润和市值三个维度看，我国上市设计龙头公司与国际巨头间的差距仍然较大。 在 2017 年 ENR TOP 150 工程设计公司排名中，AECOM 排名第一，WSP 排名第五，WP 排名第十二。从业务领域看，AECOM 的设计业务集中于交通、公共设施、环境工程及能源领域，WSP 总体业务中 50% 来自基建领域，而在中东、亚洲和亚太地区仍以传统优势业务房建设计为主，WP 业务集中于能源、矿产和化工工程领域（2017 年石化/炼化工程收入占比 70%）。三家国际巨头的设计咨询业务最新收入规模均在 200 亿~500 亿元（AECOM 设计咨询业务占比 40% 左右），WSP 的最新净利润在 10 亿元以上，WP 在 2018—2015 年净利润也在 10 亿元以上，截至 2020 年 4 月 30 日收盘，三家公司的市值均在 180 亿元以上，A 股龙头公司相比之下差距仍然较大，我们认为这种差距在业务领域、市场区域和全产业链布局方面均有体现。

表 6-17　2019 年国际龙头与 A 股设计龙头规模对比　　单位：亿元

项目	AECOM	WP	WSP	苏交科	中设集团	华建集团	东华科技
收入	1426.84	329.39	475.98	59.67	46.88	71.71	45.18
净利润	-18.46	7.29	15.29	7.37	5.33	3.19	1.8
当前市值	390	200	489	87	64	42	38
上市时间	2007 年	2002 年	2007 年	2012 年	2014 年	2015 年	2007 年

注：外币数据已转换为人民币，转换汇率均为当日汇率，如收入和净利润转换汇率为报告期末汇率，市值转换汇率为当日汇率；当前市值（亿元）截至 2020 年 4 月 30 日。

资料来源：各公司公告。

5.2.1　国际巨头"三全"战略有望成为 A 股设计龙头的发展路径

全过程咨询是国际龙头公司目前普遍的业务架构。 三大国际巨头当前的业务架构均包含工程的前期策划、设计、建设和后期运营服务，AECOM 2019 年设计（DCS）、建造（CS）、维护管理（MS）业务的收入占比分别为 41%、38.6%、20.4%，其中建造业务比重 2016 年之后总体上升。WSP 和 WP 虽然施工业务占比较小（WP 施工业务 2017 年收入占比 9.6%，WSP 无专门列示施工业务收入），但二者均涉及项目管理和设施管理，WSP 在建筑、交通、能源项目的建造运营管理方面领先世界（尤其在高铁领域），而 WP 则在石油、化工、采掘选矿、能源等专业工程项目领域的整体设计、工艺设计和运营维护等方面排名世界前列。而目前我国工程咨询企业涉及后期运维与施工业务仍然较少。

表 6-18　AECOM 历年分业务收入情况　　　　　　　　单位：百万美元

年份	2017 年	2018 年	2019 年
设计	7566.8	8223.1	8268.2
建造	7295.6	8238.9	7778.8
维护管理	3341	3693.5	4118.1
合计	18203.4	20155.5	20165.1

资料来源：公司公告。

实现工程咨询有所侧重的全行业覆盖是国际龙头公司的一致战略。国际巨头在初创时业务结构相对单一，AECOM 前身 Ashland 公司以油气精炼和运输工程为主业，WSP 前身 GENIVAR（1993）以房建和基建设计业务为主，而 WP 真正进入扩张期则是以其 1987 年收购 Worley，进入海洋油气开发工程领域为里程碑。经过多年发展，目前三大龙头的业务均覆盖了较多的业务领域，根据各公司最新年报，AECOM 工程咨询主要覆盖交通、公共设施、环境、能源领域；WSP 覆盖交通与基建、房建、工业与能源以及环境四大板块，2019 年收入贡献占比分别为 54%、23%、12%、11%；WP 将业务按领域划分为石化与炼化、基建和矿产三大板块，2018 年收入占比分别为 75%、15%、10%。国际龙头公司在规模扩大的同时业务领域多元化取得了明显进展，而从各公司年报看，通过并购进入更多领域仍将是未来的主要战略。我国龙头设计公司近年来已经开始全行业覆盖进程，但从目前情况来看，业务领域仍重点集中于自身传统优势领域，多元化程度相比国际巨头仍然较低。

国际巨头在市场布局上已实现全球化，我国设计龙头企业未来有望借助整合实现全国化甚至全球化布局。从 WSP 和 WP 的年报数据看，二者收入分布区域均比较广泛。WSP 2019 年毛利润分布中 EMEIA 和美洲地区合计占比 69%，亚太地区占比 16%，其在公司上市地加拿大收入占比仅为 15%。而 WP 业务分布更加分散，在公司总部所在的大洋洲、亚太地区收入占比仅 18%。AECOM 业务区域相对集中，2019 年其美国收入占比 80%，2019 年其政府业务收入占比 53%，而政府业务中美国政府业务占比 79%。

目前我国上市设计龙头公司的业务基本集中于国内，据2019年年报披露，省内业务占比均高于30%，高于WSP和WP在本国的收入占比，我们认为未来我国设计龙头有望利用行业加速整合时机，第一步先实现业务全国化布局。

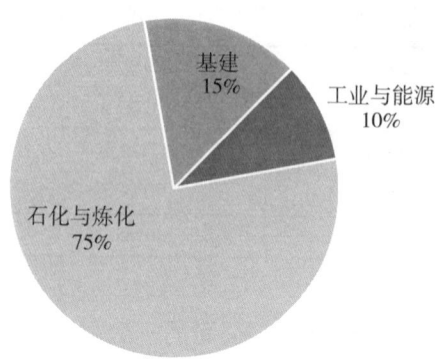

图6-112　WP 2018年不同领域收入贡献占比

（资料来源：公司公告）

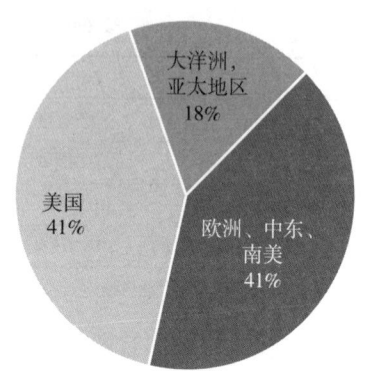

图6-113　WP 2019年不同区域收入贡献占比

（资料来源：公司公告）

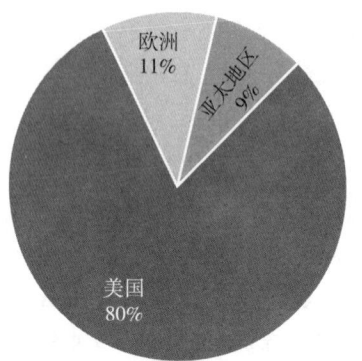

图6-114　AECOM 2019年不同区域收入贡献占比

（资料来源：公司公告）

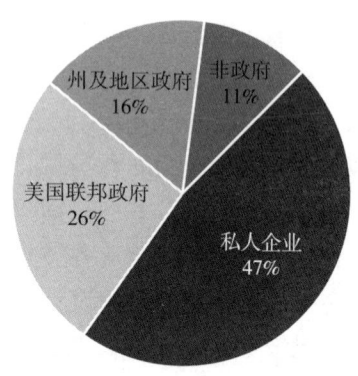

图6-115　AECOM 2019年不同客户类型收入贡献占比

（资料来源：公司公告）

5.2.2　并购是国际巨头的核心战略实现途径

并购是国际巨头实现"三全"战略（全领域、全过程、全球化）的核心途径之一。我们在此前苏交科《内外并举高成长，环检加速再腾飞》报告中已对 AECOM 的并购战略进行了研究,指出 AECOM 的并购主要针对扩展业务领域、区域和提升全过程服务能力。AECOM 和 WSP 在各年年报中均提到,由于工程设计咨询行业细分（fragmentation）程度较高,因此并购是其不断拓展业务区域和领域的核心战略,而从实际效果看,大型并购对其收入、利润规模增长均起到了重要作用。WP 虽然没有在各年年报中针对并购对收入业绩的影响作详细披露,但其仍然保持了较高的并购频率。

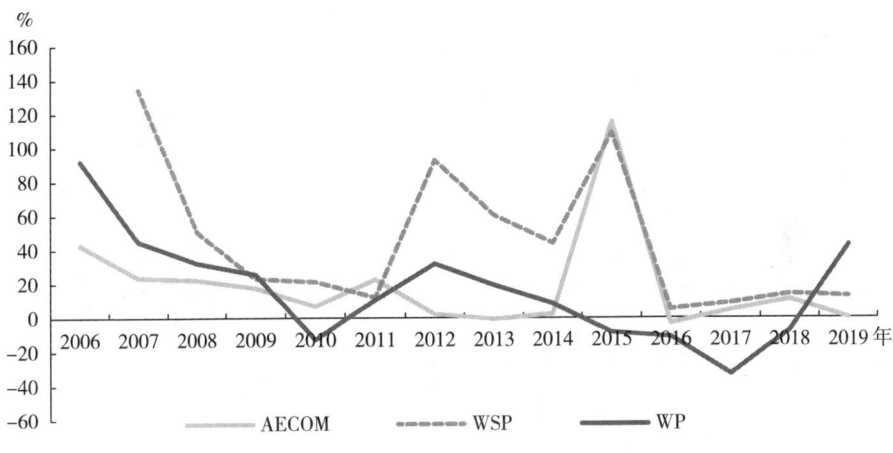

图 6-116　三家国际巨头历年收入增速

（资料来源：Bloomberg）

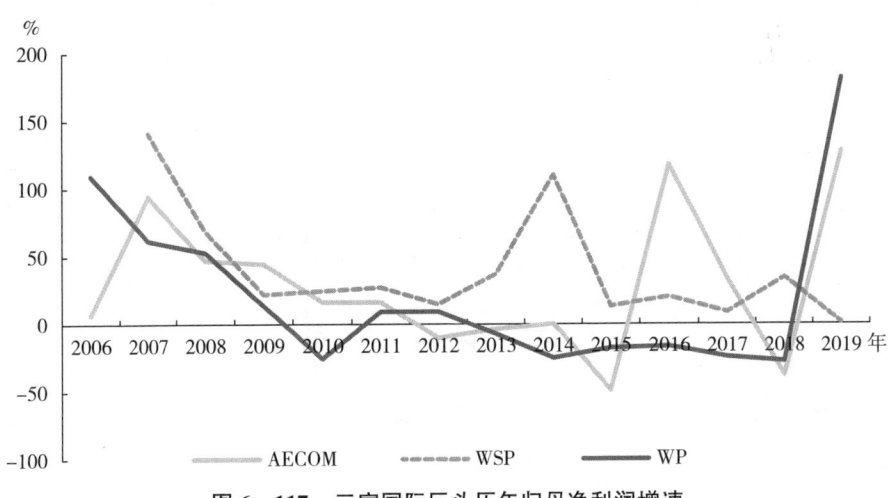

图 6-117　三家国际巨头历年归母净利润增速

（资料来源：Bloomberg）

并购使 WSP 成为全球化大公司。现在的 WSP 实际上由 GENIVAR 和

WSP 在 2012 年合并而成，二者合并后，GENIVAR 改名为 WSP，并继续在加拿大上市。GENIVAR 在并购 WSP 之前，并购已是其核心发展战略，但 2011 年前其并购集中于加拿大国内，2011 年前其海外业务收入占比均在 10% 以下（2011 年仅 2%），而在并购 WSP 后，依托 WSP 的全球布局，公司业务实现全球化。

图 6-118　WSP 历年非加拿大地区收入占比情况

（资料来源：公司公告）

图 6-119　WSP 历年公告并购次数

（资料来源：公司公告）

2012—2015 年数起大型并购为 WSP 成为国际顶尖勘察设计公司奠定了基础。在我们重点研究的三家公司中，WSP 与 AECOM 业务领域相对类似，二者在 2011 年前收入业绩增速变化趋势接近，均处于下行通道，但 2012 年后，AECOM 下行趋势未发生明显改变，而 WSP 的收入与业绩增速明显提升。从收入内生增速来看，WSP 和 AECOM 在 2010 年之后基本稳定在 5% 以内,因此我们判断 WSP 收入增速在 2011 年之后能够继续提升,与其在 2012—2019 年保持高频并购,且陆续并入 WSP(2012 年)、PARSONS BRINCKERHOFF(2014 年)、MMM(2015 年)等规模较大的公司有关。

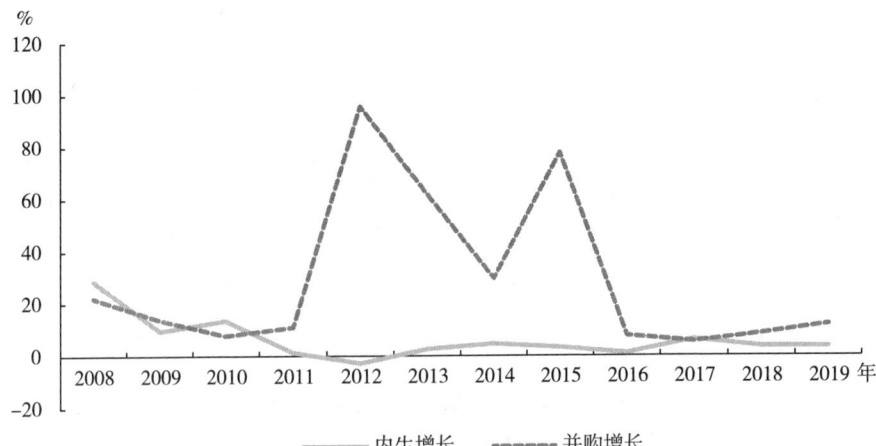

图 6-120　WSP 历年内生及并购贡献收入增速

(资料来源:公司公告)

2010 年后并购成为 AECOM 收入增速的主要来源。AECOM 在 2000—2017 年每年均会完成数起并购,其中可查到并购对象名称的主要并购 38 起,2015 年公司并入 URS 使公司收入翻倍。从 AECOM 历年的收入增速看,公司上市后 2007 年、2008 年内生业务贡献收入增速明显高于由当年新并购标的带来的收入增厚效应,而在 2010 年之后,随着公司收入增速的放缓,整体收入增速对由并购产生的收入增厚效应的依赖程度逐步增强。而与此同时,由于公司收入规模相对较大(2010 年已达到 65.45 亿美元),并购小型公司对公司收入增速产生的弹性趋于下降,表现为除 2015 年以外,其余年份公司整体收入增速和并购标的贡献增速均处于较低水平。

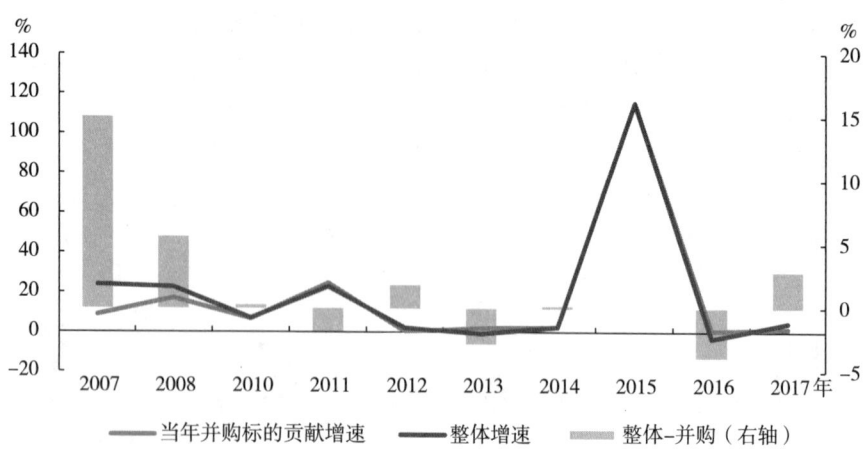

当年并购标的贡献增速 ——— 整体增速 ——— 整体-并购（右轴）

注：1. 当年并购标的贡献增速＝公司公告当年并购标的贡献收入/上一年公司总收入。
2. 2009年公司未公告并购公司收入贡献。

图 6-121 AECOM 历年整体收入增速与当年并购标的贡献收入增速比较

（资料来源：公司公告）

5.3 海外商誉和应收款高，国内企业存货负债高

5.3.1 国内存货占比大，海外应收账款提升

（1）流动资产——应收账款和存货

日韩国家应收账款占比逐年提升而存货占比逐年下降，而欧美国家应收账款占比呈稳定或下滑趋势，存货占比基本持平。近年来应收账款占比持续下滑的企业主要有万喜、AECOM与现代建设，持续上升的有大林组、鹿岛建设与豪赫蒂夫，福陆基本保持稳定，ACS呈现先降后升趋势。近年来应收账款占资产比重低于20%的仅有万喜、福陆、AECOM与现代建设四家。而从存货方面来看，日本大林组与鹿岛建设存货占资产比重逐年下滑，其余企业也基本处于较低水平，近年来各家企业存货占比基本低于15%。

国内八大建筑央企应收账款占比远低于国外水平，而存货大幅高于国外水平。从应收账款来看，八大建筑央企应收账款占总资产比重基本稳定，中国建筑、中国电建、中国交建占比有所下滑，中国铁建、中国中冶、中国化学占比有所上升。但整体来看，应收账款占比基本处于10%～15%的水平，远低于国外建筑企业20%以上的水平。而存货方面，近年来，八大建筑央企存货占比虽然有一定程度的下滑，但均处于较高水平。整体占比

保持在15%以上，占比最高的中国建筑与中国铁建已高达35%左右，整体高于海外水平10%。

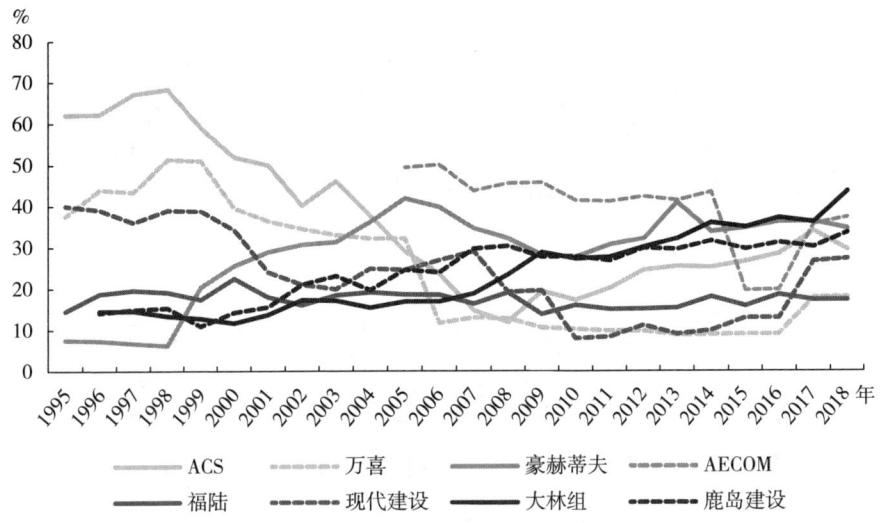

图6-122 1995—2018年国际建筑企业应收账款占总资产比重

（资料来源：Bloomberg）

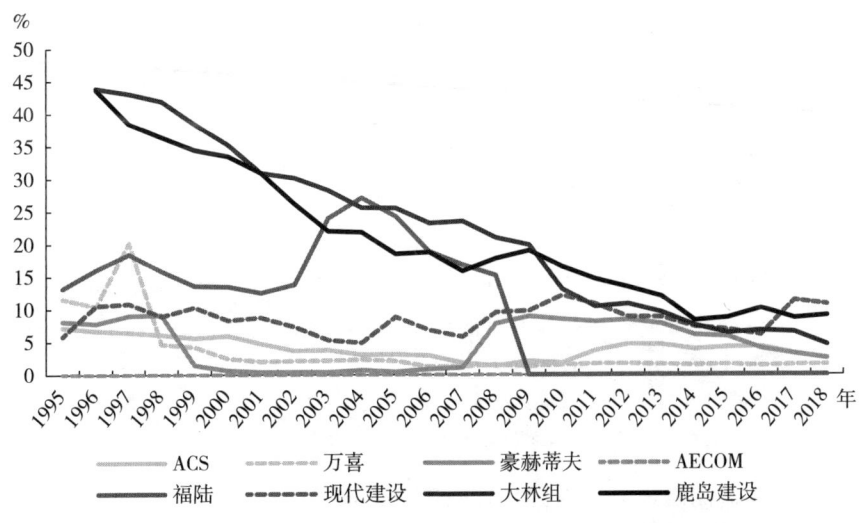

图6-123 1995—2018年国际建筑企业存货占总资产比重

（资料来源：Bloomberg）

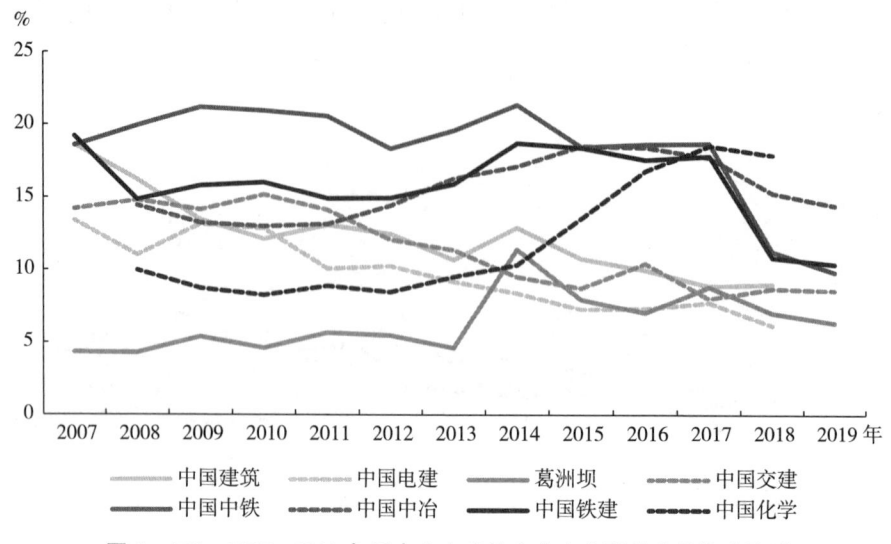

图6-124　2007—2019年国内八大建筑央企应收账款占总资产比重
（资料来源：Wind数据库）

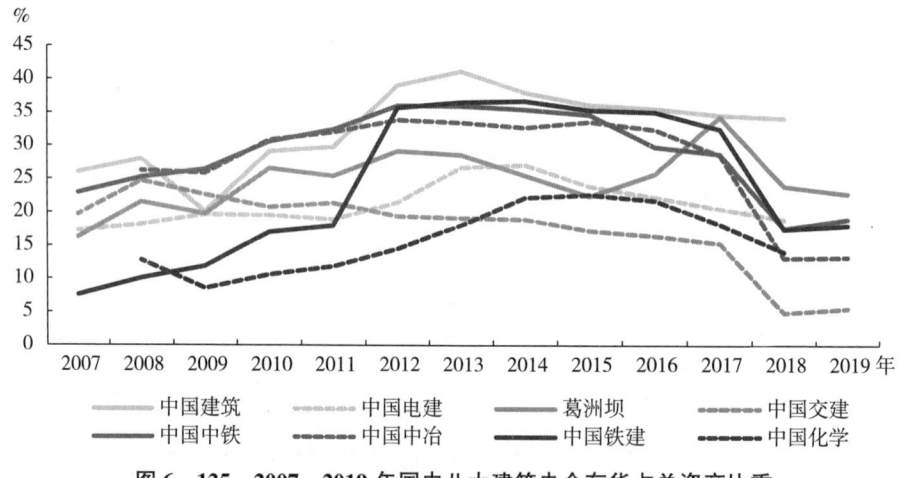

图6-125　2007—2019年国内八大建筑央企存货占总资产比重
（资料来源：Wind数据库）

（2）非流动资产——商誉和其他无形资产

大部分欧美企业通过并购进行扩张，商誉占比较高，尤其是AECOM；而以特许经营权为主的公司其他无形资产占比高，如万喜。从商誉来看，AECOM公司商誉占资产比重大且逐年上升，2015年、2016年已超40%，主要在于AECOM在并购中实现规模扩张。同时，万喜、ACS、豪赫蒂夫、福陆均有超过 5% 的商誉占比,以上公司也均采用较多并购的方式进行发展。而从其他无形资产来看,万喜公司其他无形资产占资产比重最大,主要是特许经营权占比较大。而 AECOM 与 ACS 也约有 3% 的无形资产占比,其余公司几乎为零。

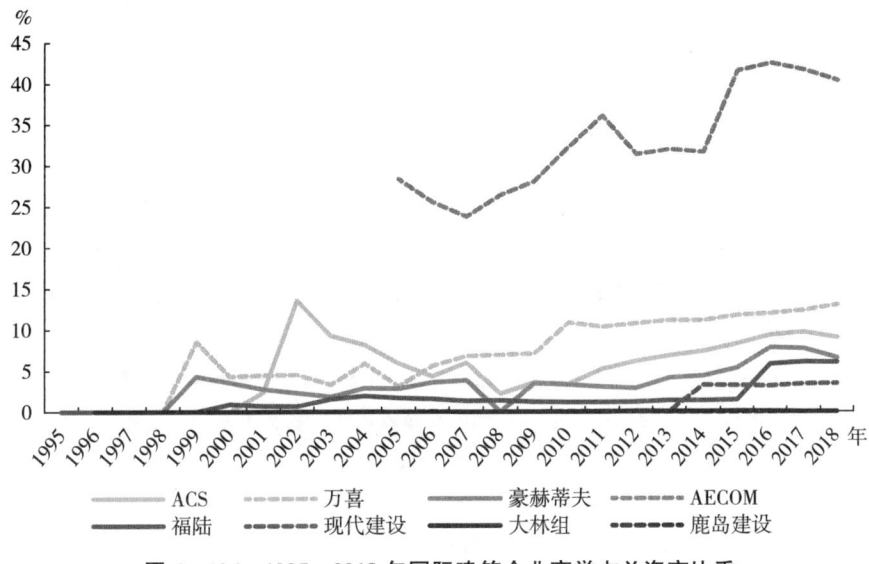

图 6-126　1995—2018 年国际建筑企业商誉占总资产比重

(资料来源:Bloomberg)

我国八大建筑央企商誉占比低,主要依靠内生性增长;苏交科通过并购扩张,商誉占比逐年提升;无形资产占比较高的企业主要是特许经营权占有较大比重。 从商誉来看,国内八大建筑央企商誉占总资产比重均不足 1%,表明进行兼并与收购行为较少,这与海外建筑企业通过并购进行扩张的模式完全不同。而我国设计咨询龙头苏交科通过并购来扩大规模,我们发现其商誉 2011 年起开始迅速上升,2016 年占比已接近 10%。而无形资产方面,近年来八大建筑央企无形资产占比趋于上升。以中国交建为例,2016 年无形资产占比达 20%,主要为特许经营权占比较大。我们预计随着 BOT、PPP 模式的持续开展,这一比重将会进一步上升。

建筑周期估值及竞争格局变迁

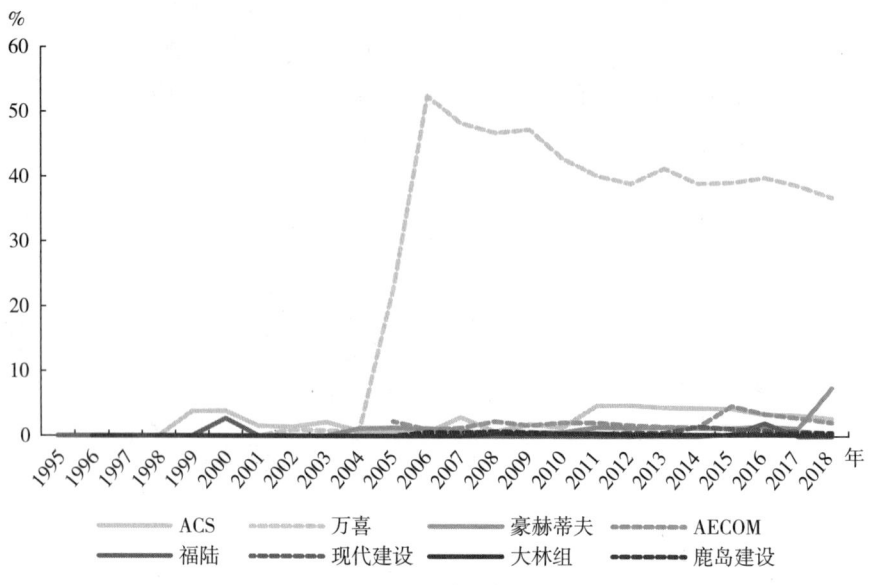

图 6-127 1995—2018 年国际建筑企业无形资产占总资产比重

（资料来源：Bloomberg）

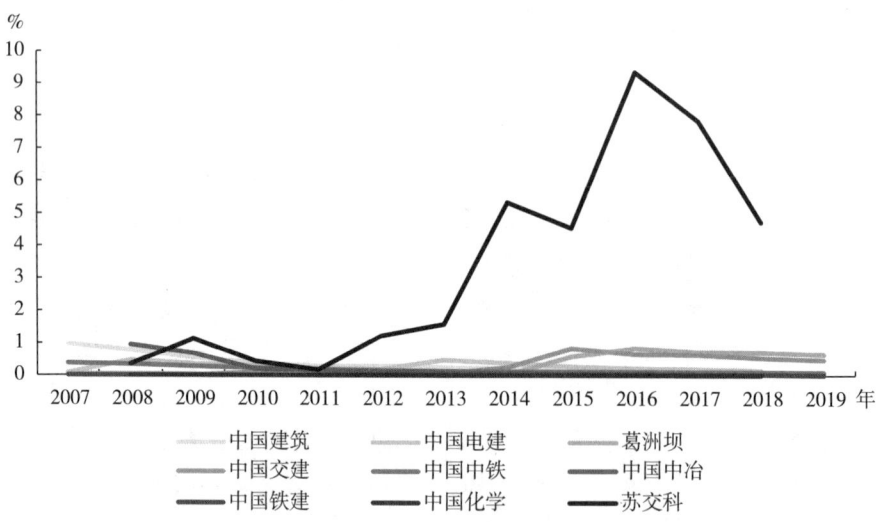

图 6-128 2007—2019 年国内八大建筑央企及苏交科商誉占总资产比重

（资料来源：Wind 数据库）

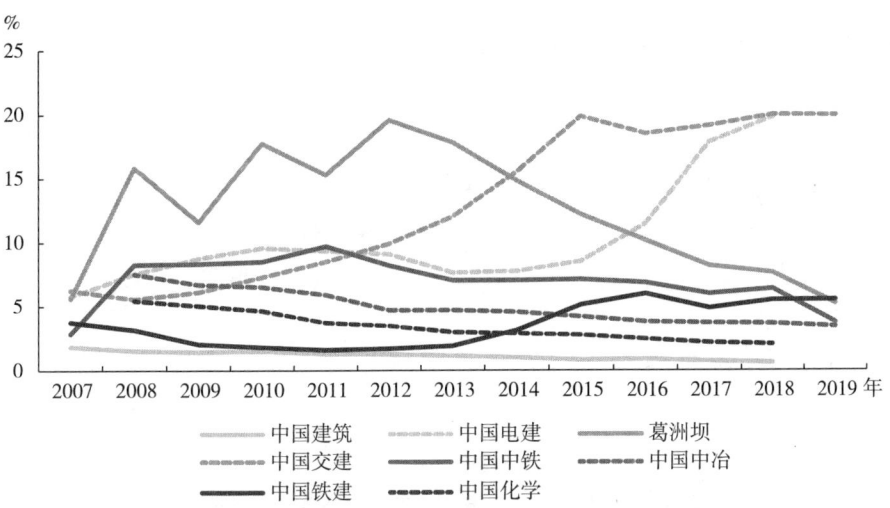

图 6-129 2007—2019 年国内八大建筑央企及苏交科无形资产占总资产比重

(资料来源：Wind 数据库)

葛洲坝、中国交建无形资产占比高，系特许经营权占比较大。我们选取无形资产占比较大的中国交建与葛洲坝作进一步分析。以中国交建为例，中国交建无形资产占总资产比重逐年提升，2016 年已占到近 20%。具体来看，特许经营权占总资产比重最大，2016 年高达 17%，占无形资产的比重接近 90%。土地使用权占比逐年下滑，2016 年约占总资产的 1%。其余无形资产占比基本可以忽略不计。

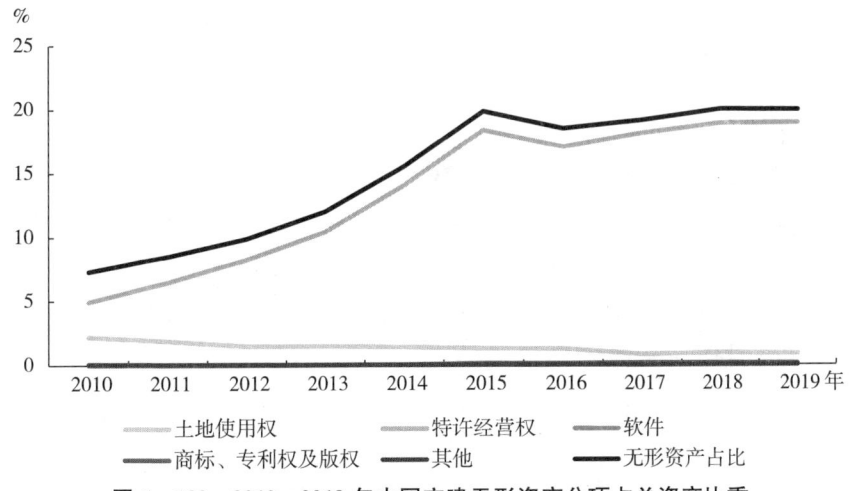

图 6-130 2010—2019 年中国交建无形资产分项占总资产比重

(资料来源：Wind 数据库)

建筑周期估值及竞争格局变迁

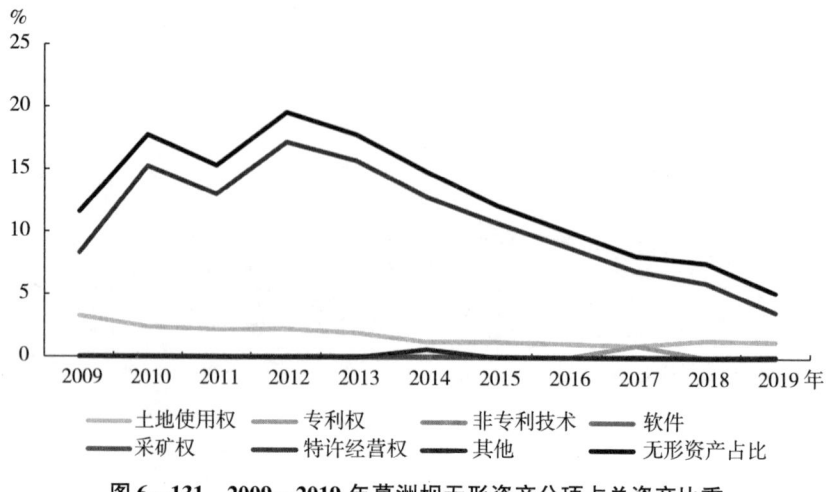

图6-131 2009—2019年葛洲坝无形资产分项占总资产比重

(资料来源：Wind数据库)

(3) 资产负债率比较

从资产负债率来看，国内主要建筑企业负债水平高于海外同行约4个百分点。国内与国际大型建筑企业的资产负债率均处于较高水平，大多数年份位于60%~80%。我们选取的八家海外建筑巨头2016年的平均资产负债率为72.49%，低于我国八大建筑央企的均值76.26%。其中，2016年ACS资产负债率最高，达85.07%；而现代建设则最低，仅有59.05%。国内建筑企业中，中国电建的资产负债率最高，为82.86%；苏交科的资产负债率最低，为63.86%。

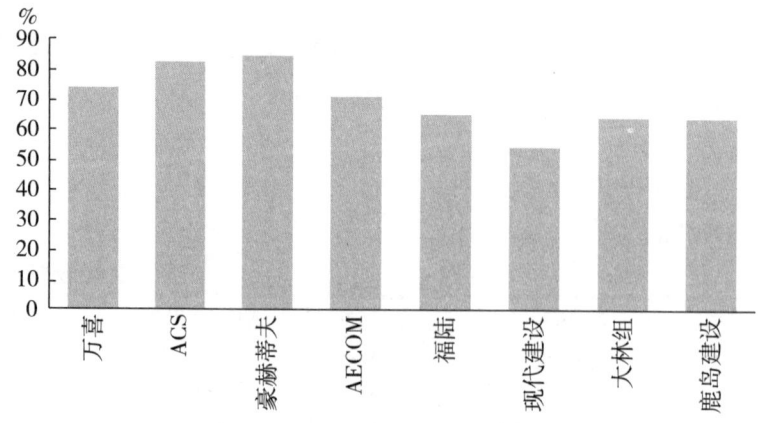

图6-132 2018年年报国际建筑企业资产负债率

(资料来源：Bloomberg)

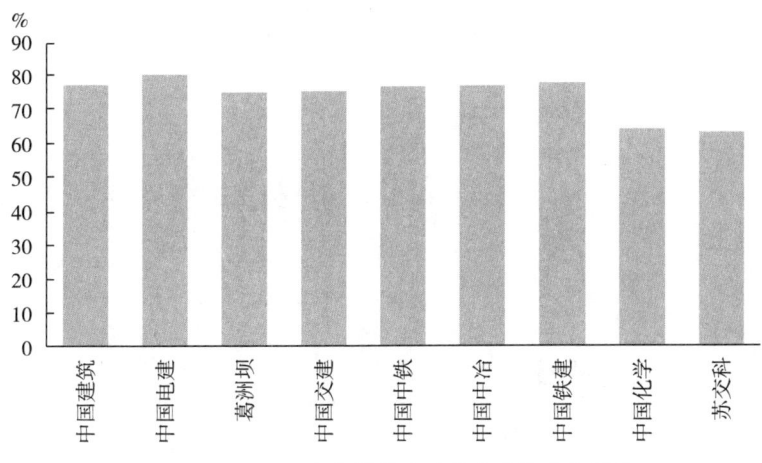

图 6-133 2018 年年报国内建筑企业资产负债率

（资料来源：Wind 数据库）

5.3.2 设计运营现金流最好，亚洲企业经营现金改善

欧洲及美国建筑公司均有持续的现金流入，日韩国家建筑公司的现金流则较不稳定，近年持续净流入。 在欧洲建筑企业中，万喜公司的现金流入较为稳定，而 ACS 与豪赫蒂夫则波动较大。这与公司的业务结构相关，万喜以特许经营业务为主，这将为公司带来高且稳定的现金流入；而 ACS 与豪赫蒂夫以工程承包为主，现金流入存在回款时滞，且存在一定比例的垫资。

而美国两家建筑公司 AECOM 与福陆经营现金流量同样优质。2005 年起，两家公司均有着稳定持续的现金流入，且波动较小。AECOM 公司的经营现金净流入更是呈逐年增加的趋势，主要与二者工程咨询的行业属性有关。相比欧美国家的企业，日韩三家建筑公司经营现金流较不稳定，且波动性较大。但从近五年情况来看，三家公司经营现金流均保持了净流入，且逐年增加。

国内八大建筑央企经营现金流净额波动较大，近年来改善较快。 由于八大建筑央企经营性现金流净额波动较大，同比增速异常值较多。相比欧洲及美国建筑企业，现金流质量相差较大。从近三年的情况来看，除葛洲坝与中国化学，其余各大央企均保持较高的现金流入。

建筑周期估值及竞争格局变迁

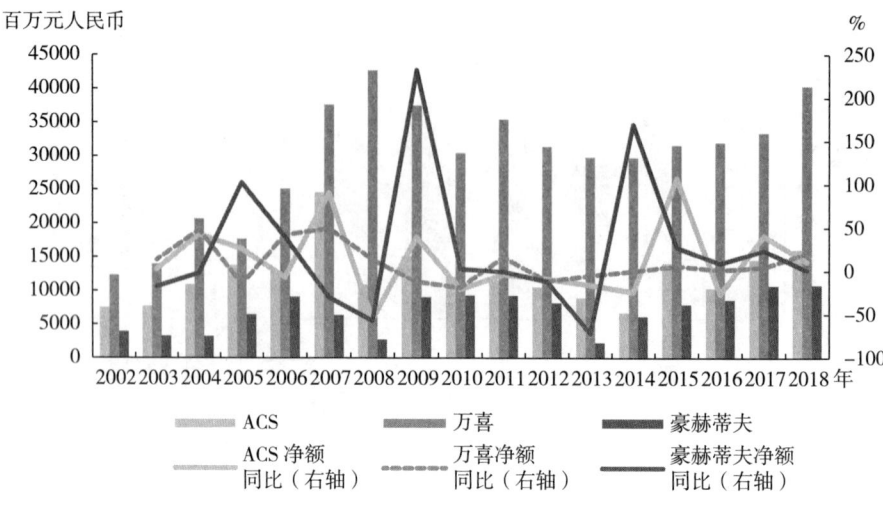

图 6-134　2002—2018 年欧洲建筑企业经营现金净额及同比

（资料来源：Bloomberg）

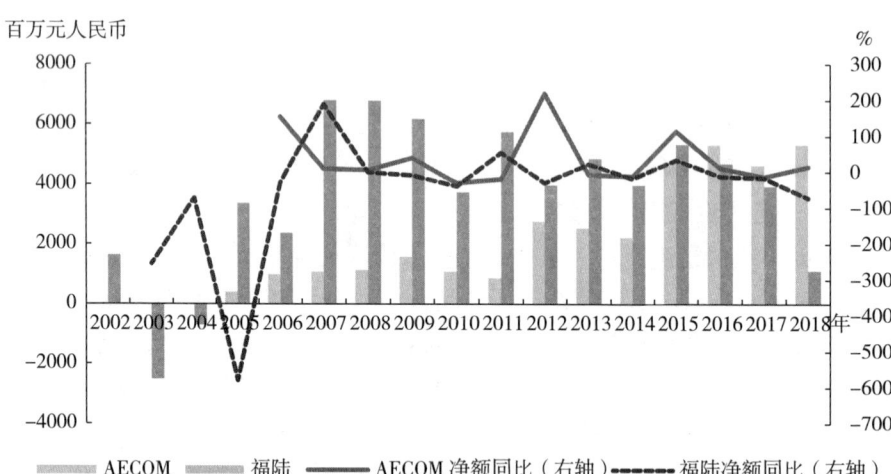

图 6-135　2002—2018 年美国建筑企业经营现金净额及同比

（资料来源：Bloomberg）

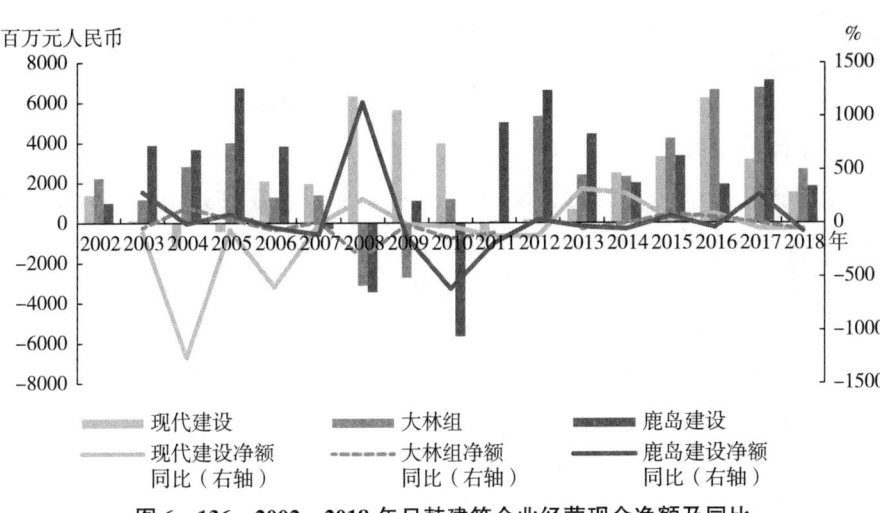

图 6-136 2002—2018 年日韩建筑企业经营现金净额及同比

(资料来源：Bloomberg)

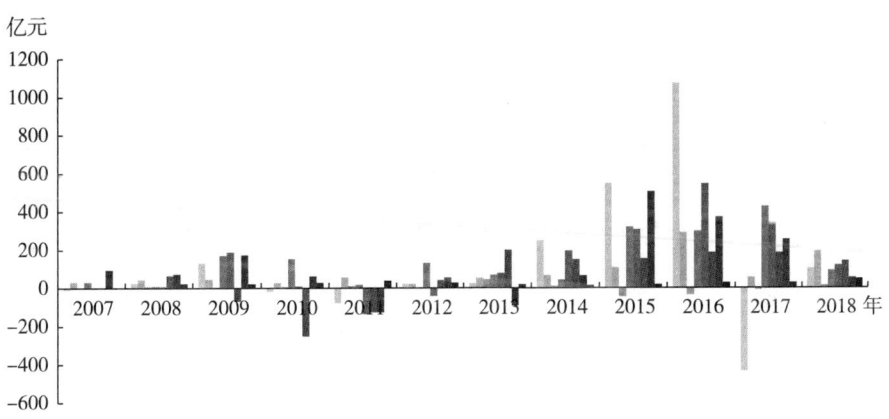

图 6-137 2007—2018 年国内八大建筑央企经营现金净额

(资料来源：Wind 数据库)

5.3.3 万喜 VS 中国交建：资产成熟度对运营业务盈利状况影响较大

万喜与中国交建的业务组成较为相似，在相同的计算方法下万喜的 FCFF 表现远好于中国交建。 万喜是全球著名的基础设施投资、建设、运营商，根据 Bloomberg 数据，2018 年其建造业务收入 357.7 亿欧元，收入占比 82.2%，特许经营收入 72.6 亿欧元，收入占比 16.7%，但在其归母净利润中，建造业务贡献 8.5 亿欧元，占比仅 28.5%，特许经营贡献 19.2 亿欧元，占比 64.5%。我们按照对中国公司的处理方式，即按照（CFO 净额 + CFI 净额 + 收购支出现金 – 剥离回收现金）的方式计算其 FCFF，可以发现其历年 FCFF 与净利润的匹配程度较高，其大部分年份中投资净支出与净利润的比值不超过 2（而中国交建大部分年份均超过 2），而其在 2009—2018 年每年的净利润现金含量均超过 1.7，且稳定性较好，中国交建虽在部分年份中净利润现金含量超过 2，但波动幅度远大于万喜。综合来看，中国交建在投资强度大于万喜的同时，资金回收能力弱于万喜。

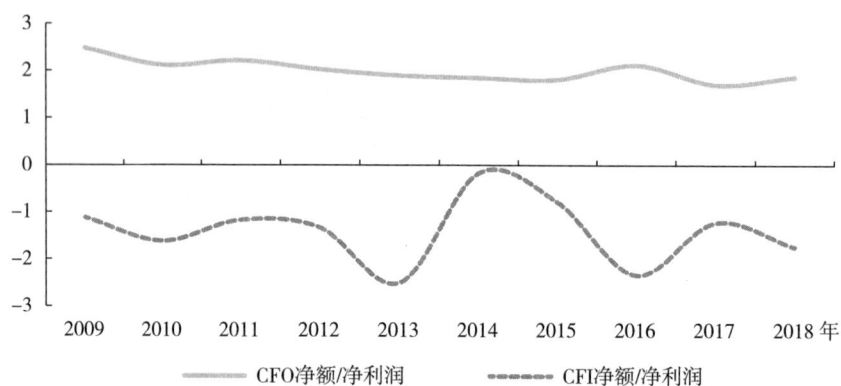

注：CFI 净额中剔除了收购与剥离净现金。以上计算根据彭博导出的标准化报表进行。

图 6 – 138　2009—2018 年万喜 CFO 净额/净利润及 CFI 净额/净利润

（资料来源：Bloomberg）

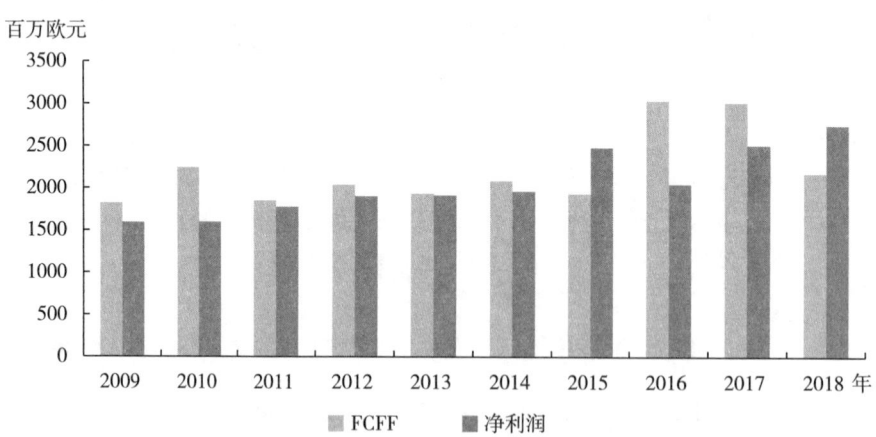

注：CFI 净额中剔除了收购与剥离净现金。以上计算根据彭博导出的标准化报表进行。

图 6 – 139　2009—2018 年万喜 FCFF 与净利润的对应情况

（资料来源：Bloomberg）

与市场认知较为不同的是,除特许经营项目现金造血能力较强外,万喜的承包类业务收现能力也较为突出,以公司披露口径测算的自由现金流表现稳定。由于万喜不公布分业务的净利润情况,因此我们以年报中税息折旧及摊销前利润(Earnings Before Interest, Tax, Depreciation and Amortization, ebitda)/息税前主营业务营业利润(earnings before interest and tax, ebit)来衡量万喜承包和特许经营业务经营现金流与利润的匹配程度,并通过中国交建港股数据测算的 ebitda 和 ebit 来计算可比指标。根据 Bloomberg 数据,可以发现中国交建(整体)ebitda/ebit 指标与万喜 contracting(工程承包)业务的指标较为接近,但低于万喜特许经营(concession)业务的指标值,但由于万喜特许经营业务 2018 年贡献了公司 68.6% 的 ebit 和 72% 的 ebitda,而中国交建的特许经营业务收入占比较低(2018 年约 0.94%),且累计投入金额远超过收入金额,因此我们预计两个公司在经营现金流层面的差异主要是由万喜更高的运营利润占比造成的。同时,万喜在其年报中给出了一种计算自由现金流的方法,即 FCF = 经营活动净现金 + 购建和处置固定资产、无形资产和设备(PP&E)净现金 – 特许经营及 PPP 净投资,利用这种方式计算的 FCF/NI 指标相对较为稳定,但 2017 年有所下滑。

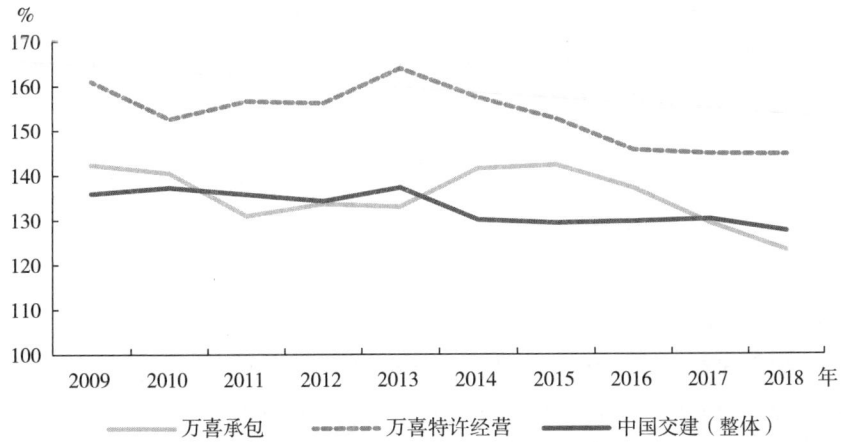

图 6-140 2009—2018 年中国交建、万喜承包、万喜特许经营的 ebitda/ebit 指标

(资料来源:Wind 数据库)

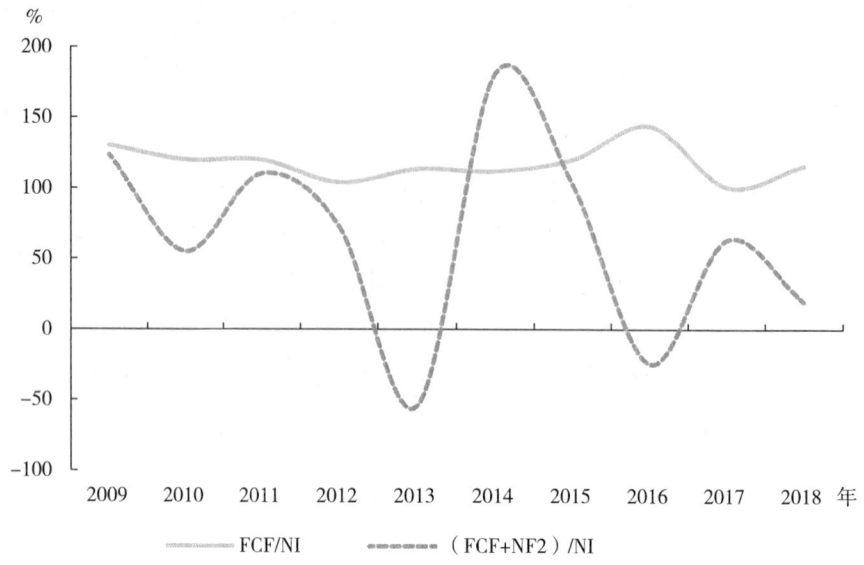

图 6-141 2009—2018 年万喜 FCF 与净利润的对应情况

(资料来源：Wind 数据库)

万喜每年在特许经营和 PPP 上的投入现金一般都不超过其 CFO 净额+购建及处置固定资产、无形资产和设备净现金的 **32%**，但从本质上来看，与中国交建不同的是，其投资支出并非靠承包业务支撑。2019—2018 年，中国交建 BOT 资本开支累计完成 2217 亿元，其中，2019—2015 年公司每年的 BOT 资本开支均呈较快速上升，而万喜在 10 年间完成的 BOT 类直接投资仅 791 亿元（以每年末的人民币/欧元汇率作为基准），2010 年之后其单年 BOT 直接投资从未超过 100 亿元。另外，中国交建的 BOT 资本开支在 2011 年之后，单年占 CFO 净额的比例未低于过 79%，在大部分年份均显著高于 CFO 净额，而中国交建绝大部分的 CFO 净额由工程业务提供，这就意味着中国交建在大部分年份中经营活动创造的现金流都远不够其进行运营资产的投资。万喜一方面每年的 BOT 资本开支本身较少，另一方面成熟的资产运营业务能够提供较好的 CFO 净额，所以用于 BOT 资本开支的资金占 CFO 净额的比重并不高。

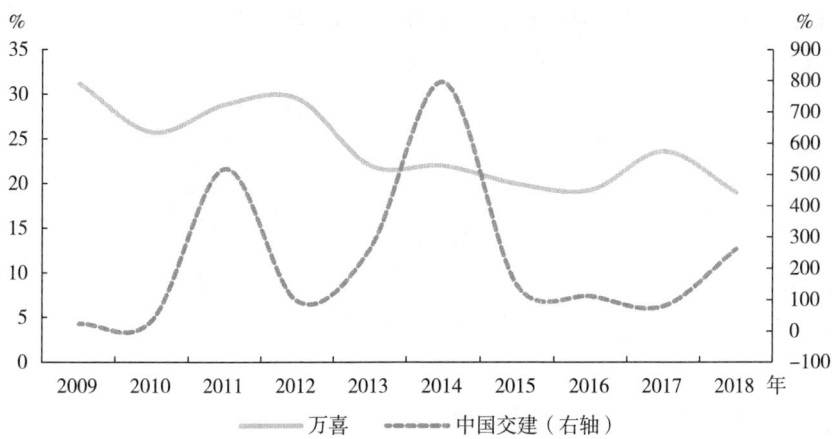

图 6-142　万喜及中国交建 BOT 资本开支占 CFO 净额的比重

（资料来源：Wind 数据库）

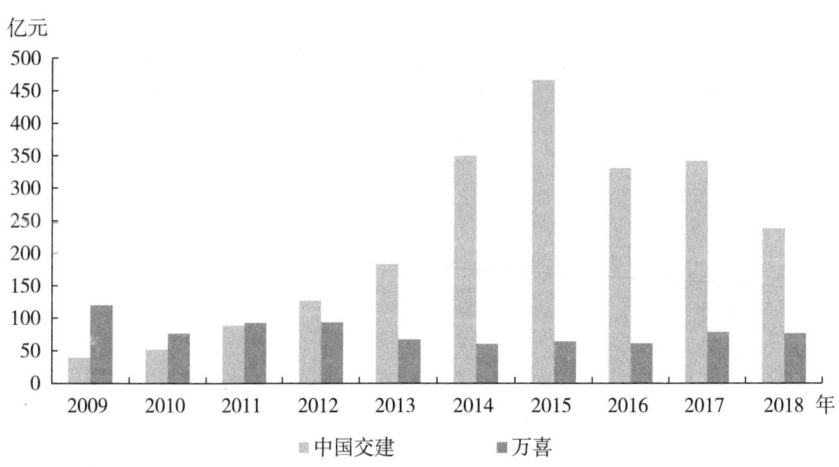

图 6-143　2009—2018 年万喜及中国交建历年 BOT 资本开支

（资料来源：Wind 数据库）

更成熟的资产组合是万喜运营业务"现金牛"属性的关键。我们以资产创收率指标（当年收入/上年末资产账面原值）来衡量万喜和中国交建特许经营业务的创收能力，2018 年末，万喜特许经营权无形资产的账面原值为 405.4 亿欧元（2017 年末为 386.7 亿欧元），以 2018 年末汇率计算折合人民币 3186 亿元，而 2018 年末中国交建特许经营权无形资产的账面原值为 1854.4 亿元（2017 年末为 1565.5 亿元）。2018 年万喜特许经营业务营收 72.61 亿欧元，而中国交建运营业务实现营收 46 亿元，以 2017 年末两公司特许经营资产的账面原值计算，2018年万喜的资产创收率为17.9%，而中国交建仅为2.9%，二者差距十分显著。我们以双方2018年年报披露的在运营公路作为研究对象，用∑（里程×剩余特许经营时间÷运营总里程）来评价双方运营公路的成熟度，万喜2018年末在运营公路4469公里，平均剩余运营时间18.28年，中国交建在运营公路1514.2公里，平均剩余运营时间27.4年，而除牙买加南北高速运营期为50年外，其在国内的运营项目运营期均不超过30年，因此我们认为中国交建大部分的运营资产仍处于培育期的前段。考虑到万喜运营资产所处区域的平均经济发达程度好于中国交建，我们认为当前万喜运营类公路的成熟度明显高于中国交建，这也是其特许经营业务盈利能力和创造现金流能力较好的重要原因。事实上，万喜也通过收购公司的方式打包收购运营类资产，这在一定程度上也帮助其快速提升了特许经营资产方面的成熟度。

表6-19　万喜公路类运营资产里程及剩余收费年限　　单位：公里，年

持有单位	里程	剩余收费年限
ASF	2731	18
Escota	471	14
Intercity network	1100	16
A86 Duplex	11	68
A19	101	52
A355	24	52
Lamsac	25	31
A5	60	21
Prado Sud Tunnel	1.5	37
Puymorens Tunnel	5.5	19
合计	4530	

注：剩余收费年限起算点为2019年初，为统一计算口径，此处仅包含公司并表资产。
资料来源：公司公告。

截至2020年5月7日收盘，中国交建PE（TTM）和PB（LF）分别为**7.2倍和0.67倍**，而万喜PE（TTM）和PB（MRQ）分别为**12.2倍和1.99倍**，二者估值差异显著。中国交建自2012年A股上市以来的累计分红率为17%，2015—2018年度分红率均略低于20%，当前中国交建股息率为2.8%；万喜在2008年之后其年度分红率基本维持在50%左右，当前股息率也是2.8%，虽然股息率在绝对数值上和中国交建差不多，但考虑到截至

5月6日收盘，法国一年期国债到期收益率为-0.46%，而中国一年期国债到期收益率为1.16%，二者之间相对于无风险收益率的超额收益差较为明显。我们认为，万喜利润占比较高的特许经营业务一方面为公司提供了稳定的利润来源，另一方面其现金牛属性使其用于分红的现金较为充沛，进而始终维持了较高的分红率和股息率。最终致使其相比于中国交建，拥有较为明显的估值优势。

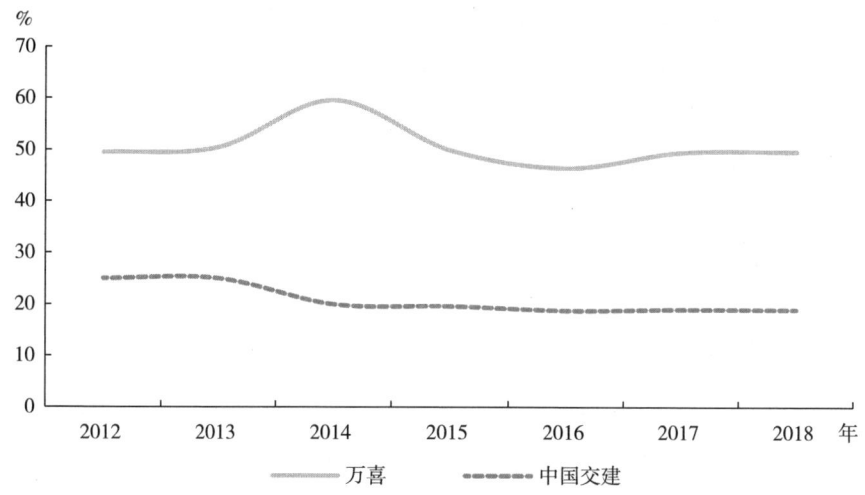

图6-144　2012—2018年万喜及中国交建年度分红率比较

（资料来源：Wind数据库）